SCHÄFFER
POESCHEL

Werner Delfmann / Markus Reihlen (Hrsg.)

Controlling von Logistikprozessen

Analyse und Bewertung logistischer Kosten und Leistungen

2003
Schäffer-Poeschel Verlag Stuttgart

Herausgeber:

Prof. Dr. Werner Delfmann,
Direktor des Seminars für Allgemeine Betriebswirtschaftslehre,
Betriebswirtschaftliche Planung und Logistik, Universität zu Köln

Dr. Markus Reihlen,
Akademischer Rat am genannten Seminar der Universität zu Köln

Bibliografische Information Der Deutschen Bibliothek
Die Deutsche Bibliothek verzeichnet diese Publikation
in der Deutschen Nationalbibliografie; detaillierte bibliografische Daten
sind im Internet über <http://dnb.ddb.de> abrufbar.

Gedruckt auf säure- und chlorfreiem, alterungsbeständigem Papier.

ISBN 3-7910-2122-2

© 2003 Schäffer-Poeschel Verlag für Wirtschaft · Steuern · Recht GmbH & Co. KG
www.schaeffer-poeschel.de
info@schaeffer-poeschel.de
Einbandgestaltung: Willy Löffelhardt
Druck und Bindung: Ebner&Spiegel GmbH, Ulm
Printed in Germany
April / 2003

Schäffer-Poeschel Verlag Stuttgart
Ein Tochterunternehmen der Verlagsgruppe Handelsblatt

Vorwort

Vor dem Hintergrund eines sich stetig intensivierenden Wettbewerbs, sehen sich Unternehmen aller Branchen zunehmend neuen Herausforderungen gegenüber. Zeit- und Kostendruck veranlassen Unternehmen mehr denn je dazu, ihre betrieblichen Abläufe verstärkt kundenorientiert zu gestalten und deren Effizienz zu erhöhen. Insbesondere das Logistik-Management wird durch den schnittstellenübergreifenden Charakter logistischer Prozesse vor besondere Probleme gestellt. Ist doch seit Jahren die ganzheitliche Optimierung von unternehmensübergreifenden Versorgungsketten das erklärte Ziel einer modernen Logistik. Wer diese Idee in die Praxis umsetzen möchte, der ist vor eine schwierige Aufgabe gestellt. Bis heute fehlen immer noch praktikable Instrumente, die Transparenz in die Prozessstruktur, die Prozesskosten und -leistungen bringen. Viele Unternehmen tun sich schwer, die notwendigen instrumentellen Voraussetzungen für ein durchgängiges Prozessmanagement zu schaffen. Ohne die differenzierte Kenntnis der Einzelaktivitäten, Teilprozesse und Wechselbeziehungen innerhalb und zwischen Prozessen und Prozessketten ist weder eine vergleichende Beurteilung gegenüber anderen Prozessen im Rahmen eines Benchmarking noch eine zielorientierte Bewertung möglich.

Mit dem vorliegenden Buch liefert der Arbeitskreis „Prozesscontrolling" der Bundesvereinigung Logistik (BVL) konkrete Vorschläge, um das in der Praxis immer noch vorherrschende Defizit an praktikablen Analyse- und Bewertungsinstrumenten für das logistische Prozessmanagement zu beheben. Es ist ein Instrumentarium erarbeitet worden, das dem logistischen Prozessmanagement zentrale Konzepte und Methoden an die Hand gibt, um einen unternehmensindividuellen Ansatz entwickeln zu können. In unternehmensübergreifenden Arbeitsgruppen mit Teilnehmern aus Industrie-, Dienstleistungs- und Handelsunternehmen ist ein Modell einer logistischen Prozesskette - bestehend aus einer Vielzahl von Hauptprozessen, Teilprozessen und Aktivitäten - und ein differenzierter, mehrdimensionaler Bezugsrahmen für die Bewertung logistischer Prozesse erarbeitet worden. Allgemeine Überlegungen wurden durch Praktikerarbeitsgruppen auf unterschiedliche logistische Hauptprozesse angewandt und inhaltlich sowie methodisch konkret ausgearbeitet. Die Ergebnisse werden darüber hinaus in zahlreichen Beispielen aus der Praxis vertieft.

Das Buch richtet sich vornehmlich an Führungskräfte in der Wirtschaftspraxis mit den Interessenschwerpunkten Prozessmanagement und Logistik sowie an Studenten und Dozenten der Betriebswirtschaftslehre mit dem Schwerpunkt Logistik. Es gliedert sich in drei Hauptabschnitte mit unterschiedlichen Schwerpunkten.

Im *ersten Hauptabschnitt* werden die Grundlagen für die Kosten- und Leistungsbewertung als Elemente eines integrierten Prozessmanagements in der Logistik gelegt. Der erste Beitrag *Prozessanalyse und -bewertung als Elemente eines integrierten Prozessmanagements in der Logistik* von *Delfmann und Reihlen* versteht sich als Einführung in die Thematik und liefert einen Überblick über zentrale Themenkreise, die im Rahmen dieses Buches theoretisch und praktisch vertieft werden.

Der Beitrag *Prozessorientierte Logistik-Leistungsrechnung* von *Delfmann, Reihlen und Wickinghoff* setzt sich zunächst mit dem Problem der Bestimmung logistischer Leistungen auseinander. Dazu werden die in der Literatur diskutierten Konzepte zur Logistikleistung vorgestellt und erörtert. Anschließend wird in Anlehnung an die Grundidee einer Balanced Scorecard ein mehrdimensionales Modell zur Messung und zum Management logistischer Leistungen eingeführt. Ausgehend von einer Strategieperspektive wird die Logistikleistung über eine Wertschöpfungs-, eine Mitarbeiter- und eine Lernperspektive erfasst. Speziell in der Wertschöpfungsperspektive werden diejenigen Performanceindikatoren der logistischen Leistungsfähigkeit und logistischen Leistung definiert, die der BVL-Arbeitskreis als Leitorientierung herausgearbeitet hat. Schließlich wird in einer detaillierten Schrittfolge eine Methodik zur Entwicklung von Logistikkennzahlensystemen für die Praxis beschrieben sowie verschiedene Möglichkeiten der Nutzung von Logistikkennzahlen vorgestellt.

In dem Beitrag *Prozessorientierte Logistik-Kostenrechnung* von *Delfmann, Reihlen und Wickinghoff* wird der State of the Art zu prozessorientierten Kostenrechnungssystemen vorgestellt. Vor dem Hintergrund einer sich in den letzten Jahren deutlich veränderten Wertschöpfungs- und Kostenstruktur werden die Mängel der traditionell üblichen Kostenrechnungspraxis für die Logistik erläutert. Es wird herausgestellt, Speziell für die Logistik kann eine prozessorientierte Ausrichtung der Kostenrechnung viele dieser Defizite beseitigen. Sie bildet daher auch den Ausgangspunkt für die zwei darauf folgend vorgestellten Konzeptionen einer Prozesskostenrechnung für die Logistik. Bei der ersten handelt es sich um eine Prozessvollkostenrechnung, die ausführlich dargestellt und kritisch gewürdigt wird. Die zweite Konzeption ist eine Prozesskostenrechnung auf Teilkostenbasis, die sich zu einer Fixkostendeckungsrechnung ausbauen lässt. Sie versucht, die Kritikpunkte an der Vollkostenrechnung zu berücksichtigen. Schließlich werden verschiedene Möglichkeiten zur Realisierung einer (prozessorientierten) Logistikkostenrechnung überblicksartig vorgestellt.

Otto liefert sodann mit seinem Beitrag einen Überblick über *Methoden der Prozessbewertung*, der neben einer grundsätzlichen begrifflichen Einordnung eine phasenorientierte Systematisierung der verfügbaren Methoden zur Bewertung von Prozessen vorstellt. Die zahlreichen Beispiele beziehen sich vorwiegend auf Logistikdienstleistungsunternehmen können jedoch auch auf andere Anwendungsfelder des Prozessmanagements übertragen werden.

Im *zweiten Hauptabschnitt*, der die Analyse und Bewertung logistischer Hauptprozesse betrifft, beschäftigt sich der Beitrag von *Klee, Makowski und Remmert* mit den Prozessen der *Informatorische Auftragsbearbeitung*. Von dem Sachverhalt ausgehend, dass jede Form der physischen Leistungserstellung durch informatorische Prozesse angestossen wird und selbst wiederum Informationen verursacht, fassen die Autoren unter der informatorischen Auftragsbearbeitung alle Aktivitäten zusammen, die der Planung und Steuerung physischer Aktivitäten dienen. Sie untersuchen in diesem Zusammenhang Einflussfaktoren und Gestaltungsansätze für diesen Kernprozess und liefern auf diese Weise wertvolle Anhaltspunkte zur Optimierung von Informationsflüssen.

Der Prozess der physischen Auftragsabwicklung bildet den Gegenstand des Beitrags von *Eck, Gleißner, Herde, Kabath, Mau, Peter und Winterscheid*. Bei der Abwicklung der innerbetrieblichen Material- und Warenflüsse existieren vor allem Schnittstellen zu den vor- und nachgelagerten Transportprozessen sowie zu der informatorischen Auftragsbearbeitung. Neben einer detaillierten Strukturierung und Beschreibung der physische Auftragsbearbeitung werden Leistungs- und Kostengrößen zur näheren Beschreibung des Prozesses identifiziert, die später als Grundlage zur Ableitung von kosten- und leistungsbezogenen Kennzahlen dienen. Der Beitrag schließt mit einer Diskussion der verschiedenen Möglichkeiten zur prozessorientierten Verknüpfung der ermittelten Kennzahlen.

Der Beitrag von *Hennings, Otto, Steinke, Treeck, Vossen und Wölfling* befasst sich mit der *Analyse und Bewertung von Transportprozessen*. Für die Prozessanalyse werden aufbauend auf einer detaillierten Definition der transportspezifischen Teilprozesse die relevanten Einflussfaktoren identifiziert und die daraus resultierenden unterschiedlichen Prozesstypen beschrieben. Die Bewertung der Transportprozesse orientiert sich an den vom Arbeitskreis erarbeiteten Größen zur Beschreibung der Prozessleistung. Abschließend werden relevante Kennzahlen für den Bereich Transport und Distribution entwickelt.

Mit ihrem Beitrag *Kosten- und Leistungsrechnung in der Retrologistik – Konzeption unter Einsatz der Prozesskostenrechnung* analysieren *Dittrich, Femerling und Hempel* die Bedeutung der Retrologistik. Zum Zwecke einer genaueren Betrachtung wird die Retrologistik in die vier Subsysteme Behälterlogisitik, Ersatzteillogistik, Retourenlogistik und Entsorgungslogistik unterteilt. Für jedes dieser Subsysteme wird das vom Arbeitskreis entwickelt Referenzmodell konkretisiert.

Im *dritten Hauptabschnitt*, der praktische Anwendungen des logistischen Referenzmodells vorstellt, stellt *Gleißner* zunächst mit seinem Beitrag *Prozessorientierte Kostenrechnung bei Neckermann* eine praktische Implementierung der Prozesskostenrechnung im Versandhandel vor. Aufbauend auf grundlegenden Informationen über die Prozesscharakteristik der Logistik in der Neckermann Versand AG werden unterschiedliche Prozesstypen dargestellt. Die Ermittlung der Kernprozesse konzentriert sich dabei auf die physische Auftragsabwicklung und die Retrologistik. Letztere ist im Versandhandel besonders aufgrund der häufig abzuwickelnden Retouren wichtig. Im Anschluss an die Prozessanalyse werden Möglichkeiten zur Ermittlung der Prozess- und letztlich auch der Stückkosten vorgestellt und abschließend anhand von praktischen Anwendungen illustriert.

Mit dem Beitrag *Der Weg vom theoretischen Ansatz zur praxiserprobten Softwarelösung für Prozesskostenrechnung* erläutern *Kabath, Kayser und Meier* das ursprünglich für die Bundeswehr entwickelte Prozesskostenrechnungstool KOLIBRI. Neben einer Erläuterung der Konzeption und Umsetzung des Tools KOLIBRI werden Abweichungen zu den zuvor aufgezeigten theoretischen Ansätzen dargestellt und die vorhandenen Funktionalitäten der Software beschrieben. Abgerundet wird der Beitrag durch ein praktisches Beispiel und einen Ausblick auf die zukünftigen Entwicklungstendenzen.

Aufbauend auf dem generellen Konzept des Logistikcontrolling bei der Firma Siemens stellt der Beitrag *Prozessorientierte Kosten- und Leistungsbewertung bei Siemens* von *Faßnacht, Gruber, Polland und Wieser* sowohl die Leistungsbewertung als auch die Kostenbewertung mit den eigens dafür entwickelten Softwaretools LOGIC-Graf® und LKC® vor. Für die Leistungsbewertung werden die Struktur der Logistikleistungen aus der Sicht von Siemens, eine Folge von Schritten zur Messung der Logistikleistung sowie Hinweise zur Analyse und Berichterstattung beschrieben. Die Kostenbewertung geht auf die Struktur der Logistikkosten, unterschiedliche Wege zur Ermittlung von Logistikkosten sowie ebenfalls auf Hinweise zur Analyse und Berichterstattung ein. Anwenderstatements und Zusammenfassungen runden die Darstellung ab.

Als Abschluss und Ausblick des vorliegenden Bandes liefert *Wölfling* mit seinem Beitrag *Supply Chain Management - Ubi venis, quo vadis?* den Brückenschlag von der prozessorientierten logistischen Kosten- und Leistungsbewertung zu den noch weiter reichenden Ansprüchen des Controlling bzw. Management komplexer Supply Chains. Das SCM wird in der Regel als die „Optimierung der logistischen Prozesskette nicht nur innerhalb des Unternehmens, sondern von dem Kunden des Kunden zum Lieferanten des Lieferanten" verstanden. In diesem Kontext geht der Autor nicht nur auf die zentralen Einflussgrößen des SCM ein, sondern zeigt neben den Problemfeldern auch die Nutzenpotenziale des Supply Chain Management anhand eines praxisnahen Beispiels auf. Abschließend wird die Frage aufgeworfen, ob die Prozesskostenrechnung ein geeignetes Instrument zur Unterstützung des SCM darstellt. Ferner empfiehlt der Autor eher von einem Supply Circle Management als von einem Supply Chain Management zu sprechen, da dieser Begriff den zukünftigen, sich in der Praxis abzeichnenden Entwicklungen im Sinne einer Kreislaufwirtschaft besser gerecht werde als der ursprüngliche.

Das vorliegende Buch ist aus der Zusammenarbeit der Mitglieder des BVL-Arbeitskreises „Prozesscontrolling" entstanden. Ohne das Engagement der beteiligten Personen wäre diese Veröffentlichung nicht möglich gewesen. Ihnen allen sei an dieser Stelle herzlich gedankt. Den Mitarbeiterinnen und Mitarbeitern des Seminars für Allg. Betriebswirtschaftslehre, Betriebswirtschaftliche Planung und Logistik gebührt ein spezieller Dank für die Unterstützung bei den abschließenden Korrekturen. Insbesondere möchten wir uns bei Herrn Dipl.-Kfm. Constantin Wickinghoff bedanken, der neben seiner Funktion als einer der Mitautoren den Entstehungsprozess tatkräftig unterstützt hat. Hervorzuheben ist ferner die unermüdliche Unterstützung durch Frau Dipl.-Kff. Rowena Arzt, die den Arbeitskreis organisatorisch aufs Beste betreut und die Koordination der Buchentstehung maßgeblich getragen hat. Ferner danken wir Frau cand. rer. pol. Christine Ruff für ihren außerordentlichen Einsatz, den sie bei der mühevollen Aufbereitung der Texte zu einer druckreifen Verlagsvorlage an den Tag gelegt hat. Last, but not least, möchten wir der BVL für die Unterstützung dieses Arbeitskreises sowie Frau Marita Rollnik-Mollenhauer, Frau Claudia Knapp und dem Schäffer-Poeschel-Verlag für die gute Zusammenarbeit danken.

Köln im Dezember 2002   Werner Delfmann
                                                         Markus Reihlen

Inhaltsverzeichnis

Grundlagen

Prozessanalyse und -bewertung als Kernelemente integrierten Prozessmanagements

Werner Delfmann / Markus Reihlen[*]

[*] Prof. Dr. Werner Delfmann, Seminar für Allg. BWL, betriebswirtschaftliche Planung und Logistik der Universität zu Köln.
Dr. Markus Reihlen, Seminar für Allg. BWL, betriebswirtschaftliche Planung und Logistik der Universität zu Köln.

1. Einleitung

Der erhöhte Wettbewerbsdruck zwingt heutige Unternehmen dazu, ihre betrieblichen Abläufe stärker als bisher kundenorientiert und effizient zu gestalten. Gerade das Logistikmanagement wird durch den schnittstellenübergreifenden Charakter logistischer Prozesse vor besondere Herausforderungen gestellt. Es sind nicht allein einzelne Bereiche oder Teilprozesse zu verbessern, sondern die gesamte logistische Prozesskette muss ganzheitlich im Hinblick auf kundenorientierte Leistungsziele und dazu erforderliche Ressourcenverbräuche optimiert werden. Dabei wird die Praxis des Prozessmanagements vor eine schwierige Aufgabe gestellt, denn es fehlen häufig praktikable Instrumente, die Transparenz in die Prozessstruktur, Prozesskosten und -leistungen bringen. Diese umfassende Prozesstransparenz ist jedoch die Voraussetzung für ein Prozessbenchmarking, Reengineering und eine zielkonforme Prozesssteuerung.

Der Arbeitskreis „Prozesscontrolling" hat sich deshalb das Ziel gesetzt, einen allgemeinen Rahmen für die logistische Prozessanalyse und -bewertung zu entwickeln, der dem Prozessmanagement wichtige Orientierungen und Ideen für die Konzeption eines unternehmensindividuellen Ansatzes vermittelt. In unternehmensübergreifenden Arbeitsgruppen mit Teilnehmern aus Industrie-, Dienstleistungs- und Handelsunternehmen ist ein allgemeines Modell einer logistischen Prozesskette - bestehend aus einer Vielzahl von Hauptprozessen, Teilprozessen und Aktivitäten - und ein differenzierter, mehrdimensionaler Bezugsrahmen für die Bewertung logistischer Prozesse erarbeitet worden. Der vorliegende Beitrag stellt eine Einführung in den vom Arbeitskreis entwickelten Bezugsrahmen für das Prozessmanagement dar. Er wird in den Folgebeiträgen praxisorientiert anhand von Beispielen konkretisiert.

2. Der Prozessmanagementzyklus

Die konsequente Umsetzung des Gedankens der Prozessorientierung ist zum neuen Managementcredo geworden. Dies gilt in ganz besonderem Maße für logistische Prozesse, ist doch seit Jahren die ganzheitliche Optimierung von unternehmensübergreifenden Versorgungsketten das erklärte Ziel einer modernen Logistik.

> *Prozessmanagement ist die strategieorientierte Analyse, Bewertung, Gestaltung (Verbesserung), Steuerung und Kontrolle von Wertschöpfungsprozessen in und zwischen Unternehmungen.*

Die Definition lässt erkennen, dass das Prozessmanagement als sich permanent wiederholende Abfolge (Zyklus) unterschiedlicher prozessorientierter Managementaufgaben interpretiert werden kann (Abb. 1). Der Prozessmanagementzyklus umfasst drei grundlegende interdependente Schritte oder Stufen: die Prozessanalyse einschließlich der

Prozessbewertung, die Prozessgestaltung sowie die Prozesssteuerung und -kontrolle. Jede dieser Stufen bedingt sich gegenseitig und ist insofern unabdingbarer Bestandteil eines fundierten Prozessmanagements.

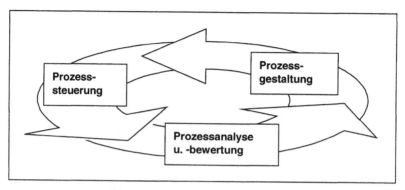

Abb. 1: Der Prozessmanagementzyklus

Ohne die differenzierte Kenntnis und Transparenz der Einzelaktivitäten, Teilprozesse und Wechselbeziehungen innerhalb und zwischen Prozessen und Prozessketten ist weder eine vergleichende Beurteilung gegenüber anderen Prozessen im Rahmen eines Benchmarking noch eine zielorientierte Bewertung möglich. Ohne eine differenzierte Bewertung fehlt die Grundlage für eine Prozessveränderung wie auch für die laufende Steuerung und Kontrolle der Prozesse. Laufende Steuerungs- und Kontrollinformationen bilden wiederum die Basis für die erneute Prozessanalyse.

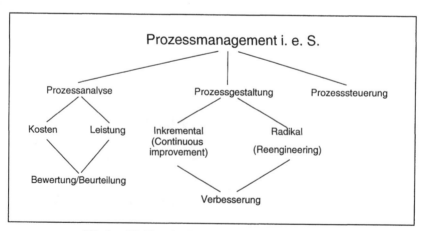

Abb. 2: Die Einzelaufgaben der Prozessmanagements

Das Prozessmanagement mit seiner ausgeprägten Wertschöpfungsorientierung muss sich auf jene Prozesse konzentrieren, die für den Abnehmerwert aus Kundensicht von zentraler Bedeutung sind. Diese Kundenorientierung gilt es mit der Prozessorientierung zu verbinden. Dies führt zur Interpretation von Prozessketten als Abfolge von Kunden-/Lieferantenbeziehungen und damit zur Metapher der *Kundenkette*. Damit wird jeder Akteur in einer Prozesskette zum Kunden und gleichzeitig zum Lieferanten für das nächste Glied der Kette. Da gerade derartige Kernprozessketten, die an ihrem Ende auf externe Kunden zielen, in aller Regel Bereichs- und Unternehmensgrenzen überschreiten, setzt das Prozessmanagement eine bereichs- und unternehmensübergreifende Perspektive voraus.

3.   Transparenz durch Prozessanalyse

3.1 Ziele: Warum Prozessanalyse?

Wesentliches Ziel der Prozessanalyse ist die Schaffung von Prozesstransparenz. Diese bildet einerseits die Kommunikationsbasis für die kontinuierliche inkrementale wie für die fallweise grundlegende Prozessverbesserung sowie andererseits die fundierte Grundlage für die Anwendung spezifischer prozessorientierter Bewertungs-, Beurteilungs- und Steuerungsinstrumente. Gerade die Aussagefähigkeit vieldiskutierter Instrumente der Kosten- und Leistungsrechnung wie der Prozesskostenrechnung oder der prozessorientierten Budgetierung hängt unmittelbar von der Differenziertheit der zugrundeliegenden Prozessanalyse ab. Als Bewertungsdimensionen werden üblicherweise auf der Inputseite die Prozesskosten und auf der Outputseite prozessbezogene Zeit-/Qualitäts- und (quantitative) Leistungsgrößen herangezogen.

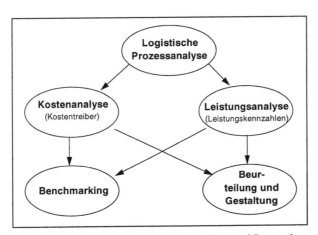

Abb. 3:   Der Zusammenhang zwischen Prozessanalyse und Prozessbewertung

3.2 Vorgehensweise

Die Durchführung der Prozessanalyse folgt einem im Prinzip sehr einfachen, in praxi aber häufig sehr aufwendigen Vorgehensmodell. Es geht darum, die wesentlichen Prozesselemente und ihre Zusammenhänge im Detail zu erfassen und zu dokumentieren. Hierbei stehen die folgenden Aufgaben im Mittelpunkt:

- Erhebung der Prozessobjekte
- Erhebung der Aktivitäten und Teilprozesse hinsichtlich Inhalt, Zeit und Qualität
- Erhebung der Prozessressourcen (Kapazitäten und Verbräuche)
- Erhebung der Prozessergebnisse
- Erhebung der Verantwortlichkeiten.

Die Auswertung der erhobenen Prozessdaten ist Gegenstand der Prozessdokumentation. Sie kann im Prinzip graphisch, verbal und/oder numerisch erfolgen. Neben der Erfassung der einzelnen Prozessschritte und ihrer verschiedenen Merkmale erfordert die Prozessperspektive insbesondere eine Dokumentation der Reihenfolge der einzelnen Aktivitäten und ihrer ablaufbezogenen Kausalzusammenhänge. Je besser es gelingt, diese Prozessmerkmale differenziert zu erfassen, desto höher ist die Transparenz der Prozessabläufe und desto fundierter sind die Voraussetzungen für Prozessbewertung, Benchmarking und Prozessveränderung.

3.3 Struktur der logistischen Prozesskette

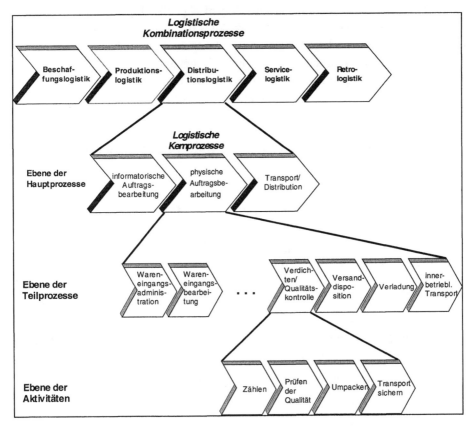

Abb. 4: Die hierarchische Zerlegung logistischer Prozessketten

Angesichts der großen Anzahl und Vielfalt logistischer Prozesse, die innerbetrieblich als auch überbetrieblich ablaufen, ist vom Arbeitskreis ein allgemeines Prozessketten-modell entwickelt worden. Damit gelingt es dem Prozessmanagement, sich auf die lo-gistischen Haupt- und Teilprozesse zu konzentrieren, die für den Kunden von zentraler Bedeutung sind. Das allgemeine logistische Prozessmodell lässt sich in einer vertikalen und horizontalen Dimension beschreiben. Die vertikale Struktur legt die Prozesshierar-chie fest, die sich in die Ebenen der Haupt- und Teilprozesse sowie Aktivitäten zerlegen lässt. Die horizontale Struktur wird durch den jeweiligen Informations- und Güterfluss bestimmt, der sich durch die zeitliche bzw. logische Anordnung der einzelnen Aktivitä-ten in der logistischen Leistungserstellung ergibt (vgl. Abb. 4). Der Arbeitskreis unter-scheidet zwischen sog. Kern- und Kombinationsprozessen. Dabei bilden die Kernprozesse „informatorische Auftragsbearbeitung", „physische Auftragsbearbeitung" und „Transport/Distribution" die Grundbausteine logistischer Kombinationsprozesse wie sie in der Beschaffungs-, Distributions- und Retrologistik auftreten. Praktisch relevant ist darüber hinaus ein zumeist kaum untersuchter, im Arbeitskreis aber behandelter Prozess, der als „Servicelogistik" bezeichnet wurde. Unter Servicelogistik werden all jene logistischen Aktivitäten gefasst, die für die Erbringung von Serviceleistungen beim Kunden (Installationen, Wartungen, Reparaturen etc.) erforderlich sind.

4.   Konsequent entscheiden auf der Grundlage der Prozessbewertung

4.1 Leitfragen der Prozessbewertung

Vor dem Hintergrund der Prozessanalyse sind die Handlungskonsequenzen logistischer Entscheidungen im Hinblick auf operative und wettbewerbsstrategische Zielsetzungen zu bewerten. Ein solcher Bewertungsprozess umfasst die möglichst quantitative Messung logistischer Sachverhalte und die Beurteilung der Vorziehenswürdigkeit logistischer Entscheidungstatbestände wie die Gestaltung der Auftragsabwicklung, die Steuerung von Aufträgen oder die Kalkulation bestimmter Leistungen.

> *Prozessbewertung kann definiert werden als die monetäre und nicht-monetäre Messung und Beurteilung von Prozessinput, Prozessdurchlauf und Prozessoutputgrößen im Hinblick auf wettbewerbsrelevante Zielsetzungen des Unternehmens.*

Es lassen sich drei wesentliche Kernfragen der Prozessbewertung herausstellen:

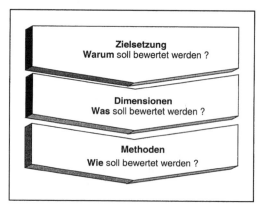

Abb. 5:   Leitfragen der Prozessbewertung

4.2 Warum soll bewertet werden?: Zielsetzung

Betrachtet man die Zielsetzungen der Prozessbewertung, so lassen sich drei grundlegende Kategorien herausstellen:

1. *Prozessgestaltung*: Entscheidungen über die Neugestaltung oder Veränderung von Prozessen.
2. *Prozesssteuerung*: Die Steuerung von Aufträgen in logistischen Kunden-Lieferantenketten sowie die Performancemessung.
3. *Kalkulation*: Durchführung einer prozessanalogen Kalkulation für logistische Leistungen.

4.3 Was soll bewertet werden?: Dimensionen der Prozessbewertung

Der Arbeitskreis unterscheidet in der entwickelten Systematik vier Dimensionen der Prozessbewertung, die bei einer ganzheitlichen Vorgehensweise zu berücksichtigen sind (Abb. 6).

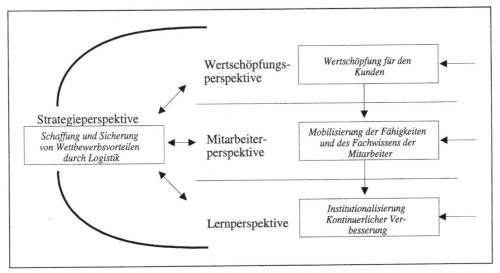

Abb. 6: Dimensionen der Prozessbewertung

Das entwickelte Modell geht von vier Perspektiven aus, mit denen eine Logistikkette betrachtet werden kann. Es wird der Beitrag der Logistikkette zur gesamthaften Sicherung und Erhaltung strategischer Wettbewerbsvorteile (Strategieperspektive), zur Befriedigung von Kundenbedürfnissen (Wertschöpfungsperspektive), zur Mobilisierung der Mitarbeiter (Mitarbeiterperspektive) sowie zur kontinuierlichen Entwicklungsfähigkeit (Lernperspektive) untersucht. Der Beziehungszusammenhang zwischen diesen Perspektiven lässt sich wie folgt herausstellen. Ausgangspunkt für den Erfolg von Unternehmen am Markt ist die Erlangung und Sicherung von Wettbewerbsvorteilen. Die Strategieperspektive fragt deshalb danach, welchen Beitrag die Logistik zur Sicherung der Wettbewerbsfähigkeit des Unternehmens insgesamt beitragen kann. Die Wettbewerbsstrategie liefert damit finale Bezugspunkte für die Gestaltung und Steuerung logistischer Ketten. In einem zweiten Schritt ist die strategische Ausrichtung mit den eigentlichen logistischen Leistungsprozesse zu verbinden, die darauf abzielen, attraktive Kundensegmente durch logistische Serviceleistungen zu bedienen. Es müssen also die Leistungen der betrieblichen Logistikprozesse untersucht und Indikatoren für die Logistikqualität im Hinblick auf eine definierte Strategie entwickelt werden, um ein hohes Maß an Kundenzufriedenheit und nachhaltiger Wettbewerbsfähigkeit aufzubauen. In einem weiteren Schritt sind die Anforderungen an die logistischen Wertschöpfungsprozesse mit den Fähigkeiten und dem Know How der Mitarbeiter zu verknüpfen. Sie müssen im Sinne der Strategie und der kundenorientierten Leistungserstellung mobilisiert werden (Mitarbeiterperspektive), was nur dann auf hohem Niveau gelingen wird, wenn die Mitarbeiterinteressen bei der Planung und Steuerung logistischer Prozessketten Berücksichtigung finden. Sie sind schließlich die eigentlichen Leistungsträger, die in ihrem operativen Handeln eine Strategie leben müssen. Als letzter Schritt ist ein Prozess der kontinuierlichen Verbesserung entlang der Logistikkette zu institutionalisieren (Lernperspektive). Durch Training und Weiterbildung, offenen Wissensaustausch und Anreize für permanentes Lernen können Prozesse dauerhaft verbessert werden.

Während die Strategie-, Mitarbeiter- und Lernperspektive übergreifende Bewertungsaspekte behandelt, die nur partiell auf die Ebene von Teilprozessen und Aktivitäten heruntergebrochen werden können, und somit nur teilweise operationalisierbar sind, wurde ein eigenes Modell für die Wertschöpfungsdimension entwickelt.[1] Die Wertschöpfungsdimension erfasst die Kosten und Leistungen eines Prozesses, wobei der Leistungsbegriff nicht nur auf monetär bewertete Leistungserstellungen einer Abrechnungsperiode beschränkt wird, sondern auch Qualitäts- und Leistungsfähigkeitskriterien umfasst. Die Kosten, die zum Erbringen der Prozessleistung bzw. Prozessleistungsfähigkeit entstehen, können allgemein als Prozesskosten bezeichnet werden. Ein Prozess ist dabei als eine auf die Erbringung eines Leistungsoutputs gerichtete Kette von Aktivitäten zu verstehen und somit gekennzeichnet durch:

1. einen Leistungsoutput (siehe unten),
2. eine Leistungsfähigkeit (siehe unten),
3. eine (zu untersuchende) Ressourceninanspruchnahme, die in Kosten bewertet wird,

---

[1]   Ausführlich vgl. den Beitrag von Delfmann, Reihlen und Wickinghoff zur prozessorientierten Leistungsrechnung in diesem Band.

4. zumindest einen Kosteneinflussfaktor (Kostentreiber), der zugleich als Messgröße für die Anzahl der Prozessdurchführungen gilt sowie
5. durch eine analysierbare Durchlaufzeit.

Zwischen den Outputmerkmalen von Prozessen und den Prozesskosten besteht ein direkter Zusammenhang. Aussagen über die Angemessenheit von prozessabhängigen Kosten machen nur dann einen Sinn, wenn sie jeweils zu den Leistungsmerkmalen des betrachteten Prozesses in Beziehung gesetzt werden. Hierbei spielt wieder die bereichsübergreifende Prozessverbundenheit (Trade-off) eine wichtige Rolle. Die in den letzten Jahren vehement vorangetriebene Entwicklung prozessorientierter Kostenrechnungskonzepte (activity-based costing, Prozesskostenrechnung, prozessorientierte Kalkulation, prozessorientierte Budgetierung, target costing usw.) bieten hierfür einen reichen Instrumentenkasten.

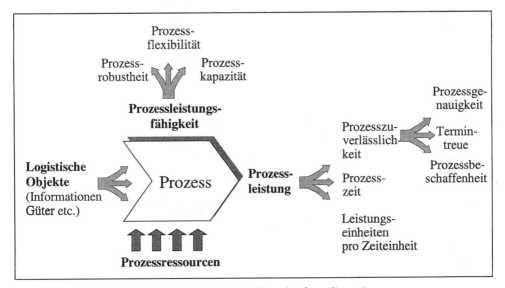

Abb. 7:   Indikatoren der Wertschöpfungsdimension

Der Arbeitskreis hat folgende Messindikatoren für die Prozessleistungsfähigkeit und Prozessleistung entwickelt, deren Mächtigkeit für eine praktische Analyse und Bewertung von Logistikprozessen in nachfolgenden Beiträgen gezeigt wird.

Prozessleistungsfähigkeit

• *Prozessrobustheit*: Ein logistischer Prozess gilt als robust, wenn trotz aufgetretener externer oder interner Fehler die zugesagte logistische Leistung (Prozesszuverlässigkeit und Prozesszeit) an den Abnehmer erbracht werden kann.

- *Prozessflexibilität:* Ein Prozess gilt als flexibel, wenn er eine hohe Anzahl unterschiedlicher Auftragstypen bewältigen kann. Ein logistischer Prozess ist flexibel, wenn er große Volumen- und Variantenunterschiede verarbeiten kann.

- *Prozesskapazität:* Die Prozesskapazität beschreibt die Fähigkeit eines Prozesses, eine bestimmte, quantitativ messbare Leistung pro Zeiteinheit mit den verfügbaren Ressourcen (minimal, durchschnittlich und maximal) zu erbringen.

Prozessleistungsgrößen

- *Prozesszuverlässigkeit* besteht aus den drei Elementen Prozessgenauigkeit, Termintreue und Beschaffenheit.

- *Prozessgenauigkeit:* Die Prozessgenauigkeit gibt an, inwieweit die vom Abnehmer (interner bzw. externer Kunde) gestellten Anforderungen an die bereitgestellten Güter (physische Logistik) oder Informationen (informatorische Logistik) nach Art und Menge erfüllt wurden.

- *Termintreue:* Die Termintreue dient zur Beurteilung der Übereinstimmung zwischen zugesagtem und tatsächlichem Auftragserfüllungstermin. Sie stellt ein Maß für die Sicherheit einer Terminzusage dar.

- *Beschaffenheit* (des Produktes bzw. der Information): Das Kriterium der Beschaffenheit gibt an, inwieweit das gelieferte Produkt (physische Logistik) oder die übermittelten Informationen (informatorische Logistik) dem Kunden Grund zur Beanstandung geben. Das ausgelieferte Produkt bzw. die übermittelte Information sollte deshalb möglichst unversehrt, d.h. ohne Veränderung der physischen Qualität, zum Kunden transferiert werden.

- *Prozesszeit:* Die Prozesszeit beschreibt den Zeitraum, der für die logistische Leistungserstellung benötigt wird (Bsp.: Durchlaufzeit eines Auftrages).

4.4 Wie soll bewertet werden?: Methoden der Prozessbewertung

Im Rahmen der Prozessbewertung lassen sich drei unterschiedliche Aufgabenbereiche identifizieren. Dies sind die Dokumentation, der Vergleich von Prozessen und das Erstellen von Rangfolgen. Um einen Prozess hinsichtlich seiner Vorteilhaftigkeit beurteilen zu können, muss dieser in einem ersten Schritt dokumentiert werden. Eine solche Dokumentation ist das Ergebnis einer detaillierten Prozessanalyse, die in einem weiteren Schritt die Grundlage für die Aufstellung von Soll-Werten oder ein Prozessbenchmarking darstellt. Mit Hilfe von Gegenüberstellungen kann dann schlussendlich eine Rangfolge gebildet werden, die die Basis für unterschiedlichste Managemententscheidungen darstellen kann.

Es besteht die Möglichkeit, eine Prozessbewertung für jede der unter 4.3 geschilderte Perspektiven vorzunehmen. Die Ergebnisse aus der Prozessbewertung bilden dann wiederum die Grundlage für die Prozessgestaltung und -steuerung im Rahmen des Prozessmanagementzyklus (Abb.1).[2]

---

[2]   Eine detaillierte Beschreibung der einzelnen Bewertungsmethoden erfolgt in dem Beitrag von *Andreas Otto* in diesem Band.

Prozessorientierte Logistik-Leistungsrechnung

Werner Delfmann / Markus Reihlen / Constantin Wickinghoff[*]

---

[*] Prof. Dr. Werner Delfmann, Seminar für Allg. BWL, betriebswirtschaftliche Planung und Logistik der Universität zu Köln.
Dr. Markus Reihlen, Seminar für Allg. BWL, betriebswirtschaftliche Planung und Logistik der Universität zu Köln.
Dipl.-Kfm. Constantin Wickinghoff, Schenker AG, Essen.

1. Einführung

Die Aussagefähigkeit einer prozessorientierten Kostenbewertung in der Logistik hängt unmittelbar davon ab, inwieweit Kosteninformationen mit einem profunden Logistik-Leistungsrechnungssystem verbunden werden können. Während das Angebot an Logistik-Kostenrechnungssystemen für die Praxis von der einfachen Vollkostenrechnung mit differenzierten Logistik-Kostenstellen über die Prozessvoll- und Prozessteilkostenrechnung reicht und sich damit durch einen hohen instrumentellen Differenzierungsgrad auszeichnet,[1] gilt die Logistik-Leistungsrechnung immer noch als relativ unterentwickelt. Dieser Zustand betrifft nicht nur die Praxis, sondern insbesondere auch die theoretische Diskussion. Dies ist umso verwunderlicher, als in verstärktem Maße in Theorie und Praxis betont wird, dass die Anforderungen an die Qualität der logistischen Wertschöpfung und damit an die logistischen Systeme stark zugenommen haben.[2] Zu nennen ist in diesem Zusammenhang der anhaltende Trend zu bestandsarmen Versorgungs- und Produktionssystemen (z.B. Just in time), der sich vor allem im innerindustriellen Bereich, aber im Zuge ausgefeilterer, hochintegrierter Güterversorgungssysteme auch auf die Distributionsstrukturen zwischen Industrie und Handel (z.B. Efficient Consumer Response) auswirkt. Vor diesem Hintergrund erweist sich eine systematische, ausgebaute Logistikleistungsrechnung als notwendiges Element eines Logistik-Controllingsystems. Denn nur so gelingt es, den allgemeinen strategischen Herausforderungen durch konkrete operative Informations- und Steuerungssysteme zu begegnen, die letztlich die Grundlage für eine erfolgreiche Prozessgestaltung, -steuerung und Leistungskalkulation darstellen.

Der vorliegende Beitrag präzisiert den Begriff der Logistikleistung und nimmt eine knappe Bestandsaufnahme der Literatur vor. Darauf aufbauend wird ein differenziertes, mehrdimensionales Modell zum Management und zur Messung logistischer Leistungen vorgestellt, das in den praktischen Folgebeiträgen anhand der unterschiedlichen Kern- und Kombinationsprozesse konkretisiert wird. Im Anschluss daran wird eine Methodik zur Entwicklung von Kennzahlensystemen vorgestellt, und es werden unterschiedliche Arten der Nutzung dieser Systeme durch das Management und die Mitarbeiter eingeführt.

---

[1] Vgl. dazu den Beitrag von Delfmann / Reihlen / Wickinghoff in diesem Band.
[2] Vgl. Caplice / Sheffi (1995), S. 65, Mentzer / Konrad (1991), S. 39 f., Böttcher (1993), S. 215 f.

2. Logistikleistung: Ansätze zur begrifflichen Bestimmung aus der Literatur

2.1 Grundverständnis von Logistikleistung

Der Begriff der Leistung wird in der Betriebswirtschaftslehre unterschiedlich verwendet. In einer der einfachsten Abgrenzungen bezeichnet eine Leistung das Ergebnis wirtschaftlicher Tätigkeiten. Insbesondere stehen sich dabei zwei unterschiedliche Begriffsverwendungen gegenüber: eine güterwirtschaftliche und eine erfolgswirtschaftliche. Die erfolgswirtschaftliche Interpretation des Leistungsbegriffs besteht in der monetären Bewertung der betriebszweck- und periodenbezogenen Güterentstehung und ist damit der komplementäre Begriff zu den Kosten. Die Leistung wird dann ermittelt als Produkt aus Leistungsgütermenge mal Leistungsgüterpreis und findet ihren Niederschlag in der Betriebserfolgsrechnung. Von dieser erfolgswirtschaftlichen Sicht ist die güterwirtschaftliche Begriffsverwendung zu unterscheiden. Aufgrund der monetären Bewertungsprobleme logistischer Leistungen hat diese sich in der Logistik weitgehend durchgesetzt. Danach kann unter Leistung das mengenmäßige, nicht-monetär bewertete Ergebnis von Leistungs-Erstellungsprozessen verstanden werden.[3] Entsprechend ist eine Logistikleistung das Ergebnis einer logistischen Aktivität bzw. einer Anzahl von verknüpften logistischen Aktivitäten, durch die räumliche oder zeitliche Güterveränderungen zur Befriedigung von Kundenbedürfnissen vollzogen werden.

Die Identifizierung von Logistikleistungen ist mit einigen Besonderheiten verbunden, die vor allem aus dem *Dienstleistungscharakter* der logistischen Wertschöpfung resultieren. Unabhängig davon, ob ein Unternehmen primär Sachleistungen als produzierendes Industrieunternehmen anbietet oder als Anbieter reiner Logistikleistungen auftritt, dient die Erstellung logistischer Leistungen nicht der Erzeugung eines materiellen Gutes. Vielmehr sind logistische Leistungen Zusatzleistungen, die weitgehend simultan produziert und konsumiert werden; durch sie wird die Verfügbarkeit räumlich und zeitlich veränderter Güter (oder Informationen) auf unterschiedlichen Stufen der Logistikkette für eine kundengerechte Versorgung gewährleistet. Gerade in marktorientierten Unternehmen, die ihre Aktivitäten vollständig auf die Bedürfnisse ihrer Kunden ausrichten, um Marktchancen schnell zu erkennen und umzusetzen, sind solche logistischen Zusatzleistungen zu identifizieren, die vom Kunden besonders wertgeschätzt werden und damit ein materielles Produkt positiv ergänzen. Im Allgemeinen werden diese Zusatzleistungen durch Prozesse der Raum- und Zeitüberbrückung sowie der Mengen- und Sortenänderung erbracht, die beim Kunden zu einem bestimmten Niveau der Güterverfügbarkeit führen (vgl. Abb. 1).[4]

---

[3] Vgl. dazu insbesondere Plinke (1993), Sp. 2564 ff., Weber (1986), S. 1197 ff.
[4] Vgl. Engelsleben (1994), S. 28 ff.

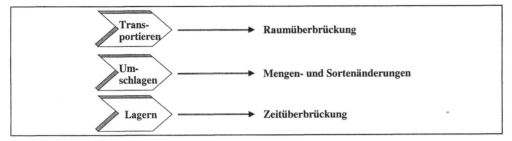

Abb. 1: Funktionen der physischen Logistik

Logistikleistungen haben deshalb auch eher den Charakter von Prozessen als von Objekten und sind einer einfachen objektiven Messung, Prüfung und Bewertung mittels standardisierter Messverfahren nur schwerlich zugänglich. Wollte ein Logistik-dienstleister eine vollständig standardisierte Qualität seiner Leistungen gewährleisten, dann wird ihm dies nur dadurch gelingen, dass er vollkommene Konstanz der Leistungsfähigkeit seiner Prozesse sicherstellt, eine Anforderung, die ein lückenloses Qualitätscontrolling erforderlich macht.[5] Die Stetigkeit der Leistung wird zusätzlich durch Unsicherheiten erschwert, die durch wechselhafte Kundenanforderungen und veränderliche logistische Objekte verursacht werden. Konstante Leistungsfähigkeit unter unsicheren Nachfragebedingungen erfordert entweder eine restriktive Leistungsprogramm-politik und damit eine Konzentration auf ausgewählte Marktsegmente oder Investitionen in flexible logistische Produktionsfaktoren, mit denen nachfragebedingte Unsicherheiten absorbiert werden können.

2.2 Lieferservice als Logistikleistung

In der Literatur sind unterschiedliche Vorschläge entwickelt worden, um das zusätzliche wertschöpfende Leistungsbündel, das von der Logistik in Ergänzung zu einem materiellen Produkt bereitgestellt wird, begrifflich und definitorisch zu präzisieren. Am geläufigsten ist das Konzept des *Lieferservice*.[6] Unter dem Lieferservice werden verschiedene Dimensionen der physischen Logistikleistung zumeist an einen Endkunden verstanden. Es lassen sich nach PFOHL vier Komponenten des Lieferservice unterscheiden:[7] die Lieferzeit, die Lieferzuverlässigkeit, die Lieferungsbeschaffenheit und die Lieferflexibilität. Der Lieferservice ist damit ein mehrere Komponenten umfassendes Konstrukt, das durch ein ganzes Bündel unterschiedlicher Indikatoren die Logistik-

---

[5] Vgl. Engelsleben (1994), S. 28 ff.

[6] Vgl. Weber (1995a), S. 48 ff., Isermann (1998), S. 22 ff.

[7] Vgl. im Folgenden Pfohl (1996), S. 33 ff.

leistung am Ende eines Prozesses, Unternehmens oder einer gesamten unternehmensübergreifenden Versorgungskette erfasst und misst.

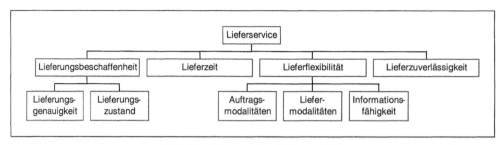

Abb. 2: Elemente des Lieferservice[8]

In der logistischen Qualitätsliteratur wird Kritik am Konzept des Lieferservice geäu-
ßert.[9] Zwar ist es unbestreitbar, dass durch den Lieferservice zumindest ein Teil der Logistikleistung eines Unternehmens gemessen wird, der aus Sicht des Kunden relevant
ist. Jedoch zeigt sich die logistische Leistung nicht erst dann, wenn der Kunde am Ende
der Kette diese vor Ort wahrnimmt. Vielmehr zeichnet sich eine herausragende Logistik
durch eine ganze „Kette guter Teilleistungen" aus, die auf allen Stufen der Wertschöpfungskette erbracht worden sind. Defizite in der Qualität einzelner Prozesse, beispielsweise durch lange Auftragsbearbeitungszeiten, haben unmittelbare Auswirkungen auf
alle nachfolgenden Prozesse, die dann nicht selten durch übermäßige, kostenintensive
Anpassungsmaßnahmen ausgeglichen werden müssen. Der Lieferservice ist damit nur
als Ergebnis einer ganzen Kette vorgelagerter Logistikprozesse zu begreifen. Vor diesem Hintergrund erweist es sich als geboten, nicht nur outputorientierte Leistungsgrößen zu erfassen, sondern auch solche, mit denen der Prozess und die Prozessfähigkeit
gemessen werden können.

2.3 Prozessorientierte Differenzierung von Logistikleistungen: Der Vorschlag von Weber

Einen solchen breiter angelegten Vorschlag zur Abgrenzung logistischer Leistungen hat
WEBER in die Diskussion gebracht.[10] Er unterscheidet vier Leistungskategorien, die er
als faktor-, prozess-, ergebnis- und wirkungsbezogene Logistikleistungen bezeichnet.[11]
Eine Logistikleistung ist *faktor- oder potenzialbezogen*, wenn sie für den Vollzug logistischer Raum- und Zeitüberbrückungsprozesse Produktionsfaktoren bereitstellt. Im Mit-

---

8   Quelle: In Anlehnung an Pfohl (2000), S. 36 ff., Grüner (1997), S. 82.
9   Vgl. Engelsleben (1994), S. 42-46, Niebuer (1996), S. 68-71.
10 Vgl. im Folgenden Weber (1986), ders. (1995a), S. 48 ff.
11 Vgl. Weber (1986), S. 1197 ff., ders. (1995), S. 39 ff. u. 48 ff.

telpunkt der Potenzialorientierung stehen also die Fähigkeit und die Bereitschaft, logistische Bedarfe zu decken. In der Luftfracht sind beispielsweise entsprechende Kapazitäten (Fluggerät, Personal etc.) für die Abwicklung bestimmter Aufträge zur Verfügung zu stellen, die bestimmte „Prozessmöglichkeiten" eröffnen. Es wird also die Frage aufgeworfen, welche Ressourcen für die Produktion von spezifischen Raum- und Zeitüberbrückungsprozessen erforderlich sind.

Im Gegensatz dazu setzt der *prozessbezogene Logistikleistungsbegriff* an der Art und den Merkmalen der erbrachten logistischen Prozesse an. Dieser prozessorientierte Leistungsbegriff bezieht sich damit auf die Durchführung von Logistikprozessen wie Transport-, Umschlags-, Lager-, Auftragsabwicklungs- sowie Verpackungs- und Signierungsprozesse zur Raum- oder Zeitüberbrückung. Die prozessorientierte Leistung kann beispielsweise durch die Messung der warenmengenbezogenen Lagertage erfasst werden.

Die *ergebnisorientierte Definition von Logistikleistungen* befasst sich mit dem messbaren Output eines vollzogenen Logistikprozesses (z.B. Ortsveränderung durch Transportprozesse oder Zeitveränderung durch Lagerungsprozesse). Logistikleistungen aus Sicht der Ergebnisorientierung beschreiben vollzogene räumliche und zeitliche Veränderungen von Gütern (allgemein Objekten).

Schließlich drückt die letzte Stufe in der Kategorisierung die Wirkung logistischer Tätigkeiten in Form eines Verfügbarkeitsgrades von Gütern aus, weshalb WEBER auch von *wirkungsbezogener* Logistikleistung spricht. Als Maßgrößen kommen die oben angeführten Kennzahlen für den Lieferservice in Betracht. Die Behandlung von Logistikleistungen in WEBERS Vorschlag stellt gegenüber den rein outputorientierten Kriterien des Lieferservice eine deutliche Erweiterung dar. Er bietet differenziertere Ansatzpunkte für die Entwicklung eines prozessorientierten Kennzahlensystems in der Logistik, das auch Input- und Prozessgrößen in die weiteren Überlegungen einbeziehen kann.

2.4 Logistikleistung im Sinne des Performance Measurement

In der angloamerikanischen Literatur wird das Konzept der *Logistik-Performance* als Grundlage für die Analyse und Bewertung von Logistikprozessen diskutiert. Die Logistik-Performance lässt sich konzeptionell als Bestandteil der weiter gefassten organisationalen Performance betrachten.[12] Der Begriff „Performance" ist jedoch in der englischsprachigen betriebswirtschaftlichen Literatur nicht einheitlich gefasst.[13] Nicht selten bleibt es dem Leser überlassen, dem vagen Begriff der „Performance" konkrete Bedeutung zu geben. Die Unschärfe in der Begriffsverwendung wird auch in der Literatur zur

---

[12] Vgl. Chow et al. (1994), S. 22 f.
[13] Vgl. z.B. Eccles et al. (1992), S. 146, Emmanuel et al. (1990), S. 31, Ford / Schellenberg (1982), S. 50.

Logistik-Performance sichtbar.[14] CHOW et al. etwa vertreten die Ansicht, verschiedene, nicht definitiv abgegrenzte Dimensionen in die Messung der Logistik-Performance einzubeziehen, wie z. B. Kundenzufriedenheit, Produktverfügbarkeit, Termintreue, geringe Verlust- und Schadensquoten sowie soziale Verantwortung und Arbeitsbedingungen.[15]

Einen konkreteren Vorschlag liefern CAPLICE und SHEFFI, die bei ihrer Betrachtung der Logistik-Performance von einer prozessorientierten Perspektive ausgehen. Ihr Beitrag soll deshalb im Folgenden kurz skizziert werden. Analog zu der Unterteilung eines Prozesses in Input, Prozess und Output unterscheiden die Autoren die Logistik- Performance in die allgemeinen Performance-Dimensionen der Inanspruchnahme (utilization), Produktivität (productivity) und Effektivität (effectiveness). Jede dieser drei Performance-Dimensionen kann wiederum weiter untergliedert werden (vgl. Abb. 3).[16]

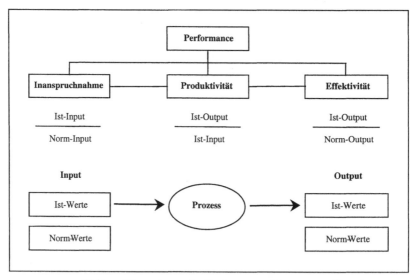

Abb. 3:   Dimensionen des Performance Measurement[17]

Die *Inanspruchnahme* ist ein Maß für die Nutzung betrieblicher Potenzialfaktoren und wird üblicherweise als Verhältnis zwischen Ist- und Norm-Nutzung definiert, wobei die Normgröße eine Durchschnitts- oder Plangröße sein kann. Vor dem Hintergrund unterschiedlicher Potenzialfaktorarten kann die Inanspruchnahme durch mit Kosten bewertete Faktorverbräuche (z.B. die Kosten eines Transportprozesses), nicht-monetäre Mess-

---

[14] Vgl. dazu den Literaturüberblick von Chow et al. (1994).
[15] Vgl. Chow et al. (1994), S. 23.
[16] Vgl. Caplice / Sheffi (1994), S. 18.
[17] Quelle: Caplice / Sheffi (1994), S. 19

größen (z.B. Nutzung und Auslastung bestimmter Aktiva wie Lagerhaustechnik, Fuhrpark oder Lagerhaus) und Bestandsmessgrößen beurteilt werden.

Die *Produktivität* beschreibt die Effizienz eines Logistikprozesses, die als Quotient aus der Menge des tatsächlich produzierten Outputs zur Menge des tatsächlichen verbrauchten Inputs definiert ist. Die Produktivität kann sich auf einzelne logistische Teilprozesse (Teilproduktivität) oder eine gesamte Prozesskette (Gesamtproduktivität) beziehen. Kennzahlen für die Teilproduktivität gehören in der Praxis zu den am häufigsten verwendeten Größen. Beispiele sind etwa die Anzahl geleisteter Tonnenkilometer geteilt durch die Transportkosten oder die Anzahl der Lagerbewegungen im Verhältnis zu den Lagerhauskosten. Die Totalproduktivität wird von den Autoren in die totale Faktorproduktivität und die finanzielle Produktivität unterteilt. Die totale Faktorproduktivität ist ein Maß für den totalen produzierten Output je Inputeinheit. Dazu werden verschiedene Inputs und Outputs entweder mit Hilfe eines aggregierten Indexes kombiniert oder über spezifische Produktions- bzw. Kostenfunktionen geschätzt. So lassen sich Produktivitätskennzahlen, wie beispielsweise die Anzahl abgewickelter Aufträge innerhalb einer Woche pro Mitarbeiter, bilden und zeitpunkt- oder zeitraumbezogen miteinander vergleichen. Die finanzielle Produktivität benutzt monetäre Werte sowohl für die Input- als auch für die Outputgüter. Dazu gehören z.B. Maßgrößen wie der Return on Investment (ROI) oder das Residualeinkommen.[18]

Die *Effektivitätsdimension* der Logistik-Performance beschreibt schließlich, inwieweit geplante Soll-Größen des oben beschriebenen Lieferservice erreicht wurden. Dabei sind nach den Autoren jedoch zwei wesentliche Fragen zu unterscheiden: (1) Haben wir die richtigen Qualitätsstandards gesetzt (*setting standards*)? (2) Wie gut sind die vorgegebenen Standards erreicht worden (*adhering to standards*)? Kennzahlen, die diese Teilaspekte der Effektivitätsdimension erfassen, dienen dazu, die Logistikmitarbeiter und -manager anzuleiten, möglichst genau die multidimensionalen Serviceanforderungen eines Kunden einzuhalten bzw. zu übertreffen.[19]

Wie der Beitrag von CAPLICE und SHEFFI deutlich gemacht hat, wird hier ein erweitertes Verständnis von Logistikleistung im Sinne des Performance Measurement zugrunde gelegt, wie dies in der angloamerikanischen Literatur üblich ist. Der Beitrag liefert erste Ansatzpunkte, wie konkret erfasste prozessorientierte Leistungsinformationen genutzt werden können, um Produktivitäts-, Effektivitäts- und Ressourcennutzungskennzahlen zu entwickeln. Diese Kennzahlen bieten sich dann für einen zeitpunktbezogenen Prozessvergleich im Sinne eines Benchmarking oder für ein zeitraumbezogenes Prozessmonitoring an. Jedoch muss auch hier ein fragmentiertes Bild der Logistikkette zurückbleiben. Insbesondere finden differenzierte Kennzahlen, die sich auf die Leistungs-

---

18 Vgl. Caplice / Sheffi (1994), S. 22 ff.
19 Vgl. Caplice / Sheffi (1994), S. 24 ff.

fähigkeit eines Prozesses beziehen, nur geringe Berücksichtigung, obwohl sie, wie WE-
BER mit seiner potenzialbezogenen Logistikleistung verdeutlicht hat, zur Beurteilung
logistischer Prozesse und Prozessketten einbezogen werden sollten. Darüber hinaus
werden übergreifende Bewertungsdimensionen, die beispielsweise auf die Sicherung
von Wettbewerbsvorteilen oder die kontinuierliche Verbesserung durch Lernprozesse
abzielen, nicht berücksichtigt.

3. Modell zur Erfassung und Messung logistischer Prozessleistungen

3.1 Überblick

Die Gestaltung und Steuerung logistischer Leistungsprozesse macht ein Instrumentarium notwendig, das den verschiedenen Erfordernissen des Unternehmens in seinem Umfeld Rechnung tragen kann. Dabei ist die Vorstellung, das Logistikmanagement könnte
sich allein auf ein einziges Instrument bzw. auf eine einzig relevante Dimension der
Logistikleistung konzentrieren, nicht mehr zeitgemäß, denn es müssen gleichzeitig Faktoren wie betriebliche Effizienz, kundengerechte Qualität, kontinuierliche Innovation
und Mitarbeitermobilisierung erreicht werden. Aus diesem Grund ist weder das an historischen und finanzwirtschaftlichen Erfolgsgrößen orientierte betriebliche Rechnungswesen (siehe Abb. 4) noch die Konzentration auf einzelne Komponenten outputorien-
tierter Lieferservicegrößen allein ausreichend. Vielmehr ist eine Erweiterung der
Betrachtungsperspektive geboten.

- *Time lag-Problem*

  Monetäre Größen, vor allem aus der Betriebserfolgsrechnung, stehen häufig erst am Ende einer Abrechnungsperiode zur Verfügung, zu einem Zeitpunkt, wo ein steuerndes Eingreifen bereits hätte erfolgen müssen.

- *Kurzsichtigkeitsproblem*

  Die Steuerung von Prozessen vornehmlich anhand monetärer Größen der Kosten- und Leistungsrechnung orientiert sich an kurzfristigen Leistungsmaßstäben zu Lasten einer langfristigen Perspektive.

- *Verursachungsproblem*

  Monetäre Leistungsmaßstäbe geben häufig nicht die Ursache der Management-anstrengungen, sondern lediglich ihre Ergebnisse wider.

- *Steuerungsproblem*

  Die monetären Informationen liefern nur eine unzureichende Grundlage für die Verbesserung von Prozessen, da sie keine Hebelkräfte für die Prozessverände-rung aufzeigen.

Abb. 4: Grenzen monetärer Leistungsgrößen für die Prozessbewertung

Aus dem Zwang, Effizienz, Kundenorientierung, Innovation und Mitarbeitermobilisie-rung für die Schaffung von Wettbewerbsvorteilen durch die Logistik hervorzubringen, kann ein mehrdimensionaler Bezugsrahmen für die Leistungsbewertung logistischer Prozesse entwickelt werden. Er dient dazu, eine zu einseitige Sicht der Logistikleistung und ihrer Messgrößen zu verhindern, die zu einer lokalen Optimierung auf Grund einer mangelnden Berücksichtigung von Wechselwirkungen führen könnte. Durch eine aus-geglichene Zusammenstellung einer Vielzahl von Messgrößen aus unterschiedlichen Perspektiven und für unterschiedliche Dimensionen[20] kann ein solcher Bezugsrahmen für die Interessen unterschiedlicher Bezugsgruppen sensibilisieren, so dass Diskrepan-zen zwischen ihren jeweiligen Anreizen und Beiträgen (frühzeitig) registriert werden können.[21] Die Mehrdimensionalität weist damit auch eine Kompatibilität mit den Be-mühungen um eine Integration entlang der Supply Chain auf, da von den Lieferanten bis zu den Kunden die unterschiedlichsten Perspektiven einbezogen werden können, um Probleme und Verbesserungspotenziale zu erkennen und die logistische Wertschöpfung systemisch-integrativ zu steuern.

Das hier entwickelte Modell geht von vier Perspektiven aus, mit denen eine Logistik-kette betrachtet werden kann. Untersucht werden der Beitrag der Logistikkette zur ge-samthaften Sicherung und Erhaltung strategischer Wettbewerbsvorteile (Strategieper-

---

[20] Vgl. auch Kaplan / Norton (1992), S. 71, Simons (1995), S. 66 ff.

[21] Vgl. Kaplan / Norton (1996), S. 34, Steinmann / Kustermann (1996), S. 266 f.

spektive), zur Befriedigung von Kundenbedürfnissen (Wertschöpfungsperspektive), zur Mobilisierung der Mitarbeiter (Mitarbeiterperspektive) sowie zur kontinuierlichen Entwicklungsfähigkeit (Lernperspektive). Der Beziehungszusammenhang zwischen diesen Perspektiven lässt sich wie folgt herausstellen: Ausgangspunkt für den Erfolg von Unternehmen am Markt ist die Erlangung und Sicherung von Wettbewerbsvorteilen. Die Strategieperspektive fragt deshalb danach, welchen Beitrag die Logistik zur Sicherung der Wettbewerbsfähigkeit des Unternehmens insgesamt beitragen kann. Die Wettbewerbsstrategie liefert damit finale Bezugspunkte für die Gestaltung und Steuerung logistischer Ketten. In einem zweiten Schritt ist die strategische Ausrichtung mit den eigentlichen logistischen Leistungsprozessen zu verbinden, die darauf abzielen, attraktive Kundensegmente durch logistische Serviceleistungen zu bedienen. Es müssen also die Leistungen der betrieblichen Logistikprozesse untersucht und Indikatoren für die Logistikqualität im Hinblick auf eine definierte Strategie entwickelt werden, um ein hohes Maß an Kundenzufriedenheit und nachhaltiger Wettbewerbsfähigkeit aufzubauen. In einem weiteren Schritt sind die Anforderungen an die logistischen Wertschöpfungsprozesse mit den Fähigkeiten und dem Know How der Mitarbeiter zu verknüpfen. Sie müssen im Sinne der Strategie und der kundenorientierten Leistungserstellung mobilisiert werden (Mitarbeiterperspektive), was nur dann auf hohem Niveau gelingen wird, wenn die Mitarbeiterinteressen bei der Planung und Steuerung logistischer Prozessketten Berücksichtigung finden. Sie sind schließlich die eigentlichen Leistungsträger, die in ihrem operativen Handeln eine Strategie leben müssen. Als letzter Schritt ist ein Prozess der kontinuierlichen Verbesserung entlang der Logistikkette zu institutionalisieren (Lernperspektive). Durch Training und Weiterbildung, offenen Wissensaustausch und Anreize für permanentes Lernen können Prozesse dauerhaft verbessert werden.

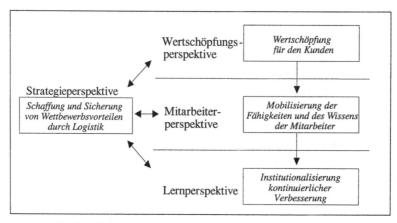

Abb. 5: Verknüpfung der Dimensionen logistischer Leistungen

3.2 Die Strategieperspektive

Mit der Konfiguration und Koordination logistischer Prozessketten wird aus strategischer Sicht das Ziel verfolgt, dem Unternehmen nachhaltige Wettbewerbsvorteile zu verschaffen und diese im Zeitablauf zu erhalten.[22] Ein Wettbewerbsvorteil ist (im Vergleich zu Konkurrenten) eine überlegene Leistung, die aus Sicht des Kunden ein wichtiges Leistungsmerkmal bzw. -bündel betrifft und von ihm als solches wahrgenommen wird sowie von Wettbewerbern nicht schnell einholbar ist und somit eine gewisse Dauerhaftigkeit besitzt.[23] Die Gestaltung und Steuerung logistischer Prozessketten muss deshalb in einer Weise geschehen, die bisher einzigartig und nur schwer von Konkurrenten imitierbar ist. Nur wer sich vom Wettbewerb positiv abheben kann, dem eröffnet sich die Möglichkeit der Realisierung überdurchschnittlicher Gewinne. Um den Beitrag der Logistik zur Sicherung strategischer Wettbewerbsvorteile zu untersuchen und zu bewerten, empfiehlt sich folgendes Vorgehen:

1. Analyse logistischer Einflussfaktoren auf die Branchenstruktur
2. Analyse unternehmensspezifischer Logistikkompetenzen
3. Formulieren einer Logistikstrategie
4. Bewerten der Strategiekonformität der logistischen Prozesskette

Die Logistik kann auf zweierlei Weise einen Beitrag zur Begründung nachhaltiger Wettbewerbsvorteile liefern: Erstens können logistische Hebelkräfte für die Beeinflussung der Branchenstruktur identifiziert und im Sinne des Unternehmens beeinflusst werden. Diese hängen letztlich davon ab, inwieweit die Wettbewerbsfähigkeit der agierenden Unternehmen besonders von logistischen Merkmalen ihrer Wertschöpfungsketten bestimmt wird. Durch ein überlegenes Logistiksystem, das nicht ohne weiteres von Konkurrenten kopiert werden kann, können beispielsweise Markteintrittsbarrieren geschaffen und Wettbewerbspositionen geschützt werden. Zweitens können spezifische logistische Kompetenzen aufgebaut werden, die nicht einfach erworben oder imitiert werden können. Derartige „Kernkompetenzen"[24] können beispielsweise in der Umsetzung eines funktions- und unternehmensübergreifenden Ansatzes der Logistik gesehen werden, die Investitionen in eine ganze Reihe von Ressourcen, wie beispielsweise eine spezialisierte logistische Infrastruktur, langfristig aufgebaute Vertrauensbeziehungen zwischen Kooperationspartnern der Logistikkette, Mitarbeiter mit integrativen Fähigkeiten und funktionsfähige Leistungsverrechnungssysteme erfordert. Als Ergebnis der externen Strukturanalyse der Wettbewerbskräfte und deren Ursachen kann ein Unternehmen seine strategischen Chancen und Risiken relativ zur Branche identifizieren. Ferner bietet die interne Kompetenzanalyse die Basis für das Erkennen der eigenen lo-

---

[22] Vgl. dazu auch Delfmann / Reihlen (2002).
[23] Vgl. Porter (1986).
[24] Vgl. Prahalad / Hamel (1990), S. 82.

gistischen Stärken und Schwächen. Die externe und interne Analyse liefern damit eine profunde Grundlage für die Gestaltung einer effektiven Logistikstrategie, durch die sich das Unternehmen mit seiner Logistikleistung im Vergleich zu konkurrierenden Anbietern positioniert. Die vom Management formulierte Logistikstrategie dient als finales Bewertungssystem für die grundsätzliche Ausgestaltung und Steuerung des logistischen Netzwerkes und der in ihm ablaufenden raum- und zeitüberbrückenden Transport-, Umschlags- und Lagerprozesse. Im Kern sollte die logistische Prozesskette in Übereinstimmung mit der verfolgten Wettbewerbsstrategie stehen. So wäre es ein strategischer Widerspruch für ein Unternehmen, das sich selbst als Kostenführer seiner Branche versteht, dem Kunden ein hochdifferenziertes Auftragsabwicklungssystem anzubieten. Gleiches gilt mit umgekehrtem Vorzeichen für einen Differenzierer, der seinen Wettbewerbsvorteil darin sieht, dem Kunden ein einzigartiges Leistungsbündel zu offerieren.

Die eher in qualitativen Kategorien beschriebene Strategie eines Unternehmens und ihre logistischen Implikationen sind anschließend in konkrete quantitativ messbare Größen für die Strategieumsetzung zu übersetzen. Nicht selten besteht hier in der Unternehmenspraxis eine nicht überbrückte Diskrepanz zwischen formulierter Strategie und tatsächlich realisierten Handlungsmustern des Unternehmens. Vier spezifische Hindernisse können dafür verantwortlich gemacht werden:[25]

- Die *Visionsbarriere*: Die Strategie lässt sich nicht in konkrete, operative Steuerungsgrößen übersetzen und bleibt deshalb von den Mitarbeitern unverstanden.
- Die *Anreizbarriere*: Die Strategie lässt sich nicht mit den Anreizsystemen und Zielvorgaben der Mitarbeiter und Abteilungen verknüpfen.
- Die *Ressourcenbarriere*: Die Strategie lässt offen, wie die Verbindung zur operativen Planung und Budgetierung herzustellen ist.
- Die *Managementbarriere*: Statt strategische Kontrollen einzuführen, konzentriert sich das Management ausschließlich auf operative Ergebniskontrollen und institutionalisiert damit eine kurzsichtige Führung.

Die Bewertung der Prozessleistungen geht von einer formulierten Strategie aus, durch die eine nachhaltige Wettbewerbsfähigkeit eines Unternehmens als Ganzes gesichert werden soll. Die Kunst des Managements besteht nun darin, die strategischen Ziele aus verschiedenen Leistungsperspektiven in operative Messgrößen für die Steuerung des logistischen Wertschöpfungsprozesses zu übersetzen.

---

[25] Vgl. Kaplan / Norton (1997), S. 184 f., Horváth (1999), S. 305 ff.

3.3 Die Wertschöpfungsperspektive

Die Wertschöpfungsperspektive repräsentiert die primären logistischen Leistungserstellungsprozesse, die direkten Bezug zu internen oder externen Kunden aufweisen. Durch die sog. logistischen Kernprozesse wie die informatorische und physische Auftragsbearbeitung sowie den Transport wird die Verfügbarkeit von Gütern auf unterschiedlichen Stufen der Logistikkette gewährleistet, um konkrete Kundenbedürfnisse befriedigen zu können. Wesentliche Voraussetzung für den Aufbau eines Systems zur Leistungsmessung ist die Kenntnis der Architektur der logistischen Prozesskette (Prozessstrukturtransparenz). Ohne die Analyse und Dokumentation der Prozessstruktur ist eine Identifikation von geeigneten Messpunkten und die Entwicklung von prozessorientierten Logistik-Leistungsmessgrößen nicht sinnvoll durchführbar.

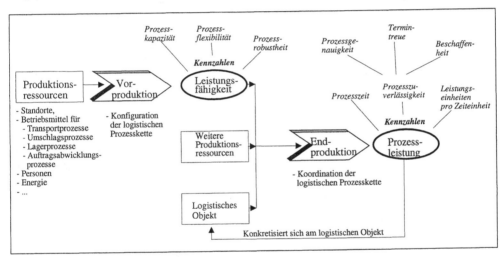

Abb. 6: Grundmodell der logistischen Leistungserstellung[26]

Die logistische Leistungserstellung lässt sich in vereinfachter Form als Input-Prozess-Output-Modell skizzieren. Der Input wird durch zwei Faktorklassen gebildet. Erstens gehört dazu das logistische Objekt (Material, Ware oder Information), das in seinem Verfügbarkeitsgrad durch Raum- und/oder Zeitüberbrückungsprozesse verändert werden soll. Das logistische Objekt wird auch als externer Faktor bezeichnet, weil es nicht durch den Produzenten in den erforderlichen Ausprägungen bereitgestellt, sondern durch den Abnehmer bzw. Auftraggeber der Logistikleistung selbst eingebracht wird. So kann ein Transportprozess durch einen Frachtführer nur durchgeführt werden, wenn der Kunde das zu transportierende Gut diesem auch zur Verfügung stellt. Zweitens müssen entsprechende Ressourcen vorliegen, über die das Unternehmen selbstän-

---

[26] Vgl. in diesem Zusammenhang insbesondere Corsten (1997), S. 139.

dig disponieren kann und die geeignet sind, die angestrebte logistische Wertschöpfung für den Kunden zu erbringen. Neben Verbrauchsfaktoren (z.B. Benzin) und Potenzialfaktoren (z.B. Standorte, Lagertechnik, Transportmittel) muss auch das Management als wichtige Ressource in einem solchen logistischen Leistungsprozess betrachtet werden. Es ist sinnvoll, den Produktionsprozess aufgrund des Dienstleistungscharakters der Logistik in zwei Stufen zu untergliedern: eine Vor- und eine Endproduktion. Die Vorproduktion dient dem Aufbau einer bestimmten Leistungsfähigkeit des logistischen Systems, um eine spezifische Menge und Qualität logistischer Leistungen erbringen zu können. Zu einer solchen Vorproduktion gehört insbesondere die prinzipielle Konfiguration des logistischen Netzwerks mit seinen Lagerstandorten, Umschlagspunkten und Transportrelationen. Damit hat die Vorproduktion einen vorbereitenden Charakter.[27]

Die so erbrachte *Prozessleistungsfähigkeit* lässt sich aus logistischer Sicht durch drei Beschreibungsgrößen näher charakterisieren, die als Leistungsfähigkeitskennzahlen dienen:

1. *Prozesskapazität*: Die Prozesskapazität beschreibt die Fähigkeit eines Prozesses, eine bestimmte, quantitativ messbare Leistung pro Zeiteinheit mit den verfügbaren Ressourcen (minimal, durchschnittlich und maximal) zu erbringen. Sie charakterisiert damit das Leistungspotenzial eines Prozesses. Für ein Lager lässt sich die Prozesskapazität einerseits als statische Lagerkapazität definieren, die durch die Anzahl der Lagerplätze bzw. das absolute Lagervolumen ausgedrückt wird. Andererseits kann die teilweise noch wichtigere dynamische Lagerkapazität zugrunde gelegt werden, die auch als Durchsatzkapazität bezeichnet wird. Sie misst z.B. die Anzahl der Ein-, Aus- und Umlagerpositionen bezogen auf eine Zeiteinheit.

2. *Prozessflexibilität*: Ein logistischer Prozess ist flexibel, wenn er große Volumen- und Variantenunterschiede verarbeiten und damit eine hohe Anzahl unterschiedlicher Auftragstypen bewältigen kann. Ein Paketdienstleister beispielsweise weist eine niedrige Prozessflexibilität auf, weil er eine Spezialisierung durch ein eingeschränktes Leistungsspektrum vornimmt. So werden nur gleichartige Objekte distribuiert, die bestimmte, standardisierte Größen und Gewichte nicht überschreiten. Diese Standardisierung erlaubt die Steigerung der Effizienz für dieses eingeschränkte Leistungsspektrum. Sollen hingegen wesentlich breitere Leistungsbereiche abgedeckt werden, ist auch ein höheres Maß an Prozessflexibilität durch entsprechende Investitionen in Ausstattung und logistische Fähigkeiten zu tätigen, um die größere Variantenvielfalt zu handhaben (z.B. für den Transport von Großmotoren oder Kühlware).

---

[27] Vgl. auch Corsten (1997), S. 136.

3. *Prozessrobustheit*: Ein logistischer Prozess ist robust, wenn trotz aufgetretener externer oder interner Fehler die zugesagte logistische Leistung (Prozesszuverlässigkeit und Prozesszeit) an den Abnehmer erbracht werden kann. Ein robuster Prozess zeichnet sich dadurch aus, dass er fehlerhafte oder unvollständige Informationen des Abnehmers erkennt und mit Hilfe geeigneter Systeme korrigieren kann. Ein robuster Transportprozess beispielsweise ist in der Lage, auf unvorhergesehene Situationen, wie Bahnstreiks, Fluglotsenstreiks, Staus etc. in der Art zu reagieren, dass der zugesagte Auslieferungstermin trotzdem eingehalten werden kann. Ein hoher Grad an Prozessrobustheit macht zusätzliche Investitionen in entsprechende Kapazitäten (z.B. zusätzliche Transportmittel) erforderlich.

Mit der Bereitstellung einer bestimmten Prozessleistungsfähigkeit sind erhebliche Fixkosten verbunden, die bei mangelnder Nachfrage zu Leerkosten führen. Es wäre jedoch falsch, diese Leerkosten unmittelbar als nutzlos und damit grundsätzlich als betriebswirtschaftlich unerwünscht einzustufen. Die Vorhaltung einer nicht voll genutzten Prozessleistungsfähigkeit kann auch positive marketingpolitische Ausstrahlungseffekte haben und die Qualität der logistischen Gesamtleistung steigern. So kann das Niveau einer bestimmten Prozessleistungsfähigkeit dem Sicherheitsbedürfnis eines Kunden entgegenkommen (z.B. durch besonders robuste Prozesse im Gefahrguttransport), auch wenn die vorgehaltenen Potenziale nur unzureichend ausgelastet werden.[28]

In der *Endproduktion* werden unter Einsatz weiterer Produktionsressourcen und durch Integration der logistischen Objekte (z.B. Fertigungsmaterial oder Ware) die eigentlichen, für den Kunden direkt messbaren Leistungen erbracht. Eine Besonderheit der logistischen Dienstleistungsproduktion wird dabei deutlich, denn die Endproduktion der logistischen Leistung ist nicht ohne den externen Faktor möglich. Die genaue physische und raum-zeitliche Beschaffenheit der logistischen Objekte unterliegt stärkerer Unsicherheit, da der Prozess i.d.R. nicht unter vollständiger Dispositionshoheit des Unternehmens, sondern unter direkter Anteilnahme Externer abgewickelt wird.[29] Das Ergebnis der logistischen Endproduktion wird traditionell in Größen des Lieferservice ausgedrückt. Hier wird eine etwas andere, teilweise differenziertere Systematik zur Beschreibung und Messung des Outputs von Logistikprozessen vorgeschlagen. Zu diesem Zweck ist eine Reihe von wichtigen outputorientierten Kenngrößen entwickelt worden, die für die Konstruktion konkreter Kennzahlen und für Kostenvergleiche genutzt werden können:

---

28 Vgl. dazu Corsten (1997), S. 136.
29 Vgl. dazu Corsten (1997), S. 137 f.

Ein mehrdimensionales Modell zur Erfassung und Messung logistischer Prozessleistungen

Leitfrage	Leistungsmerkmal	Definition	Beispiel
Haben wir die Kundenerwartungen im Hinblick auf die Art und Menge der verfügbar gemachten logistischen Objekte erfüllt?	**Prozessgenauigkeit**	Die Prozessgenauigkeit gibt an, inwieweit die vom Abnehmer (interner bzw. externer Kunde) gestellten Anforderungen an die bereitgestellten Güter (physische Logistik) oder Informationen (informatorische Logistik) nach Art und Menge erfüllt wurden.	Teilprozess "Lagerung": genaue Erfassung der Art, der Menge und des Ortes der eingelagerten Bestände.
Haben wir den zugesagten Termin erfüllt?	**Termintreue**	Die Termintreue dient zur Beurteilung der Übereinstimmung zwischen zugesagtem und tatsächlichem Auftragserfüllungstermin. Sie stellt ein Maß für die Terminzusage dar.	Teilprozess "Bereitstellung des Transportmittels": Korrekte Dimensionierung des Zeitfensters hinsichtlich Zeitpunkt und Zeitdauer.

Tab. 1: Prozessleistungskennzahlen

Ein mehrdimensionales Modell zur Erfassung und Messung logistischer Prozessleistungen			
Sind die ausgelieferten Güter unbeschädigt geblieben?	**Beschaffenheit**	Die Beschaffenheit gibt an, inwieweit das gelieferte Produkt (physische Logistik) oder die übermittelten Informationen (informatorische Logistik) dem Kunden Grund zur Beabstandung geben.	Prozess "informatorische Auftragsbearbeitung": Korrekte und fehlerfreie Übermittlung der Auftragsdaten.
Wie lang hat die Auftragsbearbeitung gedauert?	**Prozesszeit**	Die Prozesszeit beschreibt den Zeitraum, der für die logistische Leistungs-erstellung benötigt wird.	Durchlaufzeit eines Auftrags.
Wie viel Leistungseinheiten haben wir innerhalb der letzten Periode abgewickelt?	**Leistungseinheiten pro Zeiteinheit**	Das Kriterium gibt an, wie viele Leistungseinheiten innerhalb einer Zeitspanne durch einen Logistikprozess produziert wurden bzw. werden.	Teilprozess "Lagerung": Anzahl der ein- und ausgelagerten Paletten in einem Lager innerhalb einer Woche.

Tab. 1: Prozessleistungskennzahlen (Fortsetzung)

3.4 Die Mitarbeiterperspektive

Grundsätzlich sind die Mitarbeiter eine Schlüsselressource für logistische Spitzenleistungen des Unternehmens. Ihre Bedeutung wird häufig für eine integrierte, bereichsübergreifende Koordination logistischer Ketten unterschätzt. Die effiziente Abwicklung logistischer Prozesse ist unmittelbar von der Motivation, der Zufriedenheit und der Qualifikation der Mitarbeiter abhängig, die für ihren Vollzug verantwortlich sind. Nicht selten stoßen technisch ausgefeilte Problemlösungen auf mangelnde Akzeptanz, weil die Bedürfnisse und Anforderungen derjenigen, die mit diesen Systemen arbeiten sollen, nur unzureichend berücksichtigt wurden. Erst durch die vollständige Integration in die logistische Prozesskette werden die Mitarbeiter befähigt, eine tatsächliche Flexibilisierung und dauerhafte Effizienz- sowie Qualitätsverbesserung der Leistungserstellung zu erreichen. Es muss also eine Atmosphäre angestrebt werden, in der die Mitarbeiter zu Spitzenleistungen mobilisiert werden.

Eine solche Arbeitssituation setzt voraus, dass die Mitarbeiter konkrete Anforderungen an die Gestaltung logistischer Prozesse definieren können und diese bei der Prozessgestaltung Berücksichtigung finden. Ziel der Mitarbeiterperspektive für die Messung und Bewertung von Logistikprozessen ist es, die Prozessgestaltung den Anforderungen der Mitarbeiter anzupassen, um ein optimales Zusammenwirken von Menschen und Arbeitsmitteln unter besonderer Berücksichtigung von Prozessablauf und -umgebung zu erreichen.[30] Die Leistung einer logistischen Prozesskette aus Sicht der Mitarbeiter wird offensichtlich nach anderen Maßstäben als nach kundenorientierten Servicekriterien oder Kostenzielen bemessen werden müssen. Unter primär ergonomischen Aspekten können Arbeitsbedingungen nach ihrer *Erträglichkeit* bewertet werden (z.B. die Gestaltung von Arbeitsmitteln und -räumen sowie des Arbeitsvorgangs in einem Kommissionierprozess); unter vornehmlich physiologischen Aspekten werden Arbeitsbedingungen im Hinblick auf ihre *Ausführbarkeit* eingeschätzt (z.B. körperliche Kraftanstrengungen beim Beladen von Transporthilfsmitteln), aus einer soziologischen Sicht kann nach der *Zumutbarkeit* gefragt werden (z.B. störende Umweltbelastungen am Arbeitsplatz) und unter einem psychologischen Blickwinkel können Arbeitsbedingungen daraufhin untersucht werden, inwieweit sie ein hohes Maß an *Mitarbeiterzufriedenheit* schaffen.[31] Arbeitszufriedenheit muss als Vorbedingung für das Erreichen konkreter, hoch gesteckter logistischer Ziele angesehen werden. Leistungsfähige und zufriedene Mitarbeiter bedürfen spezifischer Investitionen in materielle (z.B. Arbeitsmittel) und immaterielle (z.B. Qualifikation und Betriebsklima) Vermögenswerte, durch die eine Verbesserung des Betriebsergebnisses erst ermöglicht wird. Ohne Mitarbeiterzufriedenheit sind die personalen Potenziale für Produktivitätssteigerungen, Flexibilität, Qualität und Kundenorientierung kaum zu mobilisieren.[32]

Die Erfassung der Leistungen von Logistikprozessen aus Sicht der Mitarbeiter kann durch eine regelmäßige Umfrage erfolgen. Bestandteile einer solchen Umfrage sollten die ergonomischen, physiologischen, soziologischen und psychologischen Anforderun-

---

[30] Für eine vertiefende Behandlung dieser Thematik aus psychologischer bzw. soziologischer Sicht empfehlen sich Rosenstiel (1992), Wiswede (1980).

[31] Vgl. Neuberger (1990), S. 138.

[32] Auf der anderen Seite muss bedacht werden, dass die Leistung nicht allein durch die Mitarbeiterzufriedenheit bedingt wird. Vielmehr existieren eine ganze Anzahl weiterer Einflussgrößen, durch die die Leistung beeinflusst wird. Entsprechend ist von keiner einfachen Korrelation zwischen Mitarbeiterzufriedenheit und Leistung auszugehen. Vgl. Neuberger (1990), S. 149.

gen der Mitarbeiter an die logistische Prozessgestaltung durch entsprechende, situationsspezifisch zu entwickelnde Fragenkataloge erfassen. Darüber hinaus empfiehlt es sich, die Neugestaltung von Logistikprozessen nicht allein durch Spezialisten durchführen zu lassen, sondern die Mitarbeiter aktiv in einen solchen Veränderungsprozess, z.B. in einem gemeinsamen Projektteam, einzubinden.

Im weiteren Verlauf des Buches wird auf eine nähere Konkretisierung der Mitarbeiterperspektive verzichtet, nicht weil wir sie als weniger relevant erachten, sondern weil ihre Erörterung Konzepte und Kriterien erfordern würde, die sich vom engeren Erkenntnisgegenstand der Logistik zu weit entfernen.

3.5 Die Lernperspektive

Kontinuierliche Verbesserung durch intensives Lernen und innovationsorientiertes Verhalten der Mitarbeiter ist eine Schlüsselvoraussetzung für Wachstum und Wettbewerbsfähigkeit. Unternehmen müssen in der Lage sein, ihre Potenziale kontinuierlich auszubauen, um für Kunden, Anteilseigner und Mitarbeiter wertschöpfend wirken zu können. Lernprozesse können im Allgemeinen durch drei sich überlagernde Prozesse beschrieben werden. Der erste Schritt ist kognitiver Natur. Organisationsmitglieder entwickeln neue Gestaltungsideen, erweitern ihren Erfahrungsschatz und eignen sich neue Betrachtungsperspektiven an. Der zweite Schritt ist verhaltensorientierter Natur. Neue Erkenntnisse werden von den Organisationsmitgliedern internalisiert und führen zu einer Anpassung des eigenen Verhaltens. Schließlich schlägt sich diese Verhaltensanpassung in einer Veränderung der Leistungen, hier der logistischen Leistungen eines Systems, nieder, die selbst einer Messung zugänglich sind.

Aus Sicht der Lernperspektive bieten sich folgende Ansatzpunkte für eine Leistungsmessung an:

a) Inputorientierte Messung des Mitarbeiterpotenzials
b) Outputorientierte Messung von Lernfortschritten

Zu a)

Während die Erfassung der Kosten des Humanvermögens keine besonderen Probleme bereitet, stellt sich die Ermittlung des Mitarbeiterpotenzials als wesentlich schwieriger dar, da eine Vielzahl an ökonomischen, sozialen und psychologischen Faktoren wirksam werden. Das Mitarbeiterpotenzial hängt nicht nur von Eigenschaften ab, die die Person in die Organisation einbringt, wie beispielsweise besondere Fähigkeiten oder eine außerordentliche Motivation; auch Merkmale der Organisation wie der Führungsstil, die Organisationsstruktur, das Belohnungssystem oder das Informations- und Kommunikationssystem sind für die Aktivierung der individuellen Eigenschaften verantwortlich.[33] Dies macht eine eindeutige Erfassung besonders schwierig. Ist man sich der Grenzen einer individuellen Personalbeurteilung bewusst, so kann zumindest annäherungsweise das Mitarbeiterpotenzial durch die Erfassung von Qualifikationsprofilen ermittelt werden. Nach einem bestimmten Verfahren der Personalbeurteilung – z.B. mittels analytischer Einstufungsverfahren oder Verfahren mit Standardmerkmalskatalogen – kann eine Bewertung der fachlichen und sozialen Kompetenzen erfolgen. Neben der allgemeinen Förderung von organisationsweiten Lernprozessen kann das Management das Mitarbeiterpotenzial gezielt durch Weiterbildungsmaßnahmen aufbauen und durch Neueinstellungen von Personen mit Schlüsselqualifikationen erweitern.

Zu b)

Für die ergebnisorientierte Messung des Lernfortschritts bieten sich unterschiedliche Ansätze an; im Folgenden werden zwei kurz dargelegt. Traditionell sind solche ergebnisorientierten Lerneffekte mit Hilfe der Erfahrungskurve erfasst worden. Die Erfahrungskurve beschreibt den empirischen Zusammenhang zwischen den Veränderungen der Produktionskosten und dem kumulierten Leistungsvolumen. Man geht davon aus, dass bei einer Verdoppelung der kumulierten Produktionsmenge die direkten Stückkosten um einen bestimmten Prozentsatz sinken. Kostensenkungspotenziale von 15 bis 30 Prozent wurden empirisch ermittelt.[34] Solche Erfahrungskurveneffekte können unterschiedliche Ursachen haben – Lernvorgänge der Mitarbeiter, stärkere Spezialisierung und Neukonzeption der Arbeitsaufgaben, Rationalisierung und Automation oder betriebsgrößenbedingte Einsparungen. Die Erfahrungskurve als Kenngröße für Lernprozesse zu verwenden ist jedoch unvollständig, da sie lediglich auf die Reduktion der Stückkosten zielt, wobei andere, gerade aus logistischer Sicht relevante Erfolgsgrößen wie Lieferzeiten, Schadensquoten, Qualität etc. keine Berücksichtigung finden. Alternativ bieten sich outputorientierte Verbesserungsraten wie die „Halbwertzeit–Kurve" an.[35] Eine Halbwertzeitkurve misst die Zeit, die benötigt wird, um eine 50%-ige Leistungsverbesserung in einer spezifischen Leistungsgröße zu erreichen. Im Gegensatz zur Erfahrungskurve kann dieses Messkonzept auf alle Outputmessgrößen übertragen werden. Aus Sicht der Logistik könnten somit Halbwertzeitkurven für verschiedene Leistungsdimensionen – z.B. Termintreue, Prozessgenauigkeit oder Prozesszeit – aufgestellt werden, wodurch ein Indikator für den Grad der kontinuierlichen Verbesserung gebildet werden kann. Diese so entwickelten Indikatoren können genutzt werden, um messbare Verbesserungsraten in Bezug auf kritische, kundenorientierte und interne Prozesse entlang der Logistikkette zu erheben. Entsprechend sollten neben konkreten Leistungszielen auch Lernziele in die Anreizsysteme integriert werden.

---

[33] Vgl. dazu Flamholtz (1982), S. 82.
[34] Vgl. Hax / Majluf (1988), S. 133-137.
[35] Vgl. Garvin (1993), S. 89 f.

4. Kennzahlensysteme für die prozessorientierte Logistik-Leistungsrechnung

4.1 Arten von Kennzahlen

Die prozessorientierte Logistik-Leistungsrechnung kann im Kern als ein System von Leistungskennzahlen verstanden werden. Kennzahlen sind ein geeignetes Mittel der Informationsversorgung, die eine präzise und übersichtliche Berichterstattung über einen Betrachtungsbereich liefern sollen. In der Betriebswirtschaftslehre hat die Nutzung von Kennzahlen bereits eine lange Tradition; die Beschäftigung mit Kennzahlen in der Logistik hat sich zu einem wichtigen Forschungsfeld entwickelt.[36] Durch Kennzahlen sollen betriebswirtschaftliche Sachverhalte in knapper und konzentrierter Form abgebildet werden, um die Aufmerksamkeit der Verantwortlichen auf die für wichtig befundenen Bereiche zu lenken. Allgemein liefern Logistikkennzahlen Daten über messbare Eigenschaften oder Ereignisse logistischer Gegebenheiten. So lassen sich Kennzahlen bilden, die über die Struktur einer Logistikkette Auskunft geben, wie die Stufigkeit einer Distributionskette, die Kapazität einzelner Standorte oder die Anzahl von Lieferstellen zu Empfangsstellen. Andere Kennzahlen beschreiben Eigenschaften logistischer Prozesse wie die Kommissionierleistung je Mitarbeiter, die Quote fehlerfrei bearbeiteter Aufträge oder die Kapazitätsauslastung. Hier sollen unter „Kennzahlen solche Zahlen verstanden werden, die in konzentrierter Form wesentliche Aussagen über zahlenmäßig erfassbare, betriebswirtschaftlich interessierende Sachverhalte enthalten und rückblickend darüber informieren oder vorausschauend eben diese festlegen."[37] Kennzahlen zeichnen sich durch ihren Informationscharakter, ihre Quantifizierbarkeit und ihre spezifische Form der Informationsdarstellung aus.[38] Sie liefern damit wichtige Informationen, die für betriebswirtschaftliche Bewertungen zum Zwecke der Planung, Steuerung und Kontrolle herangezogen werden. Kennzahlen können einen unterschiedlichen Zeitbezug aufweisen; sie können Information über die Vergangenheit, die Gegenwart oder die Zukunft liefern.

---

[36] Vgl. z.B. Weber (1995b), Göpfert (1993), S. 340 ff.
[37] Grochla et al. (1983), S. 46.
[38] Vgl. Reichmann (1997), S. 21 f., Dellmann / Pedell (1994), S. 106, Kloock (1996), S. 95.

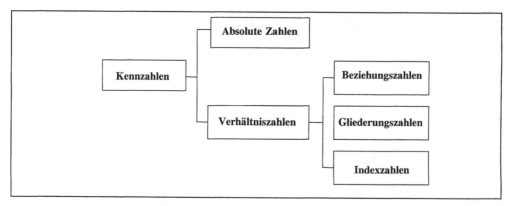

Abb. 7:   Klassifizierung von Kennzahlen[39]

Grundsätzlich lassen sich absolute und relative Kennzahlen (Verhältniszahlen) unterscheiden. *Absolute Kennzahlen* sind Einzelkennzahlen (z. B. die Bestandshöhe), Summen (z.B. gefahrene Tonnenkilomenter einer Periode), Differenzen (z.B. Soll-Ist-Kommissionierdauer) und Durchschnittswerte (z.B. durchschnittlicher Lagerbestand). Der Erkenntniswert solcher absoluter Kennzahlen für die betriebswirtschaftliche Analyse ist jedoch begrenzt. Für eine tiefergehende Analyse bieten sich deshalb *Verhältniszahlen* an, die betriebswirtschaftlich relevante Größen zueinander in Beziehung setzen, zwischen denen ein sachlicher Zusammenhang besteht. Es werden Beziehungs-, Gliederungs- und Indexzahlen unterschieden. *Beziehungszahlen* setzen wesensverschiedene (ungleichartige) Größen in Beziehung, wobei die Größen in einem sachlich begründbaren Zusammenhang stehen müssen. Frachtkosten je Sendung, Anzahl Vollpaletten je Kundenauftrag oder Lagerreichweite sind Beispiele. *Gliederungszahlen* geben Informationen über strukturelle betriebliche Bedingungen wie die Kundenstruktur, Mitarbeiterstruktur, Sortimentsstruktur, Rabattstruktur oder Kostenstruktur. Es wird dabei eine Teilmenge zur Gesamtmenge in Beziehung gesetzt, wobei sich die Größen auf den gleichen Zeitraum beziehen (z.B. Anteil umgeschlagener Pakete zum Gesamtumschlagsvolumen einer Periode.) Mit Hilfe von *Indexzahlen* können schließlich zeitliche Entwicklungen verfolgt werden. Sie setzen gleichartige und gleichrangige Größen in Beziehung, die sich jedoch durch einen unterschiedlichen Zeitbezug auszeichnen. Beispielsweise könnte die Entwicklung der Lagerkosten im Zeitablauf verfolgt werden.[40]

Logistikkennzahlen ermöglichen Aussagen und Urteile auch über komplizierte logistische Sachverhalte und Zusammenhänge durch eine in der Regel einfache, schnelle und umfassende Darstellungsweise.[41] Sie können je nach Aufgabenstellung der reinen Be-

---

[39] Quelle: In Anlehnung an Grochla et al. (1983), S. 47
[40] Vgl. etwa Grochla et al. (1983), S. 46 ff.
[41] Vgl. Reichmann (1997), S. 19 f., Göpfert (1993), S. 223 ff.

schreibung logistischer Sachverhalte dienen oder normative Informationen mit Vorgabecharakter im Rahmen der Planung und Steuerung besitzen.[42] Der Aussagewert einzelner Logistikkennzahlen ist jedoch begrenzt und hängt insbesondere davon ab, wie präzise und eindeutig die zugrunde liegenden Basisinformationen sind und inwieweit es dem Benutzter gelingt, durch sein Hintergrundwissen eine sinnhafte Interpretation vorzunehmen, die klare Handlungskonsequenzen erlaubt.

4.2 Methodik zur Entwicklung von Kennzahlensystemen

Die Entwicklung von aussagekräftigen Kennzahlen bzw. Kennzahlensystemen lässt sich im Überblick durch folgende Schritte beschreiben:[43]

1. Zielbildung für die Formulierung von Kennzahlen
2. Bestimmung der zu untersuchenden Logistikprozesse
3. Hypothesenbildung über Ursache-Wirkungszusammenhänge
4. Auswahl und Zusammenstellung der Kennzahlen
5. Festlegung der Messmodalitäten und der Dokumentation
6. Anpassung der Anreizsysteme
7. Laufende Überprüfung der Gültigkeit und Weiter- bzw. Neuentwicklung der Kennzahlen

Zielbildung für die Formulierung von Kennzahlen

Vom Management müssen konkrete Ziele formuliert werden, die eine logistische Prozesskette zu erfüllen hat. Dabei beruht die Idee des oben dargelegten multidimensionalen Ansatzes darin, eine ausgewogene Auswahl von Zielgrößen zu definieren, mit denen die Unternehmens– und Logistikstrategie konkretisiert, die logistische Wertschöpfung geplant und die Mitarbeitermobilisierung verbessert sowie permanentes Lernen unterstützt werden kann. Diese Ziele können ähnlich wie in dem Vorschlag von KAPLAN / NORTON in einer Art Balanced Scorecard dargestellt werden. Die Entwicklung konkreter Zielgrößen ist das Ergebnis eines kreativen Prozesses, der jedoch nicht allein auf die Einbildungskraft des Managements angewiesen ist, sondern ebenso durch den branchen- und unternehmensspezfischen Wissensfundus angeleitet wird.

---

[42] Vgl. Reichmann (1997), S. 20 f.
[43] Vgl. Eccles / Pyburn (1992), S. 43 f., Kaplan / Norton (1996), S. 272 ff. u. 294 ff., Keegan / Pesci (1994), S. 64 ff. Zu einer problemorientierten Vorgehensweise zur Erstellung von Performance Measurement Systemen in der Logistik vgl. Wickinghoff (1999).

Bestimmung der zu untersuchenden Logistikprozesse

Eng mit der Zielbildung hängt die Bestimmung des relevanten Abschnitts der Logistik-kette zusammen, da sich Untersuchungsgegenstand und Zieldefinition gegenseitig be-dingen. Dabei ist der relevante Abschnitt der Logistikkette in Haupt- und Teilprozesse sowie Aktivitäten zu strukturieren, wie es dem allgemeinen Vorgehen bei der Prozess-analyse entspricht. Dazu gehört auch die Abgrenzung von anderen Prozessen und das Aufzeigen von wichtigen Prozessinterdependenzen. In der Praxis ist es nicht unbedingt sinnvoll, sämtliche Prozesse mit detaillierten Kennzahlen zu analysieren und zu kon-trollieren, so dass das Management aus ökonomischen Gründen Analyseschwerpunkte setzen muss, ohne jedoch das Gesamtbild der logistischen Leistungen aus den Augen zu verlieren. Je bedeutsamer die Kosten– bzw. Leistungswirkungen eines Prozesses aus Sicht des Managements beurteilt werden, desto höher wird der potentielle Nutzen ein-geschätzt werden, den man durch eine differenzierte Definition von Kennzahlen zur Verbesserung der Prozesstransparenz erhält.

Hypothesenbildung über Ursache-Wirkungszusammenhänge

Die Bildung von aussagekräftigen Kennzahlen hängt davon ab, inwieweit es dem Ma-nagement gelingt, nicht nur beschreibende Kennzahlen über vergangene, gegenwärtige oder zukünftige Ausgangsbedingungen und Zustände von Logistikprozessen zu erhe-ben, sondern auch Hypothesen über Ursache-Wirkungszusammenhänge zu entwickeln. Unter einer Hypothese wird eine explizite Aussage verstanden, die durch Hintergrund-wissen und Daten gestützt werden kann und einer weiteren Untersuchung bedarf, um ihre Gültigkeit zu gewährleisten.[44] Ursache-Wirkungszusammenhänge lassen sich aber nicht einfach aus empirischen Kennzahlen ablesen, sondern müssen hypothetisch ent-wickelt und im weiteren Verlauf empirisch geprüft werden. Folgende Überlegungen mögen dies verdeutlichen. Die Leistung eines Logistikprozesses kann durch Leistungs- und Leistungsfähigkeitskennzahlen beschrieben werden, die selbst wiederum miteinan-der verknüpft werden können. So lassen sich Kennzahlen zur Bestimmung der Trans-portkapazität, Lagerflexibilität und Termintreue bilden, die eine Beschreibung der Merkmale eines logistischen Prozesses darstellen. Sie liefern lediglich die Darstellung eines logistischen Prozesses, ohne jedoch zugrunde liegende Wirkungsmechanismen zu erklären. Wovon hängt nun aber die Leistung eines physischen Auftragsbearbeitungs-prozesses ab? Damit wird die Frage nach den zugrunde liegenden Treibern gestellt, die für die Leistung eines Logistikprozesses verantwortlich gemacht werden können. Dazu können beispielsweise die technische Infrastruktur (Hypothese: Standardisierung und Automatisierung senken die Prozessdurchlaufzeit und verbessern die Beschaffenheit, Prozessgenauigkeit und Termintreue), die Mitarbeiter (Hypothese: Verbesserung des

---

[44] Vgl. Bunge (1983), S. 291.

Ausbildungsstandes erhöht die Prozessflexibilität) und die Organisationsstruktur (Hypothese: dezentrale Teamstrukturen verbessern die Prozessflexibilität und Robustheit) gezählt werden. Das Problem bei der Identifikation solcher hypothetischen Leistungstreiber besteht nun darin, dass diese selten unmittelbar beobachtet werden können; vielmehr müssen die Zusammenhänge zwischen Leistungstreibern und Leistungsgrößen vom Management in einem kreativen Prozess erschlossen werden. Dabei ist das Management gut beraten, Hypothesen nicht allein auf Basis von Intuition oder gängigen Branchenrezepten zu entwickeln, sondern mittels guter Analysen zu begründen, die einer weiteren Prüfung standhalten können. Die Gestaltung und Steuerung logistischer Prozesse setzt deshalb bei ihren Mechanismen bzw. Leistungstreibern an, die erklären, warum ein Prozess sich in bestimmter Art und Weise verhält. Die kausalen oder stochastischen Zusammenhänge zwischen Leistungstreibern und Leistungsgrößen bilden die Grundlage für die Bildung erkenntnisträchtiger Kennzahlen, da sie dem Management nicht nur die Leistungsergebnisse verdeutlichen, sondern auch steuernde Hebelkräfte aufzeigen.

Auswahl und Zusammenstellung von Kennzahlen

In Theorie und Praxis sind bereits eine große Anzahl von logistischen Kennzahlen hervorgebracht worden, so dass aus Sicht des Unternehmens die Problematik weniger in ihrer Neuentwicklung als vielmehr in ihrer Beurteilung und Auswahl liegt. Für die Auswahl werden in Tab. 2 einige Kriterien für die Beschaffenheit logistischer Kennzahlen vorgeschlagen, die bei der Kennzahlenentwicklung hilfreich sein können.[45]

---

[45] Vgl. Caplice / Sheffi (1994), S. 14 ff., Pfohl (1994), S. 212 f., Byrne / Markham (1991), S. 168 ff.

Kriterium	Erklärung
Interpretierbarkeit	Eine Kennzahl muss in faktischen oder wertmäßigen Größen interpretiert werden können.
Validität	Eine Kennzahl ist umso valider, je mehr sie tatsächlich das misst, was sie messen sollte, und je weniger systematische Fehler bei der Messung auftreten.
Relevanz	Eine Kennzahl ist relevant, wenn sie für eine Entscheidung bedeutsame Informationen so wiedergibt, dass sie leicht verständlich sind und Handlungsalternativen auf ihrer Grundlage rechtzeitig diskriminiert werden können.
Anreizverträglichkeit	Eine anreizverträgliche Kennzahl fördert zielkonformes Verhalten der Mitarbeiter und verleitet nicht zu kontraproduktivem, dysfunktionalem Verhalten.
Detaillierungsgrad	Eine Kennzahl besitzt einen angemessenen Detaillierungsgrad, wenn die Erfassung und Wiedergabe der Logistikinformationen auf einem Niveau erfolgt, das für die Entscheidungsträger beeinflussbar ist.
Vergleichbarkeit	Eine Kennzahl ist vergleichbar, wenn sie eine breite Akzeptanz findet und von verschiedenen Benutzern vergleichbar interpretiert werden kann.
Wirtschaftlichkeit	Eine Kennzahl ist wirtschaftlich, wenn der Nutzen aus ihrer Überwachung die Kosten der einmaligen Entwicklung sowie der laufenden Erhebung, Verarbeitung und Verbreitung überwiegt.
Integration	Eine Kennzahl ist integrativ, wenn sie möglichst viele Sachverhalte eines zu messenden Logistikprozesses abdeckt und eine Koordination über funktionale und organisatorische Schnittstellen hinweg unterstützt.

Tab. 2:   Kriterien für die Beschaffenheit von logistischen Kennzahlen

Die Berücksichtigung eines jeden Kriteriums mit dem Wunsch einer möglichst hohen Anforderungserfüllung liegt nahe, stößt jedoch an die Grenzen des praktisch Möglichen, da zwischen diesen Kriterien konfliktäre Zusammenhänge bestehen. Die Beziehung zwischen Validität und Vergleichbarkeit beispielsweise impliziert, dass die Vergleichbarkeit abnimmt, je mehr spezifische Aspekte eines Logistikprozesses in eine Kennzahl zur Erhöhung ihrer Validität aufgenommen werden. Ein Trade-off zwischen der Integration und der Relevanz einer Kennzahl besteht derart, dass sie umso schwieriger zu handhaben ist, je stärker sie die Integration über Schnittstellen berücksichtigt. Eine Kennzahl wie z. B. der gesamte Lagerbestand in der Supply Chain ist zweifelsohne integrativ und erlaubt eine Koordination über Schnittstellen hinweg, um ganzheitlich optimierte Lösungen zu erzielen. Sie ist jedoch nur schwer unmittelbar durch einen einzelnen Verantwortlichen eines Teilbereichs zu steuern und besitzt deshalb eher Orientierungscharakter.[46] Es erscheint daher sinnvoll, für die Konstruktion zusätzlich die Ausgewogenheit zwischen integrativen und weniger integrativen Kennzahlen zu berücksichtigen.[47]

Bei der Erstellung eines Logistik-Kennzahlensystems sind jedoch nicht nur bestimmte Anforderungen an einzelne Kennzahlen zu stellen. Die vielfältigen und komplexen Logistikaktivitäten bedürfen auch einer überlegten Zusammenstellung ausgewählter Kennzahlen, die sich gegenseitig ergänzen und einen ausgewogenen Eindruck zur Beurteilung der Logistikprozesse vermitteln können. Für die Entwicklung eines konsistenten Systems von Logistikkennzahlen können zwei unterschiedliche *Ableitungssystematiken* unterschieden werden, die eine integrative Erfassung von mehreren Logistikkennzahlen zu einem Logistik-Kennzahlensystem erlauben. Dabei sollen die einzelnen Kennzahlen in einer sachlich sinnvollen Beziehung zueinander stehen, einander ergänzen oder erklären und insgesamt auf ein gemeinsames übergeordnetes Ziel ausgerichtet sein. Die Ableitungsschritte zur Erzeugung derartiger Logistik-Kennzahlensysteme können nach der Art der Ableitungsrichtung in Top-down- oder Bottom-up-Vorgehensweisen unterschieden werden.

Mit Hilfe eines *top-down-orientierten Verfahrens*[48] werden vor dem Hintergrund einer formulierten Logistikstrategie Logistikziele definiert, die durch Logistikkennzahlen erfasst und operationalisiert werden. Ziel ist der Aufbau einer konsistenten Kennzahlenhierarchie, wobei die Kennzahlen in einem plausiblen Zusammenhang stehen sollen. Die top-down Vorgehensweise kann sowohl für die Generierung von Kennzahlen aus gesamtlogistischen Zielsetzungen als auch für solche aus teilbetrieblichen Logistikbereichszielen angewandt werden. Darüber hinaus können Logistikkennzahlen nach der geschilderten Methode nicht nur aus den Inhalten, sondern auch aus den Prämissen der Logistikpläne gewonnen werden, um deren Gültigkeit in der Planperiode zu überwachen. Die erzeugten Kennzahlen können schließlich nach Geschäftseinheiten, Prozessen, Produktgruppen oder Kundenkategorien differenziert werden, die wiederum mit Hilfe von Kennzahlen für die operative Planung, Steuerung und Kontrolle logistischer Prozesse konkretisiert werden.

Im Gegensatz dazu setzt die *bottom-up-orientierte Vorgehensweise*[49] an Merkmalen der Material-, Waren- und Informationsflüsse an. Ausgangspunkt für eine solche Vorgehensweise ist eine umfassende Beschreibung und Analyse des logistischen Leistungsprozesses, aus dessen Eigenschaften erfolgskritische Prozesse, Engpässe und Schwachstellen identifiziert werden können, die als Grundlage für die Formulierung von

---

[46] Vgl. zu weiteren Trade-offs dieser Kriterien Caplice / Sheffi (1994), S. 17.
[47] Vgl. Bechtel / Jayaram (1997), S. 24 f.
[48] Vgl. z.B. Weber (1995b), S. 22 ff.
[49] Vgl. z.B. Weber (1995b), S. 27 ff.

Logistikkennzahlen dienen. Die prinzipiellen Ableitungswege nach dem Top-down-
und dem Bottom-up-Verfahren können die Erzeugung von Logistik - Kennzahlensystemen erleichtern. Eine Beschränkung auf eine der beiden Vorgehensweisen ist jedoch
der Gefahr ausgesetzt, die möglichen Kennzahlen aus der jeweils anderen Vorgehensweise unberücksichtigt zu lassen, die jedoch für eine sinnvolle Steuerung der Logistikprozesse notwendig sein können. Die wesentliche Schwierigkeit liegt daher in der Auswahl und Zusammenführung geeigneter Kenngrößen aus beiden Ableitungsrichtungen.
Eine Zusammenführung beider Vorgehensweisen, die sowohl an den Merkmalen der
Material-, Waren- und Informationsflüsse als auch an der strategischen Ausrichtung des
Unternehmens ansetzt, könnte in Anlehnung an WEBER wie folgt aussehen (vgl. Abb.
8):

Abb. 8:   Vorgehensweisen zur Entwicklung von Kennzahlen[50]

Der Ablauf der Entwicklung einer Logistik-Leistungsrechnung stimmt im Wesentlichen
mit dem Ansatz der sog. kritischen Erfolgsfaktoren bzw. Schlüsselfaktoren überein.[51]
Ausgehend von einer eingenommen Perspektive werden zunächst Leistungsdimensionen („key success factors") aus der Strategie des Unternehmens und aus dem Verständ-

---

50   Quelle: Weber (1995b), S. 201
51   Vgl. Geanuracos / Meiklejohn (1993), S. 46 f., Simons (1995), S. 63 ff., Fisher (1992), S. 34.

nis der Akteure über Ursache-Wirkungszusammenhänge der Leistung im Unternehmen abgeleitet. Für diese Schlüsselfaktoren werden anschließend konkrete Ziele formuliert. Dies kann z. B. für die Wertschöpfungsperspektive ein bestimmtes Niveau der Prozesszuverlässigkeit sein und für die Lernperspektive ein bestimmtes Qualifikationsniveau der Logistikmitarbeiter oder ein bestimmter Fortschritt in einzelnen Logistikleistungsgrößen. Schließlich wird für jedes Ziel eine Operationalisierung mit Hilfe einer begrenzten Anzahl von Leistungsmessgrößen vorgenommen, für die ebenfalls Zielhöhen ermittelt werden und mit denen die Zielerreichung gemessen wird.[52]

Festlegung der Messmodalitäten und der Dokumentation

In einem weiteren Schritt sind die Messmodalitäten festzulegen und die Dokumentation vorzunehmen. Zu den Messmodalitäten gehören die Bestimmung der Messpunkte im logistischen Prozess, der Messinstrumente und der Periodizität der Erhebungen. Die Messung der einzelnen Größen ist dabei teilweise ausgesprochen aufwendig. Zu unterscheiden sind grundsätzlich Zählungen, Messungen und Wiegungen, die über das Arbeiten mit Zählern, Listen, Abfragen, Stichproben, Vollerfassungen, Scannern, Zeitmessungssystemen, REFA-Studien etc. operationalisiert werden können. Die Dokumentation umfasst im Wesentlichen die Festlegung des Formats, des Umfangs und der Häufigkeit von Leistungsberichten sowie die Auswahl der Kennzahlenempfänger. Darüber hinaus hat es sich praktisch bewährt, Kennzahlenblätter anzufertigen, die für jede Kennzahl eine Beschreibung, die verantwortlichen Personen, die Datenhandhabung sowie die Darstellungsform dokumentieren. In solchen Kennzahlenblättern können auch Ursache-Wirkungszusammenhänge mit ihren Einflussfaktoren in Diagrammen festgehalten werden.[53]

Anpassung der Anreizsysteme

Für die zielkonforme Verhaltensbeeinflussung bietet sich eine Verknüpfung der Kennzahlen mit den bestehenden Anreizsystemen an. Je nach Ausrichtung des Anreizsystems können mit Hilfe der Kennzahlen Erwartungs- bzw. Vorgabewerte für das individuelle oder gruppenbezogene Leistungsniveau festgelegt werden. Darüber hinaus bietet sich im Sinne der Lernperspektive eine Verknüpfung der Anreizsysteme mit konkreten, messbaren Lernfortschritten in bestimmten Leistungsgrößen wie z.B. Termintreue, Beschaffenheit, Prozesszeit etc. an. Bei der Gestaltung solcher leistungsbezogener Anreizsysteme darf jedoch nicht übersehen werden, dass allenfalls in einfach strukturierten Arbeitsumfeldern alle relevanten Leistungsgrößen erhoben werden können. Vielmehr verbleiben sogenannte stille Leistungen, die für das kooperative und organisierte Zusammenwirken der Mitarbeiter wesentlich sind, jedoch nicht unmittelbar durch beste-

---

52 Vgl. Kaplan / Norton (1992), S. 73 ff.
53 Vgl. Weber (1995b), S. 38 ff.

hende Kennzahlen erfasst werden oder deren Erfassung sich als zu aufwendig darstellt. Aus diesem Grund schlägt Kanter[54] beispielsweise vor, neben der reinen Leistungsent-lohnung („pay for performance") auch andere Elemente wie eine Gewinnbeteiligung („profitsharing"), Entlohnung für Fähigkeiten („pay for skill") und eine Beteiligung am Innovationserfolg („venture return") in die Gestaltung der Anreizsysteme aufzunehmen. Sie können je nach Aufgabenbereich und Unternehmen unterschiedlich miteinander kombiniert werden.

Laufende Überprüfung der Gültigkeit und Weiter- bzw. Neuentwicklung der Kennzahlen

Ein erstelltes Logistik-Kennzahlensystem kann nicht auf Dauer angelegt sein, sofern seine Konstruktion der spezifischen Unternehmenssituation Rechnung tragen soll.[55] Die Beständigkeit des erstellten Systems hängt insbesondere von der Entwicklung der Un-ternehmenssituation und den Veränderungen des Wissensstandes der Mitarbeiter und Manager ab, wodurch sich neue Einschätzungen der relevanten logistischen Erfolgsfak-toren ergeben, die in eine kontinuierliche Veränderung logistischer Kennzahlen münden müssen.[56] Auch eine empirische Validierung der vermuteten Zusammenhänge zwischen den Kennzahlen kann die Entwicklung oder Neukonzipierung des Kennzahlensystems erforderlich machen, die über ein einfaches Testen des Messsystems hinausgeht.[57]

4.3 Diagnostische und interaktive Nutzung von Kennzahlen

Kennzahlen dienen als Grundlage für die Analyse, Gestaltung und Steuerung von Pro-zessen. Die Möglichkeiten der Nutzung von Kennzahlen für diese Managementaufga-ben hängen davon ab, inwieweit die entwickelten Kennzahlensysteme auf einem pro-funden Prozessverständnis begründet sind. Kennzahlensysteme implizieren immer Annahmen über die Relevanz bestimmter erfolgskritischer Faktoren in der Umwelt des Unternehmens. Das heißt, Kennzahlensystemen liegt eine bestimmte „Weltsicht" zugrunde, die bestimmte Charakteristika der Umwelt als besonders wesentlich heraus-hebt, andere jedoch unberücksichtigt lässt, weil sie (bisher) nicht als Erfolgsfaktoren identifiziert wurden. Je nachdem, ob Kennzahlensysteme vornehmlich der Operationali-sierung und Steuerung erfolgskritischer Wettbewerbsfaktoren (Kostenoptimierung, Ser-viceverbesserung etc.) oder der Erkundung neuer, bisher vom Management nur unzu-reichend durchdrungener Problemfelder dienen, lassen sich in Anlehnung an Simons

---

[54] Vgl. Kanter (1989), S. 229-266.
[55] Vgl. Eccles / Pyburn (1992), S. 43 f., Kaplan / Norton (1996), S. 272 ff. u. 294 ff.
[56] Vgl. Maskell (1991), S. 28, Dixon et al. (1990), S. 36 u. 42, Meyer (1994), S. 99 u. 103.
[57] Vgl. Emmanuel et al. (1990), S. 15.

eine diagnostische und eine interaktive Nutzung von Kennzahlensystemen unterscheiden.[58]

Diagnostische Steuerungssysteme[59] sind jene formalen Informationssysteme, die es dem Management und den Mitarbeitern ermöglichen, die Ergebnisse logistischer Prozesse zu überwachen und bei Abweichungen korrigierende Maßnahmen zu ergreifen. Die diagnostische Nutzung von Kennzahlensystemen dient dazu, die vom Management definierten Zielvorgaben im Hinblick auf bestimmte logistische Leistungsdimensionen und -größen zu erreichen. Die Aufgabe der logistischen Leistungsrechnung besteht dann darin, die Ist-Werte logistischer Messgrößen zu erheben, Abweichungen von vorgegebenen Soll-Werten aufzuzeigen und gegebenenfalls ein Management by Exception auszulösen. Drei wesentliche Charakteristika zeichnen die diagnostische Nutzung von Kennzahlensystemen für die Prozesssteuerung aus:

- Messbarkeit der Prozessgrößen, insbesondere der Prozessergebnisse,
- Vorgabe von realistischen und erreichbaren Sollgrößen und
- Kenntnis über mögliche Abweichungsursachen, die Wissen über Ursache-Wirkungsbeziehungen voraussetzen.

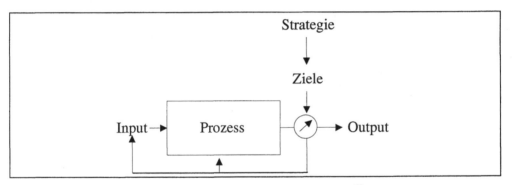

Abb. 9:   Diagnostische Steuerungssysteme[60]

Diagnostische Steuerungssysteme sind darauf ausgelegt, die Ergebnisse logistischer Prozesse vorhersagbar zu machen und an den strategischen Zielen des Unternehmens auszurichten. Daraus können sich jedoch Schwierigkeiten für die Bewältigung neuartiger Probleme ergeben, da die diagnostisch genutzten Kennzahlensysteme mit ihren impliziten Annahmen über erfolgskritische Faktoren eher bestehende Wahrnehmungsmuster des Managements konservieren. Solche Systeme werden immer dann zu Problemen in der Prozesssteuerung beitragen, wenn im Management Zweifel darüber

---

[58] Vgl. Simons (1995), S. 59-124.
[59] Vgl. Simons (1995), S. 59 ff., Steinmann / Kustermann (1996), S. 270 f.
[60] Quelle: In Anlehnung an Simons (1995), S. 63

bestehen, ob die entwickelten Steuerungsgrößen und Zielvorgaben noch den marktlichen Anforderungen entsprechen. In einer solchen Situation besitzt das Management nur eine unzureichende Kenntnis darüber, von welchen Erfolgsfaktoren die Prozesse getrieben werden, wie diese in konkrete Steuerungsgrößen zu übersetzen sind und welche Ursache–Wirkungsmechanismen vorliegen, die erst klare Anpassungsmaßnahmen ermöglichen würden. Dieses mangelnde Prozesswissen aufgrund von Datenmehrdeutigkeit, logistischer Zielkonflikte und unklarer Ursache–Wirkungsbeziehungen sowie unterschiedlicher Interessen der Akteure entlang der Logistikkette steht in Konflikt zu einer an festen, spezifischen Regelwerken und Programmen orientierten diagnostischen Verwendung der Kennzahlen.[61]

Im Gegensatz zu den diagnostischen sind die *interaktiven Steuerungssysteme*[62] formale Informationssysteme, die von Managern und Mitarbeitern genutzt werden, um einzigartige Probleme zu handhaben, die komplex und teilweise neuartig sind. Eine solche interaktive Verwendung zielt deshalb nicht darauf ab, auf Abweichungen mit einem vorprogrammierten Handlungskonzept zu reagieren. Sie dient vielmehr dazu, den Status quo mit seinen zugrunde liegenden Annahmen zu problematisieren und in einem kreativen Dialog neue, mögliche Entwicklungen und Handlungsoptionen für einen Betrachtungsgegenstand zu ergründen.[63] Beispielsweise zeigt die Entwicklung der Lieferzuverlässigkeit im Zeitablauf eine kontinuierliche Verschlechterung an. Sowohl die Termintreue als auch die Liefergenauigkeit entsprechen nicht mehr den Kundenanforderungen. Durch interaktive Nutzung der bestehenden Kennzahlensysteme kann nach den Ursachen für diese Entwicklungen geforscht werden. Sie können sehr vielfältig sein, so dass unterschiedliche Kennzahlen mögliche Ansatzpunkte liefern. So kann sich das Leistungsspektrum zugunsten einer höheren Variantenvielfalt verschoben haben, was ein höheres Maß an Prozessflexibilität erforderlich gemacht hätte, oder die prozessverantwortlichen Mitarbeiter sind schlecht motiviert, was sich in einem hohen Krankenstand niederschlägt, oder die Kommissionieraufträge weisen im Vergleich zur letzten Betrachtungsperiode eine höhere Fehlerquote auf, die Qualitätsmängel im gesamten Prozess verursachen.

Die interaktive Nutzung von Kennzahlensystemen beruht nicht unbedingt auf anderen Kennzahlen; die Systeme müssen vielmehr ein hohes Maß an Flexibilität aufweisen, die es erlaubt, unterschiedliche gedankliche Szenarien mit einem flexibel einsetzbaren, dialogorientierten und entwicklungsfähigen Kennzahlensystem durchzuspielen. Durch eine

---

[61] Vgl. Macintosh (1994), S. 150, Emmanuel et al. (1990), S. 15, Birnberg et al. (1992), S. 110 ff., Delfmann (1989), S. 104 f.

[62] Vgl. Simons (1995), S. 91-124.

[63] Vgl. Emmanuel et al. (1990), S. 17, Macintosh (1994), S. 151, Anthony et al. (1992), S. 6 ff., Kaplan / Norton (1996), S. 261 ff., Johnson (1995), S. 18, der eine Art "Management by Pattern" vorschlägt, bei dem im offenen Dialog Beziehungen zwischen Variablen und Ursache-Wirkungszusammenhängen untersucht werden.

interaktive Nutzung der Kennzahlen wird ein Diskussionsprozess im Management angestoßen, in dem valide Ursache-Wirkungszusammenhänge aufgedeckt und neue Handlungskonzepte ausgearbeitet werden sollen.[64] Interaktiv genutzte Kennzahlensysteme dienen als Katalysator für die fortwährende kritische Auseinandersetzung mit Daten, Prämissen und Handlungsplänen. Die aktive Mitwirkung der betroffenen Mitarbeiter kann dabei nicht nur deren Motivation verbessern, sondern auch die zur Verfügung stehende Informationsbasis erweitern.[65]

	Diagnostische Nutzung	Interaktive Nutzung
Prozesstyp	– Routineprozess	– Innovationsprozess
	– Problemlösungswissen bekannt	– Problemlösungswissen unvollständig bzw. noch unbekannt
Prozessplanung	– Analytisch	– Kreativ/dialogorientiert
	– Umsetzung von Strategien in operative Prozessziele	– Suche nach neuen Zielen und Handlungskonzepten
Prozesskoordination	– Formalisiert und standardisiert	– Nicht formalisiert und auf Selbstabstimmung beruhend
Prozesskontrolle	– Diagnose von Zielabweichungen und Ergreifen von Korrekturmaßnahmen	– Auslöser von Debatten bei den Mitarbeitern und beim Management, Förderung von Lernprozessen

Tab. 3: Diagnostische und interaktive Nutzung von Kennzahlensystemen im Vergleich

Eine ideale Gestaltung von Kennzahlensystemen sollte einen Ausgleich zwischen der Erforschung der unbekannten Zukunft und der Verwertung des bestehenden Prozesswissens über die bekannte Vergangenheit erreichen. Experimentelles Verhalten sollte unter den Entscheidungsträgern im Sinne einer interaktiven Nutzung gefördert werden, denn Kennzahlensysteme konstituieren einen wichtigen Bestandteil der Lernumgebung. Auf der anderen Seite müssen Unternehmen ein ausgewogenes Kennzahlensystem für die zielorientierte Steuerung von Logistikprozessen etabliert haben, ansonsten verliert das operative Prozessmanagement entscheidende Stellgrößen aus dem Fokus, die in der Tat nachhaltigen Einfluss auf den Unternehmenserfolg besitzen.[66]

---

[64] Anders als bei Simons ist dieser interaktive Prozess jedoch nicht vom Top-Management dadurch vorzustrukturieren, dass von ihm eine Selektion kritischer Problemfelder vorgenommen wird. Denn für eine vollständige Nutzung des Rationalitätspotenzials sind alle Phasen des Problemlösungsprozesses, also auch die Problemidentifikation dialogisch zu gestalten. Ferner hat das Top-Management nicht die Möglichkeit, an sämtlichen derartigen Dialogprozessen teilzunehmen, da es nur über begrenzte zeitliche und kognitive Ressourcen verfügt. Die interaktive Verwendung ist daher von Anfang an prozessual dialogisch und hierarchieungebunden zu gestalten. Vgl. Steinmann / Kustermann (1996), S. 271 ff.

[65] Vgl. Simons (1995), S. 91 ff., Steinmann / Kustermann (1996), S. 271 f., Rittel (1972), S. 394 f.

[66] Vgl. dazu auch Weber / Schäffer (1999).

5. Ausblick

Entwicklung und Anwendung von Kennzahlensystemen beruhen grundsätzlich auf zwei unterschiedlichen Orientierungen: Sie können funktionsorientiert oder systemisch gestaltet sein. Der funktionsorientierte Ansatz basiert auf dem Dekompositionsprinzip, das die betrieblichen Aufgabenbereiche in voneinander relativ unabhängige Subsysteme zergliedert, die dann weitgehend isoliert voneinander geplant und gesteuert werden. Eine in diesem Sinne inspirierte Führung wird rein funktionale Kennzahlensysteme für die Logistik, das Marketing, die Beschaffung etc. entwickeln, mit denen jeweils lokale Probleme gelöst werden sollen. Diese Vorgehensweise ignoriert jedoch subsystemübergreifende Interdependenzen, so dass ein Integrationsdefizit durch eine Bereichsoptimierung der jeweiligen Teilfunktionen auftritt. Der systemische Ansatz, auf dem insbesondere die moderne Logistikkonzeption basiert, geht hingegen einen anderen Weg. Er erkennt an, dass Wertschöpfungsprozesse in Ressourcennetzwerken stattfinden, die nur dann effektiv gestaltet und gesteuert werden können, wenn man ihre Elemente, Prozesse, Beziehungen und Umwelt analysiert, um darauf aufbauend eine systemische Optimierung unter Berücksichtigung der bereichsübergreifenden Interdependenzen vorzunehmen. Eine systemische Analyse und Bewertung von Wertschöpfungsprozessen muss deshalb auch die Wechselwirkungen der an der Leistungserstellung beteiligten Funktionsbereiche erfassen, da vielfältige, wechselseitige Abhängigkeiten von logistischen mit nicht-logistischen Prozessen bestehen. Die Implikationen für die Entwicklung von Kennzahlensystemen liegen damit auf der Hand. Die logistischen Kennzahlensysteme müssen mit anderen funktionalen Kennzahlen sinnvoll verknüpft und zu einem integrierten System der Leistungsmessung kombiniert werden. Dies kann beispielsweise dadurch geschehen, dass die Lieferzuverlässigkeit mit dem Marktanteil verbunden wird, um die Aufmerksamkeit des Managements auf logistikinduzierte Marktveränderung zu lenken. Die Leistungsrechnung könnte danach auf die integrative Bewertung (und letztlich auch Unterstützung der Gestaltung) der transferspezifischen Eigenschaften sämtlicher Wertschöpfungsaktivitäten ausgedehnt werden und damit ein Logistikmanagement im Sinne der modernen Logistikkonzeption unterstützen.

6. Literatur

Anthony, R. N. / Dearden, J.; Govindarajan, V. (1992): Management Control Systems. Seventh Edition, Boston, 1992.

Bechtel, C. / Jayaram, J. (1997): Supply Chain Management: A Strategic Perspective, in: The International Journal of Logistics Management, Vol. 8, Nr. 1, 1997, S. 15-34.

Birnberg, J. G. / Turopolec, L. / Young, S. M. (1992): The Organizational Context of Accouning, in: Emmanuel, C.; Otley, D.; Merchant, K.: Readings in Accounting for Management Control. London et al., 1992, S.107-130.

Böttcher, K. (1993): Logistik-Controlling, in: Schmidt, K.-J. (Hrsg.): Logistik. Grundlagen, Konzepte, Realisierung. Braunschweig, Wiesbaden, 1993, S. 225-271.

Bunge, M. (1983): Treatise on Basic Philosophy, Vol. 5, Epistemology & Methodology I: Exploring the World. 1983.

Byrne, P. M. / Markham, W. J. (1991): Improving Quality and Productivity in the Logistics Process. Achieving Customer Satisfaction Breakthroughs. Council of Logistics Management, 1991.

Caplice, C. / Sheffi, Y. (1994): A Review and Evaluation of Logistics Metrics, in: The International Journal of Logistics Management, Vol. 5, Nr. 2, 1994, S. 11-28.

Caplice, C. / Sheffi, Y. (1995): A Review and Evaluation of Logistics Performance Measurement Systems, in: The International Journal of Logistics Management, Vol. 6, Nr. 1, 1995, S. 61-74.

Chow, G. / Heaver, T. / Henriksson, L. (1994): Logistics Performance: Definition and Measurement, in: IJPD&LM, Vol. 24, 1/1994, S. 17-28.

Corsten, H. (1997): Dienstleistungsmanagement. 3. Auflage von: Betriebswirtschaftslehre der Dienstleistungsunternehmungen, München et al., 1997.

Delfmann, W. (1989): Das Netzwerkprinzip als Grundlage integrierter Unternehmensführung, in: Delfmann, W. (Hrsg.): Der Integrationsgedanke in der Betriebswirtschaftslehre, Wiesbaden, 1989, S. 87-113.

Delfmann, W. / Reihlen, M. (2002): Strategisches und taktisches Logistik-Management, in: Arnold, D.; Isermann, H. et al. (Hrsg.): Handbuch Logistik, Berlin et al., 2002.

Delfmann, W. / Reihlen, M. / Wickinghoff, C.: Prozessorientierte Logistik- Kostenrechnung, 2002, in: Delfmann, W.; Reihlen, M. (Hrsg.): Controlling von Logistikprozessen. Analyse und Bewertung logistischer Kosten und Leistungen, Stuttgart, 2002.

Dellmann, K. / Pedell, K. L. (1994): Controlling von Produktivität, Wirtschaftlichkeit und Ergebnis. Stuttgart, 1994.

Dixon, J. / Nanni, A.; Vollmann, T. (1990): The New Performance Challenge. Measuring Operations For World-Class Competition. Illinois, 1990.

Eccles, R. G. / Nohria, N. / Berley, J. D. (1992): Beyond the Hype. Rediscovering the Essence of Managemen. Boston, Massachusetts, 1992.

Eccles, R. G. / Pyburn , P. J. (1992): Creating a Comprehensive System to Measure Performance, in: Management Accounting, Montvale; Oct. 1992; Vol. 74, Iss. 4; S. 41-44.

Emmanuel, C. / Otley, D. / Merchant, K. (1990): Accounting for Management Control, 2. edition, London et al., 1990.

Engelsleben, T. (1994): Marketing für Systemanbieter. Ansätze zu einem Relationship Marketing-Konzept für das logistische Kontraktgeschäft. Integrierte Logistik und Unternehmensführung, Wiesbaden, 1999, zugl.: Köln, Univ., Diss., 1999.

Fisher, J. (1992): Use of Nonfinancial Performance Measures, in: Journal of Cost Management for the Manufacturing Industrie, Vol. 6, Iss. 2, Spring 1992, S. 31-38.

Flamholtz, E. G. (1982): Human resource accounting. Advances in concepts, methods and application. 2. ed., rev. and expanded, San Francisco et al., 1985.

Ford, J. D. / Schellenberg, D. A. (1982): Conceptual Issues of Linkage in the Assessment of Organizational Performance, in: Academy of Management Review, Vol. 7, Nr. 1, 1982, S. 49-58.

Garvin, D. A. (1993): Building a learning organization, in: Havard Businss Review, Boston, Jul. 1993, Vol. 74, Iss. 4, S. 74 ff.

Geanuracos, J. / Meiklejohn, I. (1993): Performance Measurement. The New Agenda. Using Non-Financial Indicators to Improve Profitability. Business Intelligence, London, 1993.

Göpfert, I. (1993): Bedeutung und Gestaltung von Logistik-Kennzahlen für das Logistik-Controlling, in : Weber, J. (Hrsg.): Praxis des Logistik-Controlling. Stuttgart, 1993, S. 223-232.

Grochla, E. / Fieten, R. / Puhlmann, M. / Vahle, M. (1983): Erfolgsorientierte Materialwirtschaft durch Kennzahlen. Leitfaden zur Steuerung und Analyse der Materialwirtschaft. BIFOA-Schriftenreihe, Bd. 24, Beiträge zur Organisation und Automation, Baden-Baden, 1983.

Grüner, A.(1997): Zwischenbetriebliche Logistikleistungen in der Industrie. Produktion und Absatz investiver Dienstleistungen. Wiesbaden, 1997.

Hax, A. C. / Majluf, N. S. (1988): Strategisches Management. Ein integratives Konzept aus dem MIT. Frankfurt et al., 1988.

Horváth, P. (1999): Das Balanced-Scorecard-Managementsystem - das Ausgangsproblem, der Lösungsansatz und die Umsetzungserfahrungen, in: Die Unternehmung, 53. Jg., Heft 5, 1999, S.303-319.

Isermann, H. (1998): Logistik im Unternehmen - eine Einführung, in: Isermann, H. (Hrsg.): Logistik: Beschaffung, Produktion, Distribution. 2. Auflage, Landsberg/Lech, 1998, S. 21-43.

Johnson, H. T. (1995): Management Accounting in the 21st Century, in: Journal of Cost Management for the Manufacturing Industrie, Vol. 9, Nr. 3, Fall 1995, S. 15-19.

Kanter, R. M. (1989): When giants learn to dance. Mastering the challenge of strategy, management, and careers in the 1990s. Simon and Schuster, New York et al, 1989.

Kaplan, R. S. / Norton, D. P. (1992): The Balanced Scorecard - Measures That Drive Performance, in: Harvard Business Review, January-February 1992, S. 71-79.

Kaplan, R. S. / Norton, D. P. (1996): The Balanced Scorecard: Translating Strategy into Action. Massachusetts, 1996.

Kaplan, R. S. / Norton, D. P. (1997): Balanced Scorecard. Strategien erfolgreich umsetzen. Stuttgart, 1997.

Keegan, D. P. / Pesci, S. W. (1994): Why Not Reengineer the Management Process Itself, in: Journal of Cost Management for the Manufacturing Industrie, Vol. 8, Nr. 2, Summer 1994, S. 63-70.

Kloock, J. (1996): Betriebliches Rechnungswesen. Reihe: WISO-Studientexte, Bd. 3, Lohmar, Köln, 1996.

Macintosh, N. B. (1994): Management Accounting and Control Systems. An Organizational and Behavioral Approach. Chichester et al., 1994.

Maskell, B. H. (1991): Performance Measurement for World Class Manufacturing. Productivity Press, Cambridge Massachusetts et al., 1991.

Mentzer, J. T.; Konrad, B. P. (1991): An Efficiency/Effectiveness Approach to Logistics Performance Analysis, in: Journal of Business Logistics, Vol. 12, Nr. 1, 1991, S. 33-61.

Meyer, C. (1994): Projektteams: Effektiv arbeiten nach eigenen Leistungskriterien, in: Harvard Business Manager, 4/1994, S. 94-103.

Neuberger, O. (1990): Führen und geführt werden. 3. Auflage von „Führung", Stuttgart, 1990.

Niebuer, A (1996): Qualitätsmanagement für Logistikunternehmen. Integrierte Logistik und Unternehmensführung, Wiesbaden, 1996, zugl.: Köln, Univ., Diss., 1996.

Pfohl, H.-Chr. (1994): Logistikmanagement. Berlin et al., 1994.

Pfohl, H.-Chr. (1996): Logistiksysteme. Betriebswirtschaftliche Grundlagen, 5. Auflage, Berlin et al., 1996.

Plinke, W. (1993): Leistungs- und Erlösrechnung, in: Wittmann, W.; Kern, W.; Köhler, R.; Küpper, H.-U.; Wysocki, K. v.: Handwörterbuch der Betriebswirtschaft, Teilband 2, I-Q, Sp. 2564-2568.

Porter, M. E. (1986): Wettbewerbsvorteile. Spitzenleistungen erreichen und behaupten. Frankfurt, 1986.

Prahalad, C. K.; Hamel, G. (1990): The Core Competence of the Corporation, in: Havard Business Review, Boston, Vol. 68, Iss. 3, May/Jun., 1990, S. 79-91.

Reichmann, T. (1997): Controlling mit Kennzahlen und Managementberichten. München, 1997.

Rittel, H. W. J. (1972): On the Planning Crisis: Systems Analysis of the 'First and Second Generations', in: Bedrifts∅konomen, Nr. 8, 1972, S. 390-396.

Rosenstiel, Lutz von (1992): Organisationspsychologie. Person und Organisation. 3. Auflage, Stuttgart, 1992.

Simons, R. (1995): Levers of Control. How Managers Use Innovative Control Systems To Drive Strategic Renewal. Havard Business School Press, Boston, Massachusetts, 1995.

Steinmann, H.; Kustermann, B. (1996): Die Managementlehre auf dem Weg zu einem neuen Steuerungsparadigma, in: JFB 5-6/96, S. 265-281.

Weber, J. (1986): Zum Begriff Logistikleistung, in: ZfB, 56. Jg., Heft 12, 1986, S. 1197-1213.

Weber, J. (1995a): Logistik-Controlling. Leistungen - Prozesskosten – Kennzahlen. 4. Auflage, Stuttgart, 1995.

Weber, J. (1995b) (Hrsg.): Kennzahlen für die Logistik. Stuttgart, 1995.

Weber, J. Schäffer, U. (1999): Auf dem Weg zu einem aktiven Kennzahlenmanagement, in: Die Unternehmung, 53. Jg. (1999):, Heft 5, S. 333-350.

Wickinghoff, C. A. (1999): Performance Measurement in der Logistik. Grundlagen, Konzepte und Ansatzpunkte einer Bewertung logistischer Prozesse, Arbeitsbericht Nr. 100 des Seminars für Allgemeine Betriebswirtschaftslehre, Betriebswirtschaftliche Planung und Logistik, Universität zu Köln, 1999.

Wiswede, G. (1980): Motivation und Arbeitsverhalten. Organisationspsychologische und industriesoziologische Aspekte der Arbeitswelt. München et al., 1980.

Prozessorientierte Logistik-Kostenrechnung

Werner Delfmann / Markus Reihlen / Constantin Wickinghoff[*]

---

[*] Prof. Dr. Werner Delfmann, Seminar für Allg. BWL, betriebswirtschaftliche Planung und Logistik der Universität zu Köln.
Dr. Markus Reihlen, Seminar für Allg. BWL, betriebswirtschaftliche Planung und Logistik der Universität zu Köln.
Dipl.-Kfm. Constantin Wickinghoff, Schenker AG, Essen.

1. Einleitung

Die gestiegene Bedeutung der Logistik für die Wettbewerbsfähigkeit von Unternehmen ist u.a. auf ihren Beitrag zur Rentabilitätssteigerung durch Rationalisierungsmaßnahmen zurückführbar.[2] Mit einem Anteil am Umsatz von je nach Branche zwischen 10-25% stehen die Logistikkosten dabei im Vordergrund.[3] Informationen über Logistikkosten sind daher von zentralem Interesse für ein effektives Logistikmanagement. Ohne eine Logistik-Kostenrechnung sind viele Logistiktatbestände schlicht intransparent, Planungen nur unzureichend möglich bzw. fehlgeleitet, und Kontrollen erweisen sich oft als nicht zielführend. Vor dem Hintergrund einer deutlichen Veränderung von Kostenstrukturen in den Unternehmen im Zuge des gestiegenen weltweiten Wettbewerbs und des damit verbundenen Leistungs- und Kostendrucks erweisen sich jedoch gerade für ein schnittstellenübergreifendes Supply Chain Management viele Kostenrechnungssysteme als unzureichend zur Bereitstellung relevanter Informationen. In diesem Beitrag werden daher nach der Erörterung der Grundlagen von Logistik-Kostenrechnungen und der Mängel traditioneller Kostenrechnungspraktiken zwei Varianten einer Prozesskostenrechnung für die Logistik vorgestellt. Dabei handelt es sich um eine Prozessvollkostenrechnung und eine Prozessteilkostenrechnung, die um eine Fixkostendeckungsrechnung ergänzt wird. In einer Schlussbetrachtung werden die Ergebnisse zusammengefasst und ein Ausblick auf ein mögliches Supply Chain Controlling gegeben.

2. Grundlagen von Logistik-Kostenrechnungen

2.1 Logistikkosten

Die Logistikkosten umfassen alle bewerteten *Produktionsfaktorverbräuche* einer Periode, die für die logistische Abwicklung angefallen (Istkosten) oder geplant (Plankosten) sind. Dem logistischen Gedanken einer ganzheitlichen Betrachtung der logistischen Kette folgend, beschränken sich die Logistikkosten nicht auf die Vertriebskosten eines einzelnen Herstellers oder Händlers, sondern umfassen alle Kosten, die mit dem räumlichen und zeitlichen Gütertransfer und den damit in Zusammenhang stehenden informatorischen Auftragsbearbeitungsprozessen innerhalb der gesamten logistischen Kette anfallen (sogenannter Total Cost Approach). Die gesamten Kosten der Logistik ergeben sich demnach aus der Summe der Kosten der logistischen Teilsysteme, die für die Beschaffung, Produktion und Distribution notwendig sind. Sie hängen im Allgemeinen von dem angestrebten Lieferserviceniveau des logistischen Systems ab. Die logistischen Teilsysteme mit ihren Kosteneinflussfaktoren lassen sich wie folgt zusammenfassen:

---

2 Vgl. Pfohl (1994), S. 46.
3 Vgl. Pfohl (1994), S. 8 f. und 46 ff., Lambert / Stock (1993), S. 583, Möhlmann (1987), S. 47 f.

- *Depotkosten:* Ein Depot (Lagerhaus, Umschlagspunkt) ist ein Knoten im logistischen Netzwerk, in dem Güter vorübergehend gelagert oder umgeschlagen werden. Die Depotkosten hängen von der Anzahl, dem Standort und der Kapazität des Depots ab. Ferner haben die Stufigkeit des Depotsystems und die verwendete Lagertechnik Einfluss auf die Depotkosten.

- *Lagerhaltungskosten*: Die Lagerhaltung umfasst alle Prozesse und Entscheidungstatbestände, die Einfluss auf die Lagerbestände haben. Lagerbestände sind zeitliche Puffer zwischen liefernden und nachfragenden Stellen im logistischen Netzwerk. Die Höhe der Lagerhaltungskosten wird vom Zentralisationsgrad und der Selektivität der Lagerhaltung beeinflusst. Darüber hinaus bestimmen das Lieferbereitschaftsniveau, die Umschlagshäufigkeit, Bestellpolitik und die Sicherheitsbestände sowie die Wertstruktur der Waren die Kosten der Bestandsführung.

- *Transportkosten*: Der Transport hat die Aufgabe der räumlichen oder örtlichen Veränderung von Transportgütern mit Hilfe von Transportmitteln. Ein Transportsystem besteht aus einem Transportgut, einem Transportmittel und einem Transportprozess. Die Kosteneinflussgrößen des Transportes sind dann die folgenden: Lieferfrequenz, Sendungsgröße, Stufigkeit, Gewicht-/Volumen-/Wertverhältnis, Tourenlänge, Fuhrparkgröße, Fuhrparkzusammenstellung, Art der Verkehrsträger und das verwendete Transportnetz.

- *Auftragsabwicklungskosten*: Die Auftragsabwicklung dient der Übermittlung und informatorischen Bearbeitung und Kontrolle von Aufträgen vom Zeitpunkt der Auftragsaufgabe beim Kunden bis zur Ankunft der Sendungsdokumente und Rechnungen beim Kunden. Die Kosten der Auftragsabwicklung hängen von der verwendeten Informations- und Kommunikationstechnologie, dem Automatisierungsgrad des Abwicklungsprozesses und der Struktur der Informationssysteme ab.

- *Verpackungs- und Materialhandhabungskosten*: Die Verpackung erfüllt neben marketingbezogenen Aufgaben verschiedene logistische Funktionen, wie den Schutz des Produktes sowie die Erleichterung bei der Lagerung, dem Transport und der Produktidentifikation. Aktivitäten, wie die Bewegung von Gütern zu Lager- und Kommissionierplätzen oder das Umpacken und Umladen von Waren, werden unter der Materialhandhabung zusammengefasst. Die Kosteneinflussgrößen dieses logistischen Teilsystems sind die Gefährlichkeit, Standardisierbarkeit, Containerisierbarkeit und die Umschlagshäufigkeit der Güter. Auch die Automatisierung der Prozesse hat Einfluss auf die Kostenstruktur der Verpackungs- und Materialhandhabungskosten.[4]

---

[4] Vgl. Pfohl (2000), S. 75 ff., Weber (1987), S. 143 ff.

2.2 Logistik-Kostenrechnung

2.2.1 Ziele und Aufgaben

Die Informationen über Logistikkosten sind durch den Aufbau und die Pflege entsprechender Logistik-Kostenrechnungen bereitzustellen. Auch in einer Kostenrechnung für die Logistik ist dabei nicht von einer alle Zwecke gemeinsam erfüllenden Rechnung auszugehen. Vielmehr bestimmt der problemspezifische Rechnungszweck Art und Umfang der notwendig werdenden Rechnungen. Denn in einer konkreten logistischen Problemsituation sind durch eine Logistik-Kostenrechnung nur diejenigen Informationen zu liefern, die eine Lösung der Problemsituation unterstützen können. Diese sogenannten *entscheidungsrelevanten* Kosten sind dadurch gekennzeichnet, dass nur sie sich in Abhängigkeit von den Variablen und Parametern einer spezifischen Entscheidungssituation ändern. Eine Einbeziehung von Kosten, die nicht durch diese Abhängigkeit charakterisiert sind, würde zu einer Verzerrung in der Bewertung von Handlungsalternativen, Umweltzuständen oder Handlungsergebnissen und somit zu Fehlentscheidungen führen. Es sind also lediglich die situationsspezifisch beeinflussbaren, rechnungszweckbezogenen Kosten in die Berechnung einzubeziehen.[5] Im Allgemeinen können Abbildungs- und Dokumentations-, Planungs- und Entscheidungs- sowie Kontroll- und Verhaltenssteuerungszwecke unterschieden werden.

Abbildungs- und Dokumentationszwecke

Als Abbildung kann man in der Logistik grundsätzlich eine informatorische Repräsentation eines logistischen Sachverhalts verstehen. In einer sogenannten Istrechnung sind die tatsächlich angefallenen Logistikkosten nach separaten oder verknüpften Mengen- und Wertkomponenten zu ermitteln (*Logistikkostenerfassung*) und nach geeigneten Kriterien zu gliedern bzw. bestimmten Zuordnungsobjekten zuzuweisen (*Logistikkostenverteilung*). Die Abbildung und die sie erläuternde bzw. vertiefende Dokumentation ist grundlegende Voraussetzung für alle weiteren Rechnungszwecke.[6]

Planungs- und Entscheidungszwecke

Für viele *logistische* Planungen und Entscheidungen ist die Berücksichtigung der voraussichtlichen Logistikkosten unabdingbar. Standort-, Transport- und Tourenplanungen, Bestands- und Bestellmengenoptimierungen, Trade-off-Analysen, aber auch Entscheidungen im Logistik-Gemeinkostenmanagement basieren aufgrund der betrieblichen Zielvorstellungen maßgeblich auf Logistikkosten. Darüber hinaus bilden Logistikkosten bei vielen betrieblichen Planungen und Entscheidungen einen gewichtigen Teil

---

5 Vgl. Schweizer / Küpper (1995), S. 2 ff.
6 Vgl. Schweizer / Küpper (1995), S. 38 f.

der insgesamt relevanten Kosten. Im Rahmen der *Beschaffung* sind Logistikkosten notwendig zur Bestimmung von Preisobergrenzen, Bezugsquellen und -wegen. In der *Produktion* sind sie Bestandteil der Kosten, die zur Ermittlung der Auftragsreihenfolge, Produktionsverfahren und Losgrößen benötigt werden. Bei *Absatz*planungen und -entscheidungen sind sie anteilig in der Bestimmung von Preisuntergrenzen, Vertriebswegen, -gebieten und Kunden zu berücksichtigen. Logistikkosten gehen jedoch nicht nur in funktionsspezifische Rechnungen ein. Auch bei vielen *übergreifenden Fragestellungen* wie Entscheidungen über das optimale Produktions- und Absatzprogramm, Investitions- bzw. Finanzierungsentscheidungen, Verrechnungspreise oder Entscheidungen über Eigenfertigung oder Fremdbezug von Leistungen sind Logistikkosten in die notwendig werdenden Rechnungen einzubeziehen.[7]

Zwecke der Kontrolle und Verhaltenssteuerung

Die Kontrolle ergänzt die Planung zu einem vollständigen Regel- und Steuerkreis der Logistikprozesse. Sie basiert prinzipiell auf einer Gegenüberstellung zweier Größen, die durch die Logistik-Kostenrechnung geliefert werden können. Je nach Auswahl dieser Größen können unterschiedliche Kontrollformen unterschieden werden. In einem *Zeitvergleich* werden die Istgrößen einer vergangenen Periode denjenigen der aktuellen Periode gegenübergestellt (Ist-Ist-Vergleich). Ein *Ergebnisvergleich* konfrontiert dagegen modifizierte Plangrößen als Sollgrößen mit den Istgrößen (Soll-Ist-Vergleich). In einem *Betriebsvergleich* werden schließlich die Daten zweier Unternehmen auf Gemeinsamkeiten und Unterschiede hin überprüft (Benchmarking).[8]

Der Kontrollbegriff kann unterschiedlich weit gefasst werden. Neben dem Kern der Ermittlung und des Vergleichs der Kontrollgrößen kann die Kontrolle auch die Analyse von etwaigen Abweichungen, Korrekturempfehlungen, Entscheidungen für die Durchführung von Anpassungsmaßnahmen und geeignete *Verhaltensbeeinflussungen* beinhalten. Die Verhaltensbeeinflussung wird jedoch oft als eigener Rechnungszweck herausgestellt, da sie nicht nur einen engen Bezug zur Kontrolle, sondern auch zu anderen Rechnungszwecken besitzt. Grundsätzlich kann durch Kontrollinformationen eine Verhaltensbeeinflussung erfolgen, da schon die Ankündigung über eine zu erwartende Kontrolle dazu dient, den Betreffenden zu einem bestimmten Verhalten zu bewegen. Kontrollinformationen über die Höhe und Ursachen von Abweichungen können dabei helfen, das eigene Handeln zu überprüfen und mögliche Verbesserungen für zukünftige Vollzüge zu ermitteln.[9] Darüber hinaus kann das Verhalten im Rahmen der Planung und Entscheidung über Vorgabeinformationen beeinflusst werden. Als zu erreichende Ziel-

---

[7]   Vgl. Schweizer / Küpper (1995), S. 42 ff., Coenenberg (1999), S. 37 f., Kloock et al. (1993), S. 17 f.

[8]   Daneben unterscheidet man noch Planfortschrittskontrollen (Soll-Wird-Vergleich), Planprämissenkontrollen (Wird-Ist-Vergleich) und Prognosekontrollen (Wird-Wird-Vergleich). Vgl. Schweizer / Küpper (1995), S. 47f.

[9]   Anreize wie z.B. Prämien einer Kostenersparnis können dabei behilflich sein.

größen stellen sie einen Maßstab für die Auswahl von logistischen und nicht-logistischen Handlungsalternativen dar. Zu derartigen Verhaltenssteuerungen sind allerdings nicht nur Informationen über Logistikkosten, sondern insbesondere auch über die betroffenen Menschen und ihre Eigenschaften, Ziele und Kenntnisse sowie die Berücksichtigung sozialpsychologischer und soziologischer Aspekte notwendig.[10]

2.2.2 Kostenverteilungsprinzipien

Je nach verfolgtem Rechnungszweck sind die zugehörigen relevanten Logistikkosten zu erfassen und auf Kostenstellen bzw. Kostenträger und Prozesse zu verteilen. Die Relevanz von Logistikkosten für bestimmte Rechnungszwecke bedarf dabei einer genauen Ermittlung. Die Trennung von relevanten und irrelevanten Logistikkosten ist nicht offensichtlich. Sie ergibt sich vielmehr aus dem je nach Rechnungszweck variierenden, für die Zurechnung von Logistikkosten auf ein Bezugsobjekt (wie z.B. Kostenstellen, Kostenträger, Prozesse, Perioden, Fertigungsverfahren oder Losgrößen) maßgeblichen *Kostenverteilungsprinzip*. Da es unterschiedliche Verteilungsprinzipien gibt, kann es für ein und denselben Rechnungszweck zu einer unterschiedlichen Auswahl und Verteilung der relevanten Kosten kommen. Die Wahl des Verteilungsprinzips ist daher problemspezifisch zu begründen.[11] Es sollen hier das sogenannte Einwirkungs-, das Beanspruchungs- und das Verursachungsprinzip unterschieden werden.

- Das *Einwirkungsprinzip* fordert lediglich, dass ein ursächlicher Zusammenhang zwischen dem gesamten Output, den gesamten Kosten und dem gesamten Ressourcenverbrauch besteht. Anders ausgedrückt, würde ein Wegfall der betrachteten Kosten den Ressourcenverbrauch und damit die Outputerstellung in ihrer Gesamtheit unmöglich machen.

- Für Kosten, die nach dem *Beanspruchungsprinzip* zugerechnet werden, gilt auf jeden Fall das Einwirkungsprinzip. Darüber hinaus impliziert aber ein Anstieg der Beschäftigung einen zusätzlichen Ressourcenverbrauch.

- Das *Verursachungsprinzip* fordert die Gültigkeit des Beanspruchungsprinzips. Darüber hinaus impliziert es, dass ein Anstieg der Beschäftigung ursächlich für einen zusätzlichen Ressourcenverbrauch ist und dass dieser wiederum eine Zunahme der Kosten der betrachteten Periode bewirkt.[12]

Je nach logistischer Problem- bzw. Entscheidungssituation und damit je nach Rechnungszweck sind daher unterschiedliche Kosteninformationen von entsprechend unterschiedlich gestalteten *Systemen* der Logistik-Kostenrechnung bereitzustellen. Unter

---

10 Vgl. Schweizer / Küpper (1995), S. 44 ff.
11 Vgl. Schweizer / Küpper (1995), S. 87 ff.
12 Vgl. Schiller / Lengsfeld (1998), S. 527 f.

einem Kostenrechnungssystem kann dabei jede sinnvolle Kombination von Komponenten einer Kostenrechnung unter einer spezifischen Zwecksetzung verstanden werden. Art und Umfang des Kostenrechnungssystems hängen neben dem Informationsbedarf noch von weiteren Faktoren wie der Handlungsnotwendigkeit, der Erwartung bestimmter Ereignisse, der Praktikabilität und Wirtschaftlichkeit ab.[13] In der betriebswirtschaftlichen Unternehmensrechnung wurde bereits eine große Anzahl unterschiedlicher Systeme von Kostenrechnungen konzipiert. Die Vielfalt an Kombinationsmöglichkeiten unterschiedlicher Eigenschaften dieser Systeme ist dabei nahezu unüberschaubar. Es ist jedoch möglich, anhand ausgewählter Kriterien eine Bestimmung des für einen spezifischen Rechnungszweck relevanten Systems zu erleichtern. Traditionell unterscheidet man Kostenrechnungssysteme z.B. nach dem betrachteten Teilbereich (z.B. Gesamtunternehmen, Geschäftsfelder, Abteilungen, Funktionsbereiche oder Prozesse), Zeitbezug (Ist-, Normal- oder Plankostenrechnungen), Art und Umfang der Verrechnung (Voll- oder Teilkostenrechnungen), Flexibilität (starr oder flexibel nach Maßgabe der Variierbarkeit von Kosteneinflussgrößen) oder Wiederholungscharakter (laufende oder fallweise Rechnungen).[14]

Während unterschiedliche allgemeine, insbesondere aber produktionsorientierte Rechnungssysteme bereits umfangreich diskutiert worden sind, ist die Ausgestaltung von Kostenrechnungssystemen für die Logistik noch nicht so weit entwickelt. Der BVL-Arbeitskreis hat sich im Rahmen seiner Untersuchungen insbesondere auf die Gestaltung *prozessorientierter* Logistik-Kostenrechnungssysteme konzentriert. Im Folgenden werden daher zunächst die Beweggründe für die Wahl dieser Prozessperspektive aus den allgemeinen Schwierigkeiten einer Logistik-Kostenrechnung und den Mängeln traditioneller Verfahren abgeleitet. Anschließend werden das Wesen der Prozessorientierung und ausgewählte Varianten von prozessorientierten Systemen der Logistik-Kostenrechnung beschrieben und beurteilt.

2.2.3 Allgemeine Schwierigkeiten

Zu den allgemeinen Schwierigkeiten einer Logistik-Kostenrechnung gehören vor allem Probleme der Erfassung, Verrechnung, kostentheoretischen Fundierung und Interdependenz von Logistikkosten. Die *Erfassung* logistischer Leistungen wird durch ihren Dienstleistungscharakter erschwert. Eine Logistikdienstleistung kann im Gegensatz zu Sachleistungen aufgrund ihrer Immaterialität auf vielfältige Weise abgegrenzt werden. Die Frage, wo eine bestimmte Logistikleistung anfängt und wo sie aufhört, ist nicht immer eindeutig zu beantworten: Gehört z.B. die Entladung eines LKW noch zum Transport oder schon zur Einlagerung? Zudem können zur Messung von Logistik-

---

[13] Vgl. Dierckes (1998), S. 25.
[14] Vgl. Schweizer / Küpper (1995), S. 68 ff.

dienstleistungen je nach Abgrenzung eine Vielzahl von Maßeinheiten (wie z.B. Paletten, Tonnen, Aufträge, Zeiten oder Entfernungen) verwendet werden. Die Heterogenität der Logistikleistungen beschränkt dabei häufig Aussagen zur Kostenrechnung auf bestimmte Logistiksituationen.[15]

Neben diesen Erfassungsproblemen ist auch die *Verrechnung* von Logistikkosten im Vergleich zu Produktionskosten beschwerlicher. Viele Logistikaktivitäten laufen (vor allem in Industriebetrieben) ohne korrespondierende Zahlungen, als Kuppelproduktionen oder im Verbund mit nicht-logistischen Tätigkeiten ab (z.B. bedient ein Mitarbeiter eine Maschine und übernimmt zugleich den innerbetrieblichen Transport zu ihrer Ver- und Entsorgung). Die Verrechnung erfolgt dann häufig z.T. intransparent und willkürlich, da Logistikkosten i.d.R. Gemeinkosten sind, die aus den Kostenstellen nicht immer klar hervorgehen, wenn die Kostenstellenrechnung zu undifferenziert ist. Die oft auch fixen Logistikgemeinkosten können den absatzbestimmten Produkten zudem nicht nach dem Verursachungsprinzip zugerechnet werden.[16]

Schließlich sind geschlossene *Kostentheorien* für die Abhängigkeitsbeziehungen zwischen Logistikkosten und -leistungen in Kostenfunktionen nur schwer aufzustellen. In den logistischen Teilbereichen ist häufig eine hohe Komplexität der Beziehungen zwischen Logistikkosten und -leistungen vorzufinden. Die Kosten eines Transports z.B. können nicht nur von der beförderten Menge und Entfernung (Tonnenkilometer), sondern auch von der Art des Transportmittels, der Fahrweise und dem Streckenprofil abhängen. Dabei bestehen oft keine direkten Beziehungen zwischen der jeweiligen Logistikleistung und ihren Kosten (z.B. wenn einzelne Aufträge gemeinsam gelagert oder transportiert werden), oder die Logistikleistung ist nicht einmal die zentrale Einflussgröße. Die Ermittlung von Logistikkostenfunktionen ist daher durch erhebliche Kompromisse zwischen ihrer Genauigkeit und Praktikabilität gekennzeichnet.[17]

Zwischen den logistischen Kosten bestehen zudem *Zielkonflikte* bzw. *Austauscheffekte*, die auch als Trade-offs bezeichnet werden. Solche Austauscheffekte ergeben sich aus den Interdependenzen zwischen den logistischen Teilsystemen, so dass z.B. die Senkung der Kosten in einem Teilsystem zu einer Steigerung in einem anderen Teilsystem führen kann. Dem Totalkostenansatz der Logistik folgend, sollten deshalb nicht die funktionalen logistischen Teilsysteme optimiert, sondern ein Gesamtkostenoptimum innerhalb der gesamten Logistikkette angestrebt werden.[18]

---

[15] Vgl. Weber (1995), S. 39 und 46 f., Pfohl (1994), S. 258 f.

[16] Auch die Berechnung kalkulatorischer Kosten wie der Kapitalbindungskosten von Lagerbeständen erfolgt häufig willkürlich. Vgl. Pfohl (1994), S. 259.

[17] Vgl. Pfohl (1994), S. 261.

[18] Vgl. Pfohl (2000), S. 30 ff.

3. Traditionelle Kostenrechnungssysteme für die Logistik und ihre Mängel

Die dargestellten Schwierigkeiten einer Logistik-Kostenrechnung werden durch die praktische Ausgestaltung traditioneller Systeme der Kostenrechnung oft nur unzureichend bewältigt. Die Kostenartenrechnung zeichnet sich vielfach dadurch aus, dass Logistikkostenarten nicht systematisiert und kenntlich gemacht werden. In der Kostenstellenrechnung werden meist keine eigenen Logistikkostenstellen gebildet; aus den vorhandenen Kostenstellen ist der Logistikkostenanteil nicht ersichtlich. Für die Kostenträgerrechnung werden i.d.R. wertmäßige Zuschlagsgrundlagen verwendet, wobei der Zusammenhang zu Logistikkosten vor allem bei Vollkostenrechnungen nicht einfach nachvollzogen werden kann. Die in den letzten Jahren verbreitet vollzogene Änderung der Wertschöpfungs- und Kostenstruktur lässt nun die daraus resultierenden Mängel traditioneller Kostenrechnungsverfahren für logistische Rechnungszwecke deutlicher hervortreten.[19] Im Folgenden werden daher die Veränderungen in der Wertschöpfungs- und Kostenstruktur sowie die Konsequenzen für die Logistik-Kostenrechnung dargestellt.

3.1 Veränderung der Wertschöpfungs- und Kostenstruktur

In den letzten Jahren hat sich die *Struktur der betrieblichen Wertschöpfung* und der Ablauf ihrer Erstellung in vielen Unternehmen verändert. Im Zuge des globalen Wettbewerbs und der damit verbundenen präziseren Reaktion auf bzw. Antizipation von Veränderungen im Nachfrageverhalten der Kunden sind die Produktprogramme um viele Varianten ausdifferenziert und die Produkte an sich in ihrer Komplexität erhöht worden. Vor allem fertigungslohnintensive, standardisierte Massenprodukte mit langen Produktlebenszyklen sind durch modular gestaltete, für den Kunden maßgeschneiderte Produkte mit schnell veraltendem Innovationsniveau verdrängt worden.[20] Insbesondere ist auch die Profilierung der betrieblichen Wertschöpfung als kombiniertes Leistungsbündel aus materiellen und immateriellen Leistungsbestandteilen durch die wachsenden Anforderungen an den logistischen Lieferservice vorangetrieben worden.

Doch nicht nur die Struktur der Wertschöpfung gemessen am Endprodukt, sondern auch der *Ablauf der Wertschöpfungsentstehung* hat sich gewandelt und hat vor allem die Bedeutung logistischer Prozesse hervorgehoben. In dem Bemühen, den veränderten Anforderungen an die Produktbeschaffenheit Rechnung zu tragen und latente Rationalisierungspotenziale über technologische Neuerungen (wie insbesondere Automatisierungen) sowie organisatorische Restrukturierungen zu erschließen, ist das *Management*

---

[19] Vgl. Pfohl (1994), S. 258 ff., Andersson et al. (1989), S. 255, Weber (1995), S. 46 ff. u. 78 ff.
[20] Vgl. Johnson / Kaplan (1987), S. 220 ff., Kaplan / Norton (1992), S. 71, Eccles (1991), S. 132.

logistischer Systeme zu einem zentralen Erfolgsfaktor geworden. Effektive und effiziente logistische Prozesse sind nicht nur unabdingbare Voraussetzung für einen reibungslosen Ablauf des gesamten Wertschöpfungsprozesses. Wenn es gelingt, die sachlich zusammenhängenden, jedoch durch Arbeitsteilung und Differenzierung organisatorisch voneinander getrennten Teilprozesse der Wertschöpfung durch wohl überlegte funktions- und organisationsübergreifende logistische Abstimmungen im Rahmen des Supply Chain Managements zu integrieren, dann können in vielen Wertschöpfungsnetzwerken noch vorhandene umfangreiche Kostensenkungs- und Leistungssteigerungsmöglichkeiten realisiert werden. So werden z.B. im Rahmen der Implementierung von JIT-Systemen betriebliche Prozesse derart synchronisiert, dass in erheblichem Maße Bestände und die durch sie verursachten Kosten, wie z.B. für Kapitalbindung, Disposition, Lagerung und Transportvorgänge, reduziert werden können.[21] Dies setzt allerdings voraus, dass das Logistikmanagement für seine zu treffenden Entscheidungen in der Planung, Durchführung und Kontrolle der Logistikprozesse durch entsprechend relevante Kostenrechnungsinformationen unterstützt wird. In der Praxis zeigt sich jedoch, dass in vielen Unternehmen die verwendeten Varianten von Kostenrechnungssystemen nur unzureichend den erwarteten logistischen Rechnungszwecken gerecht werden.

3.2 Mängel der traditionellen Kostenrechnungspraxis für die Logistik

Ein grundlegendes Problem besteht darin, dass die Veränderungen in Struktur und Ablauf der Wertschöpfung auch eine Veränderung der allgemeinen sowie der logistikbezogenen Kostenstruktur bedingt haben,[22] für die bisherige Kostenrechnungssysteme nicht adäquat angepasst bzw. neu konzipiert wurden. So sind nicht nur Verschiebungen innerhalb der produktionsfaktororientierten Kostenartenstruktur (z.B. wachsende Materialkosten infolge verringerter Fertigungstiefe) zu verzeichnen. Es ist auch eine absolute und relative Zunahme der (überwiegend fixen) Gemeinkosten (z.B. in Form des Rückgangs von Akkordlöhnen zugunsten von Monatsfestlöhnen oder von steigenden Kosten für die dispositiven Tätigkeiten des Logistikmanagements) festzustellen.[23] Die *Verschiebungen in der logistischen Kostenstruktur* heben nun einige Schwachstellen vorhandener logistischer Kostenrechnungssysteme deutlicher hervor und verweisen auf die Notwendigkeit einer Neuorientierung.

So liefern viele verwendete Systeme für den Rechnungszweck der *Abbildung und Dokumentation* von Logistikkosten *nicht genügend Transparenz* bezüglich der Art, des Umfangs und des Entstehungsorts der Logistikkosten. Oft ist aus der Logistik-

---

[21] Vgl. Delfmann (1995), S. 145 ff.
[22] Vgl. Pfohl (1994), S. 262.
[23] Vgl. Pfohl (1994), S. 262, Macintosh (1994), S. 204, Johnson / Kaplan (1987), S.187 ff. u. 221 ff.

Kostenartenrechnung nicht ersichtlich, welche (Anteile an) Ressourcenverbräuche(-n) zur Produktion von Logistikleistungen eingesetzt worden sind. Existieren keine speziellen Logistikkostenstellen, so ist auch der Ort der Logistikkostenentstehung nicht erkennbar. Die Logistikkosten gehen dann in den Kostenstellen anderer Bereiche unter. Zum Beispiel ist aus einer Fertigungshauptkostenstelle i.d.R. nicht ersichtlich, wie hoch der Anteil an Logistikkosten in ihr ist. Die beispielsweise in der Grenzplankostenrechnung in Standardform oft verwendeten wertmäßigen, indirekten Schlüssel- bzw. Bezugsgrößen zur Verrechnung vor allem von Material-, Verwaltungs- und Vertriebsgemeinkosten im Rahmen der Kostenträgerrechnung tragen ebenfalls nicht zur Transparenz bezüglich der logistikkostentreibenden Faktoren bei und liefern aufgrund ihrer pauschalen Gemeinkostenverrechnung auch keine validen Kostenträgerinformationen. Beispielsweise hängen in vielen Unternehmen die Materialgemeinkosten nicht etwa vom Wert des Materials ab, wie es ein Zuschlag auf Basis der Materialeinzelkosten unterstellt. Vielmehr bestimmen die in Anspruch genommenen logistischen Prozesse des Warentransports, seiner Lagerung, Kommissionierung und Disposition den Großteil der Materialgemeinkosten.[24]

Doch auch wenn Logistikkostenstellen gebildet werden, bleiben wichtige Informationen über Kostenzusammenhänge von Logistikprozessen bzw. von ganzen Logistikketten unklar. Gerade diese Informationen über Vernetzungen von Logistikkosten sind aber für den Zweck der *Logistikplanung und -entscheidung* von großer Bedeutung. Denn logistische Leistungen werden entlang der gesamten Wertschöpfungskette erbracht. Eine genaue Beurteilung von Handlungsalternativen und Konsolidierungspotenzialen lässt sich dabei oftmals nur durch eine systemische Betrachtung zusammenhängender Kosten von Logistikprozessen in geeigneten Entscheidungsmodellen erkennen (Totalkostendenken). Der Verzicht auf eine kostenstellenübergreifende Abstimmung relevanter Logistikkosten kann ansonsten zu Fehlentscheidungen führen. Denn eine mangelnde Berücksichtigung von Entscheidungsinterdependenzen (Trade-offs) zwischen verschiedenen Stellen kann zur Realisierung *nur partieller Optima* verleiten, die in ihrer Summe i.d.R. nicht zu einem Gesamtoptimum führen. So führen beispielsweise große Bestellmengen zwar für den Beschaffungsbereich zu günstigen Kostenabweichungen bezüglich des Einkaufs, wenn durch die Erzielung von Rabatten Einkaufskosten reduziert werden konnten. Für das Wareneingangslager bedeutet dies jedoch erhebliche Mehrkosten, da die Lagerkosten steigen. Nur durch eine prozessorientierte, systemische Analyse kann hier ein sinnvolles Gesamtoptimum gefunden werden. Traditionelle Kostenrechnungssysteme sind aber i.d.R. nicht in der Lage, genauere Informationen über diese wechselseitigen Abhängigkeiten zu liefern. Die Aufstellung von Kostenfunktionen, die derartige systemischen Zusammenhänge berücksichtigen, ist aufgrund

---

[24] Vgl. Weber (1995), S.102 f.

der hohen Komplexität meist zu schwierig.[25] Auch die Zuordnung von Logistikkosten zu Kostenträgern wie Halb- und Fertigfabrikaten in der Kalkulation ist problematisch. Sie erfolgt in der traditionellen Kostenrechnung meist über die innerbetriebliche Leistungsrechnung, bei der die Logistikkosten auf Hilfskostenstellen erfasst, auf Hauptkostenstellen verrechnet und mit pauschalen Material- und Fertigungsgemeinkostenzuschlägen auf absatzbestimmte Produkte zugerechnet werden. Dies führt nicht selten *zu erheblichen Verzerrungen und damit zu falschen Beurteilungen* von logistischen Handlungsalternativen. Für die Beurteilung logistischer Entscheidungsalternativen etwa im Rahmen einer differenzierten Lieferservicepolitik, für Trade-off-Analysen, Produktkalkulationen und für die Ermittlung des Betriebsergebnisses ist daher häufig eine wesentlich differenziertere Erfassung von Logistikkosten über detaillierte, eigenständige Logistikkostenstellen notwendig, so dass die Logistikkosten einzelnen Aufträgen, Servicekomponenten und -graden, Kunden, Regionen, Produkten, Produktgruppen oder Bereichen zurechenbar sind. Eine solche differenzierte logistische Kostenträgerrechnung existiert in der traditionellen Kosten- und Leistungsrechnung jedoch bislang nicht.[26]

Darüber hinaus ist für eine *Kontrolle* der Wirtschaftlichkeit oder die Verfolgung einer Strategie der kontinuierlichen Verbesserung in der Logistik mit Hilfe von Soll-Ist-Abweichungen ein isolierter kostenstellenbezogener Ausweis von Logistikkosten, sofern er überhaupt besteht, nicht ausreichend. Er kann nicht zeigen, welche Zusammenhänge zwischen Logistikprozessen verschiedener Kostenstellen bestehen. Gerade die Kenntnis der sequentiellen Abfolge von Logistikteilprozessen mit den verbundenen Kostenwirkungen ist aber notwendig, um anhand des Kostenaufwuchsverlaufs Ansatzpunkte für eine rechtzeitige und abgestimmte Wirtschaftlichkeitskontrolle zu finden bzw. um Verbesserungsmaßnahmen, etwa im Rahmen eines prozessorientierten Qualitätsmanagements, durchzuführen. Bei der sogenannten „Zehnerregel der Fehlerkosten" bspw. geht man davon aus, dass sich die Fehlerbeseitigungskosten von Stufe zu Stufe der Wertschöpfungskette (also z.B. von der Arbeitsvorbereitung über die Fertigung bis zum Eintreffen des Gutes beim Kunden) aufgrund der Wertzunahme verzehnfachen. Ohne kostenstellenübergreifende Zusammenfügung der Kosten besteht jedoch nicht nur Intransparenz bezüglich der Ansatzpunkte für Verbesserungen. Auch eine Zuordnung von Verantwortlichkeiten für kostenstellenspezifische Soll-Ist-Abweichungen ist problematisch. Aufgrund der zahlreichen über Funktions- und Organisationsgrenzen hinweg bestehenden Entscheidungsinterdependenzen existiert häufig eine *Diskrepanz zwischen Aufgabe, Kompetenz und Verantwortung* des jeweiligen Kostenstellenleiters für Art und Höhe bestimmter Logistik- und Produktionskostenarten. Insbesondere bei leistungsorientierten Beurteilungen der Kostenstellenleiter im Rahmen von Verhaltenssteuerungen

---

25 Vgl. Lambert / Stock (1993), S. 583 ff.
26 Vgl. Pfohl (1994), S. 260, Weber (1993), S. 111 f.

führt dies nicht selten zu Dysfunktionen wie der Manipulation von Daten und Berichten, Frustration oder Konflikten.

4. Prozessorientierte Kostenrechnungssysteme für die Logistik

4.1 Wesen und Vorzüge der Prozessorientierung

Wesentliches Merkmal einer prozessbezogenen Logistik-Kostenrechnung ist, dass sie eine prozessorientierte Verknüpfung innerhalb der Wertkette bewerkstelligt, indem sie Logistikprozesse von Kostenstellen quer durch das Unternehmen und gegebenenfalls über Unternehmensgrenzen hinweg zu größeren Prozessketten[27] zusammenfasst. Im Gegensatz zu den stark fertigungsorientierten bzw. produktionstheoretischen traditionellen Kostenrechnungssystemen lenkt eine Prozesskostenrechnung durch diese *Abbildung* die Aufmerksamkeit auf die indirekten Leistungsbereiche wie insbesondere die Logistik. Sie ist damit in der Lage, durch die Schaffung einer größeren Transparenz eine geänderte Einstellung gegenüber diesen Gemeinkosten zu bewirken. Die Logistik und ihre Kosten werden nicht mehr als unliebsame Nebenerscheinungen des Produktionsprozesses gesehen, sondern leisten einen eigenen Beitrag zur Wertschöpfung. Eine prozessbezogene Kostenrechnung erlaubt damit statt einer bloßen Verrechnung von Logistikgemeinkosten das aktive Management der Nutzung logistischer Ressourcen durch eine erhöhte Transparenz der Kostenentstehung sowie der Zeit- und Mengenstruktur von Logistikprozessen.[28]

Je nach Ausgestaltung ist es möglich, die Kosten zusammenhängender Logistikprozesse zu kalkulieren und diese Informationen für *Planungs- und Entscheidungszwecke* wie etwa für eine leistungsbezogene Gemeinkostenbudgetierung zu nutzen. Eine prozessorientierte Logistik-Kostenrechnung kann die Ergebnisse einer Gemeinkostenanalyse (z.B. Gemeinkostenwertanalyse oder Zero Base Budgeting) verwenden und ggf. in ein permanentes Gemeinkostenmanagement integrieren. Darüber hinaus sind differenziertere und genauere Kostenträgerrechnungen, wie vor allem Produktkalkulationen, möglich, so dass die darauf aufbauenden Entscheidungsrechnungen verbessert werden. Denn statt einer Umlage der Logistikgemeinkosten über pauschale, wertmäßige und kostenstellenbezogene Zuschläge versucht die Prozesskostenrechnung, nur diejenigen Logistikkosten auf Produkte weiterzuverrechnen, die tatsächlich durch die Inanspruchnahme logistischer Prozesse als oft nur einem Teil der Tätigkeiten einer Kostenstelle entstanden sind.[29]

---

[27] Zu den Begriffen wie Aktivität, Teilprozess, Hauptprozess und Prozesskette vgl. den Artikel von Delfmann / Reihlen (2002) in diesem Herausgeberband.

[28] Vgl. Ewert / Wagenhofer (2000), S. 295, Küting / Lorson (1991), S. 1422 f.

[29] Vgl. Ewert / Wagenhofer (2000), S. 303 ff.

Eine prozessorientierte Logistik-Kostenrechnung kann zudem zu einer Wirtschaftlichkeitssteigerung im Rahmen der *Kontrolle* beitragen. Viele Parameter der Prozesskostenrechnung lassen sich operational nicht nur als Bewertungs- sondern auch als Beurteilungsmaßstab und Steuerungskennzahl nutzen. Die Operationalität wird durch den unmittelbaren Prozessbezug im Vergleich zu anderen Logistik-Kostenrechnungssystemen verbessert.[30] Eine Prozessorientierung kann darüber hinaus auch für den Rechnungszweck einer *Verhaltenssteuerung* eine angemessenere Zuordnung von Verantwortlichkeiten bspw. in Form der Einsetzung eines Prozessteams schaffen, das kollektiv für das Kostenmanagement seiner Prozesskette verantwortlich ist.

Rechnungssystem Rechnungszweck	Ohne Prozessorientierung	Mit Prozessorientierung
Abbildung und Dokumentation	– Bloße Kostenverrechnung	– Transparenz für aktives Logistikgemeinkostenmanagement
Planung und Entscheidung	– Pauschal und ungenau – Kostenstellenorientiert	– Differenziert und genau – Kostenstellenübergreifend
Kontrolle und Verhaltenssteuerung	– Intransparenz von Kostenaufwuchs und Ansatzpunkten für Verbesserungen	– Maßgrößen und Prozesskostensätze als Steuerungskennzahlen

Tab. 1:   Vorzüge einer Prozessorientierung

Es hängt letztlich von der konkreten Ausgestaltung des prozessorientierten Logistik-Kostenrechnungssystems ab, ob diese allgemeinen Vorzüge auch realisiert werden können. Im Folgenden werden *unterschiedliche Systeme* der Prozesskostenrechnung für die Logistik dargestellt und beurteilt. Prozessorientierte Kostenrechnungssysteme lassen sich dabei generell, wie traditionelle Kostenrechnungssysteme auch, nach bestimmten Kriterien gliedern. So kann man z.B. Systeme auf Ist- oder auf Planbasis, als Voll- und Teilkostenrechnungen, mit starren oder flexiblen Kosteneinflussgrößen unterscheiden. Trotz dieser Differenzen kann man jedoch eine prinzipielle, bei vielen Systemen gleiche Vorgehensweise von den Spezifika bestimmter prozessorientierter Systeme trennen. Im Folgenden soll daher zunächst diese allgemeine Vorgehensweise erläutert werden. Anschließend werden prozessorientierte Kostenrechnungssysteme auf Voll- und auf Teilkostenbasis, beide als flexible Plankostenrechnungen, dargestellt und kritisch gewürdigt.

---

[30] Vgl. Coenenberg (1999), S. 231 f.

4.2 Konzeptionen prozessorientierter Kostenrechnungssysteme für die Logistik

4.2.1 Allgemeine Vorgehensweise

Ein Projekt zur Einführung bzw. Nutzung einer Prozesskostenrechnung für die Logistik beginnt in aller Regel mit der Erkenntnis eines praktischen *logistischen Problems*, aus dem ein konkreter Informationsbedarf abzuleiten ist. Prinzipiell gibt es zwei Möglichkeiten: Im Rahmen einer *prozessanalogen* Kalkulation wird versucht, sämtliche Logistikgemeinkosten ausschließlich über prozessorientierte Verrechnungssätze auf Zuordnungsobjekte wie Hauptprozesse oder Produkte vorzunehmen. Dies ist allerdings ein theoretischer Modellfall, da für viele Logistikkosten (wie z.B. die kaufmännische Leitung, Personal- und Sozialwesen) eine Zuordnung nur schwer möglich ist. In einer *prozessorientierten* Kalkulation beschränkt man sich daher auf gewichtige Logistikteil- und -hauptprozesse, deren Kosten über spezielle prozessorientierte Verrechnungssätze zugerechnet werden. Nur schwer zurechenbare Kosten werden weiterhin per Gemeinkostenzuschlag auf Wertbasis zugeschlüsselt. Es empfiehlt sich darüber hinaus, bei einem Pilotprojekt Problembereiche auszuwählen, die möglichst schnell Erfolge erzielen, interessante Ergebnisse vermuten lassen oder erkennbar einfach durchführbar sind, um das Management von der neuen Methode zu überzeugen. *Ein Industrieunternehmen beispielsweise, das sich vor das Problem gestellt sieht, kurzfristig einen bestimmten Transport zu einem Endabnehmer selbst mit Hilfe des eigenen Fuhrparks zu bewältigen oder einen Spediteur damit zu beauftragen, wird versuchen, nähere Informationen über die beiden Alternativen zu bekommen.*

Der Informationswunsch ist dann in qualitative Aussagen über den *Rechnungszweck* zu überführen. Dazu gehört neben der Zielsetzung der Rechnung und der Bestimmung des Adressatenkreises vor allem die Festlegung des Bezugsobjekts der Rechnung, also die Entscheidung darüber, ob die Rechnung z.B. auf das gesamte Unternehmen, einzelne Sparten, Projekte, Produkte oder Prozesse auszurichten ist. Für eine Prozesskostenrechnung in der Logistik sind dazu insbesondere die einzubeziehenden Funktionsbereiche festzulegen. Bei einer bereits bestehenden Kostenrechnung läuft dies i.d.R. auf eine Bestimmung der zu berücksichtigenden Kostenstellen hinaus.[31] *Als genauere Informationen bieten sich im Beispiel die Kosten der beiden Handlungsalternativen (Eigenfertigung oder Fremdbezug) an.*

---

[31] Vgl. Horváth / Mayer (1993), S. 20, Schneider (1993), S. 32 ff.

Als Bezugsobjekte sind bspw. kostenstellenübergreifend die relevanten Teilprozesse des Transports von der Verladung beim Hersteller bis zur Entladung beim Kunden (ggf. einschließlich zugehöriger Auftragsabwicklungs- und Verwaltungsprozesse) einzubeziehen. Mit Hilfe einer Kalkulation der Kosten dieser Prozesse kann das Vertriebsmanagement einen Vergleich mit dem Angebotspreis des Spediteurs ggf. einschließlich der anfallenden Folgekosten vornehmen, um eine Entscheidung herbeizuführen.[32]

Anschließend ist der Rechnungszweck mit Hilfe von Hypothesen über Ursache-Wirkungszusammenhänge zwischen den Bezugsgrößen des Prozesses und seinen Kosten in quantitativ messbare Rechnungsinhalte zu übersetzen. Dazu gehört die Definition und Abgrenzung der relevanten Messgrößen, des Aggregationsgrads und des Periodenumfangs der Rechnung, wobei festzulegen ist, wie die relevanten Kosten mit Hilfe welcher Zurechnungsprinzipien abzugrenzen sind. *Im Beispiel könnte man sich etwa zu einer Kalkulation des Hauptprozesses "Eigenfertigung" mit Hilfe einer Planprozesskostenrechnung auf Vollkostenbasis entschließen. Dazu wären die Kosten für eine einmalige Durchführung des Hauptprozesses durch Aggregation der Kosten definierter Teilprozesse zu bestimmen.*

Schließlich sind geeignete *Messmethoden und Rechnungen* zu bestimmen, die Erhebung bzw. Berechnung durchzuführen und die *Rechnungsergebnisse* nach Maßgabe der Problemsituation und des definierten Rechnungszwecks auszuwerten. *Beispielsweise kann die Berechnung ergeben, dass die Eigenfertigung grundsätzlich günstiger ist. Aufgrund kurzfristig eventuell nicht verfügbarer Kapazitäten kann es allerdings notwendig sein, zunächst doch eine Fremdfertigung vorzunehmen. Sowohl bei Eigen- als auch bei Fremdfertigung kann es zudem erforderlich sein, weitere Informationen über die jeweilige Lieferzeit, Kundenzufriedenheit und ggf. über Ersatzkapazitäten (bei Personalengpässen z.B. über Zeitarbeiter) einzuholen.*[33]

Neben dem dargestellten prinzipiellen Ablauf der Erstellung einer Prozesskostenrechnung für die Logistik ist es möglich, auch die *prinzipielle Vorgehensweise der wesentlichen Rechenschritte* überblickartig aufzuzeigen. Die Prozesskostenrechnung beginnt

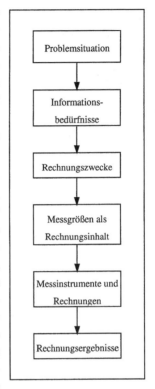

Abb. 1: *Rechnungen für Problemlösungen*

---

[32] Die Einbeziehung auch der Fixkosten bei Make-or-Buy-Entscheidungen ist umstritten. Vgl. zu den Pro- und Contra-Argumenten Horváth / Mayer (1993), S. 22 bzw. Coenenberg (1999), S. 232 ff.

[33] Vgl. Schneider (1993), S. 30 ff.

nach einer Prozesskostenartenrechnung in der Regel in der Prozesskostenstellenrechnung mit der sogenannten Prozessanalyse, in der die Aktivitäten einer Kostenstelle untersucht werden. Es folgt die Zusammenfassung logistischer Aktivitäten zu größeren Einheiten, den sogenannten Teilprozessen, deren Kosten als nächstes zu bestimmen sind. Diese logistischen Teilprozesse werden dann mit ihren Kosten kostenstellenübergreifend zu logistischen Hauptprozessen verdichtet. Sie stehen damit schließlich für weitere Verrechnungen, wie etwa die Kalkulation von Kostenträgern, zur Verfügung (vgl. Abbildung 2).

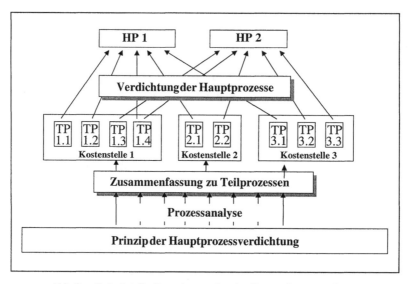

Abb. 2:   Prinzipielle Vorgehensweise der Prozesskostenrechnung

4.2.2 Flexible Planprozessvollkostenrechnung für die Logistik

Eine Vollkostenrechnung ist dadurch gekennzeichnet, dass sämtliche anfallenden Kosten auf die Kostenträger verrechnet werden. Um eine Prozessvollkostenrechnung in der Logistik zu gestalten, sollen folgende *Kostenverrechnungsgrundsätze* aufgestellt werden:

1. Alle logistischen Teilprozesse sind in sogenannte leistungsmengeninduzierte (lmi) und leistungsmengenneutrale (lmn) Teilprozesse zu differenzieren. Lmi Teilprozesse sind solche Teilprozesse, die sich mengenvariabel zum Leistungsvolumen eines Teilprozesses verhalten. Die lmn Teilprozesse sind fix relativ zum Leistungsvolumen des Teilprozesses. Die Kosten der lmi und lmn Teilprozesse sind getrennt voneinander auszuweisen.

2. Bei der Zurechnung von Teilprozessen zu Hauptprozessen oder den Mengeneinheiten absatzbestimmter Produktarten werden sämtliche zugehörigen lmi wie auch lmn Kosten verrechnet.

Diese Grundsätze allein können noch keine eindeutige Planprozessvollkostenrechnung definieren. Es sollen daher zur Bestimmung einer abgegrenzten Konzeption folgende *Prämissen* gelten:

-   (Variable) Prozessmenge als (letztlich) einzige entscheidungsrelevante Kosteneinflussgröße
-   Festvorgegebene (starre), geplante Wertkomponente (feste Verrechnungspreise)
-   Festvorgegebene (starre), geplante sonstige Kosteneinflussgrößen, die in der Regel nicht gesondert erfasst oder ausgewiesen werden
-   Eindeutige Trennung aller Plankosten in leistungsmengeninduzierte und leistungsmengenneutrale Plankosten
-   Ansatz von Vollkosten
-   Deterministischer Ansatz bezüglich der Kosten[34]

Die Kostenrechnung unterscheidet traditionell die drei Teilbereiche der Kostenarten-, Kostenstellen- und Kostenträgerrechnung. Diese grundlegende Unterteilung kann auch für eine logistikbezogene Planprozessvollkostenrechnung übernommen werden.

Prozesskostenartenrechnung

Die Prozesskostenartenrechnung für die Logistik dient allgemein dazu, die für die Rechnungszwecke relevanten Logistikkosten mittels geeigneter Kriterien zu gliedern und sie nach Art und Höhe zu erfassen. Im Rahmen einer Planungsrechnung sind zunächst die voraussichtlich anfallenden primären logistischen Kosten zu gliedern. WEBER hat hierzu eine *Systematisierung* vorgeschlagen, die sich an den Kriterien der logistischen Fertigungstiefe, dem Verzehrcharakter und der Art der Einsatzgüter bzw. der Logistikprozesse orientiert. Nach der logistischen Fertigungstiefe sind zunächst die Kosten logistischer Produktionsfaktoren für selbsterstellte Logistikleistungen von den Kosten fremdbezogener Logistikleistungen zu unterscheiden. Diese Logistikkostenartenhauptgruppen lassen sich weiter nach ihrem Verzehrcharakter in die Kosten logistischer Potenzial- und Repetierfaktoren bzw. -leistungen unterteilen. Maßgeblich dafür ist, ob die Kosten, wie im ersten Fall, nur dem gesamten Nutzungspotenzial eines Faktors und damit der Gesamtheit der innerhalb seiner Nutzungsdauer erbrachten Logistikprozesse zugerechnet werden können, oder ob sie, wie im letzten Fall, einzelprozessbezogen disponierbar sind. Schließlich können diese Logistikkostenartenobergruppen weiter detailliert werden. Kosten für logistische Produktionsfaktoren können nach der Art der Einsatzgüter bspw. in Personal-, Material-, Kapital- und Dienstleistungskosten sowie

---

[34] In Anlehnung an Kloock et al. (1993), S. 202.

Steuern und Abgaben gegliedert werden. Die Kosten fremdbezogener logistischer Leistungen dagegen können vor allem nach der Art des bezogenen Logistikprozesses in Transport-, Umschlags-, Lager-, Auftragsabwicklungs-, Verpackungs- und Signierungskosten unterteilt werden. In beiden Fällen ist eine weitere Verfeinerung über Verträge und Rechnungen möglich (vgl. Abbildung 3).[35]

Logistikkostenartenhauptgruppen	Logistikkostenartenobergruppen	Logistikkostenartengruppen	Beispiele für einzelne Logistikkostenarten
Kosten logistischer Produktionsfaktoren	Kosten logistischer Potenzialfaktoren	Personalkosten	Gehaltskosten
		Anlagenkosten	Anschaffungskosten eines Fördermittels
		Kosten für Lizenzen und andere Rechte	Kosten einer Transportlizenz
		Dienstleistungskosten	Versicherungskosten für ein Lagergebäude
	Kosten logistischer Repetierfaktoren	Personalkosten	Überstundenlöhne
		Materialkosten	Verpackungsmaterialkosten
		Energiekosten	Treibstoffkosten
		Kosten für Lizenzen und andere Rechte	Straßenbenutzungsgebühren
		Dienstleistungskosten	Reinigungsgebühren für Fahrzeuge
		Objektfaktorkosten	Kosten von Transportschäden
Kosten logistischer Leistungen	Kosten logistischer Potenzialleistungen	Transportkosten	Kosten eines Beförderungsvertrages
		Lagerkosten	Kosten eines Lagerungsvertrages
	Kosten logistischer Repetierleistungen	Transportkosten	Frachtkosten einer Fahrt
		Lagerkosten	Vom Fremdlagervolumen abhängige Lagergebühren

Abb. 3:   Systematisierung von Logistikkostenarten[36]

Neben der Gliederung von Logistikkostenarten erfolgt auch die *Bestimmung der zugehörigen Wertkomponente bzw. der Planpreise* in der Prozesskostenartenrechnung. Bei vielen logistischen Kostenarten (wie z.B. Energie-, Treibstoff-, Büro- oder Abschreibungskosten) kann sich eine getrennte Planung der Wert- von der Mengenkomponente als zu aufwendig erweisen. Die Planung sollte dann simultan im Rahmen der Prozesskostenstellenrechnung vorgenommen werden. Die ermittelten Daten der Prozesskostenartenrechnung bilden die Grundlage für die Prozesskostenstellen- und Prozesskostenträgerrechnung sowie die darauf aufbauende Unterstützung der Planung, Steuerung und Kontrolle der logistischen Leistungserstellung. Darüber hinaus können sie zu einfachen summarischen Kostenkontrollen durch Kostenvergleiche verwendet werden. Die letztliche Ausgestaltung der Prozesskostenartenrechung für die Logistik hat jedoch nicht nur nach dem beabsichtigten Rechnungszweck, sondern auch ganz unternehmensspezifisch

---

[35] Vgl. Weber (1987), S. 143 f.
[36] Quelle: In Anlehnung an Weber (1987), S. 145

zu erfolgen, da sich über den abzuwägenden Nutzen und die Kosten eines Kostenarten-plans keine allgemein gültigen Aussagen treffen lassen.[37]

Prozesskostenstellenrechnung

Die Prozesskostenstellenrechnung dient dazu, über die Orte und Höhe der Kostenent-stehung zu informieren. In ihr findet die Planung der logistischen Kosten für einzelne Logistikprozesse bzw. Logistikkostenstellen statt. Dabei sind eine Reihe von Schritten zu durchlaufen, wobei deren Darstellung hier zwar sequenziell erfolgt, bei der prakti-schen Umsetzung jedoch aufgrund von Interdependenzen zwischen den Schritten Schleifen zu durchlaufen sind (vgl. Abbildung 4). Die Prozesskostenstellenrechnung kann neben der Planung auch zu Kontrollzwecken für die Überprüfung der Wirtschaft-lichkeit herangezogen werden.

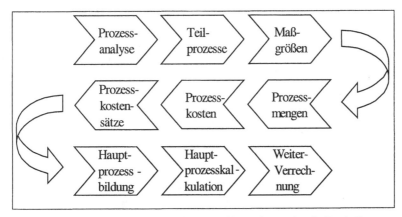

Abb. 4: *Schritte der Prozesskostenstellenrechnung für die Logistik*

Bei der Prozesskostenstellenrechnung können zwei prinzipielle Verfahrensweisen un-terschieden werden. Bei der *einstufigen* Prozesskostenstellenrechnung wird davon aus-gegangen, dass entweder keine innerbetrieblichen Leistungsverflechtungen zwischen Kostenstellen existieren oder dass es ausreicht, mögliche bestehende Leistungsverflech-tungen dadurch zu berücksichtigen, dass alle Kostenstellen als Endkostenstellen[38] behandelt werden, deren Kosten direkt auf Kostenträger weiterverrechnet werden. Bei der *mehrstufigen* Prozesskostenstellenrechnung werden hingegen innerbetriebliche Leistungsverflechtungen explizit berücksichtigt. Sie bilden Ursache und Verrechnungs-

---

[37] Vgl. Dierckes (1998), S.32 f.

[38] Endkostenstellen sind diejenigen Kostenstellen, deren Kosten im Gegensatz zu Vorkostenstellen unmittelbar auf absatzbestimmte Kostenträger übergewälzt werden können. Bei ihnen handelt es sich meist um Hauptkostenstellen, d.h. um solche Kostenstellen, die direkt an der Fertigung und am Vertrieb von Produkten beteiligt sind. Die Kosten von Vorkostenstellen werden dagegen vollständig auf Endkosten verrechnet. Vgl. Kloock et al. (1993), S. 112 f.

struktur für die Durchführung einer Sekundärkostenrechnung.[39] Die im Folgenden dargestellten Schritte der Prozesskostenstellenrechnung sind allerdings allgemein gehalten. Sie können daher prinzipiell bei beiden Verfahren durchgeführt werden.

Prozessanalyse

Am Anfang einer Prozesskostenstellenrechnung für die Logistik steht die sogenannte Prozessanalyse in den interessierenden Unternehmensbereichen. In ihr werden die *Tätigkeiten* in den zu einer Logistik-Prozesskette gehörenden Kostenstellen analysiert und strukturiert. Dabei werden mehrere Zielsetzungen verfolgt. Erstens soll festgestellt werden, welche Tätigkeiten und Teilprozesse in einer Kostenstelle tatsächlich - und nicht nur formal - ablaufen. Zweitens soll die Untersuchung dazu dienen, über Funktions- und ggf. Organisationsgrenzen hinweg zusammengehörige logistische Prozessketten und deren Bestimmungsgrößen zu identifizieren. Ursachen für die Existenz und Auslöser für die Durchführung logistischer Teil- und Hauptprozesse sollen geklärt werden. Ausgehend von dieser *Prozessstrukturtransparenz* soll drittens eine Unterscheidung zwischen werterhöhenden und ggf. nicht-werterhöhenden Tätigkeiten vorgenommen werden, so dass Maßnahmen zur Vermeidung unnötiger Verrichtungen oder zur Effizienzsteigerung für unwirtschaftliche Aktivitäten abgeleitet werden können. Die Prozessanalyse kann so als Kommunikationsbasis für eine kontinuierliche Prozessverbesserung genutzt werden, wobei der Maßstab die Ausrichtung der Logistikprozesse auf den Nutzen der internen sowie externen Kunden ist.[40]

Voraussetzung für die Durchführung einer Prozessanalyse ist, dass man zuvor Hypothesen über die Zusammensetzung der in Frage kommenden sogenannten Logistik-Hauptprozesse[41] aufstellt. Es ist zu klären, welche Tätigkeiten für diese Hauptprozesse erbracht werden müssen, da die weitere Analyse ansonsten unstrukturiert und ziellos werden könnte *(Grobanalyse anhand von Erfahrungswerten)*. Die Tätigkeiten bzw. Teilprozesse lassen sich dann in einer detaillierten Verrichtungsanalyse auf verschiedenen Wegen ermitteln *(Einzelanalyse)*. So können direkte Analysemethoden wie Befragungen oder Beobachtungen und indirekte Analysen wie Dokumentenauswertungen oder der Rückgriff auf bereits durchgeführte Gemeinkostenanalysen unterschieden werden. Praktisch bewährt haben sich insbesondere Gespräche mit den Kostenstellenleitern wie auch Kombinationen unterschiedlicher Methoden. In einer anschließenden Dokumentation können die Ergebnisse der Prozessanalyse graphisch, verbal oder numerisch festgehalten werden.[42]

---

[39] Vgl. Dierckes (1998), S. 62 ff. Daneben gehen die Leistungsverflechtungen in die Bestimmung der Teilprozessmengen lmi Teilprozesse ein.

[40] Vgl. Delfmann (1997), S. 86 ff., Brede (1998), S. 102 ff., Scholz / Vrohlings (1994), S. 40 ff.

[41] Zum Begriff des Hauptprozesses vgl. den Abschnitt „Hauptprozessbildung" auf den nachfolgenden Seiten dieses Beitrags und den Beitrag von Delfmann (2002) in diesem Herausgeberband.

[42] Vgl. Küting / Lorson (1991), S. 1425, Horváth / Mayer (1993), S. 20, Ewert / Wagenhofer (2000), S. 296.

Teilprozessbildung

In einem nächsten Schritt werden die einzelnen logistischen Tätigkeiten zu logistischen Teilprozessen zusammengefasst. Dabei kann jede Kette von zeitlich geordneten und sachlogisch zusammengehörenden Aktivitäten, die durch den Verbrauch von Ressourcen (Input) zur Erstellung einer Leistung (Output) gekennzeichnet ist, zu einem (Teil-) Prozess zusammengesetzt werden. Dieser Zuordnung von logistischen Tätigkeiten zu logistischen Teilprozessen sind drei Kriterien zugrunde zu legen:

1. Die Aktivitäten sollen sowohl der durchführenden Kostenstelle als auch dem (abteilungsübergreifenden) Logistik-Hauptprozess zugeordnet werden können. Zu untersuchen sind dabei nicht nur explizite Logistik-Kostenstellen, sondern auch solche Kostenstellen, die nur z.T. logistikbezogene Aktivitäten enthalten.

2. Der zu bildende Teilprozess soll notwendig zur Erreichung der Logistik- und Unternehmensziele sein.

3. Die Kosten des herauszustellenden Teilprozesses sollen eindeutig zurechenbar sein.[43]

Eine wesentliche Schwierigkeit dieser Teilphase der logistischen Prozesskostenstellenrechnung liegt in der Festlegung des *Detaillierungsgrades* begründet. Zum einen ist zu klären, wie genau bereits einzelne Aktivitäten identifiziert und voneinander abgegrenzt werden sollen. Wesentliche Einflussgrößen sind der Prozessumfang sowie die Informationsbedürfnisse der am Prozess beteiligten Logistikmitarbeiter und -manager. Zum anderen ist festzulegen, welche Aktivitäten einem Teilprozess zuzuordnen sind, da hiermit zugleich auch die Anzahl definierter Teilprozesse bestimmt wird. Eine Mindestdifferenzierung für die logistischen Teilprozesse lässt sich aus dem Umstand ableiten, dass oft unterschiedliche Bündelungsweisen (z.T.) gleicher Aktivitäten für unterschiedliche Hauptprozesse vorzunehmen sind. Für jede Bündelungsweise ist dann ein Teilprozess zu definieren.

Auch kann eine weitere Differenzierung sinnvoll sein, um genauere Aussagen über die Kostenentstehung zu treffen. Eine zu feine Differenzierung ist allerdings insbesondere bei einer dauerhaften Beibehaltung mit hohem Aufwand verbunden. Bei Restrukturierungen der Organisation müssen auch die Prozesse und ihre Ausdifferenzierungen angepasst werden, da ansonsten die Abbildung an Validität verliert und die Kosteninformationen in ihrer Aussagekraft geschmälert werden, was unter Umständen zu falschen Entscheidungen führen kann. Es ist daher eine *Konzentration* auf die wesentlichen kostentreibenden logistischen Prozesse sinnvoll, die z.B. über eine ABC-Analyse erreicht werden kann. Schließlich sind darüber hinaus die organisatorische vertikale und hori-

---

Nach der Ermittlung der Prozessstrukturen insbesondere aber auch im Rahmen eines laufenden Prozessmanagements erfolgt i.d.R. eine Analyse der Prozessleistungen. Dazu werden Prozessobjekte, der Output von Aktivitäten, Teil- und Hauptprozessen sowie die dazu aufgewandten Ressourcen erfasst und bewertet.

[43] Vgl. Küting / Lorson (1991), S. 1425.

zontale Einbindung sowie die zugehörigen Schnittstellen hinsichtlich Aufgaben-, Anforderungs- und Verantwortlichkeitswechsel festzuhalten.[44]

In der nachfolgenden Tabelle 2 ist eine Beispieltabelle für eine Prozessvollkostenrechnung für die Logistik wiedergegeben, die parallel zur Beschreibung der einzelnen Schritte sukzessiv aufgebaut wird. In Spalte 1 sind als Ergebnis der Prozessanalyse und der Teilprozessbildung die entsprechenden Teilprozesse aus verschiedenen Kostenstellen eines Hauptprozesses einzutragen (vgl. Tabelle 2, Spalte 1).

Teilprozess	Maßgröße	Art	Teilprozess-menge	Teilprozess-kosten	Lmi Teilprozess-kostensatz	Lmn Umlage-satz	Gesamt-prozess-kostensatz	Teilprozess-bedarfs-koeffizient
Summe lmn Teilprozesskosten								
Summe lmi Teilprozesskosten								

Tab. 2: Beispieltabelle zur Prozessvollkostenrechnung

---

[44] Vgl. Horváth / Mayer (1993), S. 20, Scholz / Vorhlings (1994), S. 42.

Maßgrößen

Für einen jeden Teilprozess ist im nächsten Schritt eine Größe zu suchen, die ihn messbar machen kann und die damit angeben kann, wie oft ein Teilprozess durchgeführt
werden soll. Die Maßgrößen erfüllen mehrere Aufgaben. Erstens stellen sie einen Maßstab für die Verursachung von Kosten einer Teilprozessdurchführung dar; sie bilden die
wesentlichen Kostenbestimmungsfaktoren von logistischen Teilprozessen in einer konkreten quantitativen Ausprägung ab. Sie erfüllen damit eine wichtige Voraussetzung für
eine Gemeinkostenplanung. Zweitens können sie zur Bildung von Kennzahlen für eine
effektivere Wirtschaftlichkeitskontrolle herangezogen werden. Schließlich sollen sie einer genaueren Kostenträgerstück- und damit auch Kostenträgerzeitrechnung im Rahmen der Plankalkulation dienen. Die Maßgrößen sind dabei die Bezugsgrößen für die
Verrechnung der angefallenen Gemeinkosten.[45]

Die Identifizierung geeigneter Maßgrößen ist aufgrund der beschriebenen Funktionen
mit Sorgfalt vorzunehmen, da meist eine Auswahl aus einer Vielzahl möglicher Maßgrößen zu treffen ist. Die Selektion kann aber erleichtert werden, wenn man sich an den
folgenden Grundsätzen und Kategorien von Maßgrößen orientiert. Zu den *Grundsätzen*
gehören eine Berücksichtigung der

- geforderten Kalkulationsgenauigkeit,
- Korrelation einer Maßgröße mit den zu messenden Aktivitätsmengen (bzw. der Pro-
  portionalität zur Ressourcenbeanspruchung),
- Leichtigkeit der Erfassung (vorzugsweise aus den verfügbaren Informationsquel-
  len),
- Verhaltenswirksamkeit (und damit der Durchschaubarkeit und Verständlichkeit) so-
  wie der
- Schaffung eines den Logistikzielen dienenden Kostenbewusstseins.[46]

Zur *Kategorisierung* von Maßgrößen kann man vor allem zwei Kriterien heranziehen,
die Art der Kostenverursachung und die Leistungsbezogenheit. Nach dem Kriterium der
Art der Kostenverursachung lassen sich Maßgrößen, die das Kostenverhalten des Logistikprozesses allein und vollständig erfassen können (*homogene Kostenverursachung*)
von solchen unterscheiden, die nur einen Teil der Kosten des Logistikprozesses erklären
können (*heterogene Kostenverursachung*), so dass nur mehrere Maßgrößen zusammen
die gesamten Teilprozesskosten abbilden können. Da allerdings die Angabe mehrerer
Maßgrößen für einen Teilprozess einen relativ hohen Erfassungs- und Verrechnungs-
aufwand mit sich bringt und die Genauigkeit der Rechnung durch sie oft nur unwesent-
lich verbessert werden kann, wird im Allgemeinen vereinfachend jedem logistischen
Teilprozess nur eine Maßgröße zugeordnet, auch wenn faktisch eine heterogene Kos-

---

[45] Vgl. Coenenberg (1999), S. 231 f.
[46] Vgl. Küting / Lorson (1991), S. 1426, Coenenberg (1999), S. 228.

tenverursachung vorliegt. Es ist folglich diejenige Maßgröße zu finden, auf die der größte Teil der Kostenverursachung zurückgeführt werden kann.[47]

Nach dem Kriterium der *Leistungsbezogenheit* lassen sich zudem direkte und indirekte Maßgrößen unterscheiden. *Direkte* Maßgrößen sind unmittelbar aus den Leistungen eines Logistikprozesses ableitbar. Sie weisen eine direkte Beziehung zwischen dem physischen Leistungsvolumen (Output) und den Kosten (Input) eines Logistikteilprozesses auf und sind damit i.d.R. mengenabhängig. Zum Beispiel lässt sich für den Teilprozess "Warenannahme" die Maßgröße "Anzahl angenommener Paletten" angeben. *Indirekte* Maßgrößen ergeben sich aus den Leistungen anderer Prozesse, aus bestimmten Kostenartenbeträgen oder aus dem Umsatz. Wegen ihres nur mittelbaren Bezugs zum Leistungsvolumen des eigenen Prozesses und ihres meist wertabhängigen Charakters sollten sie lediglich als Hilfsgrößen bzw. Notlösung in Betracht kommen.[48] (vgl. Tabelle 2, Spalte 2).

Charakterisierung der Teilprozesse

Als Nächstes werden die Logistikteilprozesse genauer charakterisiert, um eine Grundlage für die Zuordnung von relevanten Logistikkosten zu den Logistikhauptprozessen zu schaffen. Nach dem Kriterium der *Abhängigkeit vom Leistungsvolumen eines Logistikteilprozesses*[49] unterscheidet man zwischen leistungsmengeninduzierten und leistungsmengenneutralen Teilprozessen. Die *leistungsmengeninduzierten (lmi)* Teilprozesse verhalten sich mengenvariabel zum Leistungsvolumen eines Teilprozesses. Das heißt, es ist möglich, eine sinnvolle Maßgröße zur Messung des logistischen Teilprozesses und deren Mengenausprägung anzugeben. Dabei muß keine streng proportionale Abhängigkeit bestehen, da die spätere Kostenzurechnung bei einer Prozessvollkostenrechnung z.T. nur nach dem Beanspruchungsprinzip (und nicht ausschließlich nach dem Verursachungsprinzip) erfolgt. *Leistungsmengenneutrale (lmn)* Teilprozesse sind fix relativ zum Leistungsvolumen des Teilprozesses. So ist der Teilprozess „Abteilung leiten" z.B. typischerweise lmn. Die Unterscheidung nach der Abhängigkeit vom Leistungsvolumen des Teilprozesses ermöglicht es nun, diejenigen logistischen Teilprozesse zu identifizieren, für die geeignete Maßgrößen auffindbar sind, mit denen die Teilprozesse also mengenmäßig quantifizierbar sind. Solche Maßgrößen sind nur für lmi, nicht aber für lmn Teilprozesse zu bestimmen, da die Menge der lmn Teilprozesse

---

[47] Vgl. Ewert / Wagenhofer (2000), S. 297 f. und 677 f.

[48] Vgl. Ewert / Wagenhofer (2000), S. 677 ff. Coenenberg unterscheidet zudem volumenabhängige, komplexitätsabhängige und effizienzabhängige Maßgrößen. Vgl. Coenenberg (1999), S. 229. Zur Abgrenzung von Maßgröße, Cost Driver, und Bezugsgröße vgl. auch Horvàth / Mayer (1993), S. 16 ff. und Ewert / Wagenhofer (2000), S. 29 und 682, die zudem die Produktkomplexität und Variantenvielfalt als besondere Treiber mit strategischer Bedeutung hervorheben.

[49] Viele Autoren geben hier statt der Abhängigkeit in Bezug auf das Leistungsvolumen eines Teilprozesses die Abhängigkeit in Bezug auf das Leistungsvolumen der Kostenstelle an.

per definitionem nicht vom Leistungsvolumen des Teilprozesses abhängt. Lmn Prozesse verursachen eine Art Grundlast bzw. einen nicht zuordenbaren Fixkostensockel der Kostenstelle und bedürfen einer eigenen Verrechnungsmethode, falls ihre Umlage auf einen Kostenträger wie in der Prozessvollkostenrechnung gewünscht wird.[50]

Nach dem Kriterium der *Häufigkeit einer Teilprozessdurchführung* unterscheidet man repetitive von innovativen Logistikteilprozessen. Erstere wiederholen sich oft, sind schematisiert und ausführend. Zu ihnen zählen z.B. die Warenannahme, Ein- und Auslagerung, Kommissionierung, regelmäßige Transporte und die Eingabe von Kundenaufträgen. Letztere wiederholen sich selten oder gar nicht, sind kreativ oder dispositiv. Zu ihnen gehören z.B. die Anschaffung von neuen Transportmitteln, die Entwicklung eines Sendungsdatenverfolgungssystems oder der Entwurf eines logistikgerechten Neuprodukts. Die Prozesskostenrechnung eignet sich aus Gründen der Praktikabilität und Wirtschaftlichkeit vor allem für repetitive Prozesse mit geringem Entscheidungsspielraum. Die Unterscheidung nach der Häufigkeit von Teilprozessen erlaubt es nun, die nicht-repetitiven Teilprozesse von einer weiteren Verrechnung auszuschließen, da diese Teilprozesse sehr verschieden sind und daher nicht bei jeder Hauptprozessdurchführung relevante Kosten verursachen[51] (vgl. Tabelle 2, Spalte 3, und Abbildung 5).[52]

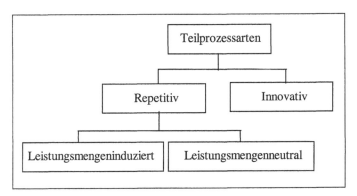

Abb. 5: Charakterisierung von Teilprozessen

Teilprozessmengen

Ist es gelungen, geeignete Maßgrößen zu finden und die logistischen Teilprozesse in lmi und lmn Teilprozesse zu unterteilen, so ist im nächsten Schritt für jeden lmi Teilprozess die für die Planperiode voraussichtliche Anzahl an Teilprozessdurchführungen

---

[50] Vgl. Ewert / Wagenhofer (2000), S. 297 f., Horváth / Mayer (1993), S. 21 f., Küting / Lorson (1991), S. 1426.

[51] Vgl. Coenenberg (1999), S. 225, Ewert / Wagenhofer (2000), S. 296.

[52] In diesem Zusammenhang sei bereits darauf hingewiesen, dass nicht sämtliche Kosten, die im Rahmen einer traditionellen Grenzplankostenrechnung in Standardform als Fixkosten behandelt werden, in einer Prozesskostenrechnung als lmn Prozesskosten gelten. Auch lmi Prozesse können zu fixen Kosten führen, die nur aufgrund des Beanspruchungsprinzips zugerechnet werden.

gemessen anhand der Maßgröße festzulegen. Diese auch als Teilprozessmengen bezeichneten Werte bilden die Basis, auf der für jeden logistischen lmi Teilprozess die
zugehörigen logistischen Kostenarten detailliert geplant werden. Sie stellen die Schlüs-
selgröße für den Verbrauch von Ressourcen und damit für die Verursachung von Logistikkosten dar. Für ihre Festlegung sind prinzipiell zwei Möglichkeiten denkbar. Zum
einen kann die Planprozessmenge an der *Kapazitätsplanung* ansetzen. Es wird dann die
Teilprozessmenge bzw. Beschäftigung gewählt, die der maximal möglichen bzw. verfügbaren Beschäftigung, der kostenoptimalen Kapazität oder der Normalkapazität des
jeweiligen logistischen Teilprozesses entspricht. Zum anderen kann die *Engpasspla-
nung* für die Bestimmung der Teilprozessmengen herangezogen werden. Bei ihr werden
alle Aktivitäten letztlich an der strengsten Restriktion im Abgleich mit den voraussichtlichen Absatzmengen der Produkte des Unternehmens ausgerichtet und entsprechend
aufeinander abgestimmt. Die Teilprozessmenge eines logistischen Teilprozesses wird
also durch die nach Maßgabe des Engpasses noch maximal mögliche Beschäftigung des
Unternehmens beeinflusst bzw. muss mit dieser z.B. mit Hilfe von Gozintographen oder
Stücklistenauflösungen abgeglichen werden[53] (vgl. Tabelle 2, Spalte 4).

Teilprozesskosten

Im nächsten Schritt sind nun die logistischen Teilprozesskosten zu planen. Dies sind
diejenigen Kosten, die durch die Anzahl der Teilprozessausführungen nach Maßgabe
der Teilprozessmengen in der zu planenden Periode entstehen. Zu ihrer Planung stehen
prinzipiell drei Möglichkeiten zur Verfügung, die auch als Top-Down-, Bottom-Up-
und Kombinationsverfahren bezeichnet werden können.

Die erste Möglichkeit besteht darin, auf Kostenstellenebene eine analytische Kostenplanung der einzelnen Kostenarten vorzunehmen und die Kostenstellenkosten dann auf
die einzelnen Teilprozesse aufzuteilen *(Top-Down-Verfahren)*. Die Kostenrechnung liefert also die nach Kostenarten differenzierten Kostenstellenpläne. Nun kann entweder
versucht werden, sämtliche Kostenarten nach ihrem Anteil an einem bestimmten Teilprozess einzeln zu untersuchen und entsprechend zuzuordnen (direkte Ermittlung), oder
aber man benutzt die Maßgröße einer bestimmten Kostenart, um über sie die übrigen
Kostenstellenkosten auf die Teilprozesse zu schlüsseln (indirekte Ermittlung). Da die
erste Möglichkeit i.d.R. sehr kostspielig ist, begnügt man sich meist mit der zweiten
Alternative. Praktisch bewährt hat sich die Schlüsselung anhand der Personalkosten mit
dem Arbeitsaufwand in Mann- bzw. Mitarbeiterjahren (MJ) als Maßgröße, nicht zuletzt

---

[53] In den heute verbreiteten Käufermärkten ist i.d.R. die absetzbare Produktmenge der Engpass. Die Ausrichtung
am Engpass bietet den Vorteil der Gesamtabstimmung aller Teilprozessmengen bzw. Beschäftigungen von
Kostenstellen. Allerdings ist eine Bestimmung des tatsächlichen Engpasses erst nach Kenntnis des optimalen
Produktions- und Absatzprogramms möglich, für dessen Ermittlung aber gerade die Kosteninformationen
benötigt werden, die aus der Festlegung der Beschäftigungen im Abgleich mit dem Engpass erst hervorgehen
sollen. Die Planung kann daher eigentlich nur simultan erfolgen. Vgl. Ewert / Wagenhofer (2000), S. 683.

aufgrund ihres oft dominierenden Anteils an den gesamten Kosten von Kostenstellen des indirekten Bereichs wie der Logistik. Die Ungenauigkeit einer solchen Vereinfachung ist dabei um so geringer, je höher der Personalkostenanteil an den Kostenstellenkosten ist. In Ausnahmefällen kann es angebracht sein, für bestimmte Kostenarten (z.B. EDV-Kosten oder Lagerraumkosten) andere Verteilungsschlüssel zu finden, um größere Ungenauigkeiten zu verhindern.[54]

Die zweite Möglichkeit der logistischen Teilprozesskostenplanung besteht darin, nicht auf Kostenstellen-, sondern auf Teilprozessebene die einzelnen Kostenarten analytisch zu planen. Ausgehend von den Planprozessmengen, werden für jeden Teilprozess alle Kostenarten mit Hilfe technisch-kostenwirtschaftlicher Analysen von Grund auf geplant. Die Aggregation der so ermittelten Teilprozesskosten ergibt dann die Kostenstellenkosten *(Bottom-Up-Verfahren)*. Auch diese Vorgehensweise ist mit einem hohen Aufwand verbunden, der in seinem Umfang mit dem einer Gemeinkostenwertanalyse vergleichbar ist. Es empfiehlt sich daher auch hier, eine Vereinfachung vorzunehmen. Beispielsweise ist es möglich, analog zum obigen Vorgehen nur eine Kostenart, also etwa die Personalkosten, analytisch zu bestimmen und die restlichen Kostenarten entsprechend im Verhältnis zum Personalkostenanteil zu planen. Im Vergleich zum Top-Down-Verfahren ist aber selbst diese Methode mit erheblichem Mehraufwand verbunden.[55]

Als dritte Möglichkeit bietet sich daher an, grundsätzlich von einer Top-Down-Aufteilung der Kostenstellenkosten auf die logistischen Teilprozesse auszugehen und nur bei solchen Teilprozessen, die besonderer Aufmerksamkeit aufgrund der unternehmensspezifischen Problemsituation und des Rechnungszwecks bedürfen, nach dem Bottom-up-Verfahren vorzugehen *(Kombinationsverfahren)*.

Unabhängig von der konkreten Auswahl ist bei jeder dieser drei Vorgehensweisen zu entscheiden, ob ein produktionsanalytisches oder ein kostenanalytisches Vorgehen gewählt werden soll. Bei dem *produktionsanalytischen* Vorgehen erfolgt eine getrennte Erfassung und Prognose der Mengen- und der Wertkomponente für jede Kostenart eines Teilprozesses. Ziel ist es, über Produktionsfunktionen und die Planung von Einflussgrößen der Wertkomponente eine Kostenfunktion aufzustellen. Aufgrund seines hohen Aufwands sollte dieses Vorgehen jedoch die Ausnahme bleiben. Statt dessen sollten eher *kostenanalytische* Methoden verwendet werden, denn bei ihnen erfolgt eine Erfassung und Prognose von bereits verknüpften Mengen- und Wertkomponenten, also von Kosten. Dies vereinfacht die logistische Kostenrechnung und macht sie wirtschaftlicher, wenngleich auch unter Inkaufnahme eines gewissen Genauigkeitsverlusts. Auch bei kostenanalytischer Planung geht es letztlich um die Ermittlung der zugrundeliegen-

---

54 Vgl. Ewert / Wagenhofer (2000), S. 296, Horváth / Mayer (1993), S. 22.
55 Vgl. Horváth / Mayer (1993), S. 21.

den Kostenfunktion, wobei dafür auf Ist- oder auf Plankosten mit Hilfe von mathematischen oder statistischen Verfahren[56] zurückgegriffen werden kann.[57] Durch Einsetzen der Prozessmenge bzw. der Beschäftigung in die Kostenfunktion erhält man dann die analytisch geplanten Prozesskosten[58] (vgl. Tabelle 2, Spalte 5 und Abbildung 6).

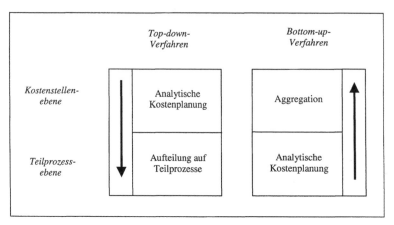

Abb. 6:   Verfahren zur Kostenplanung

Teilprozesskostensatz

Im nächsten Schritt sind die Teilprozesskosten *je Maßgröße* zu ermitteln, die auch als Gesamtprozesskostensatz je Teilprozess bezeichnet werden. Dieser wird einerseits für die Kostenträgerstückrechnung benötigt, da er die Kosten einer einmaligen Teilprozessdurchführung angeben kann, die für die Berechnung von Kostenträgern wie z.B. Produkten oder den später noch zu erläuternden Hauptprozessen[59] notwendig sind. Der Teilprozesskostensatz fungiert damit als *Kalkulationssatz bzw. Bewertungsmaßstab* für eine nach Maßgabe der Ressourceninanspruchnahme verteilte Kostenzuordnung zu den logistischen Leistungen. Andererseits kann er auch in der Kostenträgerzeitrechnung als Kennzahl und damit als Beurteilungsmaßstab für die betriebliche Steuerung und Kontrolle verwendet werden. Für seine Berechnung ist die Unterscheidung von lmi und lmn

---

[56] Zu den einzelnen Verfahren wie Streupunktdiagramme, proportionaler Satz, Hochpunkt-Tiefpunkt-Verfahren und Regressionsanalysen vgl. Mensch (1998), S. 94 ff.

[57] Es kann auch auf Verbrauchsanalysen, bereinigte Vorjahres- oder Budgetzahlen, externe Vergleichswerte, Expertenschätzungen oder normative Festlegungen durch die Unternehmensführung zurückgegriffen werden. Vgl. Horváth / Mayer (1993), S. 22, Mensch (1998), S. 94 ff.

[58] Darüber hinaus können einzelne Kostenarten über spezifische Ansätze erfasst und prognostiziert werden, sofern deren Mengenkomponente nicht messbar ist, wie z.B. bei Abschreibungskosten. Vgl. Horváth / Mayer (1993), S. 22.

[59] Denn die Hauptprozesskosten bestimmen sich nach der Anzahl der notwendigen Teilprozessdurchführungen für die Erbringung der Hauptprozessleistung.

Teilprozessen grundlegend. Zunächst werden die Prozesskosten und die Prozessmengen je logistischem lmi Teilprozess einer Kostenstelle einander gegenübergestellt:[60]

Lmi Teilprozesskostensatz des m-ten lmi Teilprozesses der i-ten Kostenstelle:

$$k_{i,m}^{lmi} = \frac{K_{i,m}^{lmi}}{xt_{i,m}}$$

mit

$K_{i,m}^{lmi}$	Analytisch geplante lmi Teilprozesskosten des m-ten Teilprozesses der i-ten Kostenstelle
$xt_{i,m}$	Teilprozessmenge des m-ten Teilprozesses der i-ten Kostenstelle
i	$i = 1,..., I$ I, = Anzahl der Kostenstellen
m	$m = 1,..., M$ M, = Anzahl der lmi Teilprozesse einer Kostenstelle

Problematisch ist dann die Behandlung von Kosten der lmn Teilprozesse, da für sie keine Maßgrößen der Kostenverursachung und somit auch keine Teilprozesskostensätze gebildet werden können. Bei der Prozessvollkostenrechnung werden die lmn Kosten proportional zur Höhe der Kosten je lmi Teilprozess verrechnet. Voraussetzung dafür ist allerdings, dass die lmn Teilprozesse und das Leistungsvolumen der Kostenstelle zumindest näherungsweise miteinander zusammenhängen.[61] Es wird ein sogenannter Umlagesatz gebildet, der sich aus dem Verhältnis der gesamten lmn Teilprozesskosten zu den gesamten lmi Teilprozesskosten multipliziert mit dem jeweiligen lmi Teilprozesskostensatz ergibt:

Lmn Umlagesatz des n-ten lmn Teilprozesses der i-ten Kostenstelle für den m-ten lmi Teilprozess:

$$k_{i,n}^{lmn} = \frac{\sum_{n=1}^{N} K_{i,n}^{lmn}}{\sum_{m=1}^{M} K_{i,m}^{lmi}} \cdot k_{i,m}^{lmi}$$

mit

$K_{i,n}^{lmn}$	Analytisch geplante lmn Teilprozesskosten des n-ten Teilprozesses der i-ten Kostenstelle
n	$n = 1,..., N$, N = Anzahl der lmn Teilprozesse einer Kostenstelle

---

60 Vgl. Fandel et al. (1999), S. 402 f., Coenenberg (1999), S. 230 ff., Ewert / Wagenhofer (2000), S. 299.
61 Vgl. Ewert / Wagenhofer (2000), S. 300.

Während der erste Term der Gleichung für alle relevanten logistischen Teilprozesse der Kostenstelle konstant ist, variiert der zweite Term mit jedem lmi Teilprozess. Aus der Addition des lmi Teilprozesskostensatzes und des lmn Umlagesatzes ist schließlich der Gesamtprozesskostensatz zu errechnen, der die oben angeführten Funktionen erfüllen soll:[62]

Gesamtprozesskostensatz des m-ten lmi Teilprozesses der i-ten Kostenstelle

$$k_{i,m}^{G} = k_{i,m}^{lmi} + k_{i,n}^{lmn}$$

Mit der Berechnung der Kostensätze können in der Beispieltabelle die Spalten 6, 7 und 8 (vgl. Tabelle 2) ausgefüllt werden.

Hauptprozessbildung

Nach der Berechnung der Gesamtprozesskostensätze werden die vielen logistischen lmi Teilprozesse kostenstellenübergeifend zu wenigen sogenannten Logistik-Hauptprozessen zusammengefasst. Dieser Schritt der Hauptprozessbildung dient dazu, die Voraussetzungen für die Kalkulation ganzer logistischer Prozessketten zu schaffen, die dann für weitere Rechnungszwecke in der Planung, Steuerung und Kontrolle bereitstehen (z.B. zur Berechnung von Preisuntergrenzen für Angebote oder für Make-or-Buy-Entscheidungen). Die Hauptprozessbildung ist eine eigenständige Besonderheit der Prozesskostenrechnung. Die durch sie bewirkte *kostenstellenübergreifende* Verrechnung kann als Schlüssel zur Überwindung von nur kostenstellenbezogenen Teiloptimierungen verstanden werden, deren Summe nicht notwendigerweise zur Optimierung des gesamten (logistikbezogenen) Unternehmenserfolgs führen muss. Sie trägt gerade den Interdependenzen zwischen einzelnen Bereichen Rechnung und kann die logistische Integration entlang der Supply Chain fördern. Die Durchführung dieses Schrittes erfordert zunächst eine Überprüfung, inwiefern die Prozessanalyse die anfängliche Hypothese über die Struktur des jeweils maßgeblichen logistischen Hauptprozesses bestätigen konnte; ggf. ist die Vorstellung über den Hauptprozess anzupassen. Daraufhin ist ein Kostentreiber ("cost driver") für den gesamten Hauptprozess zu finden. Seine Ermittlung kann analog zu derjenigen für Maßgrößen einzelner logistischer Teilprozesse erfolgen. Dabei beschränkt man sich aus Praktikabilitätsgründen auch bei einer heterogenen Kostenverursachung i.a.R. auf nur einen cost driver. Bei der Verdichtung der logistischen Teilprozesse zu Hauptprozessen sind dann zuerst all diejenigen Teilprozesse zusammenzufassen, die denselben übergeordneten Kostentreiber besitzen. Dabei kann ein und derselbe Teilprozess auch in verschiedene Hauptprozesse eingehen. Darüber hinaus können auch solche Teilprozesse zusammengefasst werden, deren Maßgrö-

---

[62] Vgl. Fandel et al. (1999), S. 403 f., Coenenberg (1999), S. 232.

ßen in einem festen Verhältnis zueinander stehen. Die häufig vorkommende Bildung von Hauptprozessen mit sich nicht völlig proportional verändernden Teilprozessen führt dabei i.d.R. zu einer größeren Ungenauigkeit der anschließend zu berechnenden Hauptprozesskostensätze. Der Hauptprozesskostensatz ist die kostenmäßige Abbildung für die einmalige Durchführung eines logistischen Hauptprozesses gemessen anhand des Kostentreibers. Zu seiner Kalkulation werden einfach die Gesamtprozesskostensätze der für den logistischen Hauptprozess identifizierten Logistikteilprozesse addiert. Dabei ist allerdings die Einbeziehung des sog. *Teilprozessbedarfskoeffizienten* notwendig. Er gibt den geplanten Anteil der von einem Hauptprozess beanspruchten Teilprozessmengen an und ist damit auch eine wichtige Voraussetzung für die anschließende Kalkulation der Hauptprozesskosten (vgl. Tabelle 2, Spalte 9).[63]

Hauptprozesskostensatz des h-ten Hauptprozesses:

$$k_h^{HP} = \sum_{m=1}^{M} c_{im,h} \cdot k_{i,m}^{G}$$

mit

$c_{im,h}$ Teilprozessbedarfskoeffizient des m-ten Teilprozesses in der i-ten Kostenstelle je Hauptprozessmengeneinheit des h-ten Hauptprozesses, wobei

$$c_{im,h} = \frac{\alpha_{im,h} \cdot xt_{im}}{xh_h}$$

mit

$\alpha_{im,h}$ Anteilskoeffizient des h-ten Hauptprozesses an den Teilprozessmengen des m-ten Teilprozesses der i-ten Kostenstellen

xh_h Hauptprozessmenge des h-ten Hauptprozesses

h $h = 1,...,H$, H = Anzahl der Hauptprozesse

Gesamte Hauptprozesskosten des h-ten Hauptprozesses einer Periode:

$$K_h^{HP} = k_h^{HP} \cdot xh_h$$

---

[63] Vgl. Dierckes (1998), S. 54 ff., Fandel et al. (1999), S. 405.

Prozesskostenträgerstückrechnung

Die Prozesskostenträgerstückrechnung dient der *Kalkulation von Kostenträgern* wie insbesondere absatzbestimmten Produkten. In ihr werden die berechneten logistischen Prozesskosten auf die Kostenträger verrechnet. In der Prozessvollkostenrechnung werden dabei annahmegemäß sämtliche lmi und lmn Teilprozesskosten herangezogen. Bei Verwendung einer elektiven Zuschlagskalkulation,[64] bei der die Gemeinkosten in mehrere Teilbeträge aufgeteilt und nach Maßgabe unterschiedlicher Zuschlagsgrundlagen auf die Kostenträger verrechnet werden, ist dazu die Ermittlung eines logistischen *Hauptprozessbedarfskoeffizienten* notwendig. Er gibt an, wie viele Mengeneinheiten eines logistischen Hauptprozesses für die Erstellung bzw. den Absatz eines Produkts benötigt werden.[65]

Prozessorientiert verrechneter Gemeinkostensatz für die Inanspruchnahme des h-ten logistischen Hauptprozesses durch die Wertschöpfung einer Einheit der p-ten Produktart:

$$k_{h,p}^{PDT} = c_{h,p} \cdot k_h^{HP}$$

mit

$c_{h,p}$ Hauptprozessbedarfskoeffizient des h-ten Hauptprozesses für die Wertschöpfung einer Mengeneinheit der p-ten Produktart, wobei

$$c_{h,p} = \frac{\alpha_{h,p} \cdot xh_h}{x_p}$$

mit

$\alpha_{h,p}$ Anteilskoeffizient der p-ten Produktart an den Hauptprozessmengen des h-ten Hauptprozesses

x_p Produktions- bzw. Absatzmenge der p-ten Produktart

p $p = 1,...,P$, P = Anzahl der Produktarten

Gesamte durch die Wertschöpfung von x_p Mengeneinheiten der p-ten Produktart in einer Periode ausgelösten Hauptprozesskosten des h-ten logistischen Hauptprozesses:

$$K_{h,p}^{PDT} = k_{h,p}^{PDT} \cdot x_p$$

---

[64] Zu den grundlegenden Verfahren der Kostenträgerstückrechnung, wie der Divisionskalkulation mit und ohne Äquivalenzziffernrechnung sowie der summarischen und elektiven Zuschlagskalkulation, vgl. Kloock et al. (1993), S. 129 ff.

[65] Vgl. Dierckes (1998), S. 58, Fandel et al. (1999), S. 407.

Prozessorientiert verrechneter Gemeinkostensatz für alle durch die Wertschöpfung ei-
ner Einheit der p-ten Produktart in Anspruch genommenen logistischen Hauptprozesse:

$$k_p^{PDT} = \sum_{h=1}^{H} c_{h,p} \cdot k_h^{HP}$$

Gesamte durch die Wertschöpfung von x_p Mengeneinheiten der p-ten Produktart in ei-
ner Periode ausgelösten Hauptprozesskosten aller in Anspruch genommenen logisti-
schen Hauptprozesse:[66]

$$K_p^{PDT} = k_p^{PDT} \cdot x_p$$

In Tabelle 3 ist beispielhaft ein Kalkulationsschema mit Hilfe der Prozessvollkostenrechnung wiedergegeben (vgl. Tabelle 3).

+	Materialeinzelkosten Materialgemeinkosten Hauptprozess M1 ... Hauptprozess MH	Material- kosten	Herstell- kosten
+ + +	Fertigungseinzelkosten Fertigungsgemeinkosten Hauptprozess F1 ... Hauptprozess FH Sondereinzelkosten der Fertigung	Fertigungs- kosten	
+ + +	Verwaltungsgemeinkosten Hauptprozess VW1 ... Hauptprozess VWH Sondereinzelkosten des Vertriebs Vertriebsgemeinkosten Hauptprozess VT1 ... Hauptprozess VTH	Verwaltungs- und Vertriebs- kosten	Selbst- kosten

Tab. 3: Mögliches Schema für eine prozessorientierte Kalkulation[67]

Aussagefähigkeit der flexiblen Planprozessvollkostenrechnung für die Logistik

Die Aussagekraft der wie dargestellt berechneten logistischen Hauptprozesskosten lässt
sich nur vor dem Hintergrund der *Anwendungsbedingungen* einer solchen Prozessvollkostenrechnung beurteilen, die maßgeblich durch die Struktur des logistischen (Ent-
scheidungs-) Problems und den daraus resultierenden Rechnungszwecken bestimmt

---

[66] Vgl. dazu auch Fandel et al. (1999), S. 406 f.
[67] In Anlehnung an Kloock et al. (1993), S. 146.

werden. Allgemein gültige Aussagen sind nicht sinnvoll, da sie den Grundsatz unberücksichtigt lassen, dass der Rechnungszweck Art und Umfang der Rechnung bestimmen soll.[68]

Als für viele Rechnungszwecke zentrales Problem der Anwendbarkeit wird in der Literatur auf den *Vollkostencharakter* der Hauptprozesskosten und Kostenträgerstückkosten verwiesen. Sowohl das tatsächliche Vorliegen von Vollkosten als auch die möglichen Folgen sind allerdings umstritten. Eine Vollkostenrechnung liegt dann vor, wenn die gesamten Kosten einer Periode auf die Kostenträgereinheiten verrechnet werden. Die Prozessvollkostenrechnung verrechnet in letzter Konsequenz alle Kosten der zu einem Hauptprozess gehörigen Teilprozesse. Dabei reicht es aus, wenn ein Zusammenhang zwischen dem gesamten Output, den gesamten Kosten und dem gesamten Ressourcenverzehr derart besteht, dass durch den Wegfall des Ressourcenverbrauchs und der Kosten die Outputerstellung unmöglich wäre (Einwirkungsprinzip). Denn für eine Verrechnung der lmn Teilprozesskosten über Umlagesätze muss weder gelten, dass ein Anstieg der Beschäftigung einen zusätzlichen Ressourcenverbrauch impliziert (Beanspruchungsprinzip), noch dass darüber hinaus ein zusätzlicher Ressourcenverbrauch einen Kostenanstieg bewirkt (Verursachungsprinzip). Insofern liegen Prozessvollkosten vor.[69]

Die Verfechter dieser Verrechnungsform bestreiten jedoch, dass sämtliche Kosten verrechnet werden. Oft wird in Abhandlungen zur Prozessvollkostenrechnung pauschal über eine Verrechnung auf Kostenträger gesprochen, ohne zu differenzieren, ob dieser Kostenträger ein Hauptprozess oder ein absatzbestimmtes Fertigprodukt ist. Es ist bei einer genaueren Betrachtung unter bestimmten Umständen unzutreffend, bei einer Kalkulation von Fertigprodukten auf einen Vollkostencharakter zu schließen. Denn die Prozesskostenrechnung ist von der ursprünglichen Intention her speziell für den indirekten Bereich vorgesehen worden. In den direkten Fertigungsbereichen können und sollen auch weiterhin Teilkostenrechnung wie z.B. die Grenzplankostenrechnung in Standardform zum Einsatz kommen. Insofern werden nicht sämtliche Kosten verrechnet. Zudem können die verrechneten Hauptprozesskosten in gesonderten Kalkulationsrechnungen ausgewiesen werden, so dass die relevanten Kosten für Entscheidungsrechnungen immer noch ersichtlich sind. Und auch bei einer Kalkulation von logistischen Hauptprozessen als Kostenträgern ist eine differenzierte Betrachtung erforderlich. Insbesondere ist zwischen einer Kostenermittlung aus Transparenzgründen und einer Kostenverrechnung für Kalkulationszwecke zu unterscheiden. So müssen die lmn Prozessteilkosten nicht zwangsläufig auf Hauptprozesse oder Absatzprodukte verrechnet werden, sondern können analog zu einer mehrstufigen Deckungsbeitragsrechnung in der Periodenerfolgsrechnung ausgewiesen werden. Die vorgebrachten Argumente kön-

---

[68] Vgl. Schweizer / Küpper (1995), S. 348 ff., die ausführlich die grundlegenden Anwendungsbedingungen der Prozesskostenrechnung aufzeigen.

[69] Vgl. Schiller / Lengsfeld (1998), S. 527 f.

nen aber nicht darüber hinwegtäuschen, dass viele lmi Teilprozesse oftmals Kostenbestandteile enthalten, die in einer Grenzplankostenrechnung als fixe Kosten behandelt würden, da sie nicht mit der Beschäftigung der Kostenstelle im Betrachtungszeitraum variieren. Sie hängen lediglich von der Teilprozessmenge, nicht aber gleichzeitig von der Absatzbeschäftigung ab und sind daher nur nach dem Beanspruchungsprinzip zurechenbar, werden indes dennoch auf Kostenträger verrechnet. Es ist davon auszugehen, dass das dargestellte Prozesskostenrechnungsverfahren daher zumindest eine *'partielle'* *Vollkostenrechnung* darstellt.[70]

Welche Konsequenzen ergeben sich daraus? Die Prozessvollkostenrechnung hat in der Praxis vor allem durch die leichte Anwendbarkeit eine recht hohe Akzeptanz gefunden. Die Verrechnung auch der lmn Teilprozesskosten wird von HORVÁTH / MAYER als wenig kritisch angesehen, da ihr Umfang oft nur gering sei. Zudem entstünde bei Verzicht auf ihre Umlage der Eindruck, dass diese Kosten unbeeinflussbar und ohne Zusammenhang zum operativen Geschäft stehen, was aber oftmals nicht zuträfe. Bei einem getrennten Ausweis von Teilprozesskostensatz und Umlagesatz könnten je nach Entscheidungsproblem die jeweils relevanten Informationen immer noch zusammengestellt werden.[71]

Seit Jahrzehnten werden Vollkostenrechnungen jedoch kritisiert. Der Hauptkritikpunkt ist bekanntlich, dass Vollkostenrechnungen das sogenannte *Fixkostenproblem* nicht richtig lösen.[72] Das Vorliegen von "fixen" Teilprozesskosten ist abhängig vom Betrachtungszeitraum. Fixkosten entstehen durch langfristige Entscheidungen über betriebliche Kapazitäten. Für die Logistik werden zur Leistungserstellung typischerweise Potenzialgüter wie Transportmittel (LKW, Flugzeuge, Gabelstapler, Flurförderfahrzeuge), Lagerhäuser inklusive Lagerhaustechnik und Personalkapazitäten benötigt. Solange man diese Kapazitäten im Betrachtungszeitraum nicht verändert, entsteht durch sie eine konstante Kostensumme, ein Fixkostenblock, da sie unabhängig von der Höhe der Beschäftigung bzw. der Anzahl der Prozessdurchführungen anfallen. Erst bei Kapazitätserweiterungen oder Stilllegungen und damit bei entsprechend großer zeitlicher Reichweite der Planung wandeln sich die Fixkosten um in intervall-, sprung- oder stufenfixe Kosten, so dass nur langfristig alle Kosten variabel bzw. beschäftigungsabhängig sind.[73]

Ist das zugrundeliegende Entscheidungsproblem entsprechend kurzfristig angelegt, so sind die für diesen Zeitraum fixen Kosten durch die Entscheidungsvariablen nicht beeinflussbar und daher irrelevant. Art und Anzahl der durchlaufenden Kostenträger bzw. Teilprozessdurchführungen beeinflussen die Höhe der fixen Kosten nicht, da sie durch

---

70 Vgl. Horváth / Mayer (1993), S. 19, Kloock (1992).
71 Vgl. Horváth / Mayer (1993), S. 19 und 22 f.
72 Vgl. Kilger (1977), S. 86.
73 Vgl. Kilger (1977), S. 86.

Entscheidungen in der Vergangenheit verursacht wurden und nur ganzen Abrechnungs-
zeiträumen bzw. Kalenderzeiten, nicht aber einzelnen Beschäftigungen zugeordnet
werden können. Sollen die fixen Kosten dennoch auf Kostenträger verrechnet werden,
so ist dies nur über künstliche bzw. letztlich willkürliche Proportionalisierungen wie
z.B. Durchschnittswerte möglich. Es liegt dann kein logisch notwendiges, sondern ein
rein statistisches Verfahren vor. Die Folge solcher *Fixkostenproportionalisierungen* ist,
dass die variablen (verstanden als beschäftigungsabhängige) Kosten nicht mehr erkennbar sind und die so verzerrten Kosteninformationen um so leichter zu Fehlentscheidungen verleiten können. Im Folgenden soll dieser grundlegende Gedanke der Grenzplankostenrechnung der Aufteilung von Kosten in fixe und variable Bestandteile für die
einzelnen Rechnungszwecke anhand ausgewählter Aspekte aufgezeigt werden; dazu
wird eine Differenzierung vorgenommen. Während lmn Teilprozesskosten stets als fix
zu betrachten sind, sollen die lmi Teilprozesskosten in variable und fixe lmi Teilprozesskosten differenziert werden. Die Unterscheidung ist davon abhängig, ob die Höhe
der lmi Teilprozesskosten kurzfristig mit der Anzahl der Teilprozessmengen variiert
(variable lmi Teilprozesskosten gemäß Verursachungsprinzip zurechenbar) oder nicht
(fixe lmi Teilprozesskosten, nur gemäß Beanspruchungsprinzip zurechenbar).[74]

Abbildungs- und Dokumentationszwecke

Die Aussagefähigkeit der Prozessvollkostenrechnung für Rechnungszwecke der Abbildung und Dokumentation in der Logistik wird im Wesentlichen von der Validität bestimmt, mit der das betriebliche Geschehen in Zahlen repräsentiert wird. Die Struktur-
gleichheit bzw. Strukturähnlichkeit hängt davon ab, inwieweit die der Prozessvollkostenrechnung explizit bzw. implizit zu Grunde liegenden Annahmen tatsächlich erfüllt
werden. Zu den wichtigsten Annahmen gehören in Anlehnung an SCHWEIZER / KÜPPER[75]
die folgenden:

1. *Die Prozessvollkostenrechnung unterstellt einen linearen und konstanten Zusam-
    menhang (Transformationsfunktion) zwischen der Prozessmenge (als unabhängige
    Variable) und den Einsatzgütermengen (als abhängige Variable) eines Teilprozes-
    ses.* Während dieser Zusammenhang für Repetierfaktoren noch valide erscheint, ist
    er für Potenzialgüter oft weder logisch noch technologisch begründet. Die Parame-
    ter der Transformationsfunktion stellen bei ihnen nicht mehr Einsatzgütermengen,
    sondern Schätzgrößen über den zeitlichen Einsatz der Potenziale dar, die nur einen
    gewissen Plausibilitätcharakter besitzen.

2. *Die der Prozessvollkostenrechnung zu Grunde liegenden Kostenfunktionen entste-
    hen durch die Bewertung der linearen Transformationsfunktion mit entsprechenden
    Faktorpreisen und sind damit ebenfalls linear.* Die Gültigkeit der Linearität dieser

---

[74] Vgl. Dierckes (1998), S. 13 ff. sowie Abschnitt 2.2.1 dieses Beitrags.
[75] Vgl. Schweizer / Küpper (1995), S. 352 f.

Kostenfunktionen kann durch die gleichen Bedenken wie bei der Transformationsfunktion in Frage gestellt werden, da lediglich eine (tautologische) Umformung
stattfindet.

3. *Der Gesamtprozesskostensatz setzt sich als Quotient aus Gemeinkosten und
    Prozessmengen zusammen. Die Gemeinkosten enthalten nicht nur variable, sondern
    auch fixe Gemeinkostenanteile.* Informationen der ursprünglichen lmi Teilprozess-
    kostensätze werden durch die Umlage verzerrt. Bei der Beurteilung relativer Kos-
    tenvorteile alternativer Handlungsmöglichkeiten könnten sich dadurch Fehlein-
    schätzungen ergeben. Für die unterstellte Fixkostenproportionalisierung gibt es oft
    weder eine produktions- oder kostentheoretische noch eine empirische Erklärung;
    sie erfolgt i.d.R. willkürlich.

4. *Die Prozessvollkostenrechnung nimmt an, dass eine lineare und konstante Bezie-
    hung der Teil- bzw. Hauptprozessmenge und den Kostenträgern als absatzbe-
    stimmte Produkte besteht. Sie unterstellt konstante und Teil- bzw. Hauptprozessbe-
    darfskoeffizienten.* Auch wenn diese Annahme plausibel erscheint, so haben diese
    Werte als Schätzgrößen nur fiktiven Charakter.

5. *Es ist die Annahme zu treffen, dass die Maßgrößen der Teilprozesse bzw. die Cost
    Driver der Hauptprozesse in direkter oder indirekter Beziehung zu den Entschei-
    dungsvariablen und -parametern des zu lösenden Problems stehen.* Trifft diese An-
    nahme nicht zu, ist keine Entscheidungsrelevanz für den beabsichtigten Rech-
    nungszweck gegeben.

Für eine Überprüfung der Validität einer Abbildung durch die Prozessvollkostenrechnung sind die Annahmen auf ihre Gültigkeit zu überprüfen. Die Wirtschaftlichkeit von
empirischen Tests ist dabei stets zu hinterfragen.

Planungs- und Entscheidungszwecke

Für eine Beurteilung der Eignung von logistischen Hauptprozesskosten für Planungs-
und Entscheidungszwecke ist aufgrund der Fixkostenproblematik zwischen kurzfristigen (operativen) und langfristigen (strategischen) Entscheidungen zu unterscheiden.
Kurzfristig gesehen führt die Verrechnung aller Prozessfixkosten (die ja kurzfristig
nicht beeinflussbar sind) sowie die Annahme einer proportionalen Beziehung zwischen
der absatzbestimmten Outputmenge und der Hauptprozessmenge einerseits sowie zwischen der Hauptprozessmenge und den Teilprozessmengen andererseits zu keiner verursachungsgerechten Verrechnung der Kosten. Der Einsatz der Prozessvollkostenrechnung insbesondere für eine verbesserte Kalkulation zur Nutzung z.B. bei kurzfristigen
Preisentscheidungen ist dadurch der Gefahr einer Kalkulationsfalle ausgesetzt. Denn
durch die Verrechnung auch von Fixkosten auf die absatzbestimmten Produkte hängt
der Selbstkostensatz je Mengeneinheit nicht nur von den gewählten Verrechnungs-
schlüsseln ab, sondern auch von der (unterstellten) Kapazitätsauslastung. Je geringer

(höher) die Auslastung, z.B. aus Konjunkturgründen, desto mehr (weniger) Fixkosten hat ein einzelnes Produkt zu tragen. Aus marketingpolitischer Sicht verlaufen dann die Stückselbstkosten entgegen der vom Markt her notwendigen Preisänderung. Ist die Nachfrage bspw. rückläufig (steigend), so sind Preissenkungen (-erhöhungen) erforderlich; die Verrechnung der Fixkosten in Form von Leer- bzw. Nutzkosten führt dagegen zu Preiserhöhungen (-senkungen).[76] Die Aussagefähigkeit der Hauptprozesskosten für kurzfristige Planungs- und Entscheidungsaufgaben ist damit stark eingeschränkt.[77] Fraglich ist, ob die logistische Prozesskostenrechnung im Gegensatz dazu für *mittel- bis langfristige Planungen* eine höhere Aussagefähigkeit besitzt. Zu dieser Frage haben sich in der Literatur zwei konträre Positionen herausgebildet. Die Befürworter einer Eignung verweisen insbesondere auf die Einsatzmöglichkeiten im Gemeinkostenmanagement, in der strategischen Kalkulation und der Kundenprofitabilitätsanalyse.[78]

Für ein *Gemeinkostenmanagement* in der Logistik lässt sich vor allem der Wert einer *Prozessanalyse* hervorheben. Sie deckt idealerweise nicht-wertschöpfende oder unwirtschaftliche Aktivitäten auf, wie z.B. unnötige Lagerprozesse und damit Wartezeiten im Produktionsablauf. Dies ist allerdings kein besonderes Spezifikum der Prozesskostenrechnung, da Prozessanalysen auch im Rahmen anderer Controlling- und Managementmethoden angewendet werden. Die Prozesskostenrechnung bietet allerdings genauere Hilfestellung bei der Identifikation von Maßnahmen zur Eliminierung oder Reduktion von Unwirtschaftlichkeiten, da diese zumeist an den Kostentreibern ansetzen. Es wird unterstellt, dass eine Reduktion der Haupt- oder Teilprozessmenge (z.B. durch Maßnahmen des BPR, TQM, JIT oder FFS) zumindest im Durchschnitt eine proportionale Reduktion der Haupt- bzw. Teilprozesskosten bewirkt. Diese Annahme mag zumindest für die variablen (lmi) Teilprozesskosten noch plausibel erscheinen. Für fixe (lmi und lmn) Teilprozesskosten ist sie allerdings fraglich. Da die Fixkosten eine Summe aus Nutz- und Leerkosten bilden, die von der Anzahl der Prozessdurchführungen kurzfristig annahmegemäß unabhängig ist, steigen die Leerkosten mit einem Sinken der Nutzkosten durch eine Verringerung der Teilprozessmenge an. Nur wenn in einer langfristigen Betrachtung zusätzliche Maßnahmen zum Abbau von Kapazitäten ergriffen werden, kann der obige Wirkungszusammenhang begründeterweise unterstellt werden.[79] Dies setzt allerdings voraus, dass die entsprechenden Potenziale auch ab- bzw. aufbaufähig sind. Meist sind nämlich die diesbezüglichen Bindungsfristen relativ streng einzuhalten (wie z.B. bei Arbeitsverträgen oder Abschreibungen von Maschinen), so dass Anpassungsmaßnahmen nur in diskreten Schüben und damit in Fixkostensprüngen möglich sind. In der dargestellten Form ist die Prozessvollkostenrechnung jedoch nicht

---

[76] Vgl. Kloock (1992), S. 237.
[77] Vgl. Schiller / Lengsfeld (1998), S. 541 ff.
[78] Vgl. Ewert / Wagenhofer (2000), S. 303 f.
[79] Vgl. Ewert / Wagenhofer (2000), S. 304 f.

in der Lage, diese Fristigkeitsprobleme angemessen zu erfassen.[80] Zudem beeinträchtigt die pauschale Verrechnung aller logistischen Teilprozesskosten die kostenmäßige Beurteilung der Notwendigkeit und Wirtschaftlichkeit einzelner logistischer Teilprozesse im Rahmen einer Analyse der Prozessstrukturgestaltung.[81] Die Aussagefähigkeit für ein Gemeinkostenmanagement in der Logistik ist daher in dieser Hinsicht eingeschränkt.[82]

Eine spezielle Fragestellung des Gemeinkostenmanagements in der Logistik betrifft die Entscheidung zwischen *Eigenfertigung oder Fremdbezug* ganzer logistischer (Haupt-) Prozesse. Die Frage der optimalen logistischen Leistungstiefe ist insbesondere bei regelmäßiger Nachfrage nach der Prozessdurchführung nur selten kurzfristig und birgt u.U. Konsequenzen, die erst langfristig auftauchen und sich nicht immer in Kosten ausdrücken lassen (wie z.B. die Abhängigkeit von einem Lieferanten oder der Verlust von Kernkompetenzen). Die Nutzung von Kosteninformationen ist also auch bei langfristigem Planungszeitraum mit Vorsicht zu betrachten und nur ergänzend zu anderen strategischen Überlegungen zu sehen. Der Vorteil der Prozessvollkostenrechnung ist nun, dass die ermittelten Hauptprozesskosten sehr einfach mit dem in Frage stehenden Bezugspreis verglichen werden können, um eine gut begründete Entscheidung herbeizuführen. Sollten die Hauptprozesskosten größer als der Bezugspreis sein, so erscheint die Annahme gerechtfertigt, dass durch eine Fremdvergabe langfristig Kosten eingespart werden können. Diese Annahme muss aber nicht stets zutreffen. Wurde vor der Fremdvergabe der Prozess durch das eigene Unternehmen durchgeführt, so sind Fälle vorstellbar, bei denen die dafür in Anspruch genommenen Potenzialgüter nicht ohne weiteres abbaubar sind und weiterhin Fixkosten in gleicher Höhe verursachen (z.B. Mietkosten für Gebäude, die noch für andere Logistikprozesse benötigt werden). Die übrigen noch selbst durchgeführten Prozesse müssen dann höhere Fixkostenanteile tragen, was sich letztlich auch in der Produktkalkulation niederschlägt.[83]

Auch die in der Literatur vorherrschenden Meinungen zur Eignung der Prozesskostenrechnung für eine *„strategische" Kalkulation* gehen auseinander. Mit strategischer Kalkulation wird die Ermittlung langfristiger Produktkosten bezeichnet, wie man sie z.B. für Entscheidungen über das langfristige Produktprogramm und die diesbezüglichen Preisfestlegungen vornehmen kann. Der Nutzen einer Prozessvollkostenrechnung wird nun darin gesehen, die Ungenauigkeiten einer Produktselbstkostenkalkulation, die durch die übliche Zuschlagskalkulation (mit relativ wenigen, meist wertabhängigen Bezugsgrößen) entstehen, durch eine detaillierte Kostenzurechnung von einzelnen (logistischen) Hauptprozessen zu einzelnen Kostenträgern zu verhindern. Die Ungenauigkeiten äußern sich dadurch, dass durch willkürliche Schlüsselungen und Durchschnittsbe-

---

80 Vgl. Schweizer / Küpper (1995), S. 354. Ein Weiterentwicklung stammt von Reichmann / Fröhling (1993).
81 Vgl. Kloock (1992), S. 238.
82 Vgl. Schiller / Lengsfeld (1998), S. 535 ff.
83 Vgl. Ewert / Wagenhofer (2000), S. 305, Kilger (1977), S. 93 ff.

trachtungen dem einen Produkt zuviel Logistikgemeinkosten, einem anderen zu wenig zugerechnet werden. Auf diese Weise kommt es zu Quersubventionierungen. Im Einzelnen unterscheidet man den Allokations-, den Komplexitäts- und den Degressionseffekt.[84]

Bei traditionellen Zuschlagskalkulationen mit Hilfe wertabhängiger Zuschlagssätze auf der Basis von Material- oder Fertigungseinzelkosten werden über niedrige (hohe) Material- oder Fertigungseinzelkosten in vielen Fällen zu niedrige (zu hohe) Gemeinkostenanteile auf die Kostenträger verrechnet. Die unterstellte Proportionalität zwischen Einzel- und Gemeinkosten ist oft gar nicht gegeben, sondern wird nur zur Vereinfachung und damit willkürlich angenommen. Tatsächlich wird der logistische Aufwand, der z.B. für die Lagerung von Material erforderlich ist (Gemeinkosten), meist nicht durch die wertmäßige Höhe des Materials, also z.B. durch die Stückpreise des zu lagernden Materials, bestimmt, sondern durch die abzuwickelnden Prozesse der Lagerung ggf. einschließlich der zugehörigen Umschlags- und Transportvorgänge. Die Erfassung und Verrechnung der Gemeinkosten mit Hilfe der Prozesskostenrechnung ist dagegen meist differenzierter und genauer, so dass eine andere Verteilung der Gemeinkosten auf die Kostenträger erreicht wird. Als *Allokationseffekt* bezeichnet man dabei die u.U. erhebliche Differenz zwischen dem Gemeinkostenzuschlagsbetrag der traditionellen Zuschlagskalkulation und dem Prozesskostensatz (vgl. Abbildung 7).[85]

Ähnlich ist der *Komplexitätseffekt* beschaffen. Ausgangspunkt der Überlegung ist, dass die Komplexität und der Variantenreichtum von Produkten bedeutsame Kosteneinflussfaktoren sind. Denn gemäß der unterschiedlichen Inanspruchnahme von z.B. besonderen Materialdispositionen, Fertigungssteuerungen oder Logistiklieferserviceleistungen und den damit in unterschiedlichem Maße verursachten logistischen Gemeinkosten lassen sich komplexere von einfacheren Produktvarianten unterscheiden. Die traditionelle Zuschlagskalkulation verrechnet jedoch diese Komplexitätskosten proportional zur Höhe der jeweiligen (Einzelkosten-) Zuschlagsbasis. Dadurch werden Produkte mit niedrigen (hohen) Komplexitätskosten mit zu hohen (zu niedrigen) Gemeinkosten belastet und folglich zu teuer (zu billig) am Markt angeboten. Die Prozesskostenrechnung kann diese Ungenauigkeiten beheben, indem sie die Gemeinkosten differenziert nach der tatsächlichen Inanspruchnahme komplexitätserzeugender Prozesse auf Kostenträger verrechnet. Die entstehende Differenz in den Komplexitätskosten zwischen dem traditionellen Zuschlagsverfahren und der Prozesskostenrechnung wird auch als Komplexitätseffekt bezeichnet (vgl. Abbildung 7).[86]

Die Gemeinkostenzuschläge der traditionellen Verrechnung haben noch einen weiteren Nachteil. Der Gemeinkostenzuschlagssatz pro Stück ist als Prozentsatz stets der gleiche,

---

[84] Vgl. Coenenberg (1999), S. 235 ff., Ewert / Wagenhofer (2000), S. 306.
[85] Vgl. Coenenberg (1999), S. 235 f., Ewert / Wagenhofer (2000), S. 306.
[86] Ewert / Wagenhofer (2000), S. 306, Coenenberg (1999), S. 236.

was zu einer proportionalen Gemeinkostenverteilung führt. Die Proportionalität zwischen der Anzahl an Kostenträgern (bzw. der Höhe der wertmäßigen Zuschlagsgrundlage) und den Gemeinkosten muss jedoch nicht in der unterstellten Weise vorliegen. Zum Beispiel hängen die Auftragsabwicklungskosten eines Kundenauftrags oft nicht von der bestellten Stückzahl ab, sondern von den in Anspruch genommenen Prozessen der Vertragsvereinbarung, Auftragsbestätigung, -disposition und -planung, sowie der Rechnungsstellung und Zahlungsbearbeitung. Sie fallen für bspw. fünf bestellte Artikel in gleicher Höhe an wie für fünfzehn, wenn die Mengen jeweils einem Kundenauftrag zurechenbar sind. Bei Anwendung der traditionellen Zuschlagskalkulation werden dann Aufträge mit niedrigen (hohen) Stückzahlen zu niedrig (zu hoch), eben proportional belastet, obwohl sie bestimmte Ressourcen stärker (schwächer) beansprucht haben. Die Prozesskostenrechnung verrechnet hingegen die (konstanten) Kosten der Auftragsabwicklung über die entsprechend durchgeführten logistischen Prozesse unabhängig von der Stückzahl des Auftrags, so dass Produkte, die in geringen (großen) Mengen nachgefragt werden, auch tatsächlich höhere (niedrigere) Kosten tragen. Die Differenz zwischen beiden Verfahren wird auch als *Degressionseffekt* bezeichnet (vgl. Abbildung 7).[87]

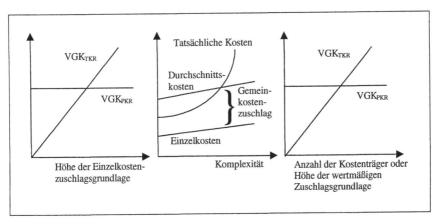

Abb. 7:   *Allokations-, Komplexitäts- und Degressionseffekt (von links nach rechts, mit VGK$_{TKR}$ = verrechnete Gemeinkosten nach traditioneller Kostenrechnung; VGK$_{PKR}$ = verrechnete Gemeinkosten nach Prozesskostenrechnung)*

Die Effekte weisen auf eine *andere Verteilung* der Kosten hin. Die Höhe der Kosten insgesamt wird jedoch ohne weitere Maßnahmen nicht beeinflusst. Der Nutzen einer Vermeidung der diesen Effekten zugrunde liegenden Ungenauigkeiten liegt in einer qualitativ verbesserten Entscheidungsgrundlage. In vielen Unternehmen unterscheiden

---

87 Vgl. Ewert / Wagenhofer (2000), S. 306, Coenenberg (1999), S. 236 ff., der auch auf die Aufstellung von Mindestauftragsgrößen als Konsequenz aus dem Degressionseffekt verweist.

sich Kundenaufträge oft hinsichtlich der Inanspruchnahme logistischer Leistungen entlang der Supply Chain. Je nach Kunde kann es zu einer unterschiedlichen Ausgestaltung hinsichtlich Produktart, Auftragsgröße, Transportweg und Logistiklieferservice kommen. Für die Preisgestaltung und die Annahme oder Ablehnung bestimmter Auftragsspezifika bzw. ganzer Aufträge und damit letztlich auch für die *Analyse der Kundenprofitabilität* ist eine genaue Berücksichtigung der Kostenwirkungen dieser Parameter unabdingbar. Durch die Vermeidung der Kalkulationsungenauigkeiten gemäß dem Allokations-, Komplexitäts- und Degressionseffekt sowie insbesondere auch durch die kostenstellenübergreifende Verrechnung kann die Prozessvollkostenrechnung wertvolle Entscheidungshilfe hier wie auch bei vielen anderen logistischen Entscheidungsproblemen wie Bestellmengen- und Losgrößenplanungen, Transport- und Tourenplanungen leisten.[88]

Es ist jedoch fraglich, ob für diese Kalkulationsverbesserungen tatsächlich Vollkosten heranzuziehen sind. Die genannten Effekte sind ebenso wie die kostenstellenübergreifende Verrechnung von Kosten prinzipiell auch mit prozessorientierten Teilkostenrechnungen erzielbar. Denn die Gründe für ihre Erreichung liegen weniger in der Verwendung von Vollkosten, als vielmehr darin, dass statt pauschaler wertmäßiger Gemeinkostenzuschläge nun differenzierte, mengenmäßige Verrechnungen verwendet werden. Da auch viele Logistikentscheidungen wie etwa die auftragsspezifische Zusammensetzung des Lieferservices eher kurzfristig sind, scheint die Verwendung von Vollkosten nicht immer gut begründet zu sein. Sie schließt einen Großteil wichtiger Entscheidungstatbestände aus und konzentriert sich statt dessen auf langfristige, sogenannte "strategische" Fragestellungen. Bei ihnen stellt sich aber die noch grundsätzlichere Frage, ob für sie Kostenrechnungen überhaupt die probate methodische Unterstützung sein können.[89] Denn bei strategischen Entscheidungen handelt es sich i.d.R. um *Innovationsprobleme*, die anders als Routineprobleme vielfältige Strukturdefekte aufweisen und bei denen der Entscheidungsträger noch nicht vollständig über das nötige Wissen zu ihrer Lösung verfügt. In dieser durch hohe Unsicherheit gekennzeichneten, meist mehrere Perioden umfassenden Problemsituation ist die Kostenrechnung schon aufgrund ihres (Ein-) Periodenbezugs oft nicht das geeignete Instrument zur Entscheidungsunterstützung. Vielmehr ist dies die traditionelle Aufgabe von Investitionsrechnungen, wobei insbesondere auch qualitative Informationen (wie z.B. Erfahrung, Intui-

---

[88] Vgl. Ewert / Wagenhofer (2000), S. 308 f.

[89] Prozessvollkostenrechnungen stellen bspw. für Produktprogrammentscheidungen nur dann planungsrelevante Kosten dar, wenn sie sich im Periodenablauf nicht ändern (etwa aufgrund von Erfahrungskurveneffekten, Nachfrage- oder Konkurrenzänderungen), und wenn sie repräsentativ für alle zukünftigen Perioden einer Strategieplanung sind (wenn etwa Kostensteigerungen durch Kostensenkungen ausgeglichen werden). Beide Annahmen müssen allerdings als eher unrealistisch angesehen werden. Die Unterstützung müsste sich zudem auf den (aufgrund der Fixkostenproblematik kritisch zu bewertenden) Hinweis auf mögliche Verlustprodukte beschränken. Vgl. Kloock (1992), S. 239.

tion und schwer kommunizierbares Wissen) einen erheblichen Einfluss auf den Problemlösungsprozess haben sollten.[90]

Kontrolle und Verhaltenssteuerung

Wesentliche Aufgabe der Kontrolle ist auch in der Logistik die Durchführung von Soll-Ist-Vergleichen mit einer Analyse etwaiger Abweichungen. Ggf. kann auch noch die Formulierung und Durchführung von Korrekturmaßnahmen mit entsprechender Verhaltensbeeinflussung der Logistikmitarbeiter und -manager der Kontrolle zugerechnet werden. Die Prozessvollkostenrechnung kann diese Aufgabe durch entsprechendes Datenmaterial unterstützen. Für eine Beurteilung der Güte dieser Unterstützung ist jedoch aufgrund der auch hier vorhandenen Fixkostenproblematik eine Unterscheidung in eine kurzfristige und eine langfristige Betrachtung nötig.[91]

In einer *kurzfristigen Betrachtung* mit konstanten Kapazitäten sind Soll-Ist-Abweichungen auf Divergenzen zwischen den tatsächlichen und den geplanten logistischen Teilprozessmengen zurückführbar, die auch als Beschäftigungsabweichungen bezeichnet werden können. Der im Fall der Unterbeschäftigung mit ihnen verbundene Ausweis von Leerkosten kann als Indikator für die Steuerung der *Ressourceninanspruchnahme* genutzt werden, da er den Umfang angibt, in dem logistische Potenzialgüter nicht genutzt werden. Zur Sicherung einer effizienten Ressourceninanspruchnahme sind allerdings oftmals nicht-monetäre Informationen wie die Mengengerüste logistischer Leistungen operationaler. Auch für eine Bedarfsprognose reicht bspw. bereits eine Transformationsfunktion aus, die den Zusammenhang zwischen den Inputgütern, den Maßgrößen der logistischen Teilprozesse und den Hauptprozessbedarfskoeffizienten abbildet; eine Monetarisierung über eine Kostenfunktion ist nicht zwingend notwendig. Nicht-monetäre Größen sind gerade bei kurzfristiger Betrachtung operationaler als Prozesskosten für die Erkenntnis und Durchsetzung von Verbesserungsmaßnahmen. Die Anwendbarkeit der Prozessvollkostenrechnung für kurzfristige Kontrollaufgaben ist daher begrenzt.[92]

In einer *mittel- bis langfristigen Betrachtung* mit auf- bzw. abbaubaren Kapazitäten kann der Prozessvollkostenrechnung dagegen eine höhere Aussagekraft zugesprochen werden. Denn im Rahmen einer laufenden, langfristigen Planung und Kontrolle von logistischen Prozesskosten können die dazugehörigen Soll-Ist-Vergleiche Informationen über die Wirtschaftlichkeit der Kapazitätsauslastung liefern und zu Verbesserungsmaßnahmen anregen. Bei anhaltender Unterbeschäftigung bspw. können hohe Leerkosten Hinweise auf den Umfang einer möglichen Kapazitätsreduzierung geben. Es gibt aller-

---

[90] Vgl. Reihlen (1997), S. 54 ff.

[91] Vgl. Schweizer / Küpper (1995), S. 354 f.

[92] Dies gilt auch für Ist-Ist-Betriebsvergleiche, deren Mängel durch eine Prozessvollkostenrechnung nicht repariert werden. Vgl. Schweizer / Küpper (1995), S. 355.

dings Gründe, die gegen die Verwendung dieses Indikators sprechen. Erstens ist für eine Kapazitätsanpasssung nicht die Kapazitätsauslastung vergangener Perioden, sondern der prognostizierte Kapazitätsbedarf zukünftiger Perioden maßgeblich. Zweitens reichen oft die Kompetenzen der verantwortlichen Kostenstellenleiter bzw. Prozesseigner (process owner) nicht aus, um notwendige, meist auf mittel- bis langfristige Sicht durchzuführende kapazitive Anpassungen vorzunehmen. Ihnen stehen nicht selten nur kurzfristige Maßnahmen wie der Abbau von Überstunden zur Verfügung. Für langfristige Veränderungen reichen zudem Begründungen auf der Basis von Prozessvollkosten oft nicht aus. Statt dessen werden auch hier vor allem Investitionsrechnungen und qualitative Begründungen gefordert. Da aber bislang die logistische Prozesskostenrechnung Potenzial- und Programmänderungen noch nicht ausreichend in das Rechnungssystem integriert, besteht hier noch ein bedeutender Weiterentwicklungsbedarf. Vielversprechend sind insbesondere Ansätze zur Analyse von Kosteneinflussgrößen sowie zur Auf- und Abbaufähigkeit von Fixkosten mit den dazugehörigen Fristen.[93]

Kostenrechnungen können schließlich auch in der Logistik zur *Verhaltenssteuerung* eingesetzt werden. Mit Hilfe von Istkostengrößen sollen die Mitarbeiter zu einem stärkeren Kostenbewusstsein und zur Reduzierung von zu hohen Kosten motiviert werden. Ob hierfür die Prozessvollkosteninformationen geeignet sind, lässt sich theoretisch eigentlich nur über Prinzipal-Agent-Theorien und empirisch nur über verhaltenstheoretische Ansätze beurteilen. Für die Prozessvollkostenrechnung sind beide Wege noch nicht ausreichend untersucht worden. KLOOCK weist darauf hin, dass vor allem in der japanischen Literatur und Praxis hierbei weniger die Prozesskostenrechnung als vielmehr die *Ziel- und Lenkungskostenrechnung* diskutiert werden. Denn diese Ansätze benutzen spezifische motivationsstärkende Schlüssel- und Bezugsgrößen zur Zurechnung von Gemeinkosten, um so flexibel und aufgabenvariabel zu kostensenkenden Entscheidungen anzuregen. Die logistische Prozessvollkostenrechnung fokussiert hingegen auf den Abbau nur der besonders kostenintensiven logistischen Teilprozesse und damit oftmals der kostenhohen Produkte, was aber nicht immer im Sinne der Unternehmensstrategie sein muss.[94]

Schließlich ist zu überlegen, ob der Nutzen aus einer Unterstützung nur für gelegentlich zu treffende, weil langfristige Entscheidungen und Kontrollen tatsächlich ihre Kosten überwiegt. Die Einrichtung und Pflege eines Prozessvollkostenrechnungssystems ist u.U. mit hohem Aufwand verbunden. Die Wirtschaftlichkeit könnte bei einem auch für kurzfristige Entscheidungen nutzbaren System auf Teilkostenbasis (wie im folgenden Abschnitt dargestellt) u.U. eher gegeben sein.

---

[93] Vgl. z.B. Reichmann / Fröhling (1993).
[94] Vgl. Kloock (1992), S. 238.

4.2.3 Flexible Planprozessteilkostenrechnung für die Logistik

Die Ausführungen zur Kritik an der Prozessvollkostenrechnung haben gezeigt, dass deren Aussagefähigkeit insbesondere für langfristige logistische Planungs- und Entscheidungsziele eher gering und ihre Nutzbarkeit für kurzfristige Zwecke erheblich eingeschränkt ist. In der Literatur ist insbesondere von DIERCKES ein Verfahren der Prozesskostenrechnung aufgezeigt worden, das auf einer Teilkostenbasis beruht und dadurch auch für kurzfristige Abbildungs-, Planungs- und Kontrollaufgaben genutzt werden kann. Ein wesentliches Merkmal dieser Konzeption ist eine besondere Differenzierung des Gemeinkostenblocks, die eine verursachungsgerechtere Verrechnung von logistischen Prozesskosten auf Kostenträger erlaubt. Mit dieser Differenzierung ist es möglich, eine Form der Prozessteilkostenrechnung zu konzipieren, die sowohl auf den direkten Bereich[95] als auch auf den indirekten Bereich wie die Logistik angewandt werden kann und die gut begründete Aussagen erlaubt. Im Folgenden soll daher diese Konzeption durch Hervorhebung der wesentlichen Unterschiede im Vergleich zur Prozessvollkostenrechnung vorgestellt werden.[96]

Kostenverrechnungsgrundsätze

Eine Teilkostenrechnung ist allgemein dadurch gekennzeichnet, dass nicht sämtliche anfallenden Kosten auf die Kostenträger verrechnet werden. In der logistischen Prozessvollkostenrechnung werden über die Zurechnung nicht nur der lmi, sondern auch der lmn Teilprozesskosten letztlich sämtliche logistischen Teilprozesskosten auf die Hauptprozesse und weiter auf die Kostenträger geschlüsselt. Dies ist nicht immer verursachungs- bzw. beanspruchungsgerecht und kann gerade für Planungszwecke aufgrund mangelnder Entscheidungsrelevanz zu Fehlschlüssen führen. Von DIERCKES sind nun vier Kostenverrechnungsgrundsätze vorgeschlagen worden, die helfen, dieses Problem in den Griff zu bekommen.[97]

1. *Die den lmn Teilprozessen zurechenbaren Kosten sind fix und damit getrennt von den lmi Teilprozesskosten kostenstellenspezifisch auszuweisen.* Der Grund dafür ist, dass bei Logistikentscheidungen über die Realisierung von Teilprozessmengen nur die von ihnen abhängigen Kosten der lmi Teilprozesse entscheidungsrelevant sind. Denn die lmn Teilprozesskosten fallen unabhängig von den Teilprozessmengen an. Sie sind nicht entscheidungsrelevant.[98]

2. *Bei der Planung der lmi Teilprozesskosten ist zwischen kurzfristig variablen und fixen lmi Teilprozesskosten zu differenzieren. Diese sind getrennt voneinander aus-*

---

95 Dies gilt insbesondere, falls im direkten Bereich der Fixkostenanteil hoch ist.

96 Vgl. dazu Dierckes (1998).

97 Vgl. Dierckes (1998), S. 11 ff.

98 Vgl. Dierckes (1998), S. 12.

zuweisen. Bei Entscheidungen über die Realisierung von Teilprozessmengen hängt der Umfang der einzubeziehenden Kosten von der Fristigkeit der Planung ab. Kurzfristig sind nur die Kosten relevant, deren Höhe unmittelbar mit der Höhe der Teilprozessmengen variiert. Diese *variablen lmi Teilprozesskosten* können also nach dem Verursachungsprinzip zugerechnet werden. Anders ist es bei den kurzfristig entscheidungsirrelevanten, weil *fixen lmi Teilprozesskosten.* Sie variieren nicht mit der Teilprozessmenge und sind nur nach dem Beanspruchungsprinzip zurechenbar. Langfristig können diese Kosten jedoch entscheidungsrelevant werden, wenn die Kapazitäten, für die sie anfallen, innerhalb des Betrachtungszeitraums abbaubar und damit disponierbar sind.[99]

3. *Bei der Zurechnung von lmi Teilprozesskosten zu Hauptprozessen oder zu den Mengeneinheiten absatzbestimmter Produktarten ist zwischen beschäftigungsabhängigen und beschäftigungsunabhängigen lmi Teilprozesskosten zu differenzieren.* Bei ersteren weisen die lmi Teilprozesskosten im Gegensatz zu letzteren eine enge Korrelation zu den Teilprozessmengen und diese selbst wiederum zu der Produktions- bzw. Absatzmenge der Produktarten auf (doppelte Proportionalitätsthese). *Den absatzbestimmten Produkten sind dann nur die beschäftigungsabhängigen lmi Teilprozesskosten zuzurechnen.* Der Grund dafür ist, dass die Ungenauigkeiten der Berechnung von Stückkosten tendenziell zunehmen, je schwächer der Zusammenhang zwischen Absatzmenge und Teilprozessmenge ist, da das Verursachungsprinzip (in zunehmendem Ausmaß) verletzt wird. Bei der letztlichen Zurechnung der beschäftigungsabhängigen lmi Teilprozesskosten ist jedoch noch zusätzlich nach dem Umfang des Planungshorizontes in variable und fixe beschäftigungsabhängige lmi Teilprozesskosten gemäß dem 2. Verrechnungsgrundsatz zu differenzieren. Bei kurzfristigen Planungs- und Entscheidungsaufgaben sind den absatzbestimmten Produkten gemäß dem Verursachungsprinzip *nur die variablen beschäftigungsabhängigen lmi Teilprozesskosten* zuzurechnen. Bei langfristigem Planungshorizont können den Kostenträgern gemäß dem Beanspruchungsprinzip *auch bestimmte fixe beschäftigungsabhängige lmi Teilprozesskosten* zugerechnet werden (vgl. Abbildung 8). In diesem Fall ist jedoch eine nochmalige, nachfolgend beschriebene Differenzierung notwendig.[100]

4. *Den Kostenträgern sind grundsätzlich nur diejenigen fixen (beschäftigungsabhängigen) lmi Teilprozesskosten zuzurechnen, die für die im Betrachtungszeitraum abbaubaren Kapazitäten anfallen. Dabei ist jedoch noch zwischen den Nutzkosten und den Leerkosten zu unterscheiden. Den Kostenträgern werden zusätzlich zu den variablen beschäftigungsabhängigen lmi Teilprozesskosten nur die fixen beschäftigungsabhängigen lmi Nutzkosten zugerechnet. Die Leerkosten verbleiben in*

---

[99] Vgl. Dierckes (1998), S. 13 ff.
[100] Vgl. Dierckes (1998), S. 16.

den Kostenstellen und werden dort ausgewiesen. Anders als bei der traditionellen Fixkostenanalyse geht diese Unterscheidung nicht auf einen Vergleich von Plan- und Istbeschäftigung zurück, sondern ist allein aus den Teilprozessmengen für eine effektive Prozesskostenkontrolle abzuleiten (vgl. Tabelle 4).[101]

Aus diesen vier Kostenverrechnungsgrundsätzen lässt sich noch keine eindeutige Prozessteilkostenrechnung ableiten. Dazu bedarf es der Festlegung einiger *Prämissen*, die eine bestimmte Konzeption der Prozessteilkostenrechnung definieren können.

1. Deterministische Kostenplanung
2. Beschäftigung als alleinige variable unabhängige Kosteneinflussgröße
3. Variable sonstige Kosteneinflussgrößen
4. Fest vorgegebene sonstige Kosteneinflussgrößen
5. Eindeutige Trennung der Teilprozesse in lmi und lmn Teilprozesse
6. Eindeutige Trennung der lmi Teilprozesskosten in variable und fixe lmi Teilprozesskosten mit differenziertem Ausweis der Leerkosten
7. Eindeutige Trennung der den Produkten je Mengeneinheit zurechenbaren Teilprozesskosten bzw. der prozessbasierten Stückkosten in beschäftigungsabhängige variable und fixe lmi Teilprozesskosten.[102]

---

[101] Vgl. Dierckes (1998), S. 19 ff.
[102] Vgl. Dierckes (1998), S. 26.

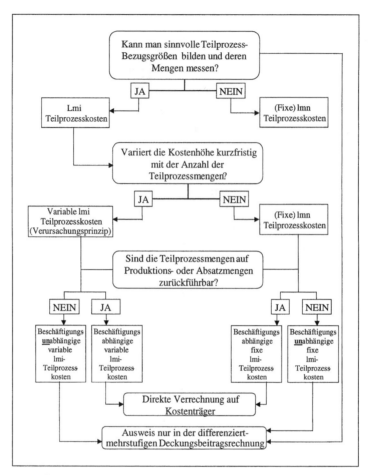

*Abb. 8:   Differenzierung von Prozesskosten in der teilkostenorientierten
             Prozesskostenartenrechnung[103]*

---

[103] In Anlehnung an Dierckes (1998), S. 17.

Kostenarten	Lmn Teilprozesse			Lmi Teilprozesse													Summe
	n=1	...	n=N	Summe	m=1			...	m=M			Summe			i)	ii)	iii)	
					Variabel	Fix	Summe	...	Variabel	Fix	Summe	Variabel	Fix	Summe				
Summe		...						...										
Sekundärkostenrechnung Umlage KS 1																		
Teilprozess 11																		
Teilprozess 1M																		
Umlage KS I																		
Teilprozess I1																		
Teilprozess IM								...										
Gesamtkosten								...										
Endkosten								...										
Teilprozessmengen								...										
Primärer Teilprozesskostensatz								...										
Teilprozessgesamtkostensatz								...										

Tab. 4: Betriebsabrechnungsbogen für die teilkostenorientierte Prozesskostenstellenrechnung, mit i) = Bereitschaftskosten, ii) = Leerkosten und iii) = Leerkostenanteil, Quelle: in Anlehnung an Dierckes (1998), S. 66.

Die Kostenträgerstückrechnung unterscheidet sich nun markant von der Prozessvollkostenrechnung. Den Kostenträgern werden nur die beschäftigungsabhängigen variablen und ggf. fixen lmi Teilprozesskosten zugerechnet, um die Entscheidungsrelevanz
der Kosteninformationen zu gewährleisten. Die Unterschiede zur Grenzplankostenrechnung und zur Prozessvollkostenrechnung können anhand der folgenden Abbildung 9
nachvollzogen werden.

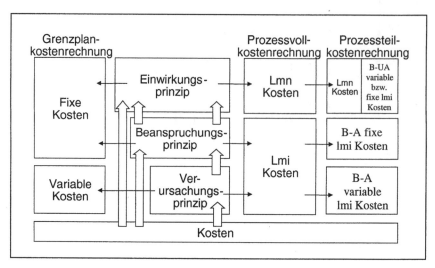

*Abb. 9:   Unterschiede in der Kostenträgerstückrechnung, mit B-A = Beschäftigungs-
abhängige, B-UA = Beschäftigungsunabhängige[104]*

COENENBERG schlägt ebenfalls eine Konzeption für eine Prozessteilkostenrechnung vor.
Bei seinem Verfahren werden zur Umgehung des Vollkostenproblems die lmn Teilprozesskosten kostenstellenübergreifend in einer *Sammelposition* (z.B. „Sonstige Kosten"
oder „Kosten für allgemeine Tätigkeiten") zusammengefasst. Die lmi Teilprozesskosten
werden so auch in der Kostenträgerstück- und -zeitrechnung noch unverfälscht ausgewiesen. Die lmn Teilprozesskosten der Sammelposition können dann, falls gewünscht,
immer noch im Rahmen einer Vollkostenrechnung mit Hilfe prozentualer Zuschläge auf
die lmi Teilprozesskosten der einzelnen Produkte weiterverrechnet oder analog zu einer
wie im Folgenden dargestellten stufenweisen Fixkostendeckungsrechnung vor dem
Ergebnis eingestellt werden.

---

[104] Quelle: In Anlehnung an Schiller; Lengsfeld (1998), S. 528.

4.2.4 Erweiterung der logistischen Prozessteilkostenrechnung zu einer differenziert-mehrstufigen Fixkostendeckungsrechnung

Eine auf Teilkostenbasis vorgenommene Verrechnung von logistischen Prozesskosten nach der dargestellten Konzeption führt dazu, dass bestimmte Anteile der Logistikgemeinkosten nur in den Kostenstellen ausgewiesen werden bzw. dort verbleiben. Dazu gehören die lmn Teilprozesskosten, die Leerkosten sowie die lmi beschäftigungsunabhängigen Fixkosten, wobei letztere je nach Betrachtungszeitraum noch gemäß dem Beanspruchungsprinzip auf die Hauptprozesse und weiter auf die Kostenträger verrechnet werden können. Es stellt sich die Frage, inwieweit für diese Kosten eine *Zurechnung zu weiteren Zuordnungsobjekten* möglich ist, um differenzierte Aussagen insbesondere über Schwachstellen in der Kostenstruktur sowie über mögliche Erfolgsbeiträge von Zuordnungsobjekten zu erhalten. Denn der Anteil der fixen Gemeinkosten an den Gesamtkosten ist in den letzten Jahren gestiegen und bedarf daher einer genaueren Analyse für Abbildungs-, Planungs- und Kontrollzwecke. Ein möglicher Ansatz dazu ist die im Folgenden dargestellte Ergänzung der Prozessteilkostenrechnung im Rahmen einer sogenannten Fixkostendeckungsrechnung.[105]

Bei der Grundkonzeption einer *Fixkostendeckungsrechnung* handelt es sich um eine kurzfristige Erfolgsrechnung, die die Ergebnisse der Kostenplanung (im direkten und im indirekten Bereich) mit denen der Erlösplanung gemäß dem Umsatzkostenverfahren zusammenfasst. Man kann zwei Grundformen einer Fixkostendeckungsrechnung unterscheiden. In der *einstufigen* Fixkostendeckungsrechnung wird zunächst der sogenannte Gesamtdeckungsbeitrag berechnet, indem die Absatzmengen je Produktart mit den zugehörigen Stückdeckungsbeiträgen (als Differenz aus den variablen Stückerlösen und den variablen Stückkosten je Produktart) miteinander multipliziert werden. Anschließend werden sämtliche Fixkosten en bloc von dem (ggf. um Fixerlöse erweiterten) Gesamtdeckungsbeitrag subtrahiert. Das Ergebnis ist der Periodenerfolg. Die Aussagefähigkeit dieses Verfahrens ist jedoch insbesondere für logistische Fragestellungen sehr gering. Der Ausweis der Fixkostenanteile ist zu pauschal.[106]

Eine *mehrstufige* Fixkostendeckungsrechnung erlaubt hingegen differenziertere Aussagen. Die geplanten Fixkosten werden dazu in verschiedene Fixkostenstufen unterteilt, die jeweils eine unterschiedliche Nähe zu den Absatzprodukten aufweisen. Gängige Stufen sind z.B. Produktarten, Produktgruppen, Kundengruppen, Kostenstellen, Betriebsbereiche, Produktionsstandorte, Absatzgebiete, einzelne Unternehmen oder Konzerne. Auswahl und Reihenfolge der Stufungen werden dabei durch den problemspezifischen Auswertungszweck bestimmt. Die Zurechnung der Fixkosten zu den einzelnen Stufen erfolgt letztlich nur nach dem Einwirkungsprinzip. Über eine so konzipierte Er-

---

[105] Vgl. Dierckes (1998), S. 70.
[106] Vgl. Coenenberg (1999), S. 124.

folgsrechnung ist aber ein Einblick möglich, ob und inwieweit bestimmte Zuordnungsobjekte wie die genannten Fixkostenstufen nicht nur die ihnen zugerechneten Fixkosten, sondern auch diejenigen der nächsthöheren Stufen anteilsmäßig decken können.
Auch mit dieser Rechnung lässt sich letztlich der Periodengewinn berechnen.[107]

Problematisch ist allerdings, dass die mehrstufige Fixkostendeckungsrechnung in ihrer
Grundform nicht erkennen lässt, welcher Anteil der einer Stufe zugerechneten Fixkos-
ten tatsächlich für die Erstellung und den Absatz der Produkte genutzt wird. Erst eine
Differenzierung der Fixkosten in Nutzkosten, Leerkosten und sonstige Fixkosten kann
diese gewünschte Transparenz herstellen. Denn die Nutzkosten geben jenen Teil der
Fixkosten an, der für die Erstellung und den Absatz von Produkten genutzt wird. Die
Leerkosten resultieren hingegen aus den ungenutzten Kapazitäten, und die sonstigen
Fixkosten weisen schließlich keinerlei produktbezogene Beanspruchungskoeffizienten
auf.[108] Wird diese Konzeption einer Erfolgsrechnung mit Hilfe einer Prozessteilkostenrechnung für die Logistik realisiert, so gelangt man zu einer *differenziert-mehrstufigen*
Fixkostendeckungsrechnung, die zumindest partiell auf einer Teilkostenbasis beruht.
Ob die Rechnung partiell oder vollständig auf Prozessteilkosten basiert, hängt letztlich
von der verwendeten Kostenrechnung für den restlichen indirekten sowie für den
direkten Bereich ab.

Im Einzelnen lassen sich folgende *Prämissen* aufstellen:

1. Die variablen Erlöse werden den Mengeneinheiten der absatzbestimmten Produkte
    zugerechnet.
2. Die variablen Kosten werden den Mengeneinheiten der absatzbestimmten Produkte
    gemäß dem Verursachungsprinzip zugerechnet.
3. Den Mengeneinheiten werden die gemäß dem Beanspruchungsprinzip zurechenba-
    ren Fixkosten als Nutzenkosten je Mengeneinheit zugerechnet.
4. Die Leerkosten und die sonstigen Fixkosten werden den jeweils untersten Fix-
    kostenstufen, für die eine eindeutige Zurechnung möglich ist, gemäß dem Einwir-
    kungsprinzip zugerechnet.[109]

Die Ausgestaltung der differenziert-mehrstufigen Fixkostendeckungsrechnung kann
dabei je nach Rechnungszweck unterschiedliche Formen in Abhängigkeit von der Anzahl und Reihenfolge der Fixkostenstufen annehmen. In der folgenden Abbildung 10 ist
beispielhaft eine kundengruppenbezogene Form dieser Rechnung mit zwei Kundengruppen, zwei Produktgruppen und fünf Produktarten wiedergegeben.[110]

---

[107] Vgl. Dierckes (1998), S. 71.
[108] Vgl. Dierckes (1998), S. 74 f.
[109] Vgl. Dierckes (1998), S. 75.
[110] Vgl. Dierckes (1998), S. 76.

	1				2				
Unternehmen (UN)		1		2		1		2	
Kundengruppe(KG) Produktgruppe (PG) Produktart (PA)	1	2	3	4	5	1	2	3	4	5
Absatzpreis										
- variable Stückkosten im direkten LB										
- variable prozessbasierte Stückkosten										
= **Stückdeckungsbeitrag I**										
fixe prozessbasierte Stückkosten bzw. Nutzkosten je Mengeneinheit										
= **Stückdeckungsbeitrag II**										
Absatzmenge										
DB I je KG je PA										
DB Ia je KG je PA										
DB Ia je KG je PG										
DB Ia je KG										
- KG-Fixkosten im direkten LB										
- KG-Fixkosten im indirekten LB										
beschäftigungsunabhängige Imi-Teilprozesskosten										
fixe Imn-Teilprozesskosten										
Leerkosten										
Summe										
= **DB II je Kundengruppe**										
DB II des UN										
- UN-Fixkosten im direkten LB										
- UN-Fixkosten im indirekten LB										
beschäftigungsunabhängige Imi-Teilprozesskosten										
fixe Imn-Teilprozesskosten										
Leerkosten										
Summe										
= **DB III je Periodenerfolg des UN**										

Abb. 10: Kundengruppenbezogene Form einer differenziert-mehrstufigen Fixkostendeckungsrechnung[111]

Die differenziert mehrstufige Fixkostendeckungsrechnung vereint die Erlös- und die Kostenplanung sowie den direkten und den indirekten Bereich eines Unternehmens in einer Rechnung. Mit ihrer Aufstellung ist auch die Planung der Logistik-Prozesskosten abgeschlossen. Eine Ergänzung der Planung um eine möglichst kleine Perioden umfassende Kontrolle der Planprämissen, des Planfortschritts sowie der Planergebnisse ist dabei auf jeden Fall notwendig und mündet ggf. in eine erneute Planung.[112]

---

[111] Quelle: In Anlehnung an Dierckes (1998), S. 81
[112] Vgl. Delfmann (1992), Sp. 3232 ff.

4.3 Realisierungsmöglichkeiten

Eine logistikorientierte Kostenrechnung hängt insbesondere von dem verfolgten Rechnungszweck[113] sowie von der Unternehmenssituation (wie z.B. dem bereits vorhandenen Kostenrechnungssystem, der organisatorischen Einbindung der Logistik und der möglichen Computerunterstützung) ab. PFOHL schlägt als denkbare Realisierungsalternativen eine partielle Verfeinerung einer in ihrem Aufbau unverändert bleibenden, vorhandenen Kosten- und Leistungsrechnung, eine fallweise Ergänzung bestehender Systeme durch logistikorientierte Sonderrechnungen, eine Erweiterung um ein logistikorientiertes Rechnungssystem sowie eine Kombination der letzten beiden Möglichkeiten vor.[114]

5. Schlussbetrachtung

Gegenüber der traditionellen Kostenrechnungspraxis bieten *prozessorientierte Logistik-Kostenrechnungen* mehr Transparenz für ein aktives Gemeinkostenmanagement, eine differenzierte und vor allem kostenstellenübergreifende Verrechnung von Logistikkosten zur Unterstützung logistischer Planungen und Entscheidungen sowie Maßgrößen und Prozesskostensätze als Steuerungskennzahlen für eine Kontrolle. Es gibt jedoch unterschiedliche Ausgestaltungsmöglichkeiten von Prozesskostenrechnungen für die Logistik mit unterschiedlicher Qualität der daraus resultierenden Kosteninformationen.

Die Aussagekraft von Logistikkosten aus *Prozessvollkostenrechnungen* ist aufgrund der mangelnden Verursachungsgerechtigkeit der Kostenverrechnung nur gering. Die Einbeziehung auch der Fixkosten, die durch logistische Potenziale bewirkt werden, kann insbesondere bei kurzfristigen Planungshorizonten zu Verzerrungen und damit zu falschen Entscheidungen führen. *Prozessteilkostenrechnungen* für die Logistik können hingegen durch die Differenzierung der lmi Kosten in variable und fixe sowie vor allem in beschäftigungsabhängige und beschäftigungsunabhängige Kosten eine Verrechnung vornehmen, die der tatsächlichen Ressourceninanspruchnahme besser entspricht. Da den Kostenträgern nur die beschäftigungsabhängigen variablen und ggf. fixen lmi Prozesskosten angelastet werden, kann der Grundsatz der Entscheidungsrelevanz von Kosten gewahrt werden. Über eine *differenziert-mehrstufige Fixkostendeckungsrechnung* können schließlich die verbleibenden Kosten auf weitere Zurechnungsobjekte wie Produktarten, Kundengruppen und Geschäftsbereiche zugerechnet werden, so dass detaillierte Aussagen über mögliche Stärken und Schwächen in der logistischen Kostenstruktur gegeben werden können.

---

[113] Vgl. Reichmann / Fröhling (1993), S. 94, Weber (1993), S. 112 und Teil 2.2.1 dieses Beitrags.
[114] Vgl. Pfohl (1994), S. 263 f.

Mit einer derartigen Prozesskostenrechnung ist die Ausgangsbasis für ein schnittstellenübergreifendes Supply Chain Costing gelegt. Als nur ein, wenn auch wesentliches Element des *Supply Chain Controlling* sind aber auch die Beziehungen der Prozesskostenrechnung zu anderen Controllinginstrumenten zu berücksichtigen. So ergänzen sich die Prozesskostenrechnung und ein speziell auf die Neugestaltung von Prozessen statt nur von Produkten ausgerichtetes Target Costing zu einem dynamischen Ansatz des Kostenmanagements. Weiterhin lässt erst die Einbeziehung auch der Leistungsseite von Logistikprozessen fundierte Aussagen über die Effektivität und Effizienz der Supply Chain zu, die in Form von Performance-Kennzahlen festgehalten und bspw. über eine Balanced Scorecard zu einem Instrument integriert werden können. Eine solche Supply Chain-Balanced Scorecard kann schließlich eine wertvolle Grundlage auch für ein Supply Chain Benchmarking sein. Bei aller instrumentellen bzw. methodischen Betrachtung des Supply Chain Managements sollte jedoch nicht vergessen werden, dass auch machtpolitische und kulturelle Einflüsse den Erfolg einer funktions- und unternehmensübergreifenden Zusammenarbeit wesentlich mitbestimmen.[115]

6. Symbolverzeichnis

Symbolverzeichnis, Variablen und Parameter

$c_{im,h}$	Teilprozessbedarfskoeffizient des m-ten Teilprozesses in der i-ten Kostenstelle je Hauptprozessmengeneinheit des h-ten logistischen Hauptprozesses
$c_{h,p}$	Hauptprozessbedarfskoeffizient des h-ten logistischen Hauptprozesses für die Wertschöpfung einer Mengeneinheit der p-ten Produktart
$k_{i,m}^{G}$	Gesamtprozesskostensatz des m-ten lmi Teilprozesses der i-ten Kostenstelle
$k_{i,m}^{lmi}$	Lmi Teilprozesskostensatz des m-ten lmi Teilprozesses der i-ten Kostenstelle
$k_{i,n}^{lmn}$	Lmn Umlagesatz des n-ten lmn Teilprozesses der i-ten Kostenstelle für den m-ten lmi Teilprozess
k_{h}^{HP}	Hauptprozesskostensatz des h-ten logistischen Hauptprozesses
$k_{h,p}^{PDT}$	Prozessorientiert verrechneter Gemeinkostensatz für die Inanspruchnahme des h-ten logistischen Hauptprozesses durch die Wertschöpfung einer Einheit der p-ten Produktart

---

[115] Vgl. Kummer (2001), S. 81 ff.

k_p^{PDT} — Prozessorientiert verrechneter Gemeinkostensatz für alle durch die Wertschöpfung einer Einheit der p-ten Produktart in Anspruch genommenen logistischen Hauptprozesse

K_h^{HP} — Gesamte Hauptprozesskosten des h-ten logistischen Hauptprozesses einer Periode

$K_{i,m}^{lmi}$ — Analytisch geplante lmi Teilprozesskosten des m-ten Teilprozesses der i-ten Kostenstelle

$K_{i,n}^{lmn}$ — Analytisch geplante lmn Teilprozesskosten des n-ten Teilprozesses der i-ten Kostenstelle

$K_{h,p}^{PDT}$ — Gesamte durch die Wertschöpfung von x_p Mengeneinheiten der p-ten Produktart in einer Periode ausgelösten Hauptprozesskosten des h-ten logistischen Hauptprozesses

VGK_{PKR} — Verrechnete Gemeinkosten nach Prozesskostenrechnung

VGK_{TKR} — Verrechnete Gemeinkosten nach traditioneller Kostenrechnung

xh_h — Hauptprozessmenge des h-ten logistischen Hauptprozesses

x_p — Produktions- bzw. Absatzmenge der p-ten Produktart

$xt_{i,m}$ — Teilprozessmenge des m-ten Teilprozesses der i-ten Kostenstelle

$\alpha_{im,h}$ — Anteilskoeffizient des h-ten logistischen Hauptprozesses an den Teilprozessmengen des m-ten Teilprozesses der i-ten Kostenstellen

$\alpha_{h,p}$ — Anteilskoeffizient der p-ten Produktart an den Hauptprozessmengen des h-ten logistischen Hauptprozesses

Indizes:

h — $h = 1,...,H$, H = Anzahl der logistischen Hauptprozesse

i — $i = 1,...,I$, I = Anzahl der Kostenstellen

m — $m = 1,...,M$, M = Anzahl der lmi Teilprozesse einer Kostenstelle

n — $n = 1,...,N$, N = Anzahl der lmn Teilprozesse einer Kostenstelle

p — $p = 1,...,P$, P = Anzahl der Produktarten

7. Literatur

Andersson, P. / Aronsson, H. / Storhagen, N. (1989): Measuring Logistics Performance, in: Engineering Costs and Production Economics, Vol. 17, 1989, S. 253-262.

Brede, H. (1998): Prozessorientiertes Controlling. München, 1998.

Coenenberg, A. G. (1999): Kostenrechnung und Kostenanalyse. 4. Auflage, Landsberg am Lech, 1999.

Delfmann, W. (1992): Planungs- und Kontrollprozesse, in: Handwörterbuch der Betriebswirtschaftslehre, Teilband 2, 5. Auflage, Wittmann, W.; Kern, W.; Köhler, R.; Küpper, H.-U.; v. Wysocki, K. (Hrsg.); Stuttgart, 1992, Sp. 3232-3251.

Delfmann, W. (1995): Logistik als strategische Ressource. Theoretisches Modell und organisatorische Umsetzung integrierten Lernens in logistischen Netzwerken, in: Zeitschrift für Betriebswirtschaft, 95, 3, S. 141-171.

Delfmann, W. (1997): Analyse und Gestaltung integrierter Logistiksysteme auf der Basis von Prozessmodellierung und Simulation, in: Wildemann, H. (Hrsg.), Geschäftsprozessorganisation, München. 1997, S. 79-101.

Delfmann, W. / Reihlen, M. (2002): Prozessanalyse und -bewertung als Elemente eines integrierten Prozessmanagements, in: Delfmann, W.; Reihlen, M. (Hrsg.): Controlling von Logistikprozessen. Analyse und Bewertung logistischer Kosten und Leistungen. Stuttgart, 2002, S. 5-15.

Dierckes, S. (1998): Planung und Kontrolle von Prozesskosten: Kostenmanagement im indirekten Leistungsbereich. Hallesche Schriften zur Betriebswirtschaft, Band 5, Wiesbaden, 1998.

Eccles, R. G. (1991): The Performance Measurement Manifesto, in: Harvard Business Review, 1/2, 1991, S.131-137.

Ewert, R. / Wagenhofer, A. (2000): Interne Unternehmensrechnung. 4. Auflage, Berlin et al., 2000.

Fandel, G. / Heuft, B. / Paff, A.; Pitz, T. (1999): Kostenrechnung. Berlin, 1999.

Gaitanides, M. / Scholz, R. / Vrohlings, A. (1994): Prozessmanagement - Grundlagen und Zielsetzungen, in: Gaitanides, M.; Scholz, R.; Vrohlings, A., Raster, M. (Hrsg.): Prozessmanagement. Konzepte, Umsetzungen und Erfahrungen des Reengineering. München, 1994, S. 1-19.

Horváth, P. / Mayer, R. (1993): Prozesskostenrechnung - Konzeption und Entwicklungen, in: Kostenrechnungspraxis, 37. Jg., Sonderheft 2, 1993, S. 15-28.

Johnson, H. T. / Kaplan, R. S. (1987): Relevance Lost: The Rise and Fall of Management Accounting. Boston, Mass., 1987.

Kilger, W. (1977): Flexible Plankostenrechnung. 7. Auflage, Opladen, 1977.

Kloock, J. (1992): Prozesskostenrechnung als Rückschritt und Fortschritt in der Kostenrechnung, in: Kostenrechnungspraxis, 36. Jg., 1992, Teil 1: S. 183-193, Teil 2: S. 237-245.

Kloock, J. / Sieben, G. / Schildbach, T. (1993): Kosten- und Leistungsrechnung. 7. Auflage, Düsseldorf, 1993.

Kummer, S. (2001): Supply Chain Controlling, in: Kostenrechnungspraxis, 45. Jg., Heft 2, 2001, S. 81-87.

Küting, K. / Lorson, P. (1991): Grenzplankostenrechnung versus Prozesskostenrechnung. Quo vadis Kostenrechnung?, in: Betriebs-Berater (BB), Heft 21, 30. Juli 1991, S. 1421-1433.

Lambert, D. M. / Stock, J. R. (1993): Strategic Logistics Management. 3. Auflage, Boston, 1993.

Macintosh, N. B. (1994): Management Accounting and Control Systems. Chichester et al., 1994.

Mensch, G. (1998): Kosten-Controlling. Kostenplanung und -kontrolle als Instrument der Unternehmensführung. München, Wien, 1998.

Möhlmann, E. (1987): Möglichkeiten der Effizienzsteigerung logistischer Systeme durch den Einsatz neuer Informations- und Kommunikationstechnologien im Güterverkehr, Göttingen, Beiträge aus dem Institut für Verkehrswissenschaft an der Universität Münster, 108, zugl.: Münster, Univ. Diss., 1987.

Pfohl, H.-Chr. (1994): Logistikmanagement. Funktionen und Instrumente. Implementierung der Logistikkonzeption in und zwischen Unternehmen. Berlin et al., 1994.

Pfohl, H.-Chr. (2000): Logistiksysteme. Betriebswirtschaftliche Grundlagen. 6. Auflage, Berlin et al., 2000.

Reichmann, T. / Fröhling, O. (1993): Integration von Prozesskostenrechnung und Fixkostenmanagement. Notwendige Voraussetzungen für ein effektives Kostenmanagement, in: Kostenrechnungspraxis, 37. Jg., Sonderheft 2, 1993, S. 63-73.

Reihlen, M. (1997): Entwicklungsorientierte Planungssysteme. Grundlagen, Konzepte und Anwendungen zur Bewältigung von Innovationsproblemen. Wiesbaden, Univ. Diss., 1996.

Schiller, U. / Lengsfeld, S. (1998): Strategische und operative Planung mit der Prozesskostenrechnung, in: ZfB, 68. Jg., H. 5, 1998, S. 525-547.

Scholz, R. / Vrohlings, A. (1994a): Prozess-Leistungs-Transparenz, in: Gaitanides, M.; Scholz, R.; Vrohlings, A.; Raster, M. (Hrsg.): Prozessmanagement. Konzepte, Umsetzungen und Erfahrungen des Reengineering. München, Wien, 1994, S. 37-56.

Scholz, R. / Vrohlings, A. (1994b): Prozess-Redesign und kontinuierliche Prozessver-besserung, in: Gaitanides, M.; Scholz, R.; Vrohlings, A.; Raster, M. (Hrsg.): Pro-zessmanagement. Konzepte, Umsetzungen und Erfahrungen des Reengineering. München, Wien, 1994, S. 99-122.

Schneider, D. (1993): Betriebswirtschaftslehre. Band 2: Rechnungswesen. München, Wien, 1993.

Schweizer, M. / Küpper, H.-U. (1995): Systeme der Kosten- und Erlösrechnung. 6. Auflage, München, 1995.

Weber, J. (1987): Logistikkostenrechnung. Berlin et al., 1987.

Weber, J. (1995): Logistik-Controlling. Leistungen - Prozesskosten - Kennzahlen. 4. Auflage, Stuttgart, 1995.

Methoden zur Prozessbewertung

Andreas Otto[*]

---

[*] Dr. habil. Andreas Otto, Produkt Manager für Supply Chain Management bei der SAP AG in Walldorf.

1. Bewertungskonzepte

Ziel dieses Kapitels ist es, Methoden zur Prozessbewertung zu beschreiben. Zunächst erscheint jedoch eine Klärung ratsam, was im folgenden unter „Bewertung" verstanden werden soll.

Der Begriff Bewertung wird in der Betriebswirtschaftslehre sowie in der Volkswirtschaftslehre, dort insbesondere in der Finanzwissenschaft, sehr intensiv genutzt, wenngleich auch mit unterschiedlichen Inhalten. Die nachfolgende Begriffsklärung unterscheidet drei Inhalte: Bewertung als Wertzuschreibung, Bewertung als Vergleich sowie Bewertung als Herstellung einer Rangordnung.[1] Diese Konzepte bauen aufeinander auf, wobei die Bewertung als „Herstellung einer Rangordnung" das umfassendste Konzept ist und die Konzepte „Wertzuschreibung" und „Vergleich" beinhaltet.

Der Aufsatz besteht aus zwei Teilen. Der erste Teil diskutiert die begrifflichen Konzepte zur Bewertung. Der zweite Teil beschreibt in einem phasenorientierten Durchlauf die verfügbaren Methoden zur Bewertung von Prozessen. Wenn die Diskussion dabei Bezug auf die Praxis nimmt, steht beispielhaft die Logistikdienstleistungsbranche im Vordergrund. Die Überlegungen sind aber auch auf andere Anwendungsfelder des Prozessmanagements übertragbar.

1.1 Bewertung als Wertzuschreibung

Bewertung kann bedeuten, einem Objekt (Bewertungsobjekt) aus der Perspektive des Bewertenden (Bewertungssubjekt), einen Wert zuzuschreiben. Dieses Verständnis wird beispielhaft bei RÜCKLE (1993) deutlich, der aus Sicht des Rechnungswesens definiert: „Bewertung ist die zielorientierte, situationsabhängige Veranschlagung von Wirtschaftsgütern in Geld." Der unternehmerische Alltag erfordert eine Vielzahl solcher Bewertungen, die aber weit über das Rechnungswesen hinausgehen. Davon ist auch das Prozessmanagement betroffen, wie einige Beispiele zeigen. „Die Nahverkehrs-Tour mit der Nummer 4711 vom 12.8.2002 (Bewertungsobjekt) hat 410 € gekostet (Wert)." Oder: „Die im Vorjahr beschlossene Strategie, den Speditionsnahverkehr nur noch mit Subunternehmern abzuwickeln (Bewertungsobjekt), hat den Gewinn um 10 Prozent verbessert (Wert)."

Wertzuschreibungen in diesem Sinn beziehen sich auf Merkmale des Bewertungsobjektes, etwa auf dessen „Kosten" oder „Deckungsbeitrag" sowie auf eine zu nennende Bewertungsskala. Bewerten bedeutet demnach, für ein Bewertungsobjekt Merk-

---

[1] Eine ähnliche Einteilung findet sich auch bei Habersam (1997), der die US-amerikanische Evaluationsdiskussion nachzeichnet und dabei aufeinanderfolgende Phasen identifiziert. Er verwendet die Begriffe „psychometrisches Messen" (Dokumentation), „Beschreibung des Zielerreichungsgrades" (Vergleich) sowie „Der Einbezug von Judgment" (Herstellung einer Rangfolge).

malsausprägungen zu ermitteln. Mitunter ist es erforderlich, ein Objekt über ein Bündel von Merkmalen zu bewerten, also mehrere Merkmalsausprägungen abzugreifen (komplexe Bewertung versus einfache Bewertung). Für die Prozessbewertung ist in diesem Zusammenhang relevant, dass es in der Regel nicht gelingt, Prozesse aussagekräftig zu dokumentieren, wenn lediglich monetäre Merkmale einbezogen werden.

Dieses Verständnis von „Bewertung" soll hier auch als „Dokumentation" bezeichnet werden. Das Ergebnis des Bewertungsprozesses ist die Zuschreibung und Dokumentation eines Wertes. So verstanden, gibt es in Unternehmen eine Vielzahl von Bewertungssituationen und -objekten. Man denke etwa an die Bewertung von Vorräten in der Bilanz eines Handelsunternehmens, an die Bewertung von Kreditrisiken in der Bilanz einer Bank oder an die Bewertung einer Unternehmensstrategie. In allen Fällen geht es darum, relevante Bewertungsmerkmale zu definieren, i.d.R. nicht nur Kosten, und den aktuellen Status Quo anhand der Merkmalsausprägungen zu dokumentieren.

Zu einem umfassenden Verständnis einer Bewertung muss das Bewertungssubjekt und der Bewertungsanlass genannt werden. Einige der bisherigen Beispiele nehmen etwa die Perspektive eines Logistikdienstleistungsunternehmens, oder vielleicht noch enger, etwa die eines Leiters des Bereiches „Nahverkehr" in diesem Unternehmen ein. Andere Bewertungssubjekte wären etwa Kunden oder andere Betroffene im Umfeld des Unternehmens. Der Bewertende nimmt üblicherweise auf die zur Bewertung herangezogenen Merkmale sowie auf die Methoden zur Erhebung der Merkmalsausprägungen Einfluss und formt damit auch die dokumentierten Werte. Weiterhin ist der Bewertungsanlass relevant. Hier kann grob in eine gesetzlich vorgeschriebene Bewertung für externen Adressaten sowie in eine freiwillige, für interne Adressaten unterschieden werden. Die Bewertung für Externe folgt üblicherweise allgemein akzeptierten Bewertungsprinzipien, wie sie etwa im Handelsgesetzbuch oder im Bilanzrichtliniengesetz festgeschrieben sind. Bewertungen auf Veranlassung des Unternehmens, wie etwa die Bewertung des Prozesses „Nahverkehr", können sich externen Vorgaben für die Wertzuschreibung entziehen und damit unternehmensinterne Ziele des Prozessbewertung unterstützen.

1.2 Bewertung als Vergleich

In vielen Situationen ist es ausreichend, „Bewertung" als einen Prozess der Ermittlung und Zuschreibung eines Wertes zu verstehen; so etwa bei der Bewertung von Vermögenspositionen für die Bilanz eines Unternehmens oder die Bewertung eines gesamten Unternehmens zur Vorbereitung von Unternehmensverkäufen. Mitunter wird es jedoch erforderlich, über die pure Dokumentation von Sachverhalten hinauszugehen. Ein zweites, weitergehendes Verständnis des Begriffes „Bewertung" ist also erforderlich, das hier als Vergleich oder Diskriminierung bezeichnet wird.

Management bedeutet, zu gestalten. Für DELFMANN und REIHLEN (in diesem Band) besteht Prozessmanagement aus den Phasen Analyse, Bewertung und Gestaltung (die weiteren dort genannten Phasen sind hier nicht von Interesse). Die Bewertungsphase hat in dieser Sequenz die Aufgabe, zu diskriminieren, mithin also dokumentierte Sachverhalte als „gut" oder „schlecht", als „verbesserungs-," oder „erhaltenswürdig" zu bezeichnen. Die Bewertung endet dann nicht mit der Dokumentation, sondern mit einer Indikation. Aus dieser kann eine Handlungsempfehlung abgleitet werden. Sie enthält Aussagen darüber, in welchem Umfang ein gemessener Istwert des Bewertungsobjektes einem Sollwert entspricht.

Der ermittelte Wert hängt damit nicht allein von den messbaren Eigenschaften des Objektes, sondern auch von Zielvorstellungen ab. Wert wird hier zu einer relativen Größe. Im zunächst genannten Verständnis von „Bewertung" ist es z.B. möglich, eine Nahverkehrstour final über erhobene Merkmale zu bewerten (dokumentieren). Das hier diskutierte, umfassendere Verständnis erlaubt dies nicht mehr. Das Bewertungsergebnis entsteht erst durch Vergleich von Soll und Ist. Der Unterschied wird auch bei einer Dynamisierung der Betrachtung deutlich. Ändern sich Sollvorgaben zwischen zwei Bewertungsepisoden, verändert sich trotz gleichbleibendem Befund das Bewertungsergebnis.

Ein Beispiel verdeutlicht den Unterschied noch einmal. Das Bewertungsergebnis „Die Kosten der Nahverkehrstour 4711 betragen 410 € und sind damit höher als geplant." geht über die reine Dokumentation hinaus und diskriminiert (wertet) die erhobene Merkmalsausprägung. Formal gesehen, wird damit das Ergebnis der oben als Dokumentation bezeichneten, primären Bewertung, erneut bewertet. Einem Bewertungsobjekt wird erneut ein Wert zugeschrieben. Diese sekundäre Bewertung bezieht sich jedoch nicht mehr auf das primäre Bewertungsobjekt (Nahverkehrstour, Strategie), sondern auf die erhobene Ausprägung eines Merkmales (Kosten in Höhe von 410 €, Gewinnverbesserung um 10 Prozent).

1.3 Bewertung als Herstellung einer Rangordnung

Wenn Prozessmanagement gestalten soll, muss den Phasen „Dokumentation" und „Soll-Ist-Vergleich" die Phase der Alternativenauswahl folgen. Dementsprechend definieren DOMSCH und REINECKE (1989, S. 143) den Bewertungsbegriff so, „dass unter Bewertung die Herstellung einer Rangordnung von Handlungsalternativen nach dem Grad ihrer Zielwirksamkeit zu verstehen ist."

Bewerten bedeutet dann erneut, zu vergleichen. In diesem Fall aber nicht, um per Soll-Ist-Analyse ein Problem zu identifizieren, sondern vielmehr, um Alternativen, deren Existenz für die Zwecke der Argumentation hier unterstellt wird, in eine Rangfolge zu bringen. Dieses dritte Bewertungsverständnis impliziert einen erneuten Wechsel im

Bewertungsobjekt. Bewerten die bisher genannten Konzepte einen Prozess bzw. eine Merkmalsausprägung, werden nun die Alternativen zu einem Prozess bewertet.

Auf das Beispiel Nahverkehr in einem Logistikdienstleistungsunternehmen bezogen hätte der Bewertende damit alle bisher besprochenen Teilaspekte der Bewertung zu lösen, wie Abb. 1 zeigt: (1) die Dokumentation der Teilprozesse anhand aussagekräftiger Merkmale (Scorecard Keeping), (2) die Qualifizierung der dokumentierten Situation als problematisch oder unproblematisch (Attention Directing), sowie (3) die Vorbereitung der Auswahl derjenigen Alternative, die zukünftig die beste Zielerreichung verspricht (Problem Solving). [2]

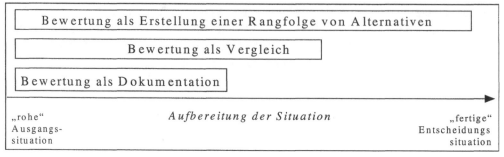

Abb. 1:   Die Bewertungskonzepte im Überblick

2.   Methoden zur Prozessbewertung

2.1 Überblick

Die Betriebswirtschaftslehre kennt eine Vielzahl von Methoden zur Bewertung von Prozessen. Deren jeweilige Eignung hängt vom Bewertungsziel ab. DELFMANN und REIHLEN (in diesem Band) unterscheiden drei mögliche Ziele: Gestaltung, Kalkulation und Steuerung. Der vorliegende Beitrag konzentriert sich auf die Gestaltungssituation. Dem zu Folge besteht das Ziel der Prozessbewertung darin, zu ermitteln, ob ein bestimmter Prozess, z.B. der Nahverkehrsprozess oder der Strategiebildungsprozess, umgestaltet werden sollte und welche Alternative dabei zu bevorzugen ist. Um zu einer solchen Empfehlung zu gelangen, kommen im Laufe des Bewertungsprozesses (dokumentieren, vergleichen, beurteilen) unterschiedliche Methoden sukzessive zum Einsatz. Hier wird vorgeschlagen, fünf Gruppen zu unterscheiden (Abbildung 2): Methoden zur

---

[2]   Die Trilogie der Begriffe „Scorecard Keeping", „Attention Directing" und „Problem Solving" haben March und Simon (1958) erstmals verwendet. Heute organisieren eine Reihe bekannter US-amerikanischer Lehrbücher zum Management Accounting, z.B. Horngren (1997), den Lehrstoff entlang dieser Sequenz.

Begründung bewertungsrelevanter Merkmale, Methoden zur Operationalisierung sowie zur Istwert-Ermittlung (=Dokumentation), Methoden zur Sollwert-Bestimmung sowie Methoden zur Herstellung einer Rangordnung. Diese Gruppen werden nachfolgend im Detail beschrieben.

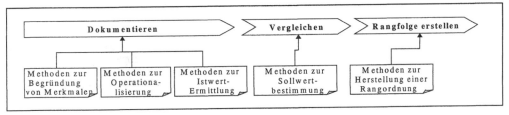

Abb. 2: Bewertungsmethoden im Ablauf der Prozessbewertung

2.2 Methoden zur Dokumentation

Die Dokumentation relevanter Merkmale eines Prozesses erfolgt in drei Schritten. Zunächst ist zu klären, welche Merkmale dokumentiert werden sollten und welche Indikatoren sich dazu eignen. Anschließend sind diese Merkmale im betrieblichen Alltag zu erheben. Die methodische Unterstützung dieser Schritte wird nachfolgend beschrieben.

2.2.1 Indirektes Messen als methodische Basis des Messvorgangs

Die Bewertung eines Prozesses erfolgt anhand von Merkmalen. Die Theorie des Indirekten Messens (RANDOLPH, 1979) erklärt, welchen methodischen Weg der Praktiker durchschreitet, wenn er im betrieblichen Alltag ein bestimmtes Phänomen, z.B. einen Prozess, bewertet. Ausgehend von der Realität durchläuft er, wie Abbildung 3 zeigt, fünf Arbeitsschritte, um am Ende ein Messergebnis (=Daten) zu erhalten.

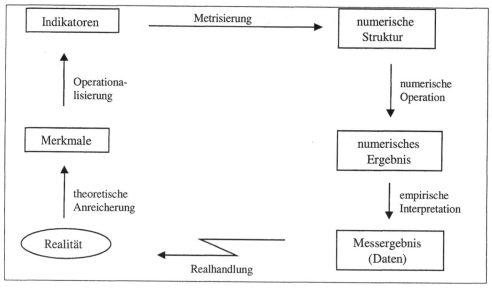

Abb. 3:   Der Ablauf des „Indirekten Messens" als Basis der Dokumentation[3]

Theoretische Anreicherung: Ein betriebliches Phänomen, z.B. der Teilprozess „Transportdurchführung" in einem Logistikdienstleistungsunternehmen, kann nicht allumfassend, das heißt mit allen möglichen Facetten abgebildet werden. Das wäre unökonomisch, da nur eine begrenzte Anzahl von Facetten relevant sein wird. Im Zuge einer theoretischen Anreicherung ist daher zu ermitteln, welche Facetten relevant sein und als Merkmale abgebildet werden sollen. Dazu benötigt man jedoch eine „Theorie", ECCLES (1991) spricht von einem „Business Model". Die Argumentationen könnten etwa lauten: Die Zufriedenheit der Kunden wird langfristig nur dann steigen, wenn auch die Zufriedenheit der Mitarbeiter steigt (Theorie: „Happy employee = happy customer"). Die Facette „Mitarbeiterzufriedenheit" ist daher relevant und als Merkmal in die Bewertung aufzunehmen. Oder ähnlich: Es gibt einen Zusammenhang zwischen der zu verladenden Tonnage pro Hallentor in der Nahverkehrsverladung und der Verladeproduktivität der Mitarbeiter in der Halle. Jenseits einer bestimmten Schwelle fällt die Produktivität im Hallenumschlag rapide ab. Das Merkmal „Door Pressure" ist aufzunehmen.

Operationalisierung: Um die Ausprägungen dieser Merkmale im täglichen Betrieb messen zu können, sind Indikatoren erforderlich. Indikatoren stellen damit die Zuordnungsleistung dar, durch die empirische Terme mit theoretischen Termen verbunden werden können. Sie bieten die Möglichkeit, auch nicht direkt messbare Phänomene zu quantifizieren, also indirekt zu messen. Ein Indikator für das Merkmal „Zuverlässigkeit

---

[3]   Quelle: Otto 1993.

der Leistungserstellung" könnte die Anzahl nicht termingerecht zugestellter Sendungen im Nahverkehr sein. Ein Merkmal kann durch mehrere Indikatoren repräsentiert werden.

Metrisierung: Die Metrisierung ist ein technischer Schritt im Verlauf des indirekten Messens. Es wird eine Skala gebildet, um das ermittelte „empirische Relativ" in ein „numerisches Relativ" zu transformieren, durch das es mathematisch repräsentiert wird. Mit diesem Quantifizierungsverfahren erfolgt der Übergang vom sinnlichen Beobachten zum Messen.

Numerische Operation und empirische Interpretation: Abschließend sind die gemessenen Größen in die etablierte Skala einzuordnen und zu interpretieren. Nach diesem Durchlauf stehen Messergebnisse (Daten) über das Erkenntnisobjekt bereit, die als Datenbasis die nachfolgenden Gestaltungen im Verlauf des Prozessmanagements begründen können.

Für die weitere Argumentation ergeben sich aus dem Durchlauf zwei Aspekte. Erstens ist zu fragen, welche „Theorien" zur Verfügung stehen, um die Merkmale abzuleiten, anhand derer die Prozessbewertung erfolgen soll (extensionale Dimension). Zweitens ist zu untersuchen, durch welche Indikatoren die gefundenen Merkmale operationalisierbar sind (intensionale und statistische Dimension).

2.2.2 Methoden zur Begründung von Relevanz

Indirektes Messen benötigt definierte Merkmale, um die Realität messen zu können. Eine Anforderung an diese Merkmale ist deren „Relevanz". Ein in Bezug auf alle Ziele irrelevantes Merkmal muss nicht gemessen werden. Die Bestimmung von Relevanz ist daher ein entscheidender Schritt im Bewertungsprozess. Zwei grundsätzliche Verfahren können dazu unterschieden werden: die induktive sowie die deduktive Begründung.

Deduktive Begründungen

Deduktion schließt auf Basis allgemeiner Aussagen auf konkrete Sachverhalte (CHALMERS, 1989). Voraussetzung dazu sind formulierte Gesetze und Theorien. Deduktionen basieren auf den Gesetzen der Logik und durchziehen alle Bereiche der Lebenswelt. Deduktion folgt einem stereotypen Muster, wie das folgende Beispiel zeigt: „Wissenschaftliche Aufsätze sind ab Seite 3 langweilig (Gesetz). Dies ist ein wissenschaftlicher Aufsatz (Beobachtung). Ihnen ist langweilig (Schlussfolgerung)." Die betriebswirtschaftliche Theorie ist durchzogen von Deduktionen. Für das hier zu diskutierende Problem der Ableitung relevanter Merkmale sind Deduktionen von erheblicher Bedeutung.

Deduktion auf der Basis von „Business Models": Die Überlegung kann mit dem Begriff „Business Model" oder „Theory in Use" überschrieben werden. Ein Business Model beschreibt wie ein Unternehmen funktioniert. Insbesondere formuliert es Ursache-Wirkungsmechanismen zwischen Managemententscheidungen und Gewinn. Das Modell eines amerikanischen Einzelhandelsunternehmens lautet etwa „A compelling place to work, shop and invest.", woraus offensichtlich abgeleitet wird, erfolgreiches Management habe auf die Bedarfe von Kunden, Mitarbeiter und Investoren einzugehen. Jenseits solcher Seifenformeln besteht die Betriebswirtschaftslehre über weite Teile ausschließlich darin, im Idealfall generell gültige, in der Regel aber situativ konditionierte „Business Models" aufzubauen. GUNDLACH ET AL. (1995) geben ein aktuelles Beispiel: Sie suchen nach einem Modell, das erklären kann, wovon es abhängt, ob Geschäftspartner in einer Austauschbeziehung viel oder wenig Commitment zeigen. Dazu haben sie eine Reihe von Faktoren analysiert und diese in einen kausalen Zusammenhang gebracht, dessen Gültigkeit durch empirische Überprüfung bewiesen werden konnte. Mit einem solchen Konstrukt wird es nun möglich, zielkonform zu gestalten und Relevanzen zu erkennen. So zeigt deren Modell einen negativen Zusammenhang zwischen der „Neigung zu opportunistischem Verhalten" und „Commitment". Vertraut man dem Modell, wird „Opportunismusneigung" zu einem relevanten Merkmal.[4]

Die Literatur bietet eine Vielzahl von Katalogen relevanter Merkmale zur Bewertung von Prozessen, wenngleich auch nicht immer nachvollziehbar ist, anhand welcher Systematik deren Relevanz nachgewiesen wurde. HARRINGTON (1991) etwa hält fünf Kategorien für relevant: Flow, Effectiveness, Efficiency, Cycle Time, Cost. Deren Begründung erfolgt aber oberflächlich und erlaubt kaum, daraus eine Logik abzuleiten. Man darf unterstellen, dass Harrington hier Erfahrungswissen einbringt. Diverse andere Autoren präsentieren ähnliche Listen, auf deren Reproduktion diese methodenorientierten Darstellung aber verzichtet.

Auf den Beitrag von DELFMANN, REIHLEN und WICKINGHOFF (in diesem Band) wird jedoch eingegangen, da er diesen Überlegungen zugrunde liegt. Die Autoren schlagen vor, primäre und sekundäre Bewertungsdimensionen zu unterscheiden und diese jeweils durch einige detaillierte Merkmale abzubilden (Tabelle 1). Basis dieser Deduktion ist ein traditionelles Input-Output-Model des Unternehmens. Dementsprechend verwenden die Autoren auch die Kategorien Prozessinput, Prozessdurchlauf und Prozessoutput.

---

[4] Für einen Vorschlag zur explizit theoriebasierten Deduktion von Relevanzen, in diesem Fall für das Controlling von Supply Chains, vergleiche aktuell Otto (2002).

Dimension	Kategorie	Merkmal
Primäre Dimension	Leistungsfähigkeit	Robustheit
		Flexibilität
		Kapazität
	Leistung	Zuverlässigkeit
		Menge
		Durchsatz
	Kosten	Personalkosten
		Fuhrparkkosten
		Frachtkosten
		Gesamtkosten
Sekundäre Dimension	Mitarbeiter-Perspektive	
	Strategie-Perspektive	
	Innovations- und Lernperspektive	

Tab. 1: Dimensionen und Merkmale zur Bewertung von Prozessen

KLAUS (1993) macht einen anderen Vorschlag. Sein Business Model sieht das Unternehmen als ein Netzwerk von Austauschbeziehungen und leitet daraus die Aufgaben „Konfiguration des Netzes", „Programmierung der Flüsse" sowie „Mobilisierung der Akteure" ab. Schenkt man diesem Modell Beachtung, wird dementsprechend die Qualität der Konfiguration, der Programmierung sowie der Mobilisierung relevant für die Prozessbewertung. Abbildung 4 detailliert die beispielhaften Überlegungen an einem Ishikawa-Diagramm.

Konfiguration, Programmierung und Mobilisierung determinieren gemeinsam mit den Eigenschaften der das Netz durchfließenden Objekte den Zielerreichungsgrad; hier etwa die Logistikkosten pro bewegter Palette.[5]

---

[5] Der Leser mag feststellen, dass die Methode „Ishikawa-Diagramm" selbst bereits eine Theory in Use darstellt, wenn man sie auf ihren Begründer, Ishikawa, zurückführt. Dieser hat postuliert, dass Qualitätsmängel üblicherweise auf Ursachen in den Kategorien Mensch, Maschine, Material oder Methode (4-M Methode) zurückgeführt werden können. Bereits daraus lassen sich unmittelbar relevante Merkmale ableiten.

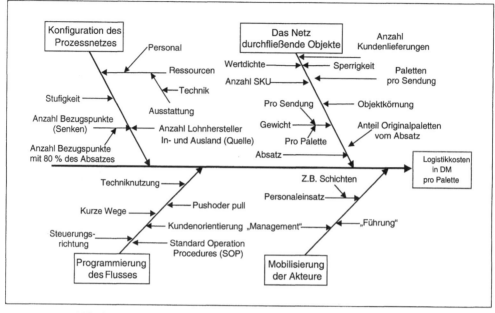

Abb. 4:   Ishikawa-Diagramm zur Analyse bzw. Bewertung von Prozessen

Deduktion auf der Basis von „Definitionen": Einen weiteren deduktiven Zugang ermöglichen Definitionen. Wird in Veröffentlichungen mitunter auch der Verweis auf das der Argumentation zugrundliegende Business Model unterschlagen, so definieren doch die meisten Autoren die Begriffe, mit denen sie arbeiten. Für die Ableitung von Merkmalen zur Prozessbewertung sind diese Definitionen hilfreich, da die dort eingenommene Perspektive einen Rückschluss auf die Relevanz einzelner Aspekte der Realität und damit die Ableitung relevanter Merkmale für die Prozessbewertung erlaubt. Das wird nachfolgend beispielhaft ausgeführt.

SCHUDERER und KLAUS (1994) haben alternative Ansätze zum Prozessbegriff zusammengestellt. Sie unterscheiden die Ansätze „Japanische Managementliteratur", „Deutschsprachige Organisationsliteratur" sowie „Prozess- und Wertkettenliteratur", wobei letzterer noch einmal in die Fraktionen „Prozessmanagement", „ProzessBenchmarking", „Activity Based Management" sowie „Wertkettenmanagement" zerlegt wird. Jeder Ansatz definiert den Begriff „Prozess" ein wenig anders, woraus auch unterschiedliche Relevanzen abgeleitet werden können, wie Tabelle 2 anhand einiger Definitionen demonstriert. Die in der dritten Spalte abgeleiteten Merkmale sind nicht vollständig. In diesem Aufsatz steht jedoch auch nicht die Begründung eines vollständigen Kataloges, sondern die Methode dazu im Vordergrund.

Ansatz	Definitionen, die innerhalb dieses Ansatzes entwickelt wurden	Aus den Definitionen ableitbare Merkmale zur Prozessbewertung
Prozessmanagement	„A process is any activity or group/series of activities that takes an input, adds value to it, and provides an output to an internal or external customer. Processes use an organizations resources to provide definitive results." (Harrington 1991, S. 9)	Input: Mengen, Werte Output: Mengen, Werte Wertschöpfung Kundenzufriedenheit
Prozess-Reengineering, Prozess-Benchmarking	„A core-process is a set of interrelated activities, decisions, information and materials flow, which together determine the competitive success of the company." (Kaplan und Murdock 1991, S. 28)	Qualität der Prozessverknüpfungen Güte der Harmonisierung von Aktivitäten-, Entscheidungs-, Informations- und Materialfluss
Wertketten-management	„Every firm is a collection of activities that are performed to design, produce, market, deliver, and support its product." (Porter 1998, S. 36)	Wertschöpfung Sequentielle Koordination
Japanische Managementliteratur	„A process is a chain of events by which materials are converted into products (finished goods). This chain of events consists of the following four phenomena: processing, transport, delay and inspection." (Shingo 1988, S. 303)	Yield (Qualität der Material-Produkt Konversion) Anteil der nicht wertschöpfenden Leistungen (Transport, Verzögerung, Kontrolle)
Deutschsprachige Organisationsliteratur	Ein Prozess ist „ein Verrichten an Objekten, sein Inhalt sind also Verrichtungen und Objekte." (Nordsieck 1934, S. 76)	Qualitative Kapazität des Prozesses Beschaffenheit (Konformität) des Input

Tab. 2:   Ansätze und Definitionen zum Prozessbegriff und daraus folgende Relevanzen für die Prozessbewertung

Deduktion auf der Basis von Stakeholder-Erwartungen: Ein Unternehmen manifestiert sich gegenüber seinen Mitarbeitern sowie seiner Umwelt über die Realisation von Prozessen. Über Prozesse erreicht das Unternehmen zudem Ziele. Daraus folgt, dass sämtliche Anspruchsgruppen (Stakeholder[6]; Eigentümer, Mitarbeiter, Lieferanten, Kunden, sonstiges Umfeld) Ansprüche an die Unternehmensprozesse stellen. Diese Überlegung bietet einen weiteren Zugang zur Ableitung relevanter Merkmale für die Prozessbewertung. ATKINSON, WATERHOUSE und WELLS (1997) demonstrieren in einer Arbeit zum Performance Measurement, wie diese Merkmale begründet werden und geben ein Beispiel aus der Bank of Montreal, das in (Tabelle 3) auf ein Logistikdienstleistungsunternehmen übertragen wird. Hier gilt erneut, dass die Tabelle nicht den Anspruch hat, einen vollständigen Katalog zu begründen, sondern die Methode darzustellen.

---

6   Als „Stakeholder" werden diejenigen Gruppen und Individuen bezeichnet, die auf die Zielerreichung des Unternehmens Einfluss ausüben können und/oder davon beeinflusst werden (Freeman 1983, S. 38).

Anspruchsgruppe	Primäre Ziele	Sekundäre Ziele (Merkmale)
Eigentümer, Anteilseigner	ROI Sicherheit ...	Umsatz- und Profitwachstum Liquidität ...
Kunden	Kundenzufriedenheit Wettbewerbsvorteil durch die Kunden-Lieferanten Beziehung	Fehlerquote bei Zustellungen und Abholungen Know-how Anteil im gelieferten Produkt
Mitarbeiter	Mitarbeiterzufriedenheit Prestige „Sinn"	Arbeitszufriedenheit Fluktuation Ausbildungsstand Reichhaltigkeit der Arbeitsinhalte
Lieferanten	Zufriedene Abnehmer planbare Aufträge geringe Stückkosten	Lieferqualität Dauer zwischen Auftragserteilung und Leistung
Sonstige Umwelt	Minimale Emissionen	Lärmbelästigung der Anwohner Verunreinigung der natürlichen Umwelt

Tab. 3:   Ableitung von Merkmalen zur Prozessbewertung auf der Grundlage von Anspruchsgruppen

Deduktion auf der Basis von Kundenerwartungen: Prozesse determinieren in hohem Umfang die Kundenzufriedenheit; „gute" Prozesse produzieren zufriedene Kunden. Daraus folgt, von den Erwartungen der Kunden rückwärts auf Eigenschaften schließen zu können, die ein Prozess besitzen muss, um Kunden zufrieden stellen zu können. Methodisch kann dieses Verfahren durch das „Quality Function Deployment" (QFD) unterstützt werden. QFD ist ein Instrument zum Qualitätsmanagement, das im Rahmen der Produktentwicklung eingesetzt wird, sich aber durchaus auch zur Gestaltung von Prozessen, etwa des Teilprozesses Transportdurchführung eines Logistikdienstleistungsunternehmens, eignet, wie Abbildung 5 zeigt.[7] Das QFD analysiert den Zusammenhang zwischen den gewichteten Anforderungen der Kunden, hier beispielhaft mit Pünktlichkeit, sauberes Fahrzeug, Freundlichkeit des Fahrers und kurzer Standzeit aufgelistet, und den „Engineering Characteristics" des Unternehmens (Budget, Ausbildung, Technik, Software). Die Anforderungen aus Sicht der Kunden und die „Engineering Characteristics" aus Sicht des Unternehmens stehen in einer Beziehung zueinander. Das QFD kategorisiert diese Beziehung in „kein Bezug", „Korrelation" oder „enge Korrelation". Die „2" im Tabellenfeld „Pünktlichkeit - Dispositionssoftware" bedeutet, dass mit einer Verbesserung der Software die Pünktlichkeit deutlich verbessert werden kann; es besteht also eine enge Korrelation. Das QFD erlaubt es damit, die „Stimme des Kunden" in die Erstellung der Dienstleistung einfließen zu lassen. Es zeigt sich, welche

---

7   Zur tiefergehenden Beschreibung der QFD wird auf die einschlägige Literatur zum Qualitätsmanagements verwiesen; vergleiche etwa Sullivan (1986) oder für einen weiteren Überblick Juran und Gryna (1980).

Stellhebel des Unternehmens von besonderer Bedeutung für die Kundenzufriedenheit sind. In Abbildung 5 ist das z.B. die Variable „Ausbildung der Mitarbeiter" (22 Punkte).[8]

Anforderungen der Kunden	Gew.	Budget	Ausbildg. der MA	Fahrzeug-Technik	Dispo-Software	Gestaltungsvariablen für das Unternehmen
Pünktlichkeit	8	1	1	1	2	
„Sauberer Lkw"	2	2	0	0	1	
Freundlichkeit	4	0	2	1	0	0 : kein Bezug 1: Korrelation 2: enge Korrelation
Kurze Standzeit	6	0	1	1	0	
Punkte (= Relevanzen)		12	22	18	10	

Abb. 5: Ableitung von Prozessmerkmalen auf der Basis von Kundenerwartungen mit Hilfe der QFD

Induktive Begründungen

Die Grundidee der Induktion besteht darin, durch die Verallgemeinerung einzelner Beobachtungsaussagen allgemeingültige Aussagen zu generieren. Die Naturwissenschaften bieten viele Beispiele: von der Beobachtung einer ellipsenförmigen Bahn des Mars um die Sonne (einzelne Beobachtungsaussage) wird darauf geschlossen, dass alle Planeten des Sonnensystems eine Ellipsenform beschreiben (allgemeingültige Aussage). Auch die betriebswirtschaftliche Forschung bedient sich der Induktion. In Bezug auf das hier zu diskutierende Problem der Begründung der Relevanz von Merkmalen sind mindestens zwei Induktionsansätze, mithin also zwei Quellen für Beobachtungsaussagen denkbar:

Unternehmerbefragungen - Erfolgsfaktorenforschung: Prozesse durchziehen die gesamte Sphäre des Unternehmens und beeinflussen dessen Wettbewerbsfähigkeit entscheidend. Unternehmen mit außergewöhnlich hohen Erfolgen haben mit großer Wahrscheinlichkeit gute Prozesse. Wenn Mitarbeiter dieser Unternehmen in Befragungen Auskunft über die wesentlichen Ziele der Prozessgestaltung geben, könnte folgendes

---

[8] Das QFD sieht noch eine Reihe weiterer Auswertungen vor. So etwa die Analyse von Zielbeziehungen zwischen den Engineering Characteristics oder die Vervollständigung der Analyse durch eine Konkurrenzbetrachtung. Für diese Schritte wird aber auf die oben zitierte Literatur verwiesen.

genannt werden: Unser Unternehmen versucht, Prozesse kundenorientiert zu gestalten, die Mitarbeiter an der Basis in die Gestaltung einzubeziehen, alle Fehler im Prozessverlauf sofort grundsätzlich zu beheben, usw. Der Forscher steht dann vor der Aufgabe, aus diesen Einzelaussagen allgemeingültige Aussagen (Erfolgsfaktoren) zu destillieren.

Kundenbefragungen: Kundenbefragungen verfolgen eine ähnliche Logik. Fragt man Kunden vor, während und nach Konsum einer Leistung, äußern diese ihre Eindrücke und Zufriedenheitsgrade, aufgrund derer Rückschlüsse auf relevante Merkmale möglich sind (einzelne Beobachtungsaussagen). Liefern solche Befragungen stabile Antwortmuster, kann auf Relevanzen geschlossen werden (allgemeingültige Aussage).

Dieser Weg wurde u.a. von PARASURAMAN ET AL. (1985, 1991) zur Analyse der Relevanz einzelner Merkmale zur Messung von Dienstleistungsqualität sowie zur nachfolgenden Begründung eines Merkmalskataloges beschritten. Sie haben festgestellt, dass die von ihnen befragten Konsumenten auf dem Feld der Finanz-, Kommunikations- und Reparaturdienstleistungen unabhängig von einer konkreten Dienstleistung stets eine bestimmte Garnitur von Kriterien zu deren Beurteilung verwenden. Der von ihnen vorgelegte Merkmalskatalog repräsentiert diese Garnitur (Tabelle 4). Die Autoren sind auf Grund methodischer Überlegungen, die hier nicht im Detail geschildert werden können, überzeugt, einen *allgemeinen* Merkmalskatalog entwickelt zu haben (allgemeingültige Aussage).

Der Beitrag von PARASURAMAN ET AL. ist nicht nur methodisch interessant (Induktion), sondern zugleich auch inhaltlich gehaltvoll für die Prozessbewertung. Die bisher diskutierten Merkmalsmodelle fokussierten stark auf interne Aspekte der Leistungserstellung (Flexibilität, Kapazität, Kosten, Mitarbeiterperspektive, ...). In vielen Situationen wird es aber erforderlich sein, den Bewertungsfokus auf den Kunden auszudehnen. Etwa, in dem bewertet wird, in welchem Umfang der zu bewertende Prozess die Erwartungen des Kunden erfüllt.

Merkmal	Erklärung - mögliche Indikatoren
Äußeres Erscheinungsbild	Das für den Kunden sichtbare Erscheinungsbild beeinflusst dessen Zufriedenheit. Das gilt auch dann, wenn kein enger Zusammenhang zwischen der technisch-funktionalen Aufgabenerfüllung und der "Servicescape" besteht. Indikatoren wären etwa die Kleidung der Dienstleistungsmitarbeiter oder die Materialien, mit denen über die Leistung kommuniziert wird.
Zuverlässigkeit	Hier ist zu fragen, ob das Vereinbarte zuverlässig erbracht wird.
Bereitschaft, Reaktionsfähigkeit	Besteht die Bereitschaft, sich für den Kunden einzusetzen? Wird der Kunde unverzüglich bedient? Werden die vorhandenen Spielräume ausgeschöpft, um der besonderen Situation des Klienten gerecht zu werden?
Kompetenz	Besitzen die Mitarbeiter ausreichende Fähigkeiten und Kenntnisse, um die vereinbarte Leistung erbringen zu können?
Freundlichkeit, Höflichkeit	Bemühen sich die Mitarbeiter um höfliches Verhalten? Werden die Interessen des Kunden berücksichtigt?
Glaubwürdigkeit, Reputation	Hat das Unternehmen oder die beim Kunden agierenden Mitarbeiter eine Reputation für professionelle Arbeit? Besteht Konsistenz zwischen der Persönlichkeit der Mitarbeiter und dem Charakter der erbrachten Leistung?
Sicherheit	Ist der Prozess technisch so ausgereift, dass keine Fehler entstehen können?
Erreichbarkeit	Über welche Medien wird die Leistung angeboten? Sind Mitarbeiter erreichbar, wenn Probleme aufgetreten sind?
Kommunikation	Kommunikation bezieht sich auf die Erklärungsbedürftigkeit der Leistung und auf die face-to-face-Episoden zwischen Mitarbeiter und Kunde.
Branchen-Know-how	Verstehen die Mitarbeiter das „Geschäft" des Kunden? Wird eine integrale Leistung angeboten, deren Prozesse sich in das Verwendersystem nahtlos einfügen lassen?

Tab. 4:   Induktiv gewonnene Merkmale zur Bewertung eines Prozesses

2.2.3 Methoden zur Operationalisierung

Besteht Klarheit über die Auswahl der Bewertungsmerkmale, wird eine Methodik benötigt, um die Merkmale zu operationalisieren. Operationalisierung bedeutet, eine präzise und intersubjektiv eindeutig verständliche Vorschrift zur Erhebung eines Merkmals festzulegen. Für monetäre Bewertungsdimensionen (Kosten oder Erlöse) verursacht dies üblicherweise keine Schwierigkeiten. Das Rechnungswesen stellt eine ausgereifte begriffliche Infrastruktur bereit. Begriffe wie Personalkosten, Gesamtkosten oder Umsatz pro Nahverkehrstour sind den Bewertenden vertraut und handhabbar. Damit ist natürlich noch wenig gesagt, ob es in der Umsetzung dann auch „technisch" gelingt, die Kosten oder Erlöse sachgerecht auf Nahverkehrstouren zu verteilen.

Konzeptionell größere Probleme wird hingegen die Operationalisierung nicht-monetärer Merkmale bereiten. Wie soll etwa dokumentiert werden, ob der Teilprozess Transportdurchführung „robust" oder „flexibel" ist? Die Merkmale sind aus den betrieblichen Informationssystemen üblicherweise nicht unmittelbar abrufbar. Grundsätzliche Methoden zur Operationalisierung von Merkmalen jenseits allgemeiner Prinzipien wie

Eindeutigkeit, Messbarkeit oder Reproduzierbarkeit sind jedoch nicht verfügbar. Der Bewertende kann allenfalls in Aufsätzen zu entsprechenden empirischen Fragestellungen Vorschläge finden.

2.2.4 Methoden zur Istwertermittlung

Die Probleme der Erhebung von Istwerten zur Prozessbewertung sind ebenfalls nach monetären und nicht-monetären Merkmalen zu differenzieren.

Die Erhebung monetärer Merkmale

Zur Erhebung monetärer Merkmale stehen dem Bewertenden die Instrumentarien des Rechnungswesens, insbesondere die Kosten- und Erlösrechnung zur Verfügung. Üblicherweise sind keine zusätzlichen Primärerhebungen erforderlich. Kostenstellenübersichten, Betriebsabrechnungsbögen und diverse Kosten- und Leistungsauswertungen, die das Rechnungswesen auch für andere Adressaten bereithält, können verwendet werden, um Prozesse monetär zu bewerten.

Natürlich stellt sich die Frage, in welchem Umfang diese Rechnungssysteme in der Lage sind, Kosten und Erlöse verursachungsgerecht auf Prozesse, oder sogar auch Teilprozesse, etwa auf den Teilprozess Transportdurchführung zuzurechnen. Eine Untersuchung in großen deutschen Logistikdienstleistungsunternehmen aus dem Jahr 1997 zeigt, dass von den 14 analysierten Unternehmen lediglich zwei Sammelgutspeditionen und zwei KEP-Dienstleister (KEP= Kurier, Express, Paket) über eine prozessorientierte Kostenrechnung verfügen (OTTO, 1999). Deren Systeme sind in der Lage, Kosten und Erlöse aus den Verkehren prozessorientiert abzubilden und auf diverse Bezugsgrößen (Relation, Kunde, Sendung, Tour, Fahrzeug, Produkt, Periode) zuzurechnen. Eine ähnliche Differenzierung ergab sich auch für die Ermittlung monetärer Kennzahlen. Alle KEP-Unternehmen haben ein detailliertes Kennzahlensystem, das den kompletten Leistungsprozess von der Abholung über die Terminal- und Hubumschläge bis zur Zustellung und Ablieferscannung abbildet. Die primär international tätigen Speditionen beschränken sich auf finanzorientierte Kennzahlen wie „Bruttospeditionsnutzen pro Mitarbeiter" (Bruttoumsatz minus Zölle und Abgaben minus Kosten der Sendungsbeförderung) oder „Erlös pro Sendung".

Die Erhebung nicht-monetärer Merkmale

Die Einbeziehung nicht-monetärer Merkmale in die Prozessbewertung gewinnt zunehmend an Bedeutung. Eine ähnliche Entwicklung ist auch in den, aus Sicht der Bewertung, datenliefernden Disziplinen, wie Kostenrechnung oder Controlling zu erkennen (AMIR, 1996, ATKINSON, 1997, ITTNER, 1998, ECCLES, 1991, COOPER, 1998, HIROMOTO, 1989, KAPLAN / NORTON, 1992 und 1996). In diesem kurzen Überblick kann die große Anzahl von Methoden, die hierfür zur Verfügung stehen, jedoch nicht beschrieben werden. Ein Blick auf die oben beschriebenen Kataloge potentiell relevanter Merkmale verdeutlicht das Problem. Die Spannweite reicht von technisch orientierten Merkmalen wie Kapazitäten, über organisatorische Merkmale wie Flexibilität und Robustheit bis hin zu kundenorientierten Indikatoren wie Reaktionsfähigkeit oder Branchen-Know-how der den Prozess ausführenden Mitarbeiter. Dementsprechend vielfältig sind auch die zu beherrschenden Erhebungstechniken.

Stellvertretend wird daher die Betrachtung auf den bisher diskutierten Fall des speditionellen Nahverkehrs, bzw. genauer des Teilprozesses Transportdurchführung reduziert. Die Betrachtung konzentriert sich zudem nur auf einige der von DELFMANN, REIHLEN und WICKINGHOFF genannten primären Dimensionen und gibt drei Beispiele (Tabelle 5).

Merkmal	*Indikator*	*Erhebungsmethode*
Zuverlässigkeit	Quote der am Eingangstag zugestellten Sendungen.	Auswerten der Ergebnisse der Ablieferscannung
	Quote der vollständig zugestellten Sendungen.	
Robustheit	Veränderung der Kosten pro Zustellstopp, wenn sich die Ankunftszeit der einlaufenden Fernverkehrsfahrzeuge störungsbedingt um eine Stunde und damit die Zustellung im Nahverkehr ebenfalls um 1 Stunde verzögert.	Periodische Erhebung der Ankunftszeiten des Fernverkehrs und Kostenerhebung im Nahverkehr
	Veränderung der Quote der am Eingangstag zugestellten Sendungen, wenn das Zustellaufkommen ungeplant um 30% steigt.	
Flexibilität	Veränderung der Kosten pro Zustellstopp, wenn die Anzahl Zustellkunden im Bedienungsgebiet dauerhaft um 20% zurückgeht.	Kostenerhebung an Tagen mit schwachem Zustellaufkommen

Tab. 5: Methoden zur Erhebung ausgewählter Merkmale des Teilprozesses „Transportdurchführung"

2.3 Methoden zur Sollwertbestimmung

Sobald der aktuelle Status Quo des zu bewertenden Prozesses anhand der vereinbarten Merkmale dokumentiert ist, gilt es, den Handlungsbedarf zu ermitteln. Dazu wird hier auf eine Überlegung von POUNDS (1969) zurückgegriffen.[9] POUNDS versteht Management als das Lösen von Problemen, was in den Phasen „Problemidentifikation",

---

[9] Für eine ausführlichere Schilderung vergleiche Otto (2002)

„Priorisierung" und „Zuordnung von Ressourcen zur Problemlösung" erfolgt. Problemidentifikation und damit, um auf das Bewertungsproblem zurückzukommen, einen zuvor dokumentierten Sachverhalt als gut (=kein Problem) oder schlecht (=Problem) zu qualifizieren, ist POUNDS zufolge eine schwierige Aufgabe, was mitunter auch in der Formulierung des „Primats der Frage" zum Ausdruck kommt.

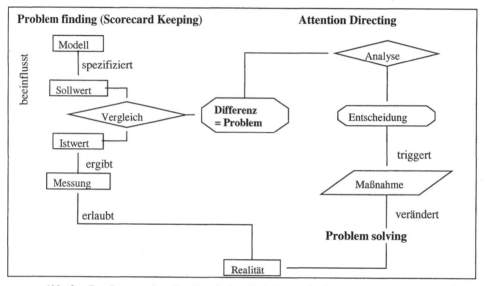

Abb. 6: Der Prozess des „Problemfindens" als Bestandteil des Prozessmanagements[10]

Hier wird definiert: Ein Problem bzw. eine Handlungsnotwendigkeit besteht dann, wenn ein dokumentierter Istwert von einem Sollwert abweicht. Prozessmanagement wird nur dann von der Prozessbewertung in die Phase der Gestaltung hinüberwechseln müssen, wenn Sollwerte nicht erreicht werden, wie Abbildung 6 verdeutlicht. Die Realität des Logistikdienstleistungsunternehmens, hier des Teilprozesses Transportdurchführung, wird über Merkmale gemessen, aktuelle Istwerte werden dabei dokumentiert. Erst der Vergleich mit einem Sollwert, dessen Begründung nachfolgend zu diskutieren ist, ermöglicht es, eine Differenz schließlich als Problem zu definieren. Die nachfolgende Analyse der Differenz fundiert eine Managemententscheidung, etwa die Entscheidung, die Transportdurchführung in Zukunft von Subunternehmern anstatt vom eigenen Fuhrpark durchführen zu lassen. Die durchgesetzte Maßnahme wirkt dann idealerweise und führt in nachfolgender Messung zu verbesserten Istwerten, welche die problematische Differenz auflösen.

---

[10] Quelle: Otto 2002, S. 60, verändert.

Die Bestimmung des Sollwertes steht im Mittelpunkt des Ablaufs. POUNDS schlägt dazu fünf Methoden (Modelle) vor, die alle für die Prozessbewertung relevant sind und nachfolgend diskutiert werden.

Historische Modelle

Historische Modelle begründen Sollwerte über eine Analyse der Vergangenheit. In der naiven Form entspricht ein Sollwert der aktuellen Periode dem Istwert der Vorperiode. Der Teilprozess „Transportdurchführung" wäre demnach problematisch, wenn die Kosten pro Stopp für den Monat „Juli 2002" höher als im Vorjahresmonats liegen. Auch wenn historische Modelle sicher Schwächen besitzen, dürften in der Logistik-dienstleistungspraxis doch nahezu alle Berichte auf diesem Prinzip (Zeitvergleich) ba-sieren. Mitunter mag eine naive Prognose durch weitergehende statistische Verfahren ersetzt werden

Planungsmodelle

Ein Planungsmodell generiert einen Sollwert im Verlauf eines Planungs- bzw. Budgetierungsprozesses. So wäre es problematisch, wenn die Ist-Kosten pro Stopp im Nahverkehr über den Plankosten liegen. Die Betriebswirtschaftslehre hat eine Vielzahl formaler und materieller Planungstechniken entwickelt. Während die formalen Pla-nungstechniken die Planungsprozedur aufgreifen, widmen sich die materiellen Pla-nungstechniken der Begründung der Planinhalte.

In der Logistikdienstleistungspraxis werden die wesentlichen Leistungsprozesse um-fangreich beplant (OTTO, 1999). Um jedoch auch nicht-monetäre Merkmale analysieren zu können, sind in der Regel leistungsfähige Auftragsabwicklungssysteme erforderlich, die solche Merkmale wie „Sendungsgewicht pro Stopp", „gefahrene Kilometer pro Stopp", „zugestellte Sendungen pro Stopp" mit vertretbarem Aufwand einer Messung zugänglich machen.

Kundenmodelle

Weiterhin ist es möglich, dass Kunden Sollwerte spezifizieren. Ähnlich wie im oben geschilderten QFD werden die Anforderungen des Kunden zum Maßstab des Handelns und dienen als Messlatte zur Identifikation von Problemen. Grundsätzlich sollte dazu mit Rückgriff auf Ergebnisse des Qualitätsmanagements der subjektive vom objektiven Qualitätsbegriff unterschieden werden (OTTO, 1993). Letzterer hat einen anonymen, typischen Kunden vor Augen, wie er etwa als Ergebnis einer Marktforschung typisiert wird. Dieser typische Kunde hat Anforderungen an die Logistikdienstleistung, die zu Sollwerten werden. Subjektive Modelle nehmen hingegen Abstand von der Idee, Qualität messen zu können, ohne den Kunden auf sein Qualitätsempfinden zu befragen. Dabei mag man dem Kunden erlauben, Qualität auch mit bisher nicht für relevant erachteten Maßstäben zu messen. Letzten Endes ist die subjektive Messung final, da sie Kundenzufriedenheit und nicht die Erfüllung hypothetischer Anforderungen misst. Beide Optionen mögen zum Einsatz kommen.

Fremde Modelle

Werden Sollwerte definiert, indem unternehmensexterne Sachverhalte zur Messlatte unternehmensinterner Phänomene erklärt werden, soll von einem fremden Modell gesprochen werden. Betriebsvergleiche sowie Benchmarking können helfen, die unternehmensexternen Sachverhalte derart aufzubereiten, dass sie sinnvoll als Vergleichsmaßstab nutzbar sind. In der Logistikdienstleistungsbranche ist es etwa verbreitet, Niederlassungen untereinander zu vergleichen. Die daraus entstehenden „Hitlisten" definieren für die Schlusslichter sehr wirksam ein „Problem". Sind die Bedingungen zwischen den Niederlassungen entweder hinreichend vergleichbar (z.B. Anzahl Empfangskunden im Zustellgebiet, mittlere Zustelltonnage pro Tag für das gesamte Zustellgebiet) oder die Unterschiede rechnerisch kompensierbar, können „externe" Niederlassungen durchaus Sollwerte repräsentieren.

Wissenschaftliche Modelle

Abschließend ist es möglich, auf der Basis akzeptierter Ursache-Wirkungs-Modelle Sollwerte zu begründen. Speist man in solche Produktionsfunktionen Inputwerte ein, errechnet das wissenschaftliche Modell eine Planleistung. So mag es in einem Logistikdienstleistungsunternehmen möglich sein, in Kenntnis bestimmter, in der jeweiligen Situation abzugreifender Kostentreiber auf die sich „theoretisch" ergebenden Kosten für einen Transport von A nach B (Hauptlaufkosten) zu schließen. Gelingt etwa eine solche analytische Hauptlaufkostenplanung, ist damit ein mächtiges Instrument zur Problemfindung etabliert.[11]

2.4 Methoden zur Herstellung einer Rangordnung

Die Herstellung einer Rangordnung schließt die Bewertung ab. Sie dient unmittelbar der Vorbereitung der Entscheidungsfindung. Bewertet wird in dieser Phase nicht mehr ein einzelner Prozess, sondern alternative Durchführungsformen.

Typologie von Methoden zur Herstellung einer Rangordnung

Die zahlreichen Methoden zur Herstellung einer Rangordnung von Alternativen lassen sich anhand verschiedener Kriterien systematisieren. Vorschläge finden sich bei

---

[11] Für eine Umsetzung dieser Idee vergleiche Ebner (1997), der ein Referenzkalkulationsmodell zur Prognose realer Kosten von Transportdienstleistungen aufbaut.

HEINEN (1992) oder HORVÁTH (1996). Eine für diese Argumentation fruchtbare Typologie entsteht durch die Kriterien „Anzahl berücksichtigter Ziele" sowie „Ziel des Verfahrens" (Tabelle 6). Traditionelle Methoden zur Investitionsrechnung (Kostenvergleichs- oder Gewinnvergleichsrechnung) fallen in die nordwestliche Zelle. Diese Verfahren ermitteln anhand einer Rechenvorschrift die Ausprägung der Zielvariablen einer Alternative und erkennen so inferiore Alternativen. Die Nutzen-Kosten-Analyse als eine Methode aus der Finanzwissenschaft gehört ebenfalls in diese Gruppe, unterscheidet sich jedoch von den betriebswirtschaftlichen Investitionsrechnungen durch die explizit in die Methode integrierte Auswahl der besten Alternative. Kostenwirksamkeitsanalyse, Nutzwertanalyse und Scoring-Verfahren sind ebenfalls diskriminierende Verfahren. Sie können trotz multipler Ziele (z.B. Kostensenkung, Verbesserung der Mitarbeiterzufriedenheit) eine Entscheidung ermöglichen. Die optimierenden Methoden unterscheiden sich von den diskriminierenden durch eine erweiterte formale Leistungsfähigkeit. Optimierende Methoden, wie etwa die Lineare Programmierung (LP), erzeugen innerhalb der gesetzten Grenzwerte selbständig zulässige Lösungen, ermitteln für diese die Ausprägung der Zielvariable und diskriminieren nachfolgend. Inferiore Lösungen werden bei Voranschreiten des Algorithmus verworfen und durch bessere ersetzt. Auch die optimierenden Verfahren arbeiten entweder mit einer oder mit mehreren Zielvariablen, wobei letztere bei Zielkonkurrenz keine eindeutig optimale Lösung liefern können (RÜCKLE, 1993).

Ziel der Methode Anzahl berücksichtigter Ziele	Diskriminierung	Optimierung
eine Zielvariable	Statische Investitionsrechnung Dynamische Investitionsrechnung Nutzen-Kosten-Analyse	OR-Verfahren (LP)
mehrere Zielvariablen	Kostenwirksamkeitsanalyse Nutzwertanalyse Scoring-Verfahren	OR-Verfahren

Tab. 6: Typologie von Methoden zur Herstellung einer Rangordnung

Die oben abgeleiteten Merkmalskataloge weisen darauf hin, dass nahezu in allen Bewertungssituationen immer mindestens eine Zielkonkurrenz unterstellt werden kann. Im Fall des Nahverkehrs zum Beispiel der Trade-off zwischen höherer Flexibilität bei Fremdvergabe des Nahverkehrs an einen Dritten gegenüber sinkender Mitarbeitermotivation bei Fremdvergabe. Daraus folgt, dass die optimierenden Methoden in dem hier diskutierten Kontext der multiattributiven Prozessbewertung kaum Anwendung finden.[12] Die weitere Darstellung konzentriert sich daher auf die diskriminierenden Verfahren. Die Nutzen-Kosten-Analyse, die Kostenwirksamkeitsanalyse sowie die Nutzwertanalyse werden als populäre Verfahren kurz beschrieben.

Nutzen-Kosten-Analyse

Die Nutzen-Kosten-Analyse (NKA) wurde in der Finanzwissenschaft entwickelt und stellt heute das wohl bekannteste wirtschaftlichkeitsanalytische Verfahren für den öffentlichen Sektor dar (HANUSCH, 1987). Die NKA soll dort begründen, welches oder welche potentiellen Projekte in die Tat umzusetzen sind. Die Betriebswirtschaftslehre und im Besonderen die Prozessbewertung haben ähnliche Anforderungen: Rangierung und Auswahl von Alternativen. Die NKA ist ohne Modifikationen auf die Prozessbewertung übertragbar; deren Anwendung in betriebswirtschaftlichen Fragen wegen der einfacheren Nutzenquantifizierung ist i.d.R. sogar erheblich einfacher.

Die Grundidee besteht darin, jeweils alle zu erwartenden Wirkungen einer Alternative in Form von Nutzen und Kosten einander gegenüberzustellen und anhand eines Effizienzkriteriums auszuwählen. Nutzen und Kosten sind in Geldeinheiten zu repräsentieren und zu diskontieren. Das Verfahren besteht aus 7 Schritten (zu denen auf die Literatur verwiesen wird; HANUSCH, 1997, RECKTENWALD, 1980 und 1983) und mündet in tabellarischen Darstellungen der Alternativen, wie Tabelle 7 beispielhaft für eine geplante Optimierung des Teilprozesses Transportdurchführung in einem Logistikdienstleistungsunternehmen darstellt. Verglichen werden die Alternativen „eigener Fuhrpark" und „fremdvergebener Fuhrpark".[13] Der Stern in den Spalten 7 und 9 zeigt die bei Verwendung eines bestimmten Effizienzkriteriums jeweils auszuwählende Lösung.

---

[12] Diese Aussage soll nicht darüber hinwegtäuschen, dass in bestimmten Situationen auch die optimierenden Verfahren großen Stellenwert besitzen. So etwa in der Optimierung (Bewertung) alternativer Nahverkehrstouren (Tourenplanung).

[13] Gerechnet wurde das Beispiel mit einem Abzinsungsfaktor von 5% p.a., wobei 1999 das Kalkulationsjahr ist. Wenn es gelingt, nicht-monetäre Nutzen- und Kostenelemente zu quantifizieren, können diese als Projektwirkungen in die Kosten- und Nutzenströme aufgenommen werden.

(alle Zahlen in DM) Alternative	Nutzen (repräsentiert Erlöse aus Zustellung und Abholung)	Kosten (repräsentiert: var. und fixe Gesamtkosten des Fuhrparks)	Gegenwarts-wert der Nutzen: GW (N) Zins: 5%	Gegenwarts wert der Kosten: GW (K)	Effizienzkrite rium: Nettogegen-wartswert NGW = GW (N) – GW (K)	Effizienzkrite rium: Quotient GW (N) / GW (K)	
Eigener Fuhrpark	2000: 1000 2001: 1500 2002: 2000	2000: 950 2001: 1400 2002: 1850	4040,60	3772,70	267,90	7,10%	*
fremdverge bener Fuhrpark	2000: 1300 2001: 1700 2002: 2200	2000: 1200 2001: 1600 2002: 2100	4680,49	4408,16	272,32	* 6,18%	

Tab. 7: Vergleich von Gestaltungsalternativen mit Hilfe der Nutzen-Kosten-Analyse

Kostenwirksamkeitsanalyse

Die Kostenwirksamkeitsanalyse (KWA) ist der Nutzen-Kosten-Analyse ähnlich, bietet jedoch den Vorteil, mehrere Ziele in die Bewertung einzubeziehen. Auf der anderen Seite vergleicht die KWA jedoch ungleiche Größen, da sie Kosten monetär, Nutzen jedoch als Zielerreichungsgrade abbildet. Die KWA kann daher keine absoluten, sondern nur relative Aussagen über die Vorteilhaftigkeit eines Projektes machen. Sie liefert einen Maßstab für die Wirksamkeit alternativer Maßnahmen, um ein gegebenes Ziel zu erreichen (RECKTENWALD, 1983). Aufgrund der heterogenen Dimensionen können die Merkmale nicht zusammengefasst werden, was in bestimmten Situationen zu nicht eindeutigen Rangierungen führt. Tabelle 8 gibt ein Beispiel: Die Variante „Eigener Fuhrpark" ist in Bezug auf die Kosten sowie auf die Ziele 1 und 3 der zweiten Alternative überlegen, damit aber nicht „eindeutig" überlegen.

Alternative	Kosten (var. und fixe Gesamtkosten des Fuhrparks)	Ziel 1: geringe Zustellkosten pro Stopp	Ziel 2: hohe kapazitive Flexibilität	Ziel 3: hohe Mitarbeitermotivat ion
Eigener Fuhrpark	bis 2002: DM 4200,00	80%	50%	90%
fremdvergebener Fuhrpark	bis 2002: DM 4900,00	60%	90%	50%

Tab. 8: Vergleich von Gestaltungsalternativen mit Hilfe der Kostenwirksamkeitsanalyse

Nutzwertanalyse

Die Nutzwertanalyse überwindet das Problem der Kostenwirksamkeitsanalyse, in bestimmten Situationen keine eindeutige Entscheidung begründen zu können. Die Grundidee besteht darin, für jede zu bewertende Alternative einen Nutzwert zu ermitteln (HANUSCH, 1987; RECKTENWALD, 1983). Die Rangfolge der Projekte ergibt sich aus der Höhe der Nutzwerte. Ein Nutzwert entsteht durch Addition von gewichteten Teilnutzwerten. Teilnutzwerte werden für jedes zu bewertende Merkmal separat ermittelt und stellen, ähnlich wie in der Kostenwirksamkeitsanalyse, Zielerreichungsgrade dar. Tabelle 9 demonstriert das einfach zu handhabende Schema. Die Vorteile der Nutzwertanalyse liegen in der konsistenten Verarbeitung multipler Ziele sowie in der Verpflichtung an den Bewertenden, die einfließenden Werturteile (Gewichtung der Teilziele und Transformation der Zielerträge in Erfüllungsgrade) offen legen zu müssen. Ein Nachteil besteht in der kompletten Vernachlässigung der Kostenbetrachtung.

Alternativen			Alternative 1:	Eigener Fuhrpark		Alternative 2:	Fremd-vergabe	
Ziele	Ziel	Gewicht Teilziel	Zielertrag	Zielerfüllungsgrad	Teilnutzwert [14]	Zielertrag	Zielerfüllungsgrad	Teilnutzwert
1: geringe Zustellkosten pro Stopp	DM 12,00	40%	DM 13,50	4	1,6	DM 14,80	3	1,2
2: hohe kapazitive Flexibilität	50 Fzg.	30%	Max. 30 Fzg.	2	0,6	Max. 45 Fzg.	5	1,5
Ziel 3: hohe Mitarbeitermotivation	„Note 1"	30%	Note 2	4	1,2	Note 4	2	0,6
Gesamtnutzwert					3,4			3,3

Tab. 9:   Vergleich von Gestaltungsalternativen mit Hilfe der Nutzwertanalyse

2.5 Methoden zur strategieorientierten Darstellung der Bewertungsergebnisse

Mit Herstellung einer Rangordnung ist die Prozessbewertung in der hier konzipierten Abfolge des Prozessmanagements beendet. Die Rangierung der Alternativen erlaubt unmittelbar ein Entscheidung, die dann im Rahmen der nachfolgenden Phase „Gestaltung" in die Tat umgesetzt werden kann.

Sollen jedoch langfristige, strategische Gestaltungsziele verfolgt werden, ist bei den Entscheidern i.d.R. wenig Bereitschaft vorhanden, die Entscheidung ausschließlich auf die Empfehlungen formaler „Rechentechniken" zu gründen. Um die Kalkulationen würdigen und „einordnen" zu können, ist es hilfreich, die Bewertungsergebnisse strategieorientiert aufzubereiten. Das kann durch Scorecards sowie durch Portfolios erfolgen.

---

[14] Der Teilnutzenwert wird ermittelt durch Multiplikation von Zielerfüllungsgrad mit Gewicht des Teilziels.

Scorecards zur ausgewogenen Dokumentation

KAPLAN und NORTON (1996) bezeichnen eine Scorecard (HORVÁTH übersetzt mit „Berichtsbogen") als ein Instrument, mit dem strategische Ziele des Unternehmens in das Unternehmen hineinkommuniziert werden können. Sie fordern, im Gegensatz zum traditionell finanzorientierten Berichtswesen, „ausgewogen" über das Unternehmen zu berichten. Neben der Finanzperspektive sind die Perspektiven Innovation/ Wissen/Lernen, Kunden und interne Leistungserstellung (Produktion) relevant und müssen in die Berichtstechnik Eingang finden. Folgt man diesem Vorschlag und wendet die Perspektiven auf das Beispiel Nahverkehr im Logistikdienstleistungsunternehmen an, entsteht ein Berichtsbogen, wie in Abbildung 7 dargestellt.

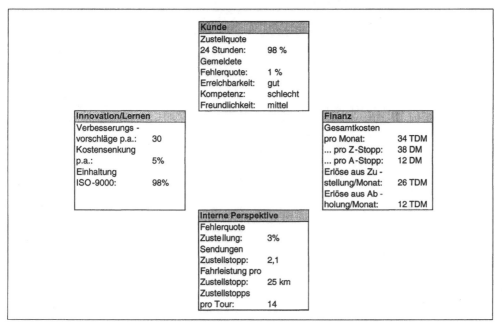

Abb. 7:   *Dokumentation des Teilprozesses „Transportdurchführung" in Form einer „Balanced Scorecard"*

Portfolio zur wettbewerbsorientierten Darstellung

Portfoliotechniken stellen komplexe Sachverhalte in einfacher und strategische Überlegungen inspirierender graphischen Form dar (HAHN, 1992). Diese Technik ist auch für die Kommunikation von Bewertungsergebnissen geeignet. Verzichtet man auf die hochverdichtete summarische Darstellung von Bewertungsergebnissen etwa in Form von Nutzwerten, um den Entscheidern die Situation umfassend vermitteln zu können, werden Portfolios noch wertvoller. Abbildung 8 demonstriert eine beispielhafte

Anwendung für den Teilprozess Transportdurchführung.[15] unterscheiden grundsätzlich Reaktions- und Aktionsvariablen. Die Reaktionsvariable bildet die kundenorientierte Differenzierungswirkung einzelner Variablen gegenüber Wettbewerbern ab. Hohe Differenzierungswirkung verspricht im Beispiel in Abbildung 8 etwa das Merkmal „Leistungsumfang" (L). Leistungsumfang mag abbilden, ob nach der Zustellung sofort der Zustellstatus an den Versender übertragen wird, oder ob gemäß Produktbeschreibung auch Nachnahmezustellungen möglich sind. Als Aktionsvariable ist in diesem Beispiel die Prozessstärke des Unternehmens relativ zur Konkurrenz konzipiert. Als Besonderheit bildet dieses Portfolio eine dritte Eigenschaft ab. Richtung und Form der Pfeile geben Auskunft über die Ressourcenstärke des Unternehmens zur Verbesserung der Prozessstärke relativ zur Konkurrenz.

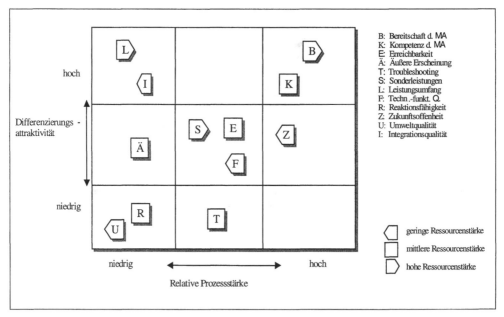

Abb. 8:   Wettbewerbsorientierten Darstellung des Teilprozesses „Transportdurchführung" in einem Merkmalsportfolio

---

[15] Zur theoretischen Begründung der in das Portfolio aufgenommenen Merkmale vergleiche Otto (1993). Dort wird ein Merkmalskatalog zur Bewertung von Transportdienstleistungen entwickelt. Zu den Grundlagen dieses Portfolioentwurfes vergleiche Pfeiffer et al. (1982).

3. Literatur

Ackoff, Russell L. (1974): Redesigning the future. A systems approach to societal problems. New York, 1974.

Amir, Eli / Baruch, Lev (1996): Value relevance of non-financial information: The wireless communications industry, in: Journal of Accounting and Economics, Vol. 22, 1996, S. 3-30.

Atkinson, A. / Waterhouse, J. / Wells, B. (1997): A Stakeholder Approach to Performance Measurement, in: Sloan Management Review, Spring 1997, S. 25-37.

Chalmers, Alan F. (1989): Wege der Wissenschaft. Einführung in die Wissenschaftstheorie, Berlin, 1989.

Chmielewicz, Klaus / Schweitzer, Marcell (1993): Handwörterbuch des Rechnungswesens, 3. Auflage, Stuttgart, 1993.

Cooper, Robin / Kaplan, Robert S. (1998): The Promise and Peril of Integrated Cost Systems, in: Harvard Business Review, Juli-August 1998, S.109-119.

Domsch, Michael / Reinecke, Peter (1989): Bewertungstechniken, in: Szyperski, Norbert (Hrsg.): Handwörterbuch der Planung, Stuttgart, 1989, S. 143-155.

Ebner, Gunnar (1997): Controlling komplexer Logistiknetzwerke, GVB Schriftenreihe, Nürnberg, 1997.

Eccles, R. (1991): Wider das Primat der Zahlen – die neuen Steuerungsgrößen, in: Harvard Manager, Nr. 4, 1991, S. 14-22.

Freeman, Edward R.: Strategic Management: A stakeholder approach, in: Lamb, Robert (Hg.): Advances in strategic management. Greenwich, 1983, S. 31-60.

Gundlach, Gregory T. / Achrol, Ravi S. / Mentzer, John T. (1995): The Structure of Commitment in Exchange, in: Journal of Marketing, Vol. 59, January 1995, S. 78-92.

Habersam, Michael (1997): Controlling als Evaluation. Potentiale eines Perspektivwechsels, München, 1997.

Hahn, Dietger (1992): Zweck und Standort des Portfoliokonzeptes in der strategischen Unternehmensführung, in: AG-Plan-82a, 1992, S. 1-24.

Hanusch, Horst (1987): Nutzen-Kosten-Analyse. München, 1987.

Harrington, James H. (1991): Business Process Improvement: The Breakthrough Strategy for Total Quality, Productivity, and Competitiveness, New York, 1991.

Heinen, E. (1992): Einführung in die Betriebswirtschaftslehre, 9. Auflage, Wiesbaden, 1992 (erstmals 1968).

Hiromoto, Toshihiro (1989): Das Rechnungswesen als Innovationsmotor, in: Harvard Manager, Nr. 1, 1989, S. 129-133.

Horváth, Peter (1996): Controlling, 6. Auflage, München, 1996.

Ittner, Christopher D. / Larcker, David F. (1998): Are non-financial measures leading indicators of financial performance? An analysis of customer satisfaction, in: Journal of Accounting Research, Vol. 36, 1998, S. 1-36.

Juran, J. M. / Gryna, Frank M. Jr. (1980): Quality Planning and Analysis, 2. Auflage, New-York, 1980.

Kaplan, Robert S. / Murdock, L. (1991): Core Process Redesign - Rethinking the Corporation, in: The McKinsey Quarterly, Nr. 2, 1991, S. 27-43.

Kaplan, Robert S. / Norton, David P. (1992): In Search of Excellence. Der Maßstab muß neu definiert werden, in: Harvard Manager, Nr. 4, 1992, S. 37-46.

Kaplan, Robert S. / Norton, David P. (1996): The Balanced Scorecard, Boston, 1996.

Klaus, Peter (1993): Die dritte Bedeutung der Logistik, Nürnberger Logistik-Arbeitspapier Nr. 3, Nürnberg, 1993.

March, J. G. / Simon, H. A. (1958): Organizations, New York, 1958.

Nordsieck, F. (1934): Grundlagen der Organisationslehre, Stuttgart, 1934.

Otto, Andreas (1993): Das Management der Qualität von Transportdienstleistungen. Rekonstruktion eines handlungsorientierten Ansatzes auf der Basis industriebetriebswirtschaftlicher und dienstleistungstheoretischer Beiträge, Schriftenreihe der Gesellschaft für Verkehrsbetriebswirtschaft und Logistik (GVB) e. V., Heft 25, Nürnberg, 1993.

Otto, Andreas (1999): Return on Controlling – Investitionen in das Controlling von Logistikdienstleistungen, in: Kostenrechnungspraxis, Heft 2, 1999, S. 99-107.

Otto, Andreas (2002): Management und Controlling von Supply Chains. Ein Modell auf der Basis der Netzwerktheorie, Wiesbaden, 2002.

Parasuraman, A. / Zeithaml, Valarie A. / Berry, Leonard L. (1985): A Conceptual Model of Service Quality and its Implications for Future Research, in: Journal of Marketing, Vol. 49, Autumn 1985, S. 41-50.

Parasuraman, A. / Berry, Leonard L. / Zeithaml Valarie A. (1991): Understanding Customer Expectations of Service, in: Sloan Management Review, Spring 1991, S. 39-48.

Pfeiffer, Werner / Metze, Gerhard / Schneider, Walter / Amler, Robert (1982): Technologie-Portfolio zum Management strategischer Zukunftsgeschäftsfelder, Göttingen, 1982.

Porter, Michael, E. (1998): Competitive Advantage. Creating and Sustaining Superior Performance, New York, 1998.

Pounds, William F (1969): The Process of Problem Finding, in: IMR, Fall 1969, S. 2-20.

Randolph, Rainer (1979): Pragmatische Theorie der Indikatoren - Grundlagen einer methodischen Neuorientierung, Göttingen, 1979.

Recktenwald, Horst-Claus (1980): Markt und Staat. Fundamente einer freiheitlichen Ordnung in Wirtschaft und Politik, Göttingen, 1980.

Recktenwald, Horst-Claus (1983): Lexikon der Staats- und Geldwirtschaft, München, 1983.

Rückle, Dieter (1993): Bewertungsprinzipien, in: Chmielewicz, Klaus / Schweitzer, Marcell (Hrsg.): Handwörterbuch des Rechnungswesens, 3. Auflage, Stuttgart, 1993, 1993, S. 192-202.

Schuderer, Peter / Klaus, Peter (1994): Begriff und Klassifikation von Prozessen. Zur Aufklärung der allgemeinen Sprachverwirrung, Nürnberger Logistik-Arbeitspapier, Nr. 4, Nürnberg, 1994.

Shingo, Shigeo (1988): Non-Stock Production: The Shingo-System for Continuous Improvement, Cambridge/Ma., 1988.

Sullivan, L. P. (1986): Quality Function Deployment, in: Quality Progress, June 1986, S. 39-50.

Szyperski, Norbert (Hrsg.) (1989): Handwörterbuch der Planung, Stuttgart, 1989.

Analyse und Bewertung logistischer Hauptprozesse

Der Prozess der informatorischen Auftragsbearbeitung

Paul Holger Klee / Eugen Makowski / Jan Remmert[*]

---

[*] Dr. Paul Holger Klee, Knowtice AG, Frankfurt am Main.
    Dr. Eugen Makowski, HORNBACH Baumarkt AG Bornheim.
    Dr. Jan Remmert, Simon, Kucher & Partners, Bonn.

1. Einleitung

Welche Art von Logistiksystemen man auch betrachtet, welchen Abschnitt eines solchen Systems oder welches verrichtungsspezifische Subsystem: Essentieller Bestandteil ist immer die Auftragsabwicklung. Einzelne Logistiksysteme mögen auf Lagerung verzichten, andere kommen auf Grund ihrer strukturellen Ausprägungen ohne zwischenbetriebliche Transporte aus. Die Auftragsabwicklung ist jedoch zwingender Bestandteil eines jeden Logistiksystems. Der durch sie erfasste Auftrag bildet den Ausgangspunkt der Leistungserstellung. Alle Teilaktivitäten eines Unternehmens, die der Erfüllung dieses Auftrags dienen, werden durch die Auftragsabwicklung initiiert und koordiniert.

Die durch die Auftragsabwicklung koordinierten informatorischen und physischen Aktivitäten bestimmen zusammen die Leistung, die für einen Kunden erbracht wird, und die damit verbundenen Kosten. Daher muss eine Bewertung der einzelnen Aktivitäten für eine zielkonforme Steuerung aus einer aktivitätenübergreifenden Perspektive erfolgen. Die Betrachtung einzelner Aufgaben, losgelöst vom Prozess, in den sie eingebunden sind, führt zwangsläufig zu suboptimalem Verhalten bezüglich der Aufgabenerfüllung. Dies lässt sich anhand eines Beispiels verdeutlichen:

Die Zielvorgabe für den Lieferservice der Teilaktivitäten Auftragsaufnahme, Auftragsübermittlung, Produktion, Kommissionierung und Versand eines Gesamtprozesses sei mit je 99% angegeben. Bei unmittelbarer Verknüpfung der Teilprozesse resultiert aus dieser Vorgabe ein Lieferservice von nur noch 95% gegenüber dem Kunden.

Die Bedeutung, die die *informatorische* Auftragsabwicklung in solchen Aktivitätenabfolgen hat, zeigt eine Betrachtung der Durchlaufzeit. Der Anteil der informatorischen Prozesse liegt dort zwischen 20 und 75%. Je länger der Gesamtprozess dauert, umso größer ist der Anteil der Auftragsübermittlungs-, -prüfungs-, Planungs- und Kontrollzeiten.[1] Das Optimierungspotenzial, welches sich im Anteil dieser Aktivitäten an der gesamten Leistungserstellung eines Unternehmens äußert, lässt sich allerdings nur realisieren, wenn deutlich wird, welche Teilprozesse welchen Einfluss auf die Dauer, die Qualität und die Kosten der Leistungserstellung im Unternehmen haben. Der folgende Beitrag liefert dazu Anregungen, indem er Einflussfaktoren und Gestaltungsansätze der informatorischen Auftragsabwicklung skizziert. Die Vielfalt der Faktoren führt dazu, dass in der anschließenden Darstellung von Teilprozessen bzw. Kennzahlen ihrer Analyse und Bewertung eine Konzentration auf eine Prozessart vorgenommen wird. Geringfügige Modifikationen liefern dem Leser auch in anderen Fällen Anregungen für das Prozessmanagement.

---

[1] Vgl. Pfohl (2000), S. 80.

2. Der Prozess der informatorischen Auftragsabwicklung

Die Auftragsabwicklung bezeichnet die Summe der Aktivitäten vom Eingang eines Auftrags beim Lieferanten bis hin zu dessen vollständiger Erfüllung beim Kunden. Dementsprechend subsumiert der Begriff der Auftragsabwicklung sowohl rein informatorische als auch physische Logistikaktivitäten. Dies gilt unabhängig davon, ob es sich aus Sicht des Lieferanten um einen internen oder externen Kunden handelt.

Diese kurze Beschreibung verdeutlicht bereits die konstituierenden Elemente eines Auftragsabwicklungsprozesses. Ein Prozess bildet sich durch die Beziehung eines Kunden zu einem Lieferanten. Die Beziehung resultiert aus einer Leistung, die der Lieferant dem Kunden entsprechend dessen Anforderungen bietet. Der Auftrag ist das auslösende Element aller Aktivitäten, die im Rahmen des Prozesses für die Erstellung der Leistung erforderlich sind. Die folgenden Abschnitte beschreiben die Kennzeichen eines Auftrags und die Arten sowie die Bestandteile von Auftragsabwicklungsprozessen. Diese Beschreibung bildet die Grundlage für die Analyse und Bewertung von Prozessen.

2.1 Der Auftrag als Auslöser von Leistungsprozessen

„Der Auftrag ist die Grundlage des Informationsflusses im Logistiksystem."[2] Wie das Zitat zeigt, ist der Auftrag für die Logistik von großer Bedeutung. Fehler eines Auftrags lassen sich auch durch noch so flexible und schnelle Logistikprozesse nicht beseitigen. Ein *externer* Auftrag verbindet unterschiedliche Unternehmen, ein *interner* Auftrag ist das Instrument der Koordination für alle einzelnen Aktivitäten eines Unternehmens. Gleichgültig, ob er mündlich, schriftlich oder in elektronischer Form übermittelt wird, stellt der Auftrag den Maßstab der logistischen Leistung dar und verursacht Kosten. Beide Eigenschaften stellen ihn in den Mittelpunkt des Interesses für die Bewertung logistischer Systeme.

Je nach Art der Leistung, die durch einen Kunden bezogen werden soll, besteht ein Auftrag aus verschiedenen Bestandteilen. Bei schriftlicher und elektronischer Form des Auftrags bilden diese Bestandteile ein Auftragsformular, das zumeist die folgenden Ausprägungen aufweist.

---

[2] Pfohl (2000), S. 78.

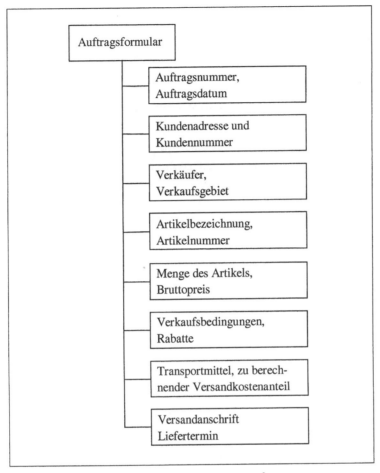

Abb. 1:   Auftragsbestandteile[3]

Um das Formular auch für logistische Zwecke zu nutzen, reicht diese Zusammenstellung keinesfalls aus. Mit den Informationen des Auftrags wird eine Integration logistischer Ketten auch über Unternehmensgrenzen hinaus erreicht, wenn sie die dem Auftragsabwicklungsprozess folgenden Aktivitäten berücksichtigen. Solche Informationen sind beispielsweise: Verpackungsanforderungen, Stapelhöhen, Lieferzeitfenster oder Kodierungen, die auf einer Sendung angebracht werden sollen, um sie automatisch weiterverarbeiten zu können. Diese Informationen stellen zusätzliche Anforderungen dar, die in der Bewertung der Prozessqualität zu berücksichtigen sind. Darüber hinaus haben sie weitreichenden Einfluss auf den Auftragsabwicklungsprozess. So lässt sich die

---

3   Quelle: in Anlehnung an Pfohl (2000), S. 79.

Transportplanung des Lieferanten parallel zu seiner Montage oder auch zur Kommissionierung vornehmen, wenn das Auftragsformular bereits Hinweise auf die Größe und das Gewicht der zu liefernden Sendung gibt. Solche Informationen mögen aufgrund ihrer Anforderungen an die Datenverwaltung eines Unternehmens in der informatorischen Auftragsabwicklung selbst zusätzliche Kosten verursachen; sie sind jedoch geeignet, in anderen Prozessabschnitten Kosten zu senken oder die Prozessleistung zu steigern.

Ein Auftrag ist nur einer der Leistungs- und Informationsflüsse zwischen Lieferanten und Kunden. Die folgende Abbildung skizziert ein denkbares Spektrum dieser Flüsse. Dieses sollte immer Teil einer Analyse und Bewertung von informatorischen Auftragsabwicklungsprozessen sein, um alle relevanten Einflussfaktoren effizienter Auftragsabwicklung zu erfassen.

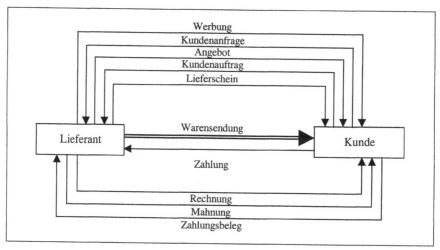

Abb. 2:   Informations- und Leistungsflüsse[4]

Konsequenz der erweiterten Betrachtung ist die Aufnahme auch der einem Auftrag vorangehenden Aktivitäten in der folgenden Prozessanalyse.

2.2 Informatorische und physische Auftragsabwicklungsprozesse

Jede Form physischer Leistungserstellung wird durch informatorische Prozesse angestoßen und verursacht selbst wiederum Informationen für die ihr folgenden Aktivitäten. Daher ist eine Trennung von physischen und informatorischen Auftragsabwicklungsprozessen für den vorliegenden Zweck schwierig. So stellt beispielsweise eine innerbe-

---

[4]   Quelle: Ferstl / Sinz (1991), S. 12.

triebliche Umlagerung eines Werkstücks vorrangig einen physischen Prozess dar. Gleichzeitig ist sie aber auch mit einem Teil der Auftragsabwicklung verbunden, da in irgendeiner Form ein Umlagerungsauftrag vorliegen muss, und die Ortsveränderung des Werkstücks allen folgenden Aktivitäten mitzuteilen ist.

Eine Betrachtung des Einen muss also immer unter Berücksichtigung der Interdependenz zum Anderen erfolgen. Die Darstellung eines schematischen Auftragsabwicklungszyklus verdeutlicht diesen Zusammenhang durch die Art der Informations- und Leistungsflüsse zwischen Kunden und Lieferanten.

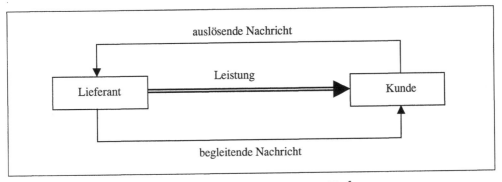

Abb. 3: Der Auftragsabwicklungszyklus[5]

Die Tätigkeiten eines Lieferanten folgen einem Auftrag; im Gegenzug fließen die eigentliche Prozessleistung sowie zugehörige Informationen an den Kunden zurück. Dieser Zyklus besteht nicht nur für die Auftragsabwicklung zwischen Unternehmen. Er beschreibt vielmehr die elementaren Bestandteile zwischen zwei Aktivitäten auf einem beliebigen Aggregationsniveau. Als Kunden und Lieferanten können also einzelne Betriebe, Werkstätten oder auch einzelne Stellen betrachtet werden.

Um nun für analytische Zwecke die informatorischen von den physischen Auftragsabwicklungsprozessen zu trennen, werden im Folgenden die Aktivitäten betrachtet, die der Planung und Steuerung der physischen Aktivitäten dienen. Dies sind im obigen Zyklus die Aktivitäten, die mit den zur Ware gegenläufigen Informationen in Verbindung stehen. Prozesse, die wie im Beispiel der Umlagerung die warenbegleitenden Informationen behandeln, stehen nicht im Mittelpunkt.

---

5   Quelle: Ferstl / Sinz (1991), S. 11.

2.3 Arten von Auftragsabwicklungsprozessen

Nicht für alle Arten der Auftragsabwicklung ist das gesamte Spektrum der in Abbildung 2 skizzierten Informationsflüsse relevant. Für die Konzeption der Prozessanalyse ist es hilfreich zu erkennen, von welchen Eigenschaften eines Prozesses die Art der Informationsflüsse abhängt. Gelingt es, Einflussfaktoren der Prozessgestaltung zu identifizieren, ist die Grundlage geschaffen, um Ansätze der Prozessanalyse und -bewertung zu vergleichen. Auftragsabwicklungsprozesse, die ähnlichen Einflüssen unterliegen, können auf vergleichbare Art und Weise strukturiert und mit einem ähnlichen Kennzahlensystem für ein systematisches Management versehen werden.

2.3.1 Einflussfaktoren der Auftragsabwicklung

Faktoren, die die Art der Auftragsabwicklung maßgeblich beeinflussen, hängen zum einen mit dem Produkt, zum anderen mit dem Kunden zusammen. Betrachtet man den Einflussfaktor ‚Produkt‘, so sind sein Wert, seine Größe, sein Gewicht sowie seine Komplexität und Variantenvielfalt hervorzuheben.

Aspekte, die mit der Umschlaghäufigkeit des Produkts in Verbindung stehen, leiten zum Kunden als dem maßgeblichen Einflussfaktor der Auftragsabwicklung über. Dessen Verbrauchsverhalten, sein Standort und seine individuellen Ansprüche sind hier zu beachten, da sie unmittelbar auf die Form der Beschaffung wirken. Die Wahl zwischen kontinuierlicher Belieferung in Just-in-Time-Beziehungen oder unregelmäßigen Einzelfallbeschaffungen kann ohne ihre Berücksichtigung nicht getroffen werden.

2.3.2 Gestaltungsparameter der Auftragsabwicklung

Unterschiedliche Ausprägungen der Einflussfaktoren der Auftragsabwicklung verlangen unterschiedliche Ausprägungen der Gestaltungsparameter. Diese Parameter können in drei verschiedene Gruppen unterteilt werden, wie sie die Tabelle 1 zusammen mit möglichen Ausprägungen zeigt.

Parameter	Detaillierung	Ausprägungen
Struktur	Vertikale Struktur Horizontale Struktur	Stufigkeit der Auftragsabwicklung Queranforderungen
Aufträge	Auftragszusammensetzung Zeitliche Verteilung	homogen, heterogen regelmäßig, unregelmäßig
Auftrags- steuerung	Dispositionsart Materialflusssteuerung Zentralisierungsgrad Aufgabenträger	auftragsorientiert, erwartungsorientiert pull, push dezentral, zentral intern, extern

Tab. 1: Gestaltungsparameter der Auftragsabwicklung

Ausgangspunkt ist die Struktur, die sich in der Stufigkeit der Auftragsabwicklung manifestiert. Die Notwendigkeit, die Stufigkeit im Zusammenhang mit der Prozessanalyse der informatorischen Auftragsabwicklung zu betrachten, zeigt sich z.B. im Handel. Die getrennte Lagerhaltung von Artikeln mit unterschiedlicher Umschlagrate bietet die Wahl, die Aufträge für das gesamte Artikelspektrum entweder bereits in der Filiale zu trennen oder erst in einem liefernden Lager. Die physische Vernetzung von Standorten nimmt auch im Fall möglicher Querbelieferungen zwischen Standorten derselben Ebene Einfluss auf die Art der Auftragsabwicklung und den Bedarf, ihre Bewertung daran anzupassen. Solche Querbelieferungen sind ein denkbarer Ansatz, der eher netzwerkartigen als geradlinigen Struktur von Prozessen gerecht zu werden.

Aufträge lassen sich unmittelbar durch ihre Zusammensetzung und zeitliche Verteilung gestalten. Letztere zeigt sich zum Beispiel in regelmäßigen Lieferbeziehungen in festen Auftragsübermittlungs- und Liefertagen.

Wie solche Aufträge zu behandeln sind, wird in der Art der Auftragssteuerung festgelegt. Hier ist der Aufgabenträger festzulegen. Unterschiedliche Grade der Zentralisierung einer Entscheidung über die Auftragssteuerung stehen zur Auswahl. Der Aufgabenträger zumindest von Teilen der Auftragsabwicklung ist nicht einmal auf Bereiche innerhalb der Unternehmensgrenzen beschränkt. Je nach Kompetenz und Interdependenz zu anderen Prozessen kann sich auch eine Auftragsabwicklung z.B. durch Lieferanten anbieten. Moderne Auftragsabwicklungssysteme lassen diese Variante zu, um etwa Produktionsprozesse und die ihnen folgenden Lagerhaltungsprozesse besser abzustimmen.

Des Weiteren ist die Materialflusssteuerung festzulegen, wobei zwischen Pull-Systemen und Push-Systemen zu unterscheiden ist. In Pull-Systemen generiert der tatsächliche Verbrauch eines Kunden einen Nachschubauftrag. In Push-Systemen entstehen Lieferaufträge aus der übergreifenden Planung anhand zu erwartender Verbräuche.

Vor allem die Dispositionsart bestimmt die Auftragsabwicklung. Sie erfolgt entweder auftragsorientiert, d.h. erst ein konkreter Kundenauftrag führt zur Ausführung aller vorgelagerten Aktivitäten, oder sie erfolgt erwartungsorientiert. Die Wahl zwischen den beiden Alternativen und die Festlegung des Grades der Auftragsorientierung bestimmt, welche Aktivitäten integriert gesteuert werden und welche abgekoppelt von diesem Auftrag durchzuführen sind. Aus der Auswahl entstehen somit einzelne Segmente, innerhalb derer Entscheidungen über alle anderen Parameter der Auftragsabwicklung zu treffen sind. Arten solcher Segmente und ihre Abhängigkeit von den Einflussfaktoren zeigt der folgende Abschnitt.

2.3.3 Varianten der Auftragseindringtiefe

Konsequenz der unterschiedlichen Einflussfaktoren und Gestaltungsparameter der Auftragsabwicklung ist die Schlussfolgerung, dass es *den* Auftragsabwicklungsprozess nicht gibt. Eine Vielzahl von Varianten ist zu unterscheiden, die das Spektrum von der einfachen mündlichen Anfrage im Kaufhaus bis hin zu komplexen Sonderanfertigungen im Investitionsgüterbereich abdecken. Um einen Überblick über dieses Spektrum zu erlangen, erfolgt dessen Strukturierung anhand unterschiedlicher Ausprägungen der Dispositionsart, also der Auftragseindringtiefe in ein Unternehmen. Auf eine Fallunterscheidung zwischen Produktions- und Handelsunternehmen wird zur Vereinfachung an dieser Stelle verzichtet.

Die ‚Auftragseindringtiefe' teilt den Gesamtgeschäftsprozess eines Unternehmens in die Aktivitäten, die erst bei Vorliegen eines konkreten Auftrags ausgeführt werden, und diejenigen, die auf einen solchen Auftrag verzichten. Reagierende Ausführung von Tätigkeiten wird von antizipativer Ausführung an einem sogenannten Entkopplungspunkt getrennt. Die folgende Abbildung skizziert Auftragsabwicklungsprozesse mit unterschiedlichen Entkopplungspunkten, die als Dreiecke gekennzeichnet sind.

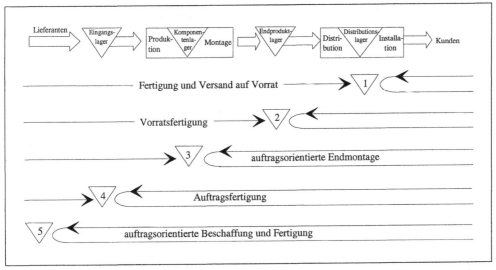

Abb. 4: Prozesse mit unterschiedlichen Entkopplungspunkten[6]

Die Abbildung zeigt 5 verschiedene Varianten der Prozessgestaltung, zu deren Bildung ein unternehmensexterner Auftrag dient. Natürlich bedürfen auch alle Prozessbestandteile, die links der Dreiecke antizipativ ausgeführt werden, eines auslösenden Auftrags. Ohne einen solchen Auftrag ist eine koordinierte Leistungserstellung nicht möglich. Dieser Auftrag kann wiederum einen geschlossenen Auftragszyklus anstoßen, der zu einer integrierten Leistungserstellung bis hin zur Beschaffung beim Lieferanten führt. Gleichwohl kann auch hier eine Teilung in unterschiedliche Auftragszyklen erfolgen. Für jeden dieser Zyklen ist dann wie für einen externen Auftrag die Auftragseindringtiefe zu definieren.

Die beiden Extremformen der obigen Abbildung – eine vollständig auf Prognosen des Absatzes basierende Fertigung (Nr. 1) und die auftragsorientierte Fertigung bzw. Distribution (Nr. 5) – können verdeutlichen, wie durch die Gestaltung des Entkopplungspunktes auf die unterschiedlichen Einflussfaktoren der Auftragsabwicklung reagiert werden kann.

Die Variante 1 zeigt das Beispiel der anonymen Fertigung und Distribution. Alle Aktivitäten basieren auf der Prognose des zukünftigen Bedarfs. Auch die Auslieferung z.B. an den Einzelhandel wird in Erwartung einer Kundennachfrage getroffen, die eintritt, bevor ein Produkt seine Verwendungsfähigkeit verliert. Verbrauchsgüter des täglichen Bedarfs werden auf diese Weise gehandhabt, ebenso standardisierte Gebrauchsgüter. Zentrale Einflussfaktoren sind hier der geringe Wert eines Produktes, eine relativ gerin-

---

6   Quelle: Delfmann (1995), S. 181.

ge Anzahl von Varianten und die fehlende Bereitschaft eines Kunden, auf sein Produkt zu warten. Ein Auftrag beschränkt sich auf die Festlegung der beteiligten Parteien, des gewünschten Artikels, seiner Menge und des Auftragsdatums.

Mitunter findet nicht einmal eine fassbare Auftragsabwicklung statt. Der Kunde bedient sich selbst und zahlt entsprechend am Ende seines Einkaufsvorgangs. Auch diese Form des Kundenkontakts muss als eine Auftragsabwicklung aufgefasst werden. Sie stellt eine komplexe Aufgabe an die Bewertung der Prozessqualität, da sich ein Auftrag nur in einer vollzogenen Handlung manifestiert. Bei Fehlmengen kommt es nicht zu einem Auftrag. Die Kaufabsicht ist jedoch der Maßstab für die Verfügbarkeit von Produkten als dem zentralen Ergebnis der logistischen Prozesse.

Anders stellt sich die zweite Extremvariante dar, die durch die Auftragseindringtiefe definiert wird. Jede Form der Leistungserstellung im Unternehmen erfolgt erst dann, wenn ein konkreter Kundenauftrag vorliegt. Ein solches Vorgehen kennzeichnet z.B. den Anlagenbau. Das Ergebnis der vollständigen Auftragsabwicklung ist ein individuelles Produkt, das erst in Zusammenarbeit mit dem Kunden entsteht. Eine Vorproduktion – auch nur bis zu einer Vorstufe des Endprodukts – schließt sich auf Grund des hohen Produktwerts aus. Eine Lagerung von Zwischenprodukten würde in diesem Fall zu hohen Lagerkosten führen. Im Extremfall findet das Produkt überhaupt keine Verwendung mehr, da keine Nachfrage nach dem Endprodukt eingeht, für das dieses Teil bereits produziert wurde.

An dieser Stelle wird erneut offensichtlich, wie die Art der Auftragsabwicklung auf deren Bewertung einwirkt. War es im ersten Fall vor allem die Verfügbarkeit von Präsenzartikeln, die einen zentralen Maßstab der logistischen Qualität darstellt, ist diese Kennzahl hier von untergeordneter Bedeutung. Wichtiger ist hier die Lieferzuverlässigkeit. Die betrachtete Güterart lässt keinen Ersatz durch andere Produkte zu; daher ist eine pünktliche und vollständige Auslieferung von oberster Priorität. Ebenso ist die Kostenmessung zu modifizieren, da sie nun eine veränderte Aktivitätenmenge betrachten muss.

Um die geänderten Zielgrößen der Bewertung auch messen zu können, ist das Spektrum der Informationen in einem Auftrag zu erweitern. Neben der technischen Spezifikation, die sich nicht mehr unmittelbar aus einer Artikelnummer ableiten lässt, müssen beispielsweise die Erfüllungsdaten der einzelnen Abschnitte der Leistungserstellung – Lieferung, Montage, Abnahme etc. – oder die Orte der Leistungserstellung fixiert werden. Zu bemerken ist an dieser Stelle, dass die Informationen eines Auftrags während der Auftragsabwicklung zu ergänzen sind. So ist für den Fall einer Verschiebung des Liefertermins auch der ursprünglich vereinbarte Termin festzuhalten, um eine sinnvolle Leistungsmessung zu ermöglichen. Der immer noch praktizierte Vergleich eines tatsächlichen Liefertermins mit einem angekündigten Liefertermin, der jedoch bereits mehrfach verschoben wurde, führt zwar zu hervorragenden Leistungskennzahlen, der

eigentlichen Intention, auf Basis dieser Kennzahl eine Prozessverbesserung zu erreichen, wird indes nicht gefolgt.

Der zweite Fall führt zu einer stärkeren Integration der Auftragsabwicklung mit dem
Kunden. Zusätzliche Aktivitäten, die ihn vom ersten Fall unterscheiden, sind in die informatorische Auftragsabwicklung aufzunehmen. Daher beschreibt dieser zweite Fall
der vollständigen Auftragsfertigung einen maximalen Prozess der Auftragsabwicklung.
Dieser Maximalprozess wird im Folgenden herangezogen, wenn es um seine Analyse
und Bewertung geht.

Neben einer Variation der Auftragseindringtiefe ist die Stufigkeit von Distributionsstrukturen ein Gestaltungsparameter, um auf die unterschiedlichen Anforderungen von
Kunden und Produkten zu reagieren. Dies ist ebenfalls eine strategische Entscheidung,
die durch Informationen über die Auftragsabwicklung zu beeinflussen ist. Gleichzeitig
wird durch diese Art der Entscheidung der Auftragsabwicklungsprozess und die Art
seiner Bewertung verändert. So folgt aus einem hohen Produktwert tendenziell ein höherer Lagerzentralisierungsgrad und damit eine nur einstufige Auftragsabwicklung. Für
geringwertige Güter treten diese Überlegungen hinter die Erfordernis der Transportkon-
solidierung in mehrstufigen Systemen zurück. Der Prozess der informatorischen Auftragsabwicklung wird dadurch komplexer. Gleichgewichtet stehen neben den Anforderungen, die das Produkt an die Auftragsabwicklung stellt, die Forderungen des Kunden.
Die Stufigkeit des logistischen Systems ist somit auch eine Konsequenz der Lieferzeit-
anforderungen.

Solche strukturellen Entscheidungen müssen sich nicht in gleicher Weise auf physische
und informatorische Prozesse beziehen. Beispielsweise kann ein Auftrag direkt an einen
Hersteller gerichtet werden, auch wenn der Transport in einer zweistufigen Distributi-
onsstruktur erfolgt. Die Messkriterien und die Messpunkte der Auftragsabwicklung sind
somit für die physische und informatorische Auftragsabwicklung getrennt voneinander
zu betrachten.

2.4 Teilprozesse der informatorischen Auftragsabwicklung

2.4.1 Auftragsfertigung als Beispiel der maximalen Aktivitätenmenge
der Auftragsabwicklung

Wie bereits vermerkt, wird für die folgende Prozessanalyse die Variante vollständiger
Auftragsfertigung und -beschaffung (Abbildung 4, Nr. 5) dokumentiert. Die Prozessanalyse teilt den Gesamtprozess in einzelne Abschnitte, die jeweils eigene Anforderungen an ihre Bewertung stellen. Ein mögliches Ergebnis einer solchen Analyse bietet die
folgende Abbildung.

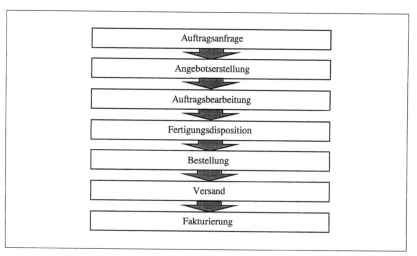

Abb. 5:   Teilprozesse der informatorischen Auftragsabwicklung

Die Teilprozesse beinhalten die Schritte von der unverbindlichen Auftragsanfrage bis
zur finanziellen Abwicklung einer Leistungserstellung. Sie berücksichtigen auf diese
Weise die Integration des Kunden in den Leistungserstellungsprozess, dessen Ergebnis
erst aus den individuellen Wünschen des Kunden folgt. Die Art der Teilprozessbildung
ist deutlich mit der physischen Leistungserstellung verbunden. Eine Entkopplung einzelner Aktivitäten auf dieser Betrachtungsebene, z.B. durch die Bildung von Zwischen-
lagern, schafft die Voraussetzung, die Aktivitäten separat zu betrachten und autonom
Maßnahmen der Optimierung für diese Aktivitäten durchzuführen. Andererseits ist zu
beachten, dass die Trennung der Aktivitätenfolge Optimierungspotenziale verschenkt,
die aus der integrierten Steuerung von Teilprozessen resultieren.

Die folgenden Abschnitte fassen nun die Aktivitäten in den einzelnen Teilprozessen zusammen, auf deren Basis eine differenzierte Darstellung möglicher Größen der Kosten-
und Leistungserfassung aufbaut.

2.4.2 Auftragsanfrage

Bereits vor dem Vorliegen eines verbindlichen Auftrags verursacht die Anfrage eines
Kunden Aufwand. Ebenso kann die Handhabung einer solchen Anfrage in unterschiedlicher Güte erfolgen. Daher ist schon in dieser frühen Phase der Auftragsabwicklung eine differenzierte Aktivitätenanalyse erforderlich. Ihr Ergebnis liefert die folgende Tabelle.

Aktivitäten im Teilprozess Auftragsanfrage
Kundenanfrage übermitteln
Kundenanfrage entgegennehmen
Bonität des Kunden prüfen
Eindeutigkeit der Anfrage prüfen
Kundenseitige Leistungen feststellen
Ermittlung kritischer Erfolgsfaktoren der Auftragserteilung
Auftragsumfang ermitteln
Realisierbarkeit ermitteln

Tab. 2: Auftragsannahme

2.4.3 Angebotserstellung

Konkretisiert sich das Interesse des potenziellen Kunden an einer Unternehmensleistung, folgt die Erstellung eines Angebots. Der Abstimmungsaufwand für die Lösung eines konkreten Kundenproblems führt dazu, dass der Teilprozess nicht als eine lineare Anordnung von Aktivitäten zu verstehen ist, sondern verschiedene Schleifen durchläuft, bis ein Angebot fixiert ist.

Aktivitäten im Teilprozess Angebotserstellung
Auftragsprojektierung steuern und überwachen
Lösungskonzept erarbeiten
Angebotskalkulation erstellen
Ecktermine abstimmen und festlegen
Angebot anfertigen
Angebot versenden
Abstimmung mit dem Kunden
Angebotsterminüberwachung
Attraktivitätsprüfung

Tab. 3: Angebotserstellung

2.4.4 Auftragsbearbeitung

Hat sich der Kunde für einen Lieferanten entschieden, beginnt die eigentliche Phase der Auftragsabwicklung. Ein Auftrag liegt hingegen erst dann vor, wenn auch der Lieferant mit dem Abschluss eines Vertrags akzeptiert, die vereinbarte Leistung zu erstellen. Die Dauer zwischen der ersten Anfrage des Kunden und einem festen Vertrag macht es erforderlich, einzelne gleichartige Aktivitäten in unterschiedlichen Teilprozessen zu wiederholen. Dies gilt beispielsweise für die Prüfung der Bonität. An der Aktivität selbst und der Messung ihrer Effektivität und Effizienz ändert sich hingegen nichts.

Aktivitäten im Teilprozess Auftragsbearbeitung
Kundenauftrag übermitteln
Kundenauftrag entgegennehmen
Bonität des Kunden prüfen
Abgleich Auftrag mit Angebot
Realisierbarkeit prüfen
Ermittlung kritischer Erfolgsfaktoren
Auftragsprojektierung steuern und überwachen
Montageterminabstimmung mit dem Kunden
Logistische Kapazitäten planen
Endgültige Termine festlegen
Vertrag abschließen
Auftrag erfassen
Aufträge an Fertigungssteuerung und Disposition vergeben
Entwicklungs- und Konstruktionsaufträge vergeben
Montageeinsätze planen
Auftragsbestandsfortschreibung
Auftragsbestätigung an den Kunden übermitteln
Kundenrückfragen bearbeiten

Tab. 4: Auftragsbearbeitung

2.4.5 Fertigungs-/Materialdisposition

Wann, wo, auf welcher Maschine, von wem mit welchen Materialien ein Fertigungsschritt zu vollziehen ist, wird durch die Fertigungsdisposition festgelegt. Die Komplexität dieser Aufgabe führt in der Regel dazu, dass zunächst eine Ausgangslösung für das Planungsproblem gesucht wird, die in der Folge sukzessive geändert wird, bis ein realisierbarer Plan vorliegt, der den Kundenanforderungen genügt. Erst dieses Planungsergebnis schafft die Voraussetzung, dem Kunden einen verbindlichen Liefertermin zu nennen. In Praxi ist diese Zusage jedoch bereits längst erfolgt. Sie wurde auf der Grundlage von Vergangenheitswerten gemacht, ihre Verbindlichkeit ist daher eher zweifelhaft. Um eine verbindliche Zusage des Liefertermins vornehmen zu können, sind die hier getrennt betrachteten Teilprozesse sehr viel stärker zu integrieren. Bereits vor der Auftragsbestätigung ist die Fertigungsplanung durchzuführen, um mit diesen Planungsergebnissen alle weiteren logistischen Aktivitäten zu steuern.

Zwei weitere Zusammenhänge der Teilprozesse – auch zur physischen Auftragsabwicklung – sollen an dieser Stelle noch Erwähnung finden. Zum einen ist die Abhängigkeit der informationsverarbeitenden Tätigkeiten von der Produktion hervorzuheben. Abge-schlossene Teilschritte der Produktion sind für die Zwecke der weiteren Auftragsab-wicklung an diese zurückzumelden. Zum anderen kann eine Produktion nur fortgesetzt werden, wenn die entsprechenden Materialien vorliegen. Die Materialdisposition wird im folgenden Teilprozess vorgestellt.

Aktivitäten im Teilprozess Fertigungsdisposition
Transport- und Lagereinrichtungen disponieren
Fertigungs-/Dienstleistungsaufträge entgegennehmen, erfassen, einplanen und bestätigen
Materialbestand und -reichweite prüfen
Material- und Fremdleistungsbedarf ermitteln und übermitteln

Tab. 5: Fertigungsdisposition

2.4.6 Materialbestellung

Spiegelbildlich zur eigenen Angebotserstellung und Auftragserfassung gegenüber den Kunden erfolgt die Bestellung eines Unternehmens bei seinen Lieferanten. Entspre-chend kann z.B. die Aktivität der Angebotseinholung anhand der Teilaktivitäten der Angebotserstellung in Tabelle 3 weiter verfeinert werden.

Aktivitäten im Teilprozess Bestellung
Bedarfsvorgaben entgegennehmen
Spezifikation des Bestellgegenstandes, der Prüfung und Zertifikate
Bestellmengen/Liefertermin ermitteln
Angebote einholen und vergleichen
Bestelldaten erfassen
Liefertermin festlegen und übermitteln
Lieferantenrückfragen bearbeiten
Importverzollung
Wareneingangsunterlagen mit Prüfaufträgen erstellen
Bestellbestätigung entgegennehmen
Bestellbestätigung kontrollieren
Bestellbestätigungsmahnung erstellen und übermitteln

Tab. 6:   Bestellung

2.4.7 Versand

Werden Produkte nicht auf Lager gefertigt, schließt sich der Produktion der Versand an. Hier ist es die Aufgabe der informatorischen Auftragsabwicklung, die einzelnen Teile eines Auftrags, die getrennt voneinander bearbeitet werden, wieder zusammenzuführen. Mit der Auslieferung eines Auftrags und der Montage bzw. Installation beim Kunden endet der physische Leistungsprozess. Dessen Ende ist in der Informationswirtschaft entsprechend nachzuhalten. Sie endet mit der Änderung des Bearbeitungsstatus eines Auftrags.

Aktivitäten im Teilprozess Versand
Produktionsabschlussmeldung erfassen
Transportkapazitäten fixieren
Kommissionierauftrag erstellen
Erstellung der Versandpapiere
Erstellung der Ausfuhrdokumente und Ausfuhr-statistiken
Lieferavisierung
Lieferbestätigung übermitteln
Lieferbestätigung erfassen
Bestand korrigieren

Tab. 7:   Versand

2.4.8 Fakturierung

Den Abschluss des gesamten Auftragsabwicklungsprozesses bildet die Fakturierung. Da es sich dabei nicht um einen logistischen Prozess im engeren Sinne handelt, wird er hier nicht weiter beschrieben. Es sei nur der enge Zusammenhang zu logistischen Umschlagprozessen angemerkt, der sich in der Frage der Vor- oder Nachfakturierung äußert.

3.   Zur Bewertung informatorischer Auftragsabwicklungsprozesse

Zur Bewertung der informatorischen Auftragsabwicklungsprozesse werden die allgemeinen Bewertungskriterien für Leistungen und Kosten angewendet. Zur Leistungsbewertung sind es die Kriterien der Prozessleistung und Prozessleistungsfähigkeit. Durch sie werden die für die informatorische Auftragsabwicklung wesentlichen Bewertungsdimensionen abgedeckt: Kundenzufriedenheit durch präzise und termingerechte Leistungserstellung bei hoher Flexibilität gegenüber Kundenwunschänderungen. Die Kostenbewertung nutzt das Konzept der Prozesskostenrechnung und gliedert sich in die Bewertung der Kosten der Leistungserstellung und die der Leistungsbereitschaft.

3.1 Leistungsbewertung

Zur Bewertung der Leistung von informatorischen Auftragsabwicklungsprozessen sind für die Bewertungsdimensionen der Prozessleistung und der Prozessleistungsfähigkeit für einzelne Teilprozessschritte Leistungsgrößen zu entwickeln. Diese sind durch messbare Kennzahlendefinitionen operabel zu machen. Zur Bewertung sind dann Vergleichsmaßstäbe bereitzustellen. Nachfolgend werden zuerst die Leistungsgrößen besprochen, die für die Bewertung von informatorischen Auftragsabwicklungsprozessen geeignet erscheinen, um nachfolgend Beispiele für Kennzahlen und Vergleichsmaßstäbe zu geben.

3.1.1 Festlegung von Leistungsgrößen

Die grundsätzlichen Konzepte für die Leistungsgrößen der Prozessleistung – Genauigkeit, Termintreue, Prozesszeit, Leistungsmengen – und der Prozesskapazität – Kapazität, Flexibilität, Robustheit – müssen nun auf den Hauptprozess der informatorischen Auftragsabwicklung angewendet und konkretisiert werden. Das Ergebnis zeigt die nachfolgende Matrix. Für jeden Teilprozess werden dort für jede Leistungsgröße der Prozessleistung und der Prozesskapazität systematisch Konkretisierungsvorschläge gemacht. Das Ergebnis ist keine starre Vorgabe; es ist vielmehr als Anregung für den Leser gedacht, die Ansätze auf sein Unternehmen zu übertragen. Deshalb wird der Schwerpunkt der Darstellung auf die Hintergründe, die Problemfelder und die beispielhafte Ableitung gelegt.

Bei der Umsetzung hat der Leser die Wahl, sich auf einzelne Teilprozesse und Bewertungsdimensionen zu beschränken, wenn diese Teilprozesse aus aktuellen Fragestellungen heraus im Fokus stehen. Für eine gesamthafte Prozessoptimierung ist es aber erforderlich, alle Teilprozesse in die Leistungsbeurteilung einzubeziehen. Nur dann kann erkannt werden, durch welche Teilprozesse der Gesamtprozess wie beeinflusst wird: Wo liegen die Engpässe, und bei welchen Teilprozessen wurden die Ressourcen überdimensioniert, welche Fehler pflanzen sich fort und beeinflussen das Gesamtergebnis, welche werden in Teilprozessen erkannt und behoben, sind alle Teilprozesse in gleichem Maße flexibel?

Bei der Leistungsbewertung von informatorischen Auftragsabwicklungsprozessen wird man mit einigen Problemfeldern konfrontiert, die diesem Hauptprozess eigen sind.

Der Auftrag als Bearbeitungsobjekt der Leistungserstellung ist eine immaterielle Informationseinheit, die sich nicht zählen, messen oder wiegen lässt. Sie entzieht sich der

Beschreibung durch physikalische Einheiten, auch wenn in einigen Fällen die Materialisierung der Information eine scheinbare physikalische Beschreibung bietet, wie das Zählen von Auftragsformularen und der dort aufgelisteten Einzelpositionen. Schwieriger wird es bei komplexeren Kundenaufträgen.

Die Auftragskomplexität kann aus zwei Richtungen betrachtet werden, um sie besser in den Griff zu bekommen. Einmal kann sich hinter einem Kundenauftrag eine mehrstufige Auftragshierarchie verbergen, die in ausführbare Einzelaufträge aufzulösen ist. Während man bei einem klaren Auftrag der Art „Transport einer Ganzladung von A nach B mit einem Transportmittel" keine Probleme hat, ist der Auftrag „Transport eines Containers aus einer Fabrik in Shen Zhen über Hongkong, Rotterdam, Mannheim nach Heidelberg" in Wahrheit ein zusammengesetzter Auftrag, der im Rahmen der informatorischen Auftragsabwicklungsprozesse entsprechend zu bearbeiten ist. Eine andere Dimension der Komplexität liegt in der Frage, wie weit ein Kundenauftrag so explizit formuliert werden kann, dass er direkt in ausführbare Aufträge umzusetzen ist. Der aus Sicht des Kunden klare Auftrag zum „Transport einer Maschine mit einem Gewicht von 44t und einer Länge von 32m von Kaiserslautern nach Nepal" löst auf Seiten des Auftragnehmers erst viele Analyseprozesse aus, bis der Kundenauftrag ausführbar ist. Da die Tendenz dahin geht, dass die Auftraggeber immer umfangreichere Logistikaufgaben teils im Rahmen eines Ausschreibungsverfahrens vergeben, die auf Seiten des potenziellen Auftragnehmers erst projektmäßig zu bearbeiten sind, wird die Behandlung komplexer Logistikaufträge für immer mehr Unternehmen eine reale Herausforderung. Bis es zu zählbaren Aufträgen auf der Ausführungsebene kommt, sind oft mit dem Kunden alternative Konzeptionen zu erarbeiten und gemeinsam zu vergleichen. Deshalb wird vorgeschlagen, bei diesen Auftragsarten die Bearbeitungsdauer als Komplexitätsmaß mit einzubeziehen, während es bei Aufträgen, die über Hierarchien verknüpft sind, sinnvoll ist, die Zahl der Hierarchien und die Anzahl der Einzelaufträge pro Ebene mit anzugeben.

Ein anderes Problemfeld, das spiegelbildlich zur Auftragskomplexität zu sehen ist, ist die Beschreibung der Fähigkeiten der Mitarbeiter und der eingesetzten Softwaresysteme als die wesentlichen Ressourcen der informatorischen Auftragsabwicklung im Hinblick auf die Beherrschung der Auftragskomplexität. Denn die Problemlösungsfähigkeit und damit die Produktivität der Mitarbeiter hängt bei solchen Aufträgen stark von ihrer Qualifikation und Erfahrung, aber auch von ihrer Kreativität ab. Hinzu kommt als Anforderung die Möglichkeit, die Art der Unterstützung durch geeignete Informationssysteme mit entsprechenden Verarbeitungsmechanismen und Inhalten zu klassifizieren.

Auf der anderen Seite ist in den meisten Fällen die Kernkompetenz eines Unternehmens grundsätzlich auf eine bestimmte, meist niedrige Auftragskomplexität ausgelegt, so dass bei der Umsetzung der hier vorgeschlagenen Bewertungskriterien ins eigene Unternehmen eine umfängliche Auseinandersetzung mit dem oben dargestellten Problemfeld entfallen kann. Anders sieht es dagegen aus für Unternehmen, die im logistischen Projektumfeld tätig sind und spezielle Einzellösungen anbieten oder das Outsourcing logistischer Funktionen übernehmen.

3.1.1.1 Prozessleistung

Prozessgenauigkeit

Unter Prozessgenauigkeit wird die inhaltliche Übereinstimmung des Prozessoutputs mit den Vorgaben verstanden. Es handelt sich um Ergebnisse in Form von Informationen, die zielführend der Erfüllung des Kundenauftrags dienen. Als Vorgaben können Elemente aus dem Kundenauftrag dienen oder Anforderungen, die sich aus einem Folgeprozess ergeben und die dieser benötigt, damit seine Ergebnisse ebenfalls prozessgenau sein können. Die Genauigkeitsanforderung bezieht sich einmal auf die Informationsinhalte; sie müssen vollständig und sachlich korrekt sein. Eine weitere Anforderung ist, dass die Inhalte dem Empfänger in einer für ihn interpretierbaren Form übermittelt und von ihm umgesetzt werden können.

Genauigkeitsmessungen lassen sich einmal während des Prozessdurchlaufs direkt am Übergabepunkt eines abgebenden Teilprozesses oder des aufnehmenden Teilprozesses durchführen, da die geforderte Abgabegenauigkeit mit der Eingangsgenauigkeit identisch sein muss. Der direkte Ansatz ist immer dann vorzuziehen, wenn Folgefehler und Fehlerfortpflanzung vermieden werden müssen und die Messung am Endpunkt des Gesamtprozesses zu spät erfolgt. Die Messung durch den Abgebenden ist sinnvoll, wenn sofort Nachbesserungen eingeleitet werden sollen. Die Messung durch den Aufnehmenden stärkt seine Rolle als interner Kunde. Eine nachträgliche Messung kann auf der Grundlage von Reklamationen geschehen, die ein Genauigkeitsbild im Nachhinein ergeben. Diese Art der Messung hat viele Nachteile: Die Nichtgenauigkeit erreicht den Kunden und wird von ihm wahrgenommen; die Reklamationsabwicklung mit evtl. Nachbesserungen ist aufwendig. Nicht alle Kunden reklamieren, ein vollständiges Bild der Prozessgenauigkeit ist nicht vorhanden.

Das Ziel der *Kundenanfragebearbeitung* ist es sicherzustellen, dass der Kundenwunsch verstanden wurde und alle Klärungen erfolgten, die dem Unternehmen die Abschätzung der Chancen und Risiken einer Angebotsabgabe erlauben. Aus Sicht des Kunden ist ein *Angebot* genau, wenn es seinen inhaltlichen Erwartungen entspricht, und aus Sicht des Abgebenden, wenn die angebotene Leistung tatsächlich in der angebotenen Form zu den angebotenen Preisen realisiert werden kann. Jeder, der schon Angebote bearbeitet hat, weiß um die vielfältigen Missverständnisse, die erst bereinigt werden müssen, bis Angebote untereinander vergleichbar sind. Ebenso können Verkaufs-/Projektmitarbeiter Angebote abgeben, die von anderen hausinternen Abteilungen technisch und preislich nicht in der angebotenen Form umzusetzen sind. In der *Auftragsbearbeitung* und in der *Materialbestellung* müssen die jeweiligen Aufträge bearbeitet werden, die entsprechenden Parameter sind zu spezifizieren, sie sind mit abwicklungstechnischem Sachverstand in Einzelschritte zu zerlegen, und es ist dafür zu sorgen, dass diese termingerecht ausgeführt werden. Bei der globalen Beschaffung von Produkten, speziell bei Auktionen auf Internet – Marktplätzen, sind eine klare technische Spezifikation, die Festlegung der erforderlichen Prüfungen und Zertifikate zur Absicherung aus der Produkthaftung und die korrekte verzollungsgerechte Produktansprache ein unbedingtes Muss. Beim *Versand* kommt es vor allem auf die korrekte Verzollung und die Versanddokumente an, während es bei der *Fakturierung* auf die korrekte Rechnung, die mit der Lieferung übereinstimmen muss und die alle Rechnungselemente vollständig und korrekt aufzuführen hat, ankommt.

Termintreue

Mit der Termintreue wird die Einhaltung eines vorher definierten Termins beschrieben, an dem die Prozessleistung mit einer Prozessgenauigkeit von 100% vorliegen muss. Dies können mit dem Auftraggeber vereinbarte Übergabetermine sein oder interne Zwischentermine in Prozessketten, deren Nichteinhaltung Folgetermine gefährden können, sofern die Teilprozesse nicht ausreichend robust sind. Die Termine ergeben sich einmal durch Vorwärtsterminierung ab Start des Prozesses: beispielsweise wird bei Auftragsfertigung der so ermittelte Endtermin dem Kunden per Auftragsbestätigung mitgeteilt. Ist der Endtermin des Prozesses vom Auftraggeber festgelegt und akzeptiert worden, werden die internen Zwischentermine durch Rückwärtsterminierung festgelegt. Grundsätzlich ist eine Vereinbarung über ein zulässiges Zeitfenster zu treffen, innerhalb dessen ein Prozessergebnis eintreffen muss, damit Termintreue gegeben ist, denn jeder hat eine andere Vorstellung über Pünktlichkeit. Die Länge des Zeitfensters hängt davon ab, ob ein Teilprozess auf dem kritischen Pfad liegt, d.h., ob das Ergebnis sofort für den nachfolgenden Teilprozess benötigt wird und von ihm auch sofort verarbeitet werden kann. Was nutzt die Terminvereinbarung über ein knappes Ankunftszeitfenster, wenn das termintreue Fahrzeug nicht sofort entladen werden kann?

Bei den Terminen für die Messung der Termintreue handelt es sich bei allen Teilprozessen im Wesentlichen um interne Zwischentermine für die Steuerung der Prozesskette, die sich aus dem Kundentermin ableiten lassen. Bei der *Kundenanfrage* bzw. *Angebotsbearbeitung* sind teilweise knapp kalkulierte Kundentermine einzuhalten. Auch die *Versand*termine können direkte, dem Kunden zugesagte Termine sein. Findet ein Versand über eine Verzollungsgrenze statt, muss die *Fakturierung* mit dem Versandtermin synchronisiert werden, damit ein Rechnungsexemplar der Lieferung mitgegeben werden kann. Bei der *Fertigungsdisposition* und der *Materialbestellung* sind externe Zuliefertermine wichtige Eckpunkte.

Prozesszeit

Die Prozesszeit beschreibt die Zeit, die benötigt wird, um einen Prozessoutput mit einer Prozessgenauigkeit von 100% zu erzeugen. Sie kann als globale Durchlaufzeit (DLZ) definiert werden und beginnt am Übergabepunkt des Vorprozesses, wenn alle Vorbedingungen für den betrachteten Prozess vorliegen und mit der Bearbeitung begonnen werden kann. Sie endet mit der Übergabe an den nachfolgenden Prozess. Bei dieser Art der teilprozesseinheitlichen Definition kann die Gesamtprozesszeit durch Addition der Teilprozesszeiten ermittelt werden. Ist ein Prozess nicht termintreu, so kann dies an verlängerten Durchlaufzeiten liegen.

Für eine vertiefte Ursachenforschung ist eine Aufteilung der Durchlaufzeit in Bearbeitungszeit und Liegezeit erforderlich, denn wenn die Liegezeiten selbst nicht die Ursache für den Terminbruch sind, hat die Prozesskapazität grundsätzlich nicht ausgereicht oder die tatsächlich erbrachte Produktivität der eingesetzten Ressourcen war zu gering. Bei der Beurteilung der Bearbeitungszeit bzw. der Produktivität der eingesetzten Ressourcen MA und Software müssen die oben beschriebenen Probleme der Auftragskomplexität sowie der Qualifikation der MA und der eingesetzten Software berücksichtigt werden.

Für alle Teilprozesse der informatorischen Auftragsbearbeitung kann generell die Durchlaufzeit als ein Maß für die Zeit angegeben werden, die für eine Leistungsmengeneinheit benötigt wird. Ebenso erfolgt die Einteilung der Durchlaufzeit für alle Teilprozesse in einen Bearbeitungs- und in einen Liegezeitenanteil. Bei den Teilprozessen mit Kundenabstimmungen kann es sinnvoll sein, die hierzu erforderlichen Zeiten gesondert aufzuführen. Dies gilt ebenso für die Durchlaufzeit von Vorprozessen in der *Fertigung* und für die Zulieferzeiten der *Materialbestellung*.

Leistungsmengen (Kostentreiber)

Mit Leistungsmengen werden zählbare Outputeinheiten eines Teilprozesses beschrieben. Bei einfachen Auftragsarten kann es ausreichen, die Aufträge selbst, die Auftragspositionen oder die Auftragspositionen ergänzt um einen Volumenmaßstab für die Größe der Position zu zählen. Dies kann entweder auf der Basis von Dokumenten oder bei edv-technischer Verarbeitung durch das Softwaresystem erfolgen. Für komplexe Aufträge sind einige Ansätze bereits unter 3.1.1 entwickelt worden. Dies kann die Einbeziehung der Auftragshierarchie sein oder ein Maßstab, der die Aufträge nach voraussichtlicher Bearbeitungsdauer oder Neuigkeitsgrad gewichtet.

Bei den Teilprozessen der informatorischen Auftragsbearbeitung können die Leistungsmengen grundsätzlich in Anzahl Aufträge und Anzahl Auftragspositionen angegeben werden, eventuell mit einem Komplexitätsmaßstab gewichtet. Beim Teilprozess *Kundenanfragebearbeitung* und *Auftragsbearbeitung* sind gesondert die Positionen auszuweisen, die aufwendige Entwicklungs-/Konstruktionsarbeiten zur Überprüfung der Machbarkeit und zur Aufwandsermittlung erfordern.

Die Anzahl der Teilprozessdurchführungen ist nicht immer mit den Leistungsmengen der Kostentreiber identisch. Es gibt z.B. Teilprozesse, bei denen unterschiedliche Kostentreiber ursächlich für die Kosten der Teilprozessaktivitäten sind. Erst über entsprechende Schlüssel können diese Kostentreiber auf einen Hauptkostentreiber des Teilprozesses abgebildet werden. Die Übereinstimmung ist für jeden Teilprozess gesondert zu überprüfen. Am Beispiel des Versandprozesses lässt sich dies illustrieren.

Teilprozess Aktivität	Kostentreiber des Teilprozesses
Produktionsabschlussmeldung erfassen	Anzahl Produktionsabschlussmeldung
	Anzahl Transportaufträge
Transportkapazitäten fixieren	Anzahl Dokumente
Erstellen Versandpapiere	Anzahl Lieferavisierungen
Lieferavisierung	Anzahl Lieferbestätigungen
Lieferbestätigung übermitteln	Anzahl Bestandskorrekturen
Bestände korrigieren	

Soll für den Teilprozess Versand als Kostentreiber die Anzahl der Versandaufträge verwendet werden, so ist dies kein direkter Kostentreiber; er muss aus dem Verhältnis der einzelnen Teilaktivitäten-Kostentreiber zum Versandauftrag abgeleitet werden. Hierzu ist zu messen, wie häufig, bezogen auf einen Versandauftrag, die einzelnen Teilprozessaktivitäten durchgeführt werden.

3.1.1.2   Bewertung der Leistungsfähigkeit

Prozesskapazität

Mit der Prozesskapazität wird die Fähigkeit eines Prozesses beschrieben, eine bestimmte Leistungsmenge in einer definierten Zeit, bezogen auf eine definierte Ressourceneinsatzmenge, zu erzeugen. Damit ist eine Aussage über die Prozesskapazität immer mit einer Aussage über die Zeitbasis und über die Ressourcenmenge verbunden und folglich mit einer Produktivitätsaussage. Wenn die Auftragserfassungskapazität 500 Aufträge pro Tag beträgt und 5 Mitarbeiter dafür bereitstehen, dann funktioniert dies nur, wenn die Mitarbeiterproduktivität „Erfassung von 100 Aufträgen pro Tag und MA" tatsächlich diesen Wert erreicht.

Mit der Festlegung der Ressourcenmenge wird eine bestimmte Prozesskapazität festgelegt. Deshalb können unterschiedliche Grenzwerte für die Prozesskapazität angegeben werden. Eine minimale Grenze kann bestimmt werden durch die Ressourcenausstattung, die vorgehalten werden muss, damit der Prozess überhaupt funktioniert oder um eine zugesagte Betriebsbereitschaft sicherzustellen. Die Maximalgrenze der Prozesskapazität ergibt sich aus der maximal möglichen Ausstattung mit Regelkräften. Das Maß der Prozessflexibilität zeigt, wie weit dieser Wert kurzfristig überschritten werden kann, falls die Produktivität der einzelnen Mitarbeiter noch steigerungsfähig ist, Reserven an Zusatzressourcen vorhanden sind oder Zeitpuffer die Ausdehnung der Prozesszeit erlauben.

Auch bei dieser Bewertungsdimension gelten die Aussagen, dass bei komplexen Aufträgen die Prozesskapazität leicht angegeben werden kann, wenn sich ein Maß für die Problemlösungskapazität der Mitarbeiter ermitteln lässt, die nicht nur durch deren Qualifikation, Erfahrung und Kreativität bestimmt wird, sondern auch von der Organisation der Bearbeitungsprozesse und den sie unterstützenden Softwarewerkzeugen. Die Produktivität ist hoch, wenn durch einen hohen Integrationsgrad der Software mit Nachbarsystemen die Informationsbereitstellung an andere wie auch die Präsentation entscheidungsrelevanter Daten kein Problem darstellt, wenn Kreativitätsprozesse durch die Visualisierung von Entscheidungsalternativen unterstützt werden. Dann werden Mitarbeiter stark von zeitaufwendigen Informationsbearbeitungsprozessen entlastet. Auch die Organisation des Bearbeitungsprozesses fördert die Produktivität und die Prozesskapazität. Bearbeitungsverfahren, die durch permanente Kontrollzyklen und interne und externe Abstimmungen parallele Problemlösungen fördern, können häufig schneller zu stabileren Ergebnissen führen (simultaneous engineering).

Da die Prozesskapazität als Leistungsmengeneinheit pro Zeiteinheit angegeben wird, sind in der Übersicht für die einzelnen Teilprozesse aus Konsistenzgründen die gleichen Leistungsmengen angegeben worden, die auch für die Messung der Prozessleistung verwendet wurden.

Prozessflexibilität

Die Prozessflexibilität ist das Maß für die Fähigkeit, auf Veränderungen der Anforderungen oder Randbedingungen zu reagieren. Dies kann einmal die kurzfristige Erweiterung der Prozesskapazität in der bereits genannten Art sein. Sie wird deshalb nicht explizit für alle Teilprozesse gesondert in der Übersicht aufgeführt. Die Prozessflexibilität kann aber auch die Fähigkeit sein, unterschiedlich komplexe Auftragsarten zu bearbeiten (neben dem Transport von A nach B auch einen Spezialtransport mit Zigaretten von Hamburg nach Nowosibirsk), auf ungewöhnliche Zeitvorgaben zu reagieren (Anlieferung am Samstag um 23:00 Uhr), Kundenwunschänderungen zu berücksichtigen bis hin zum Abbruch bereits begonnener Prozessabwicklungen (Auftragsstornierung nach Kommissionierungsbeginn).

Eine unendliche Flexibilität gibt es nicht. Grenzen werden zum einen durch die getätigten Investitionen gesetzt wie Gebäude, Maschinen, Softwaresysteme sowie feste, eingearbeitete Mitarbeiter mit einer ausreichenden Bandbreite an Problemlösungskompetenz.

Zum anderen setzt diese Problemlösungskompetenz auch eine Grenze für die Beherrschbarkeit komplexer Aufgabenstellungen, die sich aus dem Umfang der Kernkompetenz eines Unternehmens ergibt. Mitarbeiter, deren Tagesgeschäft es ist, Ganzladungstransporte zu disponieren, werden nicht von heute auf morgen die Ausschreibung für ein Konsolidierungszentrum in Taiwan bearbeiten können.

Aber auch in den Verarbeitungsprozessen und den sie unterstützenden Softwaresystemen müssen die gewünschten flexiblen Reaktionsweisen berücksichtigt sein. Es nutzt wenig, wenn ein Kunde einen Auftrag storniert, die Software aber keine Möglichkeit zu einem geordneten Verladestop mit Auflösung der kommissionierten Paletten vorsieht.

Ein weiteres Element sind die zur Verfügung stehenden Medien und Übertragungstechniken für die Informationsweitergabe.

Alle Hinweise gelten grundsätzlich für alle Teilprozesse der informatorischen Auftragsbearbeitung. Gesondert zu beachten ist beim Teilprozess der *Kundenanfragebearbeitung* und der *Auftragsbearbeitung* die Flexibilität hinsichtlich der beherrschbaren Verfahren und der durchführbaren Entwicklung bzw. der Konstruktionsaufgaben. Für die Durchführung einer *Materialbestellung* gibt es diverse moderne Bestellverfahren bis hin zu Beschaffungsauktionen im Rahmen eines Marktplatzes. Manche *Rechnungs*empfänger wünschen viele kundenindividuelle Details auf der Rechnung und haben eine sehr individuelle Konditionsstruktur ausgehandelt, die ebenfalls verarbeitet werden muss.

Prozessrobustheit

Ein robuster Prozess erbringt auch dann die geforderte Prozessleistung mit 100% Prozessgenauigkeit und Termintreue, wenn interne oder externe Fehler oder Störungen den Prozessablauf behindern. Die Behinderung kann bereits beim Kundenauftrag liegen, der fehlerbehaftet ist oder nicht den eigentlichen Willen des Kunden zum Ausdruck bringt. Es können Missverständnisse oder Bearbeitungsfehler vorliegen; Falscheingaben oder Ausfall wichtiger Systeme sowie die Verspätung von Vorprozessen können weitere Störfaktoren sein. Je komplexer ein Auftrag ist, desto aufwendiger, aber auch störanfälliger ist seine Bearbeitung.

Maßgeblich für die Prozessrobustheit der informatorischen Auftragsbearbeitung sind zuerst qualifizierte Mitarbeiter, die zusammen mit dem Kunden den Auftrag spezifizieren oder später aufgetretene Unklarheiten rasch erkennen bzw. schnellstmöglich mit dem Kunden abklären können, und die kreative Wege finden, um das Ziel trotz Störung zu erreichen. Ein weiteres Element sind Softwaresysteme, die durch entsprechende kundenbezogene oder situationsbezogene Plausibilisierungen auf Unregelmäßigkeiten hinweisen: Wenn ein Kunde üblicherweise 100 Stück bestellt, gibt das System bei einer größeren Menge eine Warnung aus. Übertragungsfehler werden durch integrierte Systeme ausgeschaltet, vor allem wenn der Kunde seine Aufträge selbst erfasst und übermittelt. Eine Überprüfung der Eingangsqualität der der Prozessleistung vorgelagerten Teilprozesse vor Bearbeitungsbeginn verhindert Fehlerfortpflanzung und führt zur systematischen Behebung von Prozessungenauigkeiten und der Erhöhung der Prozessrobustheit. Weitere Elemente zur Hebung der Prozessrobustheit sind schnell verfügbare Wartungsteams sowie Expertenwissen in Form von Helpdesks, Handbüchern oder Checklisten. Im organisatorischen Bereich gehören Störfallhandbücher und Notfallpläne sowie kundenindividuelle Besonderheitenübersichten zum unterstützenden Maßnahmenpaket.

Bei der Analyse der Prozessrobustheit für die Teilprozesse der informatorischen Auftragsbearbeitung wird von dem Umstand ausgegangen, dass eine Prozessleistung prozesssicher und termintreu erreicht worden ist, obwohl eine Störung eintrat. Es werden in der Übersicht nur die für den Teilprozess relevanten Störungsarten angegeben. Die Aussage für den Teilprozess lautet dann, dass Prozesssicherheit und Termintreue erreicht wurden trotz der aufgetretenen Anzahl der für den Teilprozess aufgeführten Störungsarten.

3.1.2 Festlegung von Leistungskennzahlen

Es gibt keine guten oder schlechten Kennzahlen, sondern nur solche, die als komprimierte und standardisierte Antwort für ein Informationsbedürfnis geeignet sind oder nicht. In Unternehmen werden Kennzahlen verwendet mit dem Ziel, das Erreichen der Unternehmensziele zu messen. Dies sind meistens globale, unternehmensweite Zahlen, die selten prozessorientiert definiert sind. Ebenso werden Kennzahlen verbreitet zur operativen Steuerung einer Aufgabe oder Funktion eingesetzt. Hierbei handelt es sich meistens um Parameter zur Steuerung von Regelkreisen. Die Kennzahl zeigt zeitnah den aktuellen Istwert einer Regelgröße an, die mit einer Zielgröße abzugleichen ist; bei deutlichen Abweichungen ist durch Regelvorgänge im Prozess der Kennwert an die Zielgröße heranzuführen. Diese Art von Kennzahlen konzentriert sich meistens auf Aktivitätseinheiten, aber nicht auf ganze Teilprozesse, die hier im Fokus stehen. Deshalb wird hier stärker auf Kennzahlen hingearbeitet, die eine Prozessanalyse und -optimierung erlauben als auf Kennzahlen, die eine operative Prozesssteuerung unterstützen.

Eine Kennzahl kann als Maßzahl so definiert sein, dass ihr Wert eine Absolutzahl ist (die Durchlaufzeit des Teilprozesses beträgt 3 Tage) oder eine Beziehungszahl, bei der die Maßzahl zu einer Bezugsgröße ins Verhältnis gesetzt wird (die Prozesskapazität beträgt 100 Aufträge pro Tag bei 3 Mitarbeitern).

Der konkrete Wert einer Kennzahl hat keine Aussagekraft, wenn er nicht in einen Bewertungsrahmen gestellt wird. Als Bewertung kann ein absoluter Zielwert vorgegeben werden („die Durchlaufzeit hat 2 Tage zu betragen") oder es werden Benchmarks als Vergleichzahlen benutzt. Der einfachste Benchmark ist die Zahlenreihe der Vergangenheitswerte der relevanten Kennzahl („Der Teilprozess hat eine Durchlaufzeit von 3 Tagen in diesem Monat, während er im letzten Jahr durchschnittlich 1,5 Tage betrug"). Die entsprechenden Kennzahlen anderer Abteilungen, anderer Betriebsstätten des gleichen Unternehmens oder Vergleichszahlen aus der Branche können weitere Bewertungsmaßstäbe liefern. Wenn in einem Unternehmen eine Kennzahl eingeführt werden soll, ist deshalb neben der eindeutigen Definition die Festlegung der Bewertungsmaßstäbe für den Erfolg entscheidend. Dies können am Anfang branchenübliche oder gewünschte Zielwerte sein; nach der Einführung steht bald die Zeitreihe selbst zu Verfügung.

Es besteht nicht die Absicht, ein vollständiges Kennzahlensystem für alle Teilprozesse des Hautprozesses aufzubauen. Vielmehr soll für jede Kennzahl an einem Prozess beispielhaft die Ableitung solcher Kennzahlen illustriert und diskutiert werden. Dies geschieht in stets gleichen Schritten:

- Festlegung des Teilprozesses und der Einflussfaktoren auf die Kennzahl
- Beispielkennzahlen
- Ansätze zur Messung
- Interpretation

3.1.2.1 Kennzahlen für die Prozessleistung

Die Prozessleistung kann durch quantitative, direkt zählbare Größen dargestellt werden. Es ist grundsätzlich für jeden Prozess möglich, für jeden Bewertungsmaßstab der Prozessleistung Kenngrößen zu finden.

Prozessgenauigkeit: Beispiel für den Teilprozess Materialbestellung

Einflussfaktoren auf die Materialbestellung:

- Vollständigkeit im Sinne des Vorhandenseins aller Muss-Informationseinheiten
- Sachliche Richtigkeit

Beispiele für Kenngrößen:

- Beispiel 1: Anzahl fehlerhafter Bestellungen zur Gesamtanzahl Bestellungen
- Beispiel 2: Anzahl Rückfragen der Bestellungsempfänger zur Gesamtanzahl übermittelter Bestellungen
- Beispiel 3 : Anzahl unvollständiger Bestellungen
- Beispiel 4 : Anzahl Wareneingangsreklamationen

Ansätze zur Messung:

- Systematisches Auszählen der Dokumente am Ende des Arbeitstages
- Stichproben, wenn permanentes Mitzählen zu aufwendig ist
- Strichlisten von Mitarbeitern für Ereignisse
- Statistik aus mitzählendem Softwaresystem

Interpretation:

Die oben vorgestellten Grundideen für Kennzahlen zur Prozessgenauigkeit geben alle Auskunft über die messbaren Ungenauigkeiten im betrachteten Teilprozess. Der absolute Ungenauigkeitswert ist häufig schwer zu ermitteln, denn er bedeutet die vollständige Erfassung aller Ungenauigkeiten. Besser sind regelmäßige Stichproben nach dem gleichen Verfahren. Auch wenn diese keine Absolutwerte über die Ungenauigkeit liefern, so zeigen sie deutlich die Tendenz an, ob die Ungenauigkeit steigt oder fällt, was häufig schon ein sehr wichtiger Indikator für die Notwendigkeit konkreter Maßnahmen ist.

Prozesstermintreue : Beispiele für den Teilprozess Angebotserstellung

Einflussfaktoren auf Angebotserstellung:

- Termineinhaltung
- Nebenbedingungen: Prozessgenauigkeit

Beispiele für Kenngrößen

- Beispiel 1: Anzahl Angebote mit Terminüberschreitung zur Gesamtanzahl Angebote
- Beispiel 2: Verspätungsmaß = Δ (Soll-Termin minus Ist-Termin)

Ansätze zur Messung:

Systematische Terminverfolgung der Angebotsbearbeitungen, Stichproben und Kundenbefragungen.

Interpretation:

Alle Beispiele orientieren sich an dem vom Kunden vorgegebenen Angebotsabgabetermin, denn die Nichteinhaltung bedeutet häufig die Gefahr der Nichtberücksichtigung des Angebots und damit die Entwertung der gesamten geleisteten Vorarbeit.

Prozesszeit: Beispiel Teilprozess Auftragsbearbeitung

Einflussfaktoren auf den Teilprozess Auftragsbearbeitung:

- Durchlaufzeit (DLZ)
- Bearbeitungszeit (eventuell unterteilt in reine Auftragsbearbeitungszeit, Entwicklungszeit, Konstruktionszeit)
- Liegezeit

Beispiele für Kenngrößen:

- Beispiel 1:   Ist-Durchlaufzeit zu Soll-Durchlaufzeit
- Beispiel 2:   Liegezeit zur Durchlaufzeit
- Beispiel 3:   Bearbeitungszeit zur Durchlaufzeit
- Beispiel 4:   Liegezeit zur Bearbeitungszeit

Ansätze zur Messung:

Auftragsbegleitzettel zur manuellen Terminfeststellung, Terminüberwachungs-Software mit systematischer Rückmeldung erreichter Termine.

Interpretation:

Die Auswahl der Kennzahlen zur Prozesszeit hat zum einen das Ziel, laufende Planabweichungen (Ist minus Soll) aufzudecken; zum anderen soll sie den Anteil produktiver Zeit an der Gesamtdurchlaufzeit transparent machen, um Chancen für DLZ-Verkürzung bzw. Produktivitätssteigerungen zu erkennen.

Leistungsmenge: Beispiel für den Teilprozess Kundenanfragebearbeitung

Einflussfaktoren auf die Kundenanfragebearbeitung

- Komplexität der Aufgabenstellung
- Präzision der Kundenvorgabe bzw. Notwendigkeit von Rückfragen beim Kunden

Beispiele für Kenngrößen:

- Beispiel 1:   Anzahl von Anfragen mit hoher Komplexität zur Gesamtanzahl von Aufträgen
- Beispiel 2:   Anzahl der Klärungsgespräche mit Kunden pro Auftrag
- Beispiel 3:   Bearbeitungszeit komplexer Aufträge zur durchschnittlichen Bearbeitungszeit aller Aufträge

Ansätze zur Messung:

- Laufzeitmessung, wenn Bearbeitungszeit ein Komplexitätsmaß ist
- Zählung der Kundenrückfragen

Interpretation:

Wenn alle Kundenanfragen gleichartig sind, dann ist die absolute Anzahl der Anfragen als Kennzahl ausreichend. Die Kennzahlenbeispiele zielen auf die Situation mit Anfragen unterschiedlicher Schwierigkeitsgrade, wobei als Maß für die Komplexität die Bearbeitungsdauer oder die Anzahl der Kundenrückfragen zugrunde gelegt wurden.

3.1.2.2 Kennzahlen für die Prozessleistungsfähigkeit

Die Ausführungen zur Leistungsfähigkeit haben gezeigt, dass diese Kennzahlen zum Teil komplexe und schwer quantifizierbare Sachverhalte beschreiben müssen. Die nachfolgenden Beispiele sollen zeigen, dass durchaus einfache Kenngrößen abgeleitet werden können, wenn für qualitative Einflussgrößen Klassen gebildet werden.

Prozesskapazität: Beispiel für Teilprozesse Kundenanfrage bearbeiten

Einflussfaktoren qualitativ:

Komplexität, starre bzw. flexible Ressourcen der Prozessstruktur

Einflussfaktoren quantitativ:

Bearbeitungsdauer, Häufigkeit des Anfalls diverser Schwierigkeitsgrade

Die qualitativen Faktoren beschreiben die schwer messbaren Rahmenbedingungen. Mit der Messung der quantitativen Einflussfaktoren kann bezogen auf die gesetzten Randbedingungen eine Aussage zur Prozesskapazität gemacht werden.

Beispiele für Kenngrößen:

- Beispiel 1: Anzahl Anfragen pro Mitarbeiter und Jahr (differenziert nach Schwierigkeitsgraden)
- Beispiel 2: Durchschnittliche Bearbeitungszeit je Anfrage (differenziert nach Schwierigkeitsgraden)
- Beispiel 3: Durchschnittliche Wartezeit eines Anrufers bei telefonischer Auftragsbearbeitung

Ansätze zur Messung:

Zeiterfassung, Abfragen in Systemen, Stichproben, Strichlistenprotokolle, die in Abhängigkeit vom Eintreffen unterschiedlicher Randbedingungen die Prozessleistung ermitteln.

Interpretation:

Ist ein Unternehmen in der Lage, seine Prozesse hinsichtlich des Schwierigkeitsgrades und der Ausprägungen der Rahmenbedingungen zu klassifizieren, so kann man über die oben gezeigten Kenngrößen aussagen, welche Kapazität der Prozess hat. Je stärker der Schwierigkeitsgrad zwischen den Kundenanfragen schwankt, desto ungenauer wird eine globale Durchschnittsaussage. Sollen Prozesskapazitäten von Prozessen mit Hilfe der Kennzahlen verglichen werden, so ist dies nur möglich bei gleichzeitiger Angabe der Randbedingungen.

Prozessflexibilität: Beispiel für den Teilprozess Auftragsbearbeitung

Einflussfaktoren:

- Beherrschbarkeit
- Erreichbarkeit
- Änderungsmöglichkeiten
- Qualifikation
- Definition von Standards

Beispiele für Kenngrößen:

- Beispiel 1: Anzahl eingehender Nichtstandardaufträge zur Anzahl Gesamtaufträge
- Beispiel 2: Anzahl bearbeiteter Nichtstandardaufträge zur Gesamtanzahl der Aufträge
- Beispiel 3: Anzahl der Standardaufträge zur Gesamtanzahl der Aufträge
- Beispiel 4: Anzahl nachträglich angenommener Änderungswünsche zur Gesamtanzahl der Aufträge
- Beispiel 5: Anzahl abgelehnter Aufträge
- Beispiel 6: Reaktionszeit zur Beschaffung zusätzlich benötigter Ressourcen zur Bewältigung der Menge oder der Komplexität

Ansätze zur Messung:

Ermittlung von Standardwerten und Kategorisierung der Aufträge nach Schwierigkeitsgrad durch Einschätzungen der Mitarbeiter

Interpretation:

Da es sich bei Flexibilität um ein Kriterium handelt, das die tatsächliche Prozessleistung ins Verhältnis zu einem definierten Standard setzt, ist es sinnvoll, diesen Standard als Referenzgröße zu verwenden. Bei einem Auftrag ist dann festzulegen, ob es sich um einen Standard- oder einen Sonderfall handelt. Kenngröße 1 gibt eine Information darüber, wie viele Nichtstandardaufträge im Verhältnis zum Gesamtauftragsvolumen zu bearbeiten sind. Dies dient zur Überprüfung der Definition des Standards, denn wenn Standardfälle in der Minderzahl sind, ist der Standard nicht richtig definiert.

Die Kenngrößen 2 und 3 sind zu verstehen als Indikatoren für die Flexibilität des Unternehmens, da hier tatsächlich verarbeitete Nichtstandardaufträge bzw. Standardaufträge den Gesamtaufträgen gegenübergestellt werden.

Kenngröße 4 ist ebenfalls ein Indikator für die Flexibilität, denn je höher die Anzahl nachträglich angenommener Änderungswünsche des Auftraggebers ist, desto höher ist die Flexibilität des Prozesses zu bewerten. Bei der Interpretation dieser Kenngröße ist Vorsicht geboten, da ein hoher Wert unter Umständen darauf hinweist, dass bei der

Auftragsannahme nicht akkurat gearbeitet wird und dadurch ein vermehrter Nachbesorgungsbedarf entsteht.

Kenngröße 5 kann ein Hinweis auf ein kritisches Flexibilitätsniveau sein. Die Korrelation dieses Wertes sollte unter Beachtung weiterer Randbedingungen erfolgen, da auch eine temporäre Ressourcenverfügbarkeit dazu führt, dass Aufträge abgelehnt werden.

Kenngröße 6 kann bei langer/kurzer Reaktionszeit oft ein Hinweis für niedrige/hohe Flexibilität sein. Auch hier sind die Rahmenbedingungen zu beachten, die Auswirkungen auf der Reaktionsseite haben.

Prozessrobustheit: Beispiel am Teilprozess Angebotserstellung

Einflussfaktoren auf den Teilprozess intern:

Störung durch Ressourcenausfall, Störung durch Ausfall der technischen Systeme, zu hohe Komplexität der Aufgabenstellung und nichtleistbare Entwicklungs- bzw. Konstruktionsaufgaben

Einflussfaktoren auf den Teilprozess extern:

Kundenwunschänderungen bzw. Kundenwunschunklarheit, mangelhafte Prozessgenauigkeit und Prozesstermintreue der Vorprozesse

Beispiele für Kenngrößen:

- Beispiel 1: Anzahl fataler Störungen
- Beispiel 2: Anzahl fataler Störungen zur Anzahl Angebote
- Beispiel 3: Prozessgenauigkeit und Prozesstermintreue der Vorprozesse

Ansätze zur Messung:

- Qualitätskontrolle der Vorprozesse (Prozessgenauigkeit, Termintreue)
- Zählung von Störungen in Kombination mit der Messung der Genauigkeit und Termintreue des betrachteten Prozesses
- Analyse der Störungen nach fataler Auswirkung

Interpretation:

Ausgangspunkt für die Beispielbildung ist der Ansatz, dass ein Prozess robust ist, wenn Genauigkeit und Termintreue trotz Störungen erreicht wurde. Ist dies nicht der Fall, dann handelt es sich um eine fatale Störung. Hierzu gehören als Spezialfall ungenaue und nicht termintreue Vorprozesse. Dies ist deshalb besonders zu beobachten, da man hier oft die größten Veränderungsmöglichkeiten hat.

3.2 Kostenbewertung

Für das Management wie auch für die operative Prozesssteuerung der informatorischen Auftragsbearbeitung gilt, dass ohne Transparenz Steuerung und Management nicht möglich sind. Neben der Leistungstransparenz ist die Kostentransparenz die Basis für eine zielorientierte, an der Optimierung der Wertschöpfung ausgerichtete Beurteilung und Veränderung von Prozessen, wobei als Mittel hierzu dem Konzept der Prozesskostenrechnung der Vorzug gegeben wurde.

3.2.1 Kostengrößen

3.2.1.1   Kostenarten der informatorischen Auftragsbearbeitung

Im Wesentlichen fallen bei der informatorischen Auftragsbearbeitung zwei Kostenarten an, denn zur Prozessdurchführung werden vor allem zwei Ressourcenarten benötigt:

- Personalkosten mit allen zugehörigen Komponenten für dauerhaft beschäftigte Mitarbeiter sowie für Aushilfskräfte
- Kosten der Technik zur Informationsverarbeitung (Hardware und Software) und Informationsweiterleitung (Telefon, Fax, Datenleitung und Provider)

Ergänzend kommen hinzu:

- Energiekosten und Kosten für die Unterbringung der Mitarbeiter und der Informationstechnik nebst Einrichtungsgegenständen
- Verbrauchsmaterial

Während die Kosten für Personal relativ einfach abzugrenzen und zuzuordnen sind, ist dies bei den anderen Kostenarten wesentlich schwieriger, weil hier zum einen die Aufgabe ansteht, die Kosten für gemeinsam mit anderen Prozessen genutzte Einrichtungen aufzuteilen (man denke nur an die IT-Kostenverteilung bei integrierten ERP-Systemen, die auf zentralen Anlagen laufen). Zum anderen gibt es in jedem Unternehmen unterschiedliche Verfahren zur Verteilung von Energiekosten oder Raumkosten. Für die Kostenbeurteilung informatorischer Auftragsbearbeitungsprozesse ist es sinnvoll, auch dort auf eine nutzungsorientierte Kostenaufteilung zu drängen, wo es üblich ist, mit Pauschalwerten zu arbeiten.

3.2.1.2   Kostenunterscheidung in leistungsmengeninduzierte und neutrale Kosten

Grundsätzlich lassen sich die für eine Prozessaktivität erforderlichen Ressourceneinsatzmengen einteilen in leistungsmengenabhängige oder leistungsmengeninduzierte (lmi) Einsatzmengen und in neutrale (lmn) Mengen, wenn die Ressourceneinsatzmengen unabhängig von der Leistungsmenge sind. Ansonsten hängen Ressourceneinsatzmengen und damit die Kosten der Prozessaktivität direkt von der Leistungsmenge ab. Somit können die Prozesskosten in lmi-Kosten und lmn-Kosten eingeteilt werden. Im Falle der informatorischen Auftragsbearbeitung lassen sich nur bei einfach strukturierten Auftragsarten lmi-Kosten festlegen. Bei der Auftragserfassung einfacher Lieferaufträge, z.B. mit einer Produktidentifikation und einer Mengenangabe, lassen sich die direkten Personalkosten sowie die Nutzung von Peripherie-Geräten und Verbrauchsmaterial einfach in Bezug setzen zur Anzahl der Auftragszeilen als Kostentreiber. Kommen komplexe, pro Auftrag höchst unterschiedliche Leistungsanforderungen auf die Auftragsbearbeitung oder Steuerung zu, lassen sich so einfache Beziehungen nicht mehr herstellen. Hinzu kommt, dass die Ressource Personal- oder Informationssystem nur in größeren Zeiträumen als flexibel anzusehen ist.

Will man vor diesem Hintergrund die Kosten der informatorischen Auftragsbearbeitung nicht als lmn-Kosten ansehen, kann man entweder über größere Zeiträume einfache oder über Auftragsklassen gewichtete Durchschnitte bilden (Kosten pro Auftrag bezogen auf die Kosten und Auftragsanzahl eines Jahres). Oder es wird eine mittelbare Beziehung zwischen Leistungsmenge und Kosten hergestellt, z.B. über die Bearbeitungszeit, wobei man die Kosten der Teilprozesse auf eine Bearbeitungsstunde bezieht. Ist die Bearbeitungszeit eines Auftrags bekannt, lassen sich auf diesem Wege die Prozesskosten von Leistungseinheiten unterschiedlicher Komplexität feststellen, was in der Praxis ein häufig gewählter Weg ist.

3.2.1.3 Kostenunterscheidung in Kosten der Leistungsbereitschaft und der Leistungsflexibilität

Bei diesem Konzept werden die Kosten für die eingesetzten Ressourcen aufgeteilt in Kosten der Leistungsbereitschaft und der Leistungsflexibilität.

Die Kosten der Leistungsbereitschaft sind die Kosten der Ressourcen, die in einem bestimmten Zeitraum ständig bereitstehen müssen, um eine definierte Leistungsmenge erbringen zu können. Dieses Konzept der Kostenunterscheidung ist bei Prozessen der informatorischen Auftragsbearbeitung häufig sinnvoll, wenn das Auftragsaufkommen stark schwankt und die Ressourcen trotz geringer Auslastung nicht reduziert werden können. Treffen gerade in einer Stunde keine Aufträge ein, so wird man die Auftragsbearbeitungskräfte für diese Stunde nicht nach Hause schicken, wenn noch mit weiteren Aufträgen zu rechnen ist. Deshalb ist es sinnvoll, die Kosten der Leistungsbereitschaft als Kosten der Prozesskapazität zu interpretieren. Wenn z.B. festgelegt wurde, dass während der Nachtstunden für die Auftragsbearbeitung zwei Personen bereitstehen sollen, so sind damit sowohl die Kosten als auch die Prozesskapazität für diesen Zeitraum festgelegt.

Ist der Prozess zusätzlich flexibel, bedeutet dies, dass bei einem höheren Auftragsaufkommen kurzfristig zusätzliche Ressourcen bereitgestellt werden können (z.B. Aushilfskräfte für die Bewältigung von Saisonspitzen). Die Kosten dieser Ressourcen sind die Kosten der Leistungsflexibilität.

Dieses Konzept ist hilfreich für die kostenmäßige Beurteilung von Prozessen, die flexibel auf ein stark schwankendes Auftragsaufkommen reagieren sollen. Auf diese Weise werden die Kosten für die Grundauslastung sowie für die Bewältigung von Leistungsspitzen transparent gemacht und können somit gesteuert werden.

3.2.2 Kostenkennzahlen und deren Einsatz zur Prozessbeurteilung

3.2.2.1   Prozesskostensätze

Das Ziel sind Prozesskostensätze, die alle Kosten eines Prozesses pro Leistungsstück (Kostentreiber) als Maßstab zusammenfassen. Der Prozesskostensatz wird als Summe gebildet aus dem direkten Prozesskostensatz (lmi-Prozesskosten pro Leistungseinheit) und dem Umlagesatz (lmn-Kosten einer Periode bezogen auf die Summe der Leistungseinheiten einer Periode). Wie in 3.2.1.2 und 3.2.1.3 diskutiert, wird bei der informatorischen Auftragsbearbeitung wegen der unterschiedlichen Auftragskomplexität oder bei stark schwankender Ressourcenauslastung der direkte Prozesskostensatz häufig gering sein. Der Umlagesatz dominiert. Prozesskostensätze eignen sich gut für die vergleichende Beurteilung, wenn die Leistungseinheiten vergleichbar sind.

Der Teilprozess kann über die Zeitreihe seines Prozesskostensatzes dahingehend beurteilt werden, ob eine Verringerung des Prozesskostensatzes erzielt werden konnte oder nicht. Diese Perspektive eignet sich für die Beurteilung des verantwortlichen Managements und damit als Zielgröße für Zielvereinbarungen. Darüber hinaus kann mit ihr auch die Wirtschaftlichkeit von Projekten geprüft werden, indem bspw. berechnet wird, mit welchem Aufwand die Prozesskostensätze soweit reduziert werden müssten, dass zum Schluss ein positives Gesamtergebnis für das Unternehmen entsteht.

Ein konkreter Teilprozess kann mit Hilfe eines Prozesskostensatzes in einem Benchmark–Verfahren mit entsprechenden Teilprozessen in anderen Betrieben der Branche oder in anderen Branchen verglichen werden. Bessere Prozesskostensätze weisen auf bessere Produktivitäten hin. Sind die Ursachen hierfür bekannt, ist dies Motivation, die Lerneffekte auf den eigenen Teilprozess zu übertragen.

Für das Unternehmenscontrolling ermöglichen Prozesskostensätze eine zusätzliche Transparenz, denn die Einhaltung von Kostenbudgets ist nur dann positiv zu bewerten, wenn das dazugehörende Leistungsmengenbudget ebenfalls eingehalten wird. Bei höheren Auftragsmengen sind Kostenbudgets dann zu überschreiten, wenn die Prozesskostensätze gehalten werden.

3.2.2.2 Monetäre Relationen

Die Kosten für Logistikprozesse und damit auch für die informatorische Auftragsbearbeitung sind auch in den unternehmerischen Gesamtzusammenhang und in die Unternehmenskostenstruktur zu integrieren. Die Logistikprozesse müssen rechtzeitig an die sich ständig ändernden Unternehmensbedingungen angepasst werden. Monetäre Relationen helfen, rechtzeitig die Anpassungsnotwendigkeit zu erkennen. Am Beispiel des Handels soll dies erläutert werden. Eine wichtige Kenngröße ist die Relation der Logistikkosten zum Umsatz, da der Umsatz schwankt und nicht direkt beeinflusst werden kann. Wenn die Kunden längerfristig Kaufzurückhaltung üben, geht der Umsatz zurück und die Logistikprozesse sind so anzupassen, dass die Kosten-/Umsatzrelation wieder auf einem tragbaren Niveau liegt und die Logistikkosten in Relation zu anderen Kostengruppen im gleichen Verhältnis bleiben.

Ebenso ist zu prüfen, welchen Anteil der Handelsmarge oder der Rohertragsspanne für die Logistikprozesse verbraucht wird. Kommt es zu einem Preiswettbewerb mit fallenden Preisen, führt dies zu fallenden Mengen, wenn die Prozesskosten nicht angepasst werden können.

4. Schlussfolgerung: Nutzenpotenziale der Prozessanalyse und -bewertung

4.1 Schlussfolgerungen zum konzeptionellen Stand

In dem vorliegenden Beitrag konnte – wie auch in den übrigen Beiträgen – dargelegt werden, dass ausreichend konzeptionelles Basismaterial für den Beginn und die erfolgreiche Durchführung praktischer Projekte vorliegt. Diese Konzepte basieren zum einen auf der Tradition der betriebswirtschaftlichen Theorien zur Kosten- und Leistungsrechnung sowie zur Kennzahlenbildung. Zum anderen sind sie durch ein modernes, prozessorientiertes Logistikverständnis geprägt. Obwohl verschiedene prinzipielle Probleme, wie z. B. das Informationsdilemma, ungelöst bleiben, sind in der betrieblichen Praxis in den letzten Jahren hinreichende Erfahrungen bezüglich der Möglichkeiten und Herausforderungen solcher Umsetzungsprojekte erarbeitet worden.

Ziel des Beitrags war es, ein Rahmenkonzept zu erstellen, das vor dem Hintergrund der jeweiligen betrieblichen Situation individuell ausdekliniert werden muss. Das Rahmenkonzept ist dabei prozessübergreifend abgestimmt, so dass ein widerspruchsfreier, prozessübergreifender Ansatz möglich ist. Das weitere Vorantreiben der generellen materiellen Detaillierung erscheint konzeptionell wenig fruchtbringend, denn die detaillierte Ausgestaltung des Rahmens kann im konkreten Einzelfall viel effektiver geleistet werden. Daher sollte der Ausschöpfung von Potenzialen, die sich aufgrund der neuen betriebswirtschaftlichen Transparenzmöglichkeiten ergeben, die weiterhin notwendige Detaildebatte nicht im Wege stehen.

Neben der mittlerweile hinreichenden inhaltlichen Ausgestaltung des Mess- und Auswertungskonzepts rückt somit mehr und mehr die Konzeptionierung der praktischen Implementierung und der organisationalen und führungstechnischen Integration in den Mittelpunkt. Es stellt sich die Frage: Wie lässt sich konkreter Nutzen aus einer solchen Rahmenkonzeption ziehen? Die Beantwortung dieser Frage ist ungleich schwieriger als die Erstellung des Rahmenkonzepts selber, da neben betriebswirtschaftlichen Aspekten auch technische, rechtliche und soziopsychologische zu betrachten sind. Dazu gehört insbesondere die Wahrnehmung der neu gegebenen Möglichkeiten und das Verständnis der Auswirkungen auf die Managementprozesse sowohl in der Wissenschaft als auch in der betrieblichen Praxis.

Im Sinne eines Ausblicks auf die konzeptionelle Weiterentwicklung ist anzumerken: Ziel bleibt die Integration aller konzeptionellen Bemühungen in *ein konsensfähiges, prozessorientiertes* am besten auch *standardisiertes Modellierungskonzept*, das neben der flexiblen Aggregation und Detaillierung die Verwendung in verschiedenen Branchen und Wertschöpfungsstufen erlaubt und gleichzeitig genügend Freiraum für individuelle Ergänzung lässt. Der mit der ECR-Initiative in der Konsumgüterwirtschaft beschrittene Weg weist in die richtige Richtung. Zu leisten bleibt aber eine stärkere Zusammenführung der betriebswirtschaftlichen Kennzahlen, der Kosten- und Leistungsrechnung mit den Methoden der Prozess- und Organisationsmodellierung sowie den darauf aufbauenden Analyse- und Entscheidungsmodellen.[7] Das Ergebnis kann dann als erweiterte, integrierte Wissensplattform für Entscheidungen bezeichnet werden. Offensichtlich muss man dabei über die bloßen Zahlen hinausgehen, denn wesentliche, wenn nicht gar die entscheidenden Wissenselemente äußern sich in unstrukturierter Weise, also in Texten, Bildern (bewegt und unbewegt) und Tönen. Die Beispiele hierfür sind mannigfaltig. Zu ihnen gehören etwa Struktur- und Prozessablaufbeschreibungen, ggf. multimedial angereicherte Produkt- und Materialspezifikationen, Projektdokumentationen oder Instandhaltungs- und Qualitätsprüfungsunterlagen. In der Summe ergibt sich daraus die Basis für nachhaltige Verbesserungen. Ein wirklicher Fortschritt lässt sich also nur durch die Integration von strukturierten und unstrukturierten Informationen erzielen.

Bisweilen scheint hier – zumindest in einzelnen Fällen – die betriebliche Praxis den theoretischen Bemühungen vorauszueilen. Dies wird durch die Tatsache belegt, dass bereits heute einzelne Unternehmen über eine derartige Wissensplattform für Entscheidungen verfügen, wenn auch die möglichen Verbesserungspotenziale bei weitem noch nicht ausgeschöpft sind.

---

[7] Vgl. dazu Klee (1997), S. 236f.

4.2 Umsetzungsmöglichkeiten und -chancen

Die nachhaltig veränderte Datensituation, gerade bei informatorischen Prozessen wie der Auftragsabwicklung, eröffnet neue Möglichkeiten der Auswertung und Analyse. Die Lücke der Aktivitäten in Logistikprozessen, die nicht durch irgendein elektronisches Informations- oder Kommunikationssystem unterstützt werden, schließt sich zusehends. Außerdem werden die technischen Lösungen für die Betriebsdatenerfassung (BDE) zunehmend robuster, billiger und vielfältiger einsetzbar. Daraus folgt, dass die früher oft schmerzlich vermissten, oft prohibitiv teuren Datengrundlagen für eine transparente Supply Chain mehr und mehr als Abfallprodukt anfallen, sofern die Daten rechtzeitig vor dem Löschen in Sicherheit gebracht werden. Um aus diesem Datenabfallprodukt ein wertvolles Kuppelprodukt zu machen, können die inzwischen erprobten Technologien des Data Warehousing genutzt werden. Um darüber hinaus aus diesen Daten eine strategisch relevante Ressource werden zu lassen, ist die intelligente Anwendung geeigneter Analysewerkzeuge nötig. Vor allem muss jedoch die Benutzerfreundlichkeit (Usability) in den Mittelpunkt gerückt werden. Es darf sich nicht nur um eine Lösung für einige wenige Spezialisten handeln. Denn nur die schnelle, einfache, jederzeitige Verfügbarkeit der Informationen an jedem Ort ermöglicht die Einbeziehung breiter Mitarbeiterkreise für die Freisetzung der Verbesserungskräfte und damit die Realisierung nachhaltiger Verbesserungen.

Nicht zuletzt aufgrund des gestiegenen und weiter steigenden Wettbewerbsdrucks scheint sich die Bereitschaft zur Nutzung dieses Informationsschatzes im Unternehmen zu verbreiten. Profitieren können die Unternehmen dabei von zwei Entwicklungen, die sich gegenseitig verstärken:

1. Die jahrelange Entwicklung und Verbreitung der Erkenntnis, dass nur eine bereichs- und unternehmensübergreifende Optimierung der Supply Chain langfristig wettbewerbsfähig hält. Mit anderen Worten: Die Kernthesen sowohl der integrierten Logistik als auch des Supply Chain Managements haben sich herumgesprochen und zahlreich bewährt.

2. Die Entwicklung der Informations- und Kommunikationstechnologien, die endlich die Umsetzung der dafür nötigen Transparenz in den Management- und Steuerungsprozessen in geeigneter Weise unterstützen.

Wichtige Voraussetzungen für den Erfolg sind dabei:[8]

- Management-Engagement und Konsens bezüglich der zu messenden Kennzahlen.

- Größtmögliche Effizienz der Datenübernahme-, Datenqualitätsprüfungs-, Kennzahlenberechnungs-, Verdichtungs- (Aggregation) und Kommunikationsprozesse durch möglichst vollständige Automatisierung.

- Bereitstellung aller Informationen nahezu in Echtzeit.

- Sehr schnelle und einfache Navigation auch für ungeübte Anwender mittels weniger Mausclicks durch große Informationsbestände aller Supply Chain Bereiche und über alle Verdichtungs- bzw. Detaillierungsebenen hinweg (z. B. Drilldown von der Unternehmensebene bis zum Produkt, zum Material oder zur Prozessaktivität).

- Solides Sicherheits- und Berechtigungskonzept.

- Nahezu jederzeitige Verfügbarkeit an allen relevanten Standorten und unterwegs auf der Basis von Intra-/Extranets. Dadurch können auch Geschäftspartner leicht eingebunden werden.

- Durchgängige Personalisierungsmöglichkeit, d. h., jeder Benutzer kann sich – im Rahmen seiner Berechtigungen – aus der Informationsflut genau die Informationen dauerhaft und im Einzelfall zusammenstellen, die er benötigt.

- Umsetzung des Management by Exception durch einfach zu bedienende Benachrichtigungsmechanismen (Alerting und Abonnement), die sich der einzelne Benutzer selbst einrichten kann.

- Möglichkeit zur Einbeziehung relevanter Dokumente, die für das nötige Hintergrundwissen zu den Kennzahlen und zu deren Interpretation sorgen.

- Integrierte Unterstützung der zeit- und ortsunabhängigen, fach- und themenbezogenen Kommunikation, die sich im Unternehmen und entlang der Supply Chain auf der Basis der Kennzahlen ergibt. Diese Kommunikation wird benötigt, um Ursachen aufzudecken, Verbesserungen einzuleiten und den Wissensstand zu erhöhen. Dies geht über den Umfang der üblichen Reportingstrukturen hinaus.

Bis auf den ersten Punkt – Management Engagement und Konsens – sind alle Erfolgsvoraussetzungen durch heute auf dem Markt befindliche Lösungen erfüllbar.[9]

---

[8] Vgl. Gabel (2001), S. 91 f.
[9] Vgl. Gabel / Klee (2001), S. 3 f.

4.3 Betriebswirtschaftliche Nutzenpotenziale

Die betriebswirtschaftlichen Nutzenpotenziale, die sich aus der Supply Chain Transparenz (Visibility) ergeben, sind vielfältig. Wichtiger noch: die einzelnen Effekte können sich gegenseitig verstärken, so dass eine nachhaltige Verbesserungsspirale in Gang gesetzt werden kann. Die dabei erreichte Kollabierung der Entscheidungszykluszeiten hat positive Auswirkungen auf die Agilität und Flexibilität eines Supply Netzwerkes insgesamt und erlangt damit durchaus strategische Bedeutung. Die Nutzeffekte lassen sich wie folgt differenzieren:

- *Kosteneinsparungen* können umso größer sein, je geschickter viele kleine Einsparungsmöglichkeiten unter der Prämisse immer dünnerer Personaldecken und steigender Komplexität im Prozessablauf kombiniert ausgeschöpft werden können. So hat etwa die Firma Mopar, die als Konzerntochter für DaimlerChrysler in den USA den Ersatzteil- und Zubehörhandel betreibt, durch Schaffung von Transparenz im Bereich Lieferservice an Kunden, Bestandscontrolling und Lieferservice der Lieferanten durchschlagenden Erfolg erzielt. So hatte das Projekt bereits nach 7 Monaten die break even Zone erreicht, und die konservativ geplanten Einsparungen in 2001 belaufen sich auf US$ 15 Mio. Dabei sind bei weitem noch nicht alle Nutzenpotenziale ausgeschöpft. Entscheidend für diesen Erfolg war nicht nur das bloße Besitzen der nötigen Informationen, sondern vielmehr das Bestreben, durch überlegene Benutzerfreundlichkeit den Weg zu Akzeptanz und effizienter Nutzung zu ebnen. Die oben genannten Erfolgsvoraussetzungen bilden hierfür die Basis.

- *Umsatzsteigerungen* entstehen in erster Linie durch verbesserten Lieferservice. Die Steigerung der Kundenbindung spielt dabei ebenfalls eine wichtige Rolle. Gelingt es einem Lieferanten, durch die Öffnung seines Monitoring-Systems seine Kunden einzubeziehen, so kann das ausschlaggebend für die Vertrauensbildung und für zusätzliche Aufträge sein. Verschiedene Praxisbeispiele belegen dies.[10] In besonderer Weise gilt dies für Logistikdienstleister, die sich nahtlos in Logistikketten einbinden und dabei dauerhaft ihre Kompetenz dokumentieren wollen. Insofern kann diese zusätzliche Transparenz neben der vielleicht schon als selbstverständlich vorausgesetzten Qualitätszertifizierung nach DIN ISO 900x als nachhaltige, vertrauensbildende Maßnahme mit akquisitorischem Charakter fungieren.

Für die Messung des Nutzens der einzelnen Verbesserungsaktivitäten und -projekte ist mit dem Rahmenkonzept eine Referenz gegeben. Damit wird die Steuerung des Projektportfolios auf der Basis des Projekterfolges unterstützt.

---

[10] So hat etwa die Firma SCI, ein Microchip-Produzent mit über 30 Fabriken und Sitz in Huntsville, Alabama, USA, mit diesem Ansatz zusätzliche Aufträge der Firma Cisco Systems auf sich ziehen können.

Weiterhin können die Nutzenpotenziale je nach dem, wo sie anfallen, eingeordnet werden. So erweitert sich der Fokus von Nutzenpotenzialen, die innerhalb eines organisatorischen (Funktions-) Bereichs auftreten, auf solche, die zwischen Bereichen im Unternehmen bestehen. Schließlich lassen sich häufig äußerst interessante Nutzenpotenziale zwischen Unternehmen identifizieren, die freilich durch entsprechende unternehmensübergreifende Zusammenarbeit zu erschließen sind. Die verschiedenartigen Vorteile der Nutzenerschließung liegen bekanntermaßen nicht immer bei demjenigen, der die größten Lasten trägt – weder im Unternehmen noch zwischen Unternehmen. Deshalb muss sowohl über ein ausgefeiltes Trade-off Management als auch über funktionierende Verfahren der Verteilung nachgedacht werden. Ohne die nötige betriebswirtschaftliche Transparenz bleibt all dies jedoch schon im Ansatz stecken.

Das Ausmaß der erreichbaren Verbesserungseffekte hängt stark von der Ausdehnung des Nutzerkreises ab. Diese stellt gewissermaßen einen Hebel für das Performance Management dar. Folgende Aspekt sind dabei u. a. von Bedeutung:

- Möglichst häufige sinnvolle (Wieder-) Verwendung von Informationen erhöht tendenziell den Wert dieser Informationen.[11] Anders gesagt: die beste Information verursacht ausschließlich Kosten, sofern sie nicht gewinnbringend genutzt wird. Dieser Zusammenhang ist nicht linear, und seine Modellierung fällt im einzelnen nicht leicht. Pragmatisch gesehen, darf er aber nie aus dem Auge verloren werden.

- Die indirekte Koordination aller beteiligten Manager und Mitarbeiter durch gemeinsame Informationsgrundlagen führt zu vermehrt zielgerichtetem Arbeiten. Unproduktive Diskussionen über inkonsistente Zahlen werden vermieden und stattdessen die Kräfte auf die Ursachenanalyse und Problemlösung konzentriert. Je größer die Zahl der Einbezogenen, desto größer ist naturgemäß dieser Effekt.

- Bei der Auswahl derjenigen Größen, die mit dem Anreizsystem verknüpft werden, sind solche zu bevorzugen, die jeweils nur durch die Beiträge von mindestens zwei Bereichen gemeinsam verbessert werden können. Dies führt zu einer Bereichsverkettung, weitet automatisch den Kreis des Interesses und der Interessenten aus und entfaltet so zusätzliche koordinierende Wirkung. Nicht zuletzt wird dadurch auch zusätzliche problembezogene Kommunikation hervorgerufen.

Gerade die Einbeziehung von Geschäftspartnern in das Monitoring der Supply Chain Prozesse eröffnet weitere interessante Nutzenpotenziale und liefert die Grundlage für eine verbesserte Zusammenarbeit, die z. B. auch für CPFR (Collaborative Planning, Forecasting and Replenishment) unbedingte Voraussetzung ist.

All diese Aspekte erklären, warum Performance Management-Projekte in der Supply Chain im Durchschnitt ein deutlich höheres Ertragspotenzial aufweisen als klassische

---

[11] Vgl. dazu insbesondere Liautaud / Hammond (2001), S. 35 f.

ERP-, APE- und sogar CRM-Projekte.[12] Bei beherztem Vorgehen ist das Erreichen des Projekt-payoffs innerhalb eines Jahres mehr als realistisch.

Insgesamt lässt sich mit der entsprechenden Transparenz die Ausschöpfung der einzelnen Nutzenpotenziale so orchestrieren, dass sie zu wirklichen Wettbewerbsvorteilen führen. Es gilt nun, die nötigen Transmissionsriemen zu schaffen, die den vorhandenen Datenschatz unter Einbeziehung aller Beteiligten möglichst schnell in konkrete Einsparungen, Verbesserungen und Wettbewerbsvorteile ummünzen.

5. Literatur

Delfmann, Werner (1995): Logistische Segmentierung, in: Dynamik und Risikofreude in der Unternehmensführung. Albach, Horst; Delfmann, Werner (Hrsg.), Wiesbaden, S. 172-202.

Ferstl, Otto K. / Sinz, Elmar J. (1991): Ein Vorgehensmodell zur Objektmodellierung betrieblicher Informationssysteme im Semantischen Objektmodell (SOM), Vortrag anlässlich der Pfingsttagung des Verbandes der Hochschullehrer für Betriebswirtschaft e.V., Linz, 1991.

Gabel, Thomas (2001): Intelligent Supply Chain, in: Praxis-Lexikon e-business, Helmut Merz (Hrsg.), Landsberg/Lech, 2001, S. 91-94.

Gabel, Thomas / Klee, Paul Holger (2001): Intelligent Supply Chain. Whitepaper, Knowtice AG (Hrsg.), Frankfurt am Main, 2001, Internet: www.knowtice.de.

Klee, Paul Holger (1997): Prozessorientiertes Distributionscontrolling, Wiesbaden, 1997.

Liautaud, Bernard / Hammond, Mark: e-Business Intelligence. Turning Information into Knowledge into Profit. New York et al., 2001.

Pfohl, Hans-Christian (2000) Logistiksysteme. Betriebswirtschaftliche Grundlagen. 6. Aufl., Berlin et al, 2000.

---

[12] ERP steht für Enterprise Ressource Planning, APS für Advanced Planning Systems und CRM für Customer Relationship Management.

Der Prozess der physischen Auftragsbearbeitung

Jürgen Eck / Harald Gleißner / Alfons Herde / Martin Kabath / Markus Mau /
*Martin Peter / Klaus Winterscheid**

*   Dipl.-Ing. Dipl.-Wirtsch.-Ing. Jürgen Eck, IT-Systems GmbH, Darmstadt.
    Dr. rer.-pol. Harald Gleißner, KarstadtQuelle AG, Frankfurt.
    Dipl.-Kfm. Alfons Herde, CONET Consulting AG, Hennef.
    Dr. Markus Kabath, CONET Consulting AG, Hennef.
    Dr. Markus Mau, Justus-Liebig-Universität, Gießen.
    Dipl. Kfm. Martin Peter, Wella, Darmstadt.
    Dipl. Kfm. Klaus Winterscheid, Logistics Consulting Resources, Bad Homburg.

1. Der Hauptprozess „Physische Auftragsbearbeitung": Allgemeine Charakteristika

Die stetig steigenden Anforderungen der Kunden an Prozessgenauigkeit, Termintreue, Prozesszeit und Serviceniveau, die zunehmende Dynamik der Märkte sowie die fortwährend kürzeren Produktlebenszyklen bei wachsender Produktvielfalt stellen zentrale künftige Herausforderungen an die Logistik dar. So verändern sich z.B. Sendungsstrukturen in Richtung immer kleinerer Sendungen mit immer weniger Auftragspositionen, die hohe Kosten verursachen. Neben Leistungsgrößen, wie beispielsweise Termintreue und Prozessgenauigkeit, hat insbesondere die Prozesszeit einen wesentlichen Einfluss auf die Kundenzufriedenheit und die Kostenstruktur im Unternehmen. Darüber hinaus wird in Branchen, in denen ein Großteil der Gesamtkosten durch Logistikaktivitäten verursacht wird, die Senkung der Logistikkosten und die Erhöhung der Effizienz zu einem kritischen Wettbewerbsfaktor.

Bezogen auf den Material- und Warenfluss verursachen die markt- und kundenseitigen Entwicklungen einen höheren Koordinationsaufwand und eine zunehmende Koordinationsintensität. Diese komplexe Koordinierungsaufgabe ist nur entlang der Prozesse unter Betrachtung möglicher Wechselwirkungen innerhalb der Prozesskette zu bewältigen. Aus diesen Gründen stellt sowohl die Überwachung der Prozesskosten als auch die Kenntnis der Leistungsgrößen eine wesentliche Voraussetzung für die Planung, Steuerung und Kontrolle der Hauptprozesse dar. Dies gilt in besonderem Maße für die physische Auftragsbearbeitung, die in vielen Unternehmungen mit erheblichen Investitionen in Lagerstandorte und mit umfangreichen Personalressourcen verbunden ist.

Der Prozess der „Physischen Auftragsbearbeitung" beschreibt den innerbetrieblichen Material- und Warenfluss. Die physische Auftragsbearbeitung erfüllt dabei zentrale Funktionen in der Warenbeschaffung und -versorgung wie z.B. zeitliche und mengenbezogene Pufferfunktionen, Sammeln, Sortieren, Vereinzeln, Bündelung von ein- und ausgangsseitigen Warenströmen und teilweise auch Produktions- oder Veredelungsfunktionen (z.B. Reifelager, Konfektionierung). Diese Funktionen dienen im Endeffekt der Versorgung der Kunden mit Waren.

Der Prozess beginnt mit der Annahme von Materialien und Waren, setzt sich fort über die Wareneingangsbearbeitung, Lagerung, Kommissionierung, Verdichtung/Kontrolle/Verpackung sowie die Versandbereitstellung und endet mit der Übergabe an den nachgelagerten Transportprozess. Der Teilprozess „Innerbetrieblicher Transport" dient der räumlichen Überbrückung und verbindet die übrigen Teilprozesse miteinander.

Die nachfolgende Abbildung veranschaulicht die Struktur der „Physischen Auftragsbearbeitung".

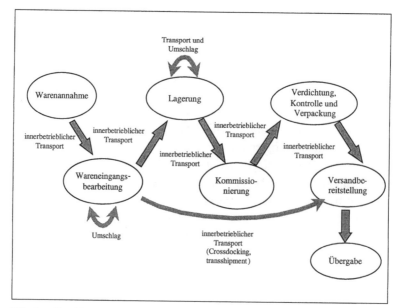

Abb. 1:   Der Hauptprozess der „Physischen Auftragsbearbeitung" im Überblick

Neben den Schnittstellen zu den vor- und nachgelagerten Transportprozessen findet über weitere Schnittstellen ein vielfältiger Informationsaustausch zum Hauptprozess der „Informatorischen Auftragsbearbeitung" statt. Die „Physische Auftragsbearbeitung" wird weiterhin von einem prozessinternen Informationsfluss begleitet, mit dessen Hilfe der Material- und Warenfluss geplant, gesteuert und kontrolliert wird. Darüber hinaus entstehen während oder nach der operativen Durchführung der Aktivitäten weitere Informationen, die für andere logistische und nichtlogistische Haupt- und Teilprozesse (z.B. Einkauf, Produktions- und Transportprozesse) von Bedeutung sind oder diese steuern. Ein nach außen gerichteter Informationsfluss informiert zusätzlich, beispielsweise über den aktuellen Stand der Auftragsbearbeitung oder die Kundenzufriedenheit in Bezug auf mögliche Reklamationen.

Innerhalb des Prozesses der „Physischen Auftragsbearbeitung" lassen sich zwei grundsätzliche Richtungen unterscheiden: Zum einen die eingangsseitige Auftragsbearbeitung, die im Sinne einer Zuführung das Material und die Waren vereinnahmt und aggregiert, und zum anderen die ausgangsseitige Auftragsbearbeitung, die zur Kundenversorgung eine Sortier- und Vereinzelungsfunktion übernimmt. Hierbei erfolgt der „Einstieg" in den Prozess beim Prozessschritt Kommissionierung, wenn Auftragsinformationen die Auslagerung anstoßen, auf die die übrigen Teilprozesse bis zur Übergabe folgen. Dieser Weg ist als Hauptanwendungsfall zu betrachten.

Verbunden werden die eingangs- und ausgangsseitige Auftragsbearbeitung durch die Phase der Lagerung (Pufferfunktion). In allen Prozessstufen können dabei Manipulationen am Material bzw. der Ware selbst vorgenommen werden (z.B. Auspacken, Verpacken, Konfektionieren, Etikettieren, Konfigurieren etc.). Dabei wird häufig auch von so genannten „Value added processes" gesprochen.

Bei der Untersuchung wird eine spezifische Vorgehensweise verfolgt. Im Anschluss an die Prozessdefinition, d.h. der detaillierten Strukturierung und Beschreibung des Hauptprozesses, folgt zunächst die Identifikation von Leistungs- und Kostenkenngrößen, die den Prozess näher beschreiben. Diese Kenngrößen werden weiter detailliert und hieraus leistungs- und kostenbezogene Kennzahlen abgeleitet. Abschließend werden verschiedene Möglichkeiten zur prozessorientierten Verknüpfung von Kennzahlen diskutiert.

2.   Analyse der Teilprozesse in der „Physischen Auftragsbearbeitung"

Der logistische Hauptprozess „Physische Auftragsbearbeitung" steht neben den beiden anderen Hauptprozessen „Informatorische Auftragsbearbeitung" und „Transport", mit denen er in einer Prozesskette verbunden ist. Er wird durch Informationen angestoßen und beginnt mit der Warenannahme. Er liefert Informationen und Objekte an den Transportprozess und endet mit der Übergabe.

Der Hauptprozess „Physische Auftragsbearbeitung" gliedert sich grundsätzlich in die unten angegebenen Teilprozesse. Diese modellhafte Vorstellung wird hier allen weiteren Überlegungen zu Grunde gelegt. In der Praxis des Prozessmanagements können Organisationsentscheidungen in einzelnen Unternehmungen und Branchen auf Grund unterschiedlicher Produkt- und Kundenstrukturen zu Abweichungen von dieser Vorstellung führen. So kann es passieren, dass bestimmte Teilprozesse in Einzelfällen entfallen können, wenn z.B. Waren und Informationen direkt nach der Warenannahme in Form von Cross Docking oder Transshipment an den Warenausgang übergeben werden.

Auf die Darstellung solcher Varianten wird hier verzichtet, weil es in erster Linie nicht um die Diskussion von Prozessoptimierungen, sondern um die praktische Anwendung der in Kapitel 1 dargestellten Analyse- und Bewertungsmethoden bei den Teilprozessen und um die Definition und Messung praxisgerechter Kennzahlen für das Prozessmonitoring und für das Management geht. Im Übrigen kann auf Kapitel 2.2 verwiesen werden, in dem einige kombinierte Anwendungen der Hauptprozesse als Modelle für bestimmte Branchen dargestellt sind und die Prozessanalyse anhand eines Beispiels aus der Tiefkühllagerung erfolgt. Darüber hinaus bieten die Beispiele in Kapitel 3 weitere branchen- und unternehmensbezogene Details.

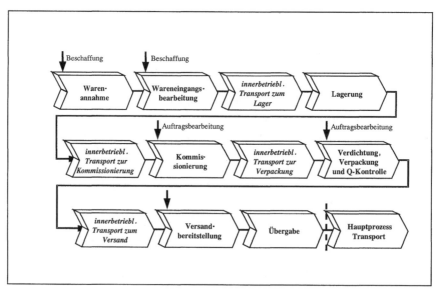

Abb. 2:   Der Hauptprozess „Physische Auftragsbearbeitung"

2.1   Identifikation und Abgrenzung der Teilprozesse

2.1.1 Warenannahme

Der Teilprozess „Warenannahme" umfasst den körperlichen Übergang der Ware und der Lieferpapiere von einem vorgelagerten Element eines Prozesses außerhalb des Bezugsbereichs in den Bezugsbereich des Hauptprozesses „Physische Auftragsbearbeitung" und seines Teilprozesses „Warenannahme". Beispiel „Tiefkühlkost": Im Rahmen eines vorgelagerten Distributionsprozesses des Herstellers werden Ware und Lieferpapiere nach dem Transport in entsprechenden Kühlfahrzeugen am Bestimmungsort entladen bzw. übergeben und im Teilprozess angenommen.

Der Teilprozess wird angestoßen durch die Anlieferung selbst sowie durch Informationen aus dem beschaffungsseitigen Hauptprozess „Informatorische Auftragsbearbeitung", die eine Annahme erst ermöglichen. Beispiel: Lieferung und Papiere stimmen mit den EDV-Daten aus der Beschaffung (Einkauf, Logistik) oder mit dem Lieferavis überein.

Der Teilprozess stößt anschließend den Teilprozess „Wareneingangsbearbeitung" an und liefert gleichzeitig Daten an die „Informatorische Auftragsbearbeitung", z.B. Gegenbuchung der Wareneingangsavise oder Kopien der Lieferscheine.

Aktivitäten im Teilprozess Warenannahme

v Anlieferberechtigung prüfen

v Rampe zuweisen

v Lieferpapiere übernehmen

v Lieferpapiere mit Beschaffungsdaten bzw. Avis vergleichen

v Sendungsinformationen grob erfassen

v Informationen verarbeiten

v Ware abladen

v Ware grob erfassen (Sichtprüfung, Abgleich)

v Schäden feststellen und dokumentieren

v Gefahrübergang feststellen und dokumentieren

v Gewährleistungsregeln anwenden

v Informationen bereitstellen

v Ladehilfsmittel zurückgeben

Mögliche Größen zur Leistungserfassung

v Anzahl Paletten

v Anzahl Colli

v Menge Volumeneinheiten

Mögliche Größen zur Kostenerfassung

v teilprozessbezogene Personalkosten

v Kosten für Sachanlagen (z.B. Stapler)

2.1.2 Wareneingangsbearbeitung

Der Teilprozess „Wareneingangsbearbeitung" umfasst die körperliche Vereinnahmung der Ware und der Lieferpapiere in die Systeme des Unternehmens und die Vorbereitung auf die Einlagerung. Im Beispiel „Tiefkühlkost" kann das z.B. die Zwischenpufferung in Kühlhallen, der Abgleich von Lieferpapieren mit der Ware, die Kontrolle von Temperaturschreibern und die Aufteilung auf Kältezonen beinhalten.

Ausnahme: Bei Cross-Docking/Transshipment-Fällen wird die Ware auf die Versandbereitstellung vorbereitet.

Der Teilprozess wird angestoßen vom Teilprozess „Warenannahme" und durch Informationen aus dem Hauptprozess „Informatorische Auftragsbearbeitung" der Beschaffung, z.B. Beschaffungsavise, Bestelllisten, Wareneingänge. Der Teilprozess stößt seinerseits den Teilprozess „Innerbetrieblicher Transport zum Lager" (siehe 2.1.8) an und liefert Daten an die „Informatorische Auftragsbearbeitung" (z.B. Zugangsbuchungen) und nachgelagerte Prozesse (z.B. Einlagerauftrag).

Aktivitäten im Teilprozess Wareneingangsbearbeitung

ν Wareneingang planen

ν Ware quantitativ kontrollieren (Art, Menge, Einzelmengen)

ν Ware formal kontrollieren (Termin, Bestellkopie, Versandanzeige, Lieferschein, Frachtbrief, Begleitpapiere)

ν Ware qualitativ kontrollieren (äußerer Zustand, Stichproben)

ν Ware bearbeiten: auspacken, sortieren, vereinzeln, umpacken

ν Packungsmengen ändern

ν Paare/Lose bilden

ν Proben entnehmen

ν Schäden bearbeiten, Zollangelegenheiten abwickeln

ν Ware zubuchen, Verfügbarkeit melden

ν Ware kennzeichnen: auszeichnen, umzeichnen, mit Diebstahlsicherung versehen

ν Informationen erfassen, eingeben, verarbeiten und bereitstellen, z.B. auch für Einkauf (Wareneingangsmeldung), Finanzprozesse und Produktion

ν Ware für Einlagerung vorbereiten (z.B. Ladungssicherung, Lagerplatzzuordnung)

Mögliche Größen zur Leistungserfassung

v bearbeitete Eingangspapiere

v Frachtbriefe

v Lieferpositionen

v Verzollungsvorgänge

v Buchungsvorgänge

v Transportschäden

v Meldungen bei Falschlieferungen

Mögliche Größen zur Kostenerfassung

v teilprozessbezogene Personalkosten

v anteilige Systemkosten

v Kosten für Qualitätskontrolle/Sicherung

2.1.3 Lagerung

Der Teilprozess „Lagerung" umfasst die körperliche Ein- und Auslagerung der Ware entsprechend dem Lagertyp mit dem entsprechenden Ein- bzw. Auslagerungsverfahren und die Ausübung der Lagerfunktion (Vorrat, Sicherheit, Puffer) und weiterer (Produktiv-)Funktionen (Spekulation, Veredelung). Im Beispiel „Tiefkühlkost" kann dies z.B. die Ein- und Auslagerung in/aus verschiedenen Kältebereichen, die permanente Kontrolle von Temperatur und Luftfeuchtigkeit oder die stichprobenartige Kontrolle des Hygienezustands umfassen.

Der Teilprozess „Lagerung" wird im Fall der Einlagerung durch die Übergabe der Ware aus dem Teilprozess „Transport zum Lager" oder durch Einlagerungs- und Lagerungsinformationen angestoßen. Die Lagerung selbst wird durch Bestandsregelungen und Lagerungsvorgaben gesteuert, während die Auslagerung aus dem Hauptprozess „Informatorische Auftragsbearbeitung" angestoßen wird (z.B. Auslagerungsaufträge für die Kommissionierung). Die Auslagerung kann ebenfalls durch Bestandsregelungen und Lagerungsvorgaben ausgelöst werden, wenn z.B. Umlagerungen erfolgen oder Bestände aufgrund der Überschreitung des Mindesthaltbarkeitsdatums auszusondern sind.

Die Auslagerung erfolgt üblicherweise im Zusammenhang mit der Kommissionierung. Hierbei ist der Teilprozess nicht selbststeuernd, sondern wird auf Grund von Auslagerungsinformationen angestoßen. Es folgt der Teilprozess „Innerbetrieblicher Transport zur Kommissionierung" (siehe 2.1.8). Zusätzlich liefert der Teilprozess Daten an die

„Informatorische Auftragsbearbeitung" und über die Lagerverwaltung/den Lagerverwaltungsrechner an andere Systeme, z.B. Finanz-, Beschaffungs- (Einkaufs-, Logistik-) und Controllingsysteme.

Für das Beispiel „Tiefkühlkost" kann z.B. die Auslagerung für Kundensendungen artikelbezogen in ganzen Paletten erfolgen; anschließend folgt der Zwischentransport in den ebenfalls gekühlten Kommissionierbereich, wo die eigentlichen Sendungen zusammengestellt werden.

Aktivitäten im Teilprozess Lagerung

∨ Erfassung von Daten im Lagerverwaltungssystem

∨ Einlagerung im Einzelfall vorbereiten: einzulagernde Waren identifizieren, nach feststehenden Kriterien der Lagerplatzbestimmung dem Lagertyp zuordnen, Lagerplatz/-fach bestimmen

∨ Waren körperlich einlagern: manuell, mechanisch, vollautomatisch

∨ Bestände überwachen und pflegen

∨ Waren umformen/umpacken (Warenmanipulation)

∨ Auslagerung im Einzelfall vorbereiten

∨ Waren körperlich auslagern: manuell, mechanisch, vollautomatisch

∨ Informationen bereitstellen

Mögliche Größen zur Leistungserfassung

∨ Einlagerung: Einlagerungsfälle pro Zeit/Auftrag

∨ Lagerung: Anzahl der Artikel/Lagereinheiten, Lagerbelegung, Reichweiten, Umschlaghäufigkeit, Kapitalbindung

∨ Auslagerung: Picks/Lieferscheinpositionen pro Zeit/Auftrag

Mögliche Größen zur Kostenerfassung

∨ Einlagerung: Personal- und Sachkosten

∨ Lagerung: Personal-, Sach- und Kapitalkosten

∨ Auslagerung: Personal- und Sachkosten

2.1.4 Kommissionierung

Der Teilprozess „Kommissionierung" umfasst die körperliche Zuordnung ausgelagerter Ware zu Bestellungen entsprechend den Informationen aus dem Hauptprozess „Informatorische Auftragsbearbeitung". Der Teilprozess wird angestoßen durch die Übergabe der Ware und der Bestellunterlagen aus dem Teilprozess „Transport zur Kommissionierung" und durch Informationen aus dem Hauptprozess „Informatorische Auftragsbearbeitung", die eine Kommissionierung erst ermöglichen. Im Beispiel „Tiefkühlkost" ist das z.B. die Bereitstellung der artikelreinen Palettenware in der gekühlten Kommissionierzone und die Übertragung der Kommissionieraufträge in die Mobilen Datenerfassungsgeräte (MDE) der Kommissionierer.

Der Sonderfall, dass Kommissionierung und Auslagerung zusammenfallen, tritt dann auf, wenn direkt aus dem Lager kommissioniert wird (einstufige Kommissionierung; Mann zur Ware).

Der Teilprozess stößt den nachfolgenden Teilprozess „Innerbetrieblicher Transport zur Verpackung" (siehe 2.1.8) an und liefert Daten an die „Informatorische Auftragsbearbeitung" (z.B. Kommissionierdaten zur Erstellung der Lieferscheine und der Frachtpapiere; Chargeninformationen, Herkunftsangaben bei Präferenzwaren etc.).

Aktivitäten im Teilprozess Kommissionierung

v Ware zum Auslagern bearbeiten

v Ware laut Auftrag (Bestellung) aus den Lagertypen auslagern

v Informationen verarbeiten

v Informationen bereitstellen

Mögliche Größen zur Leistungserfassung

v Anzahl Kommissionieraufträge

v Zahl der angelieferten Ladeeinheiten

v Personalstunden

Mögliche Größen zur Kostenerfassung

v teilprozessbezogene Personalkosten

v teilprozessbezogene Qualitätskosten

v teilprozessbezogene Raumkosten

2.1.5 Verdichtung, Prüfung, Verpackung

Der Teilprozess „Verdichtung, Prüfung, Verpackung" umfasst das Verpacken der kommissionierten Ware in Verpackungseinheiten gemäß Packzettel (z.B. Kommissionierliste, Lieferschein, Bestellung, Pro-forma-Rechnung), das Verdichten der Verpackungseinheiten zu größeren Gebinden gemäß Empfänger-/Lieferort-Identität und die Prüfung des Prozessschrittes auf Übereinstimmung mit den Versandpapieren (z.B. Kontrolle aller Auftragspositionen).

Der Teilprozess wird angestoßen durch die Übergabe der Ware und der Kommissionierunterlagen aus dem Teilprozess „Transport zur Verpackung" und durch Versandinformationen aus dem Hauptprozess „Informatorische Auftragsbearbeitung".

Der Teilprozess stößt den Teilprozess „Innerbetrieblicher Transport zum Versand" (siehe 2.1.8) an und liefert Daten an die „Informatorische Auftragsbearbeitung". Einen Sonderfall stellen Pick-to-Pack-Systeme dar, wo Kommissionierung und einzelne Aktivitäten der Verpackung kombiniert sind (z.B. direkte Kommissionierung in versandfähige Kartons).

Für das Beispiel „Tiefkühlkost" kann das z.B. die Konsolidierung von Sendungsteilen, die in unterschiedlichen Kommissionierbereichen (Temperaturzonen) kommissioniert wurden, Vollständigkeitskontrolle absetzen auf Palette, maschinelles Stretchen mit kälteunempfindlicher Folie, Anbringen von Temperaturschreibern und die Beifügung der Versandpapiere sein.

Aktivitäten im Teilprozess Verdichtung, Prüfung, Verpackung

v Übereinstimmung mit den Versandpapieren prüfen

v Verpackungseinheiten zu Gebinden verdichten

v Versandinformationen über Empfänger/Lieferorte verarbeiten

v kommissionierte Ware gemäß Kommissionierunterlagen (Packzettel, Bestellung) in Verpackungseinheiten verpacken

v Verpackungseinheiten und Gebinde bereitstellen

v Informationen bereitstellen

Mögliche Größen zur Leistungserfassung

v Anzahl Verpackungen

v Anzahl Verdichtungen

v Anzahl Prüfvorgänge (oder Prüfpositionen)

Mögliche Größen zur Kostenerfassung

v teilprozessbezogene Personalkosten

v teilprozessbezogene Qualitätssicherungskosten

2.1.6 Versandbereitstellung

Der Teilprozess „Versandbereitstellung" umfasst die körperliche Bereitstellung der Verpackungseinheiten und Gebinde und der Papiere zum Versand. Der Teilprozess wird angestoßen durch die Übergabe der Verpackungseinheiten und Gebinde sowie der Versandunterlagen aus dem Teilprozess „Transport zum Versand" und durch weitere Versandinformationen aus dem Hauptprozess „Informatorische Auftragsbearbeitung". Der Teilprozess stößt den Teilprozess „Übergabe" an und liefert Daten an die „Informatorische Auftragsbearbeitung".

Im Beispiel „Tiefkühlkost" kann dies z.B. die tourenbezogene Bereitstellung der Waren in Thermoaufliegern, die an den Warenausgangsrampen bereitstehen, und die Zusammenstellung der gesamten Sendungs- und Frachtpapiere einschließlich Avis-Kopien für die Fahrer sein.

Aktivitäten im Teilprozess Versandbereitstellung

v Verpackungseinheiten und Gebinde nach Lieferorten sortieren, mit Adressen versehen, codieren, in Ladebehälter packen

v Ladebehälter an entsprechender Rampe positionieren

v Lade- und Versandpapiere bereitstellen, Informationen bereitstellen

Mögliche Größen zur Leistungserfassung

v Anzahl Verpackungseinheiten

v Anzahl Gebinde

v Anzahl Ladebehälter

Mögliche Größen zur Kostenerfassung

v teilprozessbezogene Personalkosten

2.1.7 Übergabe

Der Teilprozess „Übergabe" umfasst den körperlichen Übergang der Verpackungseinheiten/Gebinde/Ladebehälter und der Versandpapiere aus dem Bezugsbereich des Hauptprozesses „Physische Auftragsbearbeitung" und seines Teilprozesses „Übergabe" in ein nachgelagertes Element eines Prozesses außerhalb des Bezugsbereiches. Dies wäre hier der Prozess Transport.

Beispiel: Im Rahmen eines Distributionsprozesses werden Verpackungseinheiten/Gebinde/Ladebehälter und Versandpapiere für den Transport an den Bestimmungsort im Teilprozess eingeladen bzw. übergeben und außerhalb des Bezugsbereiches angenommen. Der Teilprozess wird angestoßen durch die Bereitstellung der Verpackungseinheiten/Gebinde/Ladebehälter und durch Informationen aus dem Hauptprozess „Informatorische Auftragsbearbeitung", die eine Übergabe erst ermöglichen. Beispiel: Verpackungseinheiten/Gebinde/Ladebehälter und Papiere stimmen mit den IV-Daten aus dem Vertrieb (Verkauf, Logistik) oder mit dem Avis überein.

Im Beispiel „Tiefkühlkost" kann die Übergabe z.B. durch die Übergabe von Versandpapieren und Aufliegerpapieren gegen Quittierung an den Fahrer erfolgen. Der Teilprozess stößt ein Element eines Prozesses außerhalb des Bezugsbereiches (Transportprozess) an und liefert Daten an die „Informatorische Auftragsbearbeitung".

Aktivitäten im Teilprozess Übergabe

v Versandberechtigung prüfen

v Rampe prüfen

v Versandpapiere mit Verkaufsdaten bzw. Avis vergleichen

v Versandpapiere übergeben

v Informationen verarbeiten

v Verpackungseinheiten/Gebinde/Ladebehälter aufladen

v Gefahrübergang feststellen und dokumentieren

v Gewährleistungsregeln anwenden

v Informationen bereitstellen

v Ladehilfsmittel zurücknehmen

Mögliche Größen zur Leistungserfassung

v Anzahl Paletten

v Anzahl Colli

v Volumeneinheiten

Mögliche Größen zur Kostenerfassung

v teilprozessbezogene Personalkosten

2.1.8 Innerbetrieblicher Transport

Der innerbetriebliche Transport verknüpft verschiedene Aktivitäten im Bereich der physischen Auftragsbearbeitung. Dies ist üblicherweise der gesamte Transport zwischen verschiedenen Bereichen/Zonen in einem Lager. Es ist häufig der Fall, dass bei der gesamten physischen Auftragsbearbeitung der innerbetriebliche Transport mehrfach stattfindet, wobei die einzelnen Aktivitäten häufig dieselben sind. Daneben sind Transportanteile zu nennen, die innerhalb der Teilprozesse stattfinden (z.B. Wareneingangsbearbeitung: Warenumschlag, Änderung der Verpackungseinheit; Lagerung: Einlagerung/Auslagerung im Lagersystem).

Die Transporte können mit unterschiedlichen Hilfsmitteln durchgeführt werden. Neben Staplerverkehr (für kurze Distanzen) und LKW-Verkehr sind auch Transporte mit Bahn, Flugzeug, fahrerlosen Transportsystemen, Hängebahnen, Palettenförderern, Transportbändern bis hin zu Rohrleitungen denkbar.

Es lassen sich mehrere innerbetriebliche Transporte differenzieren:

- Transport zum Lager: Körperlicher Transport der eingegangenen Ware in der vorbereiteten Form und der Lagerunterlagen zum Lager des vorher festgelegten Typs. Anstoß durch Transportinformationen und durch die Übergabe der Ware von der Wareneingangsbearbeitung. Nachfolgender Teilprozess: Lagerung.

- Transport zur Kommissionierung: Körperlicher Transport der ausgelagerten Ware und der Kommissionierunterlagen zur Kommissionierung. Anstoß durch Transportinformationen und durch die Übergabe der Ware von der Lagerung. Nachfolgender Teilprozess: Kommissionierung.

- Transport zur Verpackung: Körperlicher Transport der kommissionierten Ware und der Verpackungsunterlagen zur Verdichtung, Prüfung, Verpackung. Anstoß durch Transportinformationen und durch die Übergabe der Ware. Nachfolgender Teilprozess: Verpackung, Verdichtung und Prüfung.

- Transport zum Versand: Körperlicher Transport der verpackten, verdichteten und geprüften Ware und der Versandunterlagen zum Versand. Anstoß durch Transportinformationen und durch die Übergabe der Verpackungseinheiten/Gebinde aus dem Teilprozess „Verpackung, Verdichtung, Prüfung". Ausnahme: Bei Cross-Docking-Fällen wird die Ware direkt aus dem Teilprozess „Wareneingangsbearbeitung" übergeben. Nachfolgender Teilprozess: Versandbereitstellung.

Neben diesen Standardfällen sind Sonderfälle denkbar, in denen bestimmte Teilprozesse übersprungen werden. Spezifische Transportprozesse stellen dabei die Verbindung zwischen den Teilprozessen dar:

Spezifische Ausprägungen des Teilprozesses „innerbetrieblicher Transport"		
Wareneingangsbearbeitung →	Transportprozess →	→ Versand (Cross-Docking)
Wareneingangsbearbeitung →	Transportprozess →	→ Versand (Transshipment)
Lagerung →	Transportprozess →	→ Versand (Pick to Pack)

Die Aktivitäten sowie die möglichen Größen zur Leistungs- und Kostenerfassung sind bei sämtlichen innerbetrieblichen Transporten ähnlich oder identisch:

Aktivitäten im Teilprozess innerbetrieblicher Transport

v Transport planen

v Fördermittel bereitstellen

v Transport durchführen

v Sendung/Ware an nachfolgenden Teilprozess übergeben

v Informationen bereitstellen

Mögliche Größen zur Leistungserfassung

v Anzahl transportierter Ladeeinheiten

v gefahrene (Tonnen-)Kilometer

v Betriebsstunden der Transportmittel

v Anzahl/Anteil fehlerhafter Transporte

v Anzahl Leerfahrten

Mögliche Größen zur Kostenerfassung

v teilprozessbezogene Personalkosten

v teilprozessbezogene Sachkosten

v teilprozessbezogene Kapitalkosten

2.2 Prozesstypen und -varianten

Die Analyse der Teilprozesse muss entsprechend ihrer Anforderungen, ein möglichst praktikables Abbild der Realität zu liefern, alle anfallenden Einzelaktivitäten entlang der Prozesskette berücksichtigen. Diese Einzelaktivitäten werden zur besseren Weiterbearbeitung im Rahmen der Prozesskosten- und -leistungsverrechnung auf größere Prozesseinheiten, hier die Teilprozessschritte aus Abschnitt 2.1, aggregiert. Das ist nur dann möglich, wenn die dazu in Frage kommenden Aktivitäten

a) dem gleichen Kostentreiber unterliegen und

b) in dieser Form gemeinsam auftreten.

Während sich die erste Voraussetzung allein schon durch die Anforderung an eine prozesskonforme Kostenrechnung ergibt, ist die zweite Voraussetzung differenzierter zu betrachten.

Im Alltag des Unternehmens werden neben dem die Prozesskette durchlaufenden Standardauftrag auch Prozessvarianten, wie Expressaufträge, Großmengenaufträge usw., abgewickelt. Durch die alternativen Abläufe ergibt sich eine teilweise andere Beanspruchung der Teilprozesse (siehe Abb. 3): Die Varianten wirken sich als alternative Prozesstypen auf die gesamte Prozesskette aus.

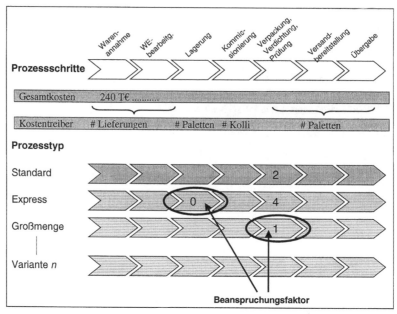

Abb. 3:   *Prozesstypen als spezifische Kombination von Prozessschritten*

Die Anzahl der Varianten und deren Umfang am Gesamtvolumen bestimmen die Leistungsfähigkeit der Hauptprozesskette.

Eine vollständige Prozessanalyse umfasst alle Varianten. Als Ergebnis erhält man eine Prozesskette maximalen Umfangs, die aber nicht von allen Prozesstypen vollständig durchlaufen wird. Die einzelnen Varianten unterscheiden sich dann entweder dadurch, dass sie einige Prozessschritte auslassen oder aber gleiche Prozessschritte mit unterschiedlicher Intensität (siehe die unterschiedlichen Beanspruchungsfaktoren in der obigen Abbildung) nutzen:

- Bei Expressaufträgen entfällt u.U. die Lagerung vollständig.

- Ein Großauftrag kann zwischen Warenannahme und Lagerung die gleichen Prozessschritte durchlaufen wie ein Standardauftrag, in der Kommissionierung aber zu wesentlichen Vereinfachungen führen (Wegfall von Holvorgängen, bessere Ausnutzung des Palettenvolumens usw.). Die Intensität und damit der Aufwand der Inanspruchnahme ist hier geringer.

- Ein Expressauftrag kann auch zum Cross-Docking in der nachfolgenden Lagerstufe führen, wodurch sämtliche Ein-, Aus- und Umlagerungsprozesse entfallen, dafür aber andere Anforderungen hinzukommen.

Für die jeweils durchlaufenen Einzelaktivitäten werden anhand der Kostentreiberbeanspruchung die Arbeitsaufkommen durch die jeweilige Variante bewertet. Die richtige Erfassung und Zuordnung der entstehenden Kosten durch einen solchen Auftrag und die Ausnutzung der Ressourcen entlang der in Anspruch genommenen Aktivitäten haben großen Einfluss auf die Wirtschaftlichkeit dieser Auftragsart. Daher ist es wichtig, alle Varianten mit ihrer Wirkung auf die Prozessleistungsfähigkeit, die Prozessleistung sowie die Prozesskosten zu berücksichtigen (siehe Abschnitt 3).

Durch die unterschiedliche Beanspruchung der Prozesskette durch die Varianten wird deutlich, wie deren Anteile am Gesamtaufkommen in der Gesamtkette die Leistungsfähigkeit und Kosten beeinflussen. Gerade die Beanspruchung der Infrastruktur durch die jeweiligen Prozesstypen bzw. Auftragsarten kann sehr unterschiedlich sein.

Neben den in der Abbildung 3 genannten Prozesstypen kann auch nach Distributionsverfahren (Direktbelieferung, Cross-Docking etc.) sowie nach Varianten für Belieferungsgebiete (Tochterunternehmen, Auslandskunden etc.) und Auftragsfertigungen unterschieden werden.

2.3 Ermittlung der Einflussgrößen

Der Hauptprozess „Physische Auftragsbearbeitung" besteht aus den in Abschnitt 2.1 beschriebenen Teilprozessen, wobei der Teilprozess „innerbetrieblicher Transport" einige dieser Teilprozesse miteinander verbindet. Alle Teilprozesse und Transportanteile in Teilprozessen laufen durch die Aufgabenerledigung des beteiligten Personals nach festgelegten Vorgaben (z.B. Prozesshandbuch, Qualitätsvorschriften, IV-Steuerung des Lagerverwaltungssystems, IV-Steuerung des Lagersystems) sowie mit Unterstützung durch IV-Systeme (z.B. der „Informatorischen Auftragsbearbeitung") ab.

Zur Analyse der Teilprozesse ist es nicht ausreichend, die Teilprozesse in Typen und Varianten einzuteilen. Es ist zudem erforderlich, sich ein Bild von den Einflüssen zu machen, denen die Teilprozesse ausgesetzt sind. Nur durch eine systematische Analyse kann man zu Verbesserungsansätzen kommen.

Die Prozessabläufe werden durch interne und externe Größen beeinflusst, die im Zeitablauf variieren und oft nicht steuerbar, aber vielleicht vorhersehbar und damit ausgleichbar sind. Größe, Häufigkeit und Interdependenz dieser Einflussgrößen wirken sich auf Zeit, Kosten und Qualität aus, also auch auf die Leistungsfähigkeit und Leistung des Prozesses. Die Einflussgrößen bestimmen unmittelbar die Gestaltung der Prozesse.

Alle Einflussgrößen können durch Kennzahlen greifbar gemacht werden. Auf diese Weise lassen sich Daten über erfolgskritische Faktoren und Kostentreiber gewinnen, so dass eine gezielte Prozessoptimierung oder -restrukturierung durchgeführt werden kann.

Die Einflussgrößen lassen sich wie folgt strukturieren:

- *Externe Einflussgrößen*: Dieser Einfluss entsteht außerhalb des betrachteten Prozessschrittes; die Ursache liegt im oder außerhalb des Unternehmens; der Einfluss wird von Kunden, Lieferanten oder Dritten hervorgerufen und wirkt auf den betrachteten Prozessschritt.

- *Interne Einflussgrößen*: Dieser Einfluss entsteht innerhalb des betrachteten Prozessschritts; die Ursache liegt im Unternehmen; der Einfluss wird durch die Auftragsabwicklung selbst hervorgerufen.

- *Primäre Einflussgrößen*: Der Einfluss wirkt prozessbezogen im betrachteten Prozessschritt.

- *Sekundäre Einflussgrößen*: Der primäre Einfluss auf einen externen oder internen Prozessschritt wirkt sekundär im betrachteten Prozessschritt.

- *Interdependenz eines Einflusses*: Die Einwirkung eines Einflusses im betrachteten Prozessschritt hat Auswirkungen auf die ganze Prozesskette.

Die Einflussgrößen haben folgende Wirkung:

- *Monetäre Wirkung der Einflussgrößen*: Die Einflussgrößen wirken über Kostentreiber auf die Prozesskosten und damit auf die Wettbewerbsfähigkeit des Prozesses.

- *Nicht-monetäre Wirkung der Einflussgrößen*: Die Einflussgrößen wirken auf die Leistungsfähigkeit und Leistung des Prozesses sowie auf die Personalkompetenz und damit z.B. auf das Image des Unternehmens.

Einflussgröße Bezeichnung / Beispiel	Wirkung m = Monetär n = nicht-monetär	Charakter
Extern		
Primär		
Auftrag/Lieferung falsch	m	beeinflussbar
Auftrag/Lieferung fehlerhaft	m	beeinflussbar
Datenübermittlung fehlerhaft	m	beeinflussbar
Datenübermittlung verzögert	m	beeinflussbar
Bestell-/Lieferzeitpunkt falsch	m	beeinflussbar
Sekundär		
Bauliche Veränderungen (z.B. an der Rampe)	m, n	beeinflussbar
Saisonschwankungen	m, n	vorhersehbar
Lebenszyklus der Produkte im Sortiment	m	Sortimentspflege möglich
Wettbewerberverhalten	n	nicht beeinflussbar
Kundenverhalten:		
- Nachfrage/Angebot	n	nicht beeinflussbar
- Bestell-/Liefervolumen	m	nicht beeinflussbar
- Bestell-/Lieferpositionen	m	nicht beeinflussbar
Einkauf-/Vertriebsfehler	m, n	nicht beeinflussbar
Intern		
Primär		
Auftrag/Lieferung falsch	n, m	unmittelbar beeinflussbar
Auftrag/Lieferung fehlerhaft	n, m	unmittelbar beeinflussbar
Datenübermittlung fehlerhaft	m	(un)mittelbar beeinflussbar
Datenübermittlung verzögert	m	(un)mittelbar beeinflussbar
Bestell-/Lieferzeitpunkt falsch	n, m	unmittelbar beeinflussbar
Bearbeitungsfehler im Prozessschritt	m, n	unmittelbar beeinflussbar
Qualitätszusagen nicht einhaltbar	n	unmittelbar beeinflussbar
Personalengpass	n, m	unmittelbar beeinflussbar
Sekundär		
Kontinuität der Auftragsentstehung	m	nicht beeinflussbar
Ressourcenbereitstellung fehlerhaft	n, m	unmittelbar beeinflussbar

Tab. 1:   Wirkung und Charakter von Einflussgrößen

3.   Messung und Bewertung der Teilprozesse

Bei der Messung und Bewertung der Teilprozesse werden die allgemeinen Bewertungskriterien der Prozessleistung und der Prozessleistungsfähigkeit auf den spezifischen
Teilprozess „Physische Auftragsbearbeitung" angewendet. Die wesentlichen Bewertungsdimensionen, die für die physische Auftragsbearbeitung von besonders hoher Be-

deutung sind (Zeit, Kundenzufriedenheit, Produktivität, Auslastung), spiegeln sich dabei in den allgemeinen Bewertungskriterien wider.

Die Bewertung der Leistungsgrößen mit den durch sie verursachten bzw. den ihnen zugerechneten Kosten führt dann zur Prozesskostenrechnung für diesen Teilprozess.

3.1 Leistungsgrößen

Die verschiedenen Leistungsgrößen (Kapazität, Flexibilität, Robustheit, Genauigkeit, Termintreue, Prozesszeit, Leistungsmengen), die bislang nur allgemein diskutiert wurden, müssen zunächst für den Hauptprozess der physischen Auftragsbearbeitung präzisiert werden.

Der Rahmen für die Bewertung ergibt sich aus der Kombination der Leistungsgrößen mit den einzelnen Teilprozessschritten. In einem Kriterienkatalog wurden für jede Kombination aus den allgemeinen Leistungsgrößen der Leistungsfähigkeit sowie der Leistung mit dem jeweiligen Teilprozess zunächst Beispiele für Kenngrößen abgeleitet. Diese Kenngrößen können sowohl als Maß- als auch als Bezugsgrößen zur Bildung isolierter und prozessübergreifender Kennzahlen verwendet werden.

Die allgemeinen Kriterien zur Beurteilung der Prozessleistung sowie der Prozessleistungsfähigkeit sind zunächst spezifisch auf den Prozess der physischen Auftragsabwicklung angewendet worden. Hierbei wurde bei einigen Kriterien auf die einzelnen Prozessschritte eingegangen, um Beispiele für die konkrete Umsetzung zu geben.

Die verschiedenen Aspekte der Qualität (z.B. Übereinstimmung des Prozessergebnisses bzw. des Outputs mit den definierten Vorgaben interner/externer Kunden, Einhaltung der Leistungsvereinbarung mit internen Servicenehmern/-gebern und externen Kunden/Lieferanten, Qualitätsanforderungen, die nicht Bestandteil der Leistungsvereinbarung sind, aber trotzdem die Kundenzufriedenheit beeinflussen (z.B. Richtigkeit der Ausgangsrechnung), haben hierbei eine besonders große Bedeutung.

Entscheidend bei der Umsetzung der Leistungsgrößenmessung ist, dass alle betroffenen Felder mit entsprechenden Inhalten gefüllt werden (s. nachfolgende Übersicht). Nur so können einzelne Kriterien über die gesamte Prozesskette hinweg durchgängig verfolgt werden. Dies ist auch für eine gezielte und eindeutige Identifikation von Schwachstellen notwendig. Als Nebeneffekt ist aus einer vollständig gefüllten Leistungsgrößenmatrix ebenfalls entnehmbar, wie ein Teilprozess in allen Kategorien beurteilt werden kann. Dies ist besonders für punktuelle, projektbezogene Analysen geeignet.

Prozess-teilschritt	Leistungs-größen	**LEISTUNGSFÄHIGKEIT**		
		Prozesskapazität pro Zeiteinheit	**Prozessflexibilität**	**Prozessrobustheit**
Warenannahme	*Beispiel*	Lieferungen LHM Stück Colli Positionen	Verkehrsträger LHM Transport-Hilfsmittel	Identikikationsfähigkeiten nicht avisierte Sendungen Dauer-Störfälle fatale Störungsfälle
	Kennzahl	generell: Leistungsgröße bezogen auf eine Leistungsgröße, einen Zeitraum oder eine ergänzende Größe (z.B. # Mitarbeiter, Umsatz)		
	Messung	einheitlich: zählen (Erfassung in Listen, Abfragen, Statistiken, Stichproben, Scanning,...)		
Wareneingangs-bearbeitung	*Beispiel*	Lieferungen LHM Stück Colli Positionen	beherrschte Standards Prüfmethoden Cross-Docking-	
	Kennzahl	s.o.		
	Messung	s.o.		
Lagerung	Beispiel	Lagerkapazität Umschlagsmenge (Positionen, Gebinde, Stück)	unterstützte LHM Lagerplatztypen Lagertechniken	% Verfügbarkeiten # Fallback-Möglichkeit Durchschnitt Wartezeit-Fallback
	Kennzahl	s.o.		
	Messung	s.o.		
Kommissio-nierung	*Beispiel*	Positionen Sendungen Stücke	Komm.-Strategien Komm.-Techniken Zusatzleistungen Kennnzeichnungs-möglichkeiten Priorisierungsmögl.	
	Kennzahl	s.o.		
	Messung	s.o.		
Verdichtung, Kontrolle, Verpackung	*Beispiel*	Colli Sendungen	Verpackungsvarianten Prüfmethoden	Reaktionszeit Fehler Korrekturmöglichkeiten
		s.o.		
	Messung	s.o.		
Versandbereit-schaft	*Beispiel*	Colli Sendungen	unterstützte VK-Träger unterstützte LHM	
	Kennzahl	s.o.		
	Messung	s.o.		
Übergabe	*Beispiel*	Ladeeinheiten Fahrzeuge LHM	Datenübergabe	Zeitpuffer % Verfügbarkeiten
	Kennzahl	s.o.		
	Messung	s.o.		
innerbe-trieblicher Transport	*Beispiel*	Colli Positionen Fahrzeuge	unterstützte LHM bedienbare Lagerplatz-typen	% Verfügbarkeiten # Fallback-Möglichkeit Durchschnitt Wartezeit-Fallback
	Kennzahl	s.o.		
	Messung	s.o.		

3.1.1 Prozess-Leistungsfähigkeit

Prozesskapazität

Die Prozesskapazität beschreibt die quantitative Leistungsfähigkeit des Prozesses, d.h. die Leistungsmengeneinheiten (LME), die mit den verfügbaren Ressourcen minimal, durchschnittlich und maximal zu erreichen sind. Es kann weiterhin ein Wert für eine zeitlich begrenzt realisierbare übermaximale Kapazität angegeben werden. Die Messung der Kapazität erfolgt generell in Leistungsmengeneinheiten pro Zeiteinheit. Durch die Verbesserung und Optimierung dieser Elemente ergeben sich einerseits Kostenauswirkungen, andererseits Auswirkungen auf die Leistungserbringung gegenüber dem Kunden.

Für den Kunden äußert sich die Prozesskapazität in der Anzahl erfüllter Leistungseinheiten (erfüllt im Sinne von richtig, vollständig, termingerecht, fehlerfrei ...) wie z.B. Aufträge, Positionen, Colli. Für jeden Teilprozess ergibt sich die Kapazität aus folgenden Elementen, die im Sinne einer Morphologie miteinander kombiniert werden können:

- Dimension Größe: Aufträge/Picks/Positionen/Stücke/Colli ...
- Dimension Zeiteinheit: Jahr/Monat/Woche/Tag/Schicht/Stunde ...
- Dimension Ressource: Mitarbeiter/Anlagen ...

Die minimale Kapazität gibt die Untergrenze an, unterhalb derer ein bereits existierender Prozess nicht mehr funktionsfähig ist. In der physischen Auftragsbearbeitung ist dies z.B. der Fall, wenn nicht mehr alle Positionen/Arbeitsplätze besetzt sind bzw. die Minimalbesetzung einer Schicht arbeitet.

Maximale und übermaximale Kapazitäten geben die Obergrenze bzw. die kurzzeitig über der Obergrenze befindliche Kapazitäten an. Diese können durch vollständige Ressourcenauslastung oder Verlagerung/Zusammenführung von Ressourcen erreicht werden. Im Bereich der physischen Distribution ist dies insbesondere durch Umschichtung von Personalressourcen möglich. Durch flexible Arbeitszeitmodelle (Arbeitszeitkonten), flexibel einsetzbare Mitarbeiter (Springer, jedoch erhöhter Schulungsaufwand) oder den Einsatz von Zeitarbeitspersonal können die Prozesskapazitäten sowohl nach oben als auch nach unten bedarfsgerecht angepasst werden. Dem stehen auf technischer Seite Reservekapazitäten (Stapler, EDV, Lagerkapazitäten, Geräte etc.) gegenüber.

Prozessflexibilität

Ein Prozess gilt als flexibel, wenn er eine hohe Anzahl unterschiedlicher Auftragstypen bewältigen kann. Für die physische Auftragsbearbeitung bedeutet das insbesondere die Verarbeitung verschiedener Dringlichkeiten von Aufträgen, die Datenübernahme aus unterschiedlichen Quellen, die Verarbeitung unterschiedlichster Verpackungsarten bzw. Transporthilfsmittel sowie die Bewältigung saisonaler Schwankungen im Waren- oder

Auftragsaufkommen. Diese Schwankungen können sowohl die Anzahl als auch die Größe der Warenbewegungen betreffen. In der physischen Auftragsbearbeitung hängt die Flexibilität dabei auch von der Kapazität der einzelnen Teilprozesse ab.

Im Rahmen von *Warenannahme* und *Wareneingangs-Bearbeitung* ist der Prozess flexibel, wenn zahlreiche Anlieferformen, Verkehrsträger (z.B. Bahnanschluss, absenkbare Rampen, seitliche LKW-Entladung) und Lade- und Transporthilfsmittel (0er-, Euro-, Industrie-, USA-, CCGI-, CCGII-Paletten etc.) unterstützt werden. Auf administrativer Seite spielt die Kompatibilität zu verschiedenen Informationsmedien und Standards (z.B. Verarbeitung von EDI-Avisen) eine Rolle.

In der *Lagerung* ist die Flexibilität hoch, wenn z.B. unterschiedliche Gebindegrößen (Palettenformate, Palettenhöhen, doppelt tiefe Einlagerung) vereinnahmt und gelagert werden können und für diese sowohl geeignete Transportmittel (Stapler, Fördertechnik) als auch geeignete Lagerplätze zur Verfügung stehen (z.B. durch verschiedene Lagertypen).

Die Flexibilität in der *Kommissionierung* ist hoch, wenn unterschiedliche Kommissionierstrategien (Mann zur Ware, Ware zum Mann, zweistufige Kommissionierung) eingesetzt werden können. Daneben ist die Bandbreite der Sendungsgröße (Gewicht, Anzahl der Positionen) von Bedeutung sowie die Möglichkeit, auftragsbezogen Prioritäten bei der Kommissionierung zu vergeben (z.B. für Express-Service, Auslieferung am selben Tag, Einhaltung der Abholzeiten je nach Entfernung zum Empfänger etc.).

In der *Verpackung* ist hohe Flexibilität z.B. durch die Vielfalt der möglichen Verpackungsformen (Karton- und Gebindegrößen, Kartonqualitäten, Palettensicherungen etc.) erreichbar.

Hohe Flexibilität in der *Versandbereitstellung* kann über die Anzahl der Versandarten (z.B. Paket, Bahnfracht, Luftfracht, Stückgut, Container etc.), mit entsprechenden Auswirkungen auf Kommissionierung/Verpackung, erreicht werden. Die *Übergabe* ist zunehmend flexibel, wenn lange Übergabezeitfenster, verschiedene Abholträger (Fahrzeuggrößen, Bahnabholung etc.) sowie die Varianten der damit verbundenen Informationsflüsse (z.B. Überspielung der relevanten Versanddaten via EDI) möglich sind.

Im *Innerbetrieblichen Transport* liegt hohe Flexibilität insbesondere dann vor, wenn z.B. zahlreiche Lade- und Transporthilfsmittel bewegt werden können.

Die Flexibilisierung der Prozesse stößt an Grenzen, wenn die zusätzlichen Leistungsmerkmale für die Erfüllung der Prozessaufgaben nicht erforderlich sind, die Investitionen oder Unterhaltskosten die zusätzlichen Leistungsmerkmale nicht mehr rechtfertigen oder die Prozesse zu komplex werden. Die Flexibilität muss gerade bei investitionsintensiven Bereichen wie dem Lagerhaus von vornherein eingeplant sein, weil Änderungen (und insbesondere Abbau) nur schwer möglich sind (häufig lange Bindungsdauer von Investitionen).

Die Anforderungen an die Flexibilität sind stark branchen-, kunden- und produktspezifisch und nicht allgemein definierbar/messbar. Im Rahmen von Analyseprojekten ist eine betriebsindividuelle Überprüfung möglich, die sich jedoch nicht direkt in Kennzahlen ausdrücken lässt. Auf Basis übergeordneter Messzahlen kann indirekt auf mangelnde Flexibilität geschlossen werden, wenn Schwächen im Hinblick auf

- den Lieferbereitschaftsgrad (die Produktverfügbarkeit),
- die Auftragsvollständigkeit,
- die Line fill rate,
- die Order fill rate und
- die Durchlaufzeiten

erkennbar sind.

Prozessrobustheit

Ein logistischer Prozess gilt als robust, wenn trotz aufgetretener externer oder interner Fehler die zugesagte logistische Leistung an den Abnehmer erbracht werden kann. Für den hier betrachteten Bereich fallen darunter beispielsweise die bestmögliche Überbrückung des Ausfalls von automatischen Kommissioniersystemen, die Umschichtung der ausgehenden Ware bei zeitlichen Verzögerungen beim Warenausgang oder die Beseitigung von Kommissionierfehlern ohne zeitliche Verzögerung der Abfertigung der Sendung.

Im Vorfeld der physischen Auftragsbearbeitung sind Fehler denkbar, die z.B. in der eigenen Auftragsbearbeitung bzw. in vorgelagerten Prozessen entstanden sind (z.B. unvollständige/fehlerhafte Auftragserfassung). Als Fehler in der physischen Auftragsbearbeitung sind auch Fehler der Kunden denkbar, die in den vorhergehenden Arbeitsschritten (Hauptprozess administrative Auftragsbearbeitung) nicht erkannt worden sind und sich auf die physische Distribution auswirken. Beispiele sind z.B. unsinnig hohe Bestellmengen (z.B. auf Grund unklarer Mengengrößen/Verpackungseinheiten oder falsche Gebindeangaben), mit der Ware inkompatible Versandart, fehlerhafte Artikelnummern, unvollständige Bestellangaben oder Fehler bei der Datenübermittlung.

In den Teilprozessen *Warenannahme* und *Wareneingangsbearbeitung* sind z.B. fehlerhafte oder unvollständige Lieferpapiere, nicht/unvollständig identifizierbare Sendungen oder Gebinde, unvorhergesehene Ladehilfsmittel, beschädigte Waren oder Ladehilfsmittel denkbar. Im Teilprozess *Lagerung* sind insbesondere fehlerhafte Bestandszubuchungen oder Fehleinlagerungen sowie der Ausfall technischer Systeme (Fördertechnik, Lagertechnik) möglich.

Im Bereich der Ein-/Auslagerung können z.B. höhere Gewalt (Ausfall von Computersystemen), unerwartete Produktdimensionen (übergroße Produktmaße, zu hohe Paletten, Fehler bei der Konturenkontrolle) auftreten. Intern sind insbesondere Fehleinlagerungen möglich.

Die Kommissionierung ist besonders fehleranfällig, mit umfassenden und unmittelbaren Auswirkungen auf den Kundenservice. Fehlkommissionierungen können dabei zur Unzufriedenheit des Kunden, aber auch zum Nachteil des eigenen Unternehmens aufgrund nichtfakturierter Mehrmengen führen.

In den Teilprozessen *Bereitstellung* und *Übergabe* können Fehler intern z.B. durch Fehleinschätzungen des Ladevolumens oder Verzögerungen in der Kommissionierung auftreten. Extern sind etwa verspätete Abholung seitens des Spediteurs oder abweichende Fahrzeuge (nicht rampenfähig) möglich.

Im *innerbetrieblichen Transport* schließlich sind z.B. Beschädigungen im Transport, defekte Transportsysteme, Fehltransporte, aber auch nicht vorgesehene Produktdimensionen (z.B. übergroße Transportmaße und -gewichte) denkbar.

Zur Verbesserung der Robustheit können insbesondere geeignete Plausibilitätsprüfungen (z.B. Abweichungsanalysen, Prüfmethoden, Checklisten) sowie flexible Prozesse (s. Prozessflexibilität), in denen Vorkehrungen für die Fehler abgebildet wurden, verwendet werden. Die Prozessgestaltung muss die Fehler nicht nur zügig erkennen, sondern auch schnelle Reaktionsprozesse vorsehen (z.B. Handlager zur Nachkommissionierung, Terminals zur Erfassung von Sendungsänderungen am Kommissionierplatz etc.). Die Prozessrobustheit von EDV-basierten Prozessen kann erhöht werden, wenn z.B. Reservesysteme vorgehalten werden. Die Nutzung von Barcodes und EDI verringert beispielsweise fehlerhafte Datenerfassung.

Technische Fehler können durch geeignete Wartungs- und Unterhaltaktivitäten verringert werden. Dies können z.B. die Einplanung manueller Ein-/Auslagerungsmöglichkeiten in automatisierten Lagern, die Auswahl ausfallsicherer Lösungen oder das Vorhalten von Ersatzgeräten (gespiegelte Server) sein. Durch die Auswahl geeigneter Lagermethoden (z.B. Lagerung von Artikeln an mehreren Orten) kann der Prozess auch bei Teilausfällen aufrechterhalten werden.

Die Vermeidung von Einlager- und Kommissionierfehlern kann durch verschiedene Techniken unterstützt werden: z.B. manuelle Kommissionierkontrolle, Checklisten, Scannen (Barcode-Einsatz) der Einzelartikel und/oder der Lagerplätze, Erfassung von Prüfziffern, Gewichtskontrollen, Paketverfolgung im Lager etc.

In der Bereitstellung/Übergabe kann die Robustheit z.B. durch die Einplanung von Pufferzeiten, flexible Arbeitszeitmodelle, Einplanung von Reservekapazitäten (z.B. größere Auflieger) erhöht werden.

3.1.2 Prozessleistung

Prozessgenauigkeit

Die Prozessgenauigkeit gibt an, inwieweit innerhalb der physischen Auftragsbearbeitung die vom nachfolgenden internen Kunden (z.B. Lager oder Kommissionierung) gestellten Anforderungen an die bereitgestellten Güter oder Informationen erfüllt wurden. Die Anforderungen beschreiben Art, Menge und Qualität bzw. Beschaffenheit der bereitzustellenden Güter und Informationen. Die Prozessgenauigkeit wird durch eine hohe Prozessrobustheit unterstützt, die die Effekte externer oder interner Störungen neutralisieren soll.

Im Rahmen der *Lagerung* spielt die Platzierung am richtigen Lagerplatz mit der richtigen Menge die wesentliche Rolle. Fehler entstehen durch Einlagerung am falschen Lagerplatz und Verbuchungsfehler (falscher Lagerplatz, falsche Menge) mit entsprechenden Konsequenzen. Die Erhöhung der Genauigkeit kann insbesondere durch Prüfprozesse (z.B. Erfassung einer Kontrollnummer, Scannen des Lagerplatzes und des Artikels) erfolgen. Hier spielt auch die Beschaffenheit des bereitgestellten logistischen Gutes eine Rolle; neben Beschädigungen und Veränderungen (z.B. Gürtel an der Hose verschwindet) spielt die unsachgemäße Lagerung (zu trocken/feucht/hell/dunkel/warm/kalt/lang/kurz ...) eine wesentliche Rolle. Die Auswirkungen sind stark produktspezifisch, ebenso wie die Grenzwerte, bei denen die Beschaffenheit negativ zu bewerten ist.

Die richtige, fehlerfreie *Kommissionierung* spielt eine besonders wichtige Rolle. Fehler können durch Pickfehler, Nullbezüge, falsche Pickmengen, Werkspaare, falsche Lagerplatzzuordnung, unzureichende Artikelmarkierung etc. auftreten. Bei der *Verpackung* sind z.B. geeignete Verpackung (Produktschutz), vollständige und fehlerfreie Markierung/Etikettierung von Bedeutung. Die Verbesserung der Prozessgenauigkeit in der Kommissionierung kann durch geeignete Kontrollmechanismen (Gewichtskontrolle, Komm.-Checker, Nachkommissionierung etc.) erreicht werden.

Innerhalb der begleitenden informatorischen Prozesse spiegelt sich die Genauigkeit in der korrekten, fehlerfreien Erfassung und Verarbeitung der Information wider sowie in den begleitenden Dokumenten (z.B. WE-Bestätigungen, Avise, Lieferscheine etc.).

Termintreue

Die Termintreue dient zur Beurteilung der Übereinstimmung zwischen zugesagtem bzw. erforderlichem und tatsächlichem Auftragserfüllungstermin. Sie stellt ein Maß für die Sicherheit einer Terminzusage dar. Im Bereich der physischen Auftragsbearbeitung ergeben sich die erforderlichen Auftragserfüllungszeitpunkte für die einzelnen Teilprozesse häufig aus der retrograden Ermittlung, ausgehend vom spätestmöglichen Bereitstellungszeitpunkt der Ware an der Rampe.

(Beispiel: Wenn die Ware um 17.00 Uhr an der Rampe stehen muss, muss die Kommissionierung spätestens um 15.30 Uhr abgeschlossen sein, damit genug Zeit für Verpackung und QS bleibt). Hierbei können für die einzelnen Teilprozessschritte eigene Zeitfenster angelegt werden, die kunden-, auftrags- und marktspezifisch definiert sein können.

Im Rahmen der *Kommissionierung* spielt insbesondere die Einhaltung der maximalen Bearbeitungszeit des Auftrags eine wichtige Rolle, auch wenn es sich nicht unbedingt um eine direkte Vereinbarung mit dem Kunden handelt, sondern um die Prozesserfüllung innerhalb des vorgesehen Zeitfensters. Die exakte Einhaltung der Zeitfenster ist besonders dann wichtig, wenn Teilkommissionen aus verschiedenen Lagerbereichen zusammengeführt werden müssen, um unnötige Liegezeiten/Platzbedarf zu vermeiden.

Für *Verdichtung, Verpackung und Qualitätskontrolle* gelten die Aussagen zur Kommissionierung analog. Hierbei ist häufig eine differenzierte Betrachtung anhand der einzelnen Teilprozesse notwendig, weil die jeweils nachgelagerten Aktivitäten (z.B. Versand) auf Grund der engen zeitlichen Taktung sehr von den vorhergehenden Aktivitäten abhängen.

Für *Versandbereitstellung* und *Übergabe* ist die Termintreue eine besonders kritische Größe, weil Verzögerungen sehr leicht dazu führen können, dass bestimmte Abschlusszeiten des nachfolgenden Transportprozesses nicht eingehalten werden. Hierdurch können z.B. Rundumanschlüsse, planmäßige Transportrelationen etc. verpasst werden, was zu entsprechenden Verspätungen in der Auslieferung führen kann.

Prozesszeit

Die Prozesszeit beschreibt den Zeitraum, der für die logistische Leistungserstellung benötigt wird (z.B. der Zeitbedarf für die Kommissionierung eines speziellen Auftrags).

In der physischen Auftragsbearbeitung spielen drei Dimensionen eine wesentliche Rolle:

- effektiv notwendige Bearbeitungszeit (Zeiten für die einzelnen Schritte)
- Liegezeiten (zwischen einzelnen Teilprozessschritten)
- Gesamt-Durchlaufzeit (als Summe aus allen Bearbeitungs- und Liegezeiten).

Die Messung der Prozesszeit kann direkt mit der Erfassung der Leistungsgrößen zusammen als Kehrwert der tatsächlich erbrachten Prozessleistung je Zeiteinheit erfolgen. Dabei bietet es sich an, zwei Aspekte zu messen:

- Gesamt-Durchlaufzeit
- Teil-Durchlaufzeiten für einzelne Teilprozessschritte oder -gruppen.

Für die Kriterien der Prozesstermintreue sowie der Prozesszeit sind die Kenngrößen, die für verschiedene Teilprozessschritte genutzt werden können, nahezu identisch. So können für die Messung der Prozessstermintreue generell Anzahl (Häufigkeit) und Umfang (Dauer) von Zeit/Terminüberschreitungen verwendet werden, während für die Prozesszeit generell der Zeitbedarf pro Leistungsmengeneinheit verwendet werden kann.

Aus diesem Grund wurde die Tabelle nur teilweise gefüllt; für die nicht gefüllten Felder gelten die genannten Größen analog.

Leistungsmengen (Cost Driver)

Die Leistungsmengen, also die Cost Driver, entsprechen normalerweise einer der ermittelten Kenngrößen. Für den Teilprozess der physischen Auftragsbearbeitung lassen sich die folgenden Beispiele für die einzelnen Teilprozessschritte bilden:

Teilprozess	wesentliche Aktivitäten	mögliche Kostentreiber
Warenannahme Wareneingangsbearbeitung	Sendung entgegennehmen Paletten entladen Warenerfassung Stichprobenkontrolle Fehlerreklamation Retourenbearbeitung Bahnen/Torverwaltung	Sendungen zu entladende Paletten zu erfassende Artikel zu kontrollierende Artikel zu reklamierende Artikel erfasste Positionen
Lagerung	Einlagerung von Waren Lagerung von Waren Auslagerung von Waren Inventur, Lagerverwaltung	Ein-/Auslagerungsbewegungen Lagerplätze lagerhaltige Artikel
Kommissionierung	Picking Konfektionieren	Aufträge Kommissionier-Positionen Konfektionier-Positionen Gebinde
Verdichtung, Kontrolle, Verpackung	Sendungszusammenführung Kontrolle Verpackung Ladungssicherung	Gebinde Stückzahlen/Mengen Positionen Versandeinheiten Ladehilfsmittel
Versandbereitstellung, Übergabe	Sortierung Bereitstellung Verladung Übergabe Ausgangsverbuchung Bahnen/Torverwaltung	Sendungen Gebinde; Paletten Positionen
Innerbetrieblicher Transport	Warentransport Warenbereitstellung	zu transportierende Einheiten bereitzustellende Einheiten

Tab. 2: Mögliche Kostentreiber in der physischen Auftragsbearbeitung

3.1.3 Messung

Die Messung der einzelnen Größen erfolgt an zu definierenden Messpunkten. Es bietet sich an, einen Messpunkt je Teilprozessschritt festzulegen; die genaue Definition der Messpunkte, insbesondere auch die Anzahl, ist jedoch betriebs-, branchen- und kundenspezifisch.

Die Vorgehensweise bei der Messung ist bei allen Messpunkten dieselbe: Hier sind – teilweise ausgesprochen aufwändige – Zählungen bzw. eine Zeiterfassung denkbar. Dies kann in den unterschiedlichsten Ausprägungen erfolgen, z.B. durch automatische Zähler, Erfassung in Listen, Abfragen, Stichproben/Hochrechnungen, Vollerfassung, Scanning, Zeitmessungssysteme, REFA-Studien etc.

3.2 Kostengrößen

Eine Prozesssteuerung in der physischen Auftragsbearbeitung ist ohne die Schaffung der erforderlichen Kostentransparenz, welche durch die Prozesskostenrechnung erreicht wird, nicht sinnvoll möglich.

3.2.1 Leistungsmengeninduzierte und -neutrale Kosten

Auch die *Aktivitäten* entlang des Teilprozesses physische Auftragsbearbeitung lassen sich in leistungsmengenneutral (*lmn*) oder leistungsmengeninduziert (*lmi*) unterscheiden. Verhält sich die Aktivität im Bezug auf die Leistungsanforderung an die Kostenstelle mengenproportional, bezeichnet man sie als *lmi*. Besteht kein Bezug zum quantitativen Leistungsvolumen, so sind die anfallenden Kosten prozessmengenunabhängig (fix) und somit *lmn*. Diese Aktivitäten sind daher analytisch planbar, was häufig bei Leitungsaufgaben der Fall ist. Für *lmn*-Prozesse benötigt man nicht zwingend Maßgrößen.[1]

So können beispielsweise Aktivitäten im Büro der Warenannahme, unabhängig, ob 30 Paletten oder nur 4 Paletten angeliefert werden, in gleicher Höhe anfallen. Ist dies der Fall, handelt es sich um *lmn*-Aktivitäten. Hängt der Aufwand von der Anlieferungsmenge ab, handelt es sich um einen *lmi*-Prozess. Für alle *lmi*-Aktivitäten sind geeignete Bezugsgrößen (= Kostentreiber) zu finden.

Lmn-Prozesse äußern sich in der physischen Auftragsbearbeitung primär in Tätigkeiten der Personalführung, der internen Kommunikation usw., die auch unter „*Abteilung leiten*" zusammengefasst werden können.

---

[1] Vgl. Mayer (1991), S. 87.

3.2.2 Zu berücksichtigende Kostenarten der physischen Auftragsbearbeitung

Dominiert der Personalkostenanteil, so kann es ausreichend sein, nur diesen für jeden Prozess analytisch zu planen. Weitere Kosten, wie für Raum, Strom, Büromaterialkosten usw., werden dann von den Normalkosten der Kostenstelle ausgehend proportional zu den Personalkosten auf die Prozesse verteilt.[2]

Generell zu berücksichtigende Kosten im Bereich der physischen Auftragsbearbeitung entstehen im Bereich der *Lohnkosten*: Gehaltskosten, Sozialkosten, Überstundenkosten und Kosten für Aushilfen. Im *Sachkostenbereich*: Büromaterialien (z.B. Lieferschein-formulare, Porto usw.) und, falls direkt zurechenbar, anteilige EDV-System-Kosten. Nicht berücksichtigt werden sollten versunkene Kosten (sunk costs) oder Kosten, die bei einer organisatorischen Änderung in gleicher bzw. nahezu gleicher Höhe bestehen bleiben (wie Gebäudekosten, aber auch Energiekosten), da diese auch bei beliebiger Nutzung der Gebäude anfallen.

So ist eine anteilige Zuordnung der Gebäudekosten, beispielsweise anhand der tatsächlich benötigten Fläche, nur dann sinnvoll, wenn diese bei einer Prozessveränderung, insbesondere dem Wegfall der in diesem Gebäude verrichteten Einzelaktivitäten, zur anderweitigen wertschöpfenden Nutzung frei würde. Der bloße Raumgewinn im eigenen Firmengelände, der weder von anderen Abteilungen dringend benötigt wird, so dass Neubaukosten oder Anmietungskosten entfallen, noch eine Vermietung an Dritte (Mieteinnahmen) ermöglicht, stellt keine für die Prozesssteuerung relevante Größe dar.

Des Weiteren sollten Kosten für Zahlungen an Dritte (Lieferanten, Tochtergesellschaften), Kapitalbindungskosten für Bestände, Mietkosten für Gebäude Dritter und Managementkosten für zurechenbare Abteilungsleitung zugeordnet werden.

Unberücksichtigt bleiben damit im Bereich der physischen Auftragsbearbeitung allgemeine EDV-Kosten, laufende Kosten der EDV, Netzwerkkosten, allgemeine Managementkosten, kalkulatorische Kosten wie Abschreibungen, Büroausstattungskosten usw.

3.2.3 Ermittlung der Kostentreiber und Leistungsarten

Am Beispiel des Teilprozesses „Warenannahme" in Tabelle 3 sollen *lmn-* und *lmi*-Aktivitäten veranschaulicht werden.

Ziel ist es, die Kapazitätskosten der physischen Auftragsbearbeitung nicht als ungeteiltes Ganzes zu sehen, sondern entsprechend dem aufgedeckten Leistungsspektrum anhand der Kostentreiber zuzuordnen. Dadurch stehen für die Fixkostensteuerung die anteiligen Kapazitätskosten (als Steuerungsinstrument in Richtung Fixkostenreduzierung) zur Verfügung.

---

[2] Vgl. Mayer / Reinhold (1991), S. 90.

Nr.	Aktivität	Kostentreiber	Leistungsart
1	Lieferscheine entgegennehmen	Anlieferungen	lmi
2	Abfrage der Lieferavis	Anlieferungen	lmi
3	Lieferscheindaten prüfen	Bestellpositionen	lmi
4	Lieferung prüfen	Colli	lmi
5	Rechnungsausgleich veranlassen	Lieferscheine	lmi
6	Abteilung leiten	Alle	lmn

Tab. 3: Ermittlung der Kostentreiber und Leistungsarten für den Teilprozess „Warenannahme"

Auch wenn auf den ersten Blick unterschiedliche Kostentreiber bestehen, so lassen sich diese doch u.U. alle auf den Hauptkostentreiber *Anlieferungen* transformieren. So korreliert der Kostentreiber der Aktivität 4 *„Lieferung prüfen"* stark mit der Anzahl der Bestellpositionen. Andererseits kann die Aktivität 5 *„Rechnungsausgleich veranlassen"* wegen ihrer geringen zeitlichen Bedeutung subsummiert werden. Aktivität 6 *„Abteilung leiten"* ist durch ihre Unbestimmtheit leistungsmengenneutral und wird als Umlagesatz auf die Aktivitäten umgelegt.

Bei den Kostentreibern werden Mengengrößen (z.B. Anzahl der Bestellungen, Colli usw.) und Zeitgrößen (z.B. Instandhaltungszeiten) unterschieden.[3] Die Verwendung von Mengengrößen reduziert in der Regel die Erfassungskosten erheblich, da die erforderlichen Informationen dazu häufig im Unternehmen dokumentiert sind.

Durch den Versuch, eine einzige Bezugsgröße auf alle Einzelaktivitäten eines Prozessschrittes anzuwenden, kann die Korrelation gegenüber dem direkten Kostentreiber wesentlich verringert sein. Bei der horizontalen Betrachtung von Prozessvarianten muss dies durch die Konzentration auf wenige Bezugsgrößen ggf. in Kauf genommen werden.

3.3 Bildung prozessorientierter und übergeordneter Kennzahlen

Ausgehend von den Kenngrößen für die einzelnen Teilprozessschritte und Bewertungskriterien können Kennzahlen zur Messung der Prozessleistung und Prozessleistungsfähigkeit gebildet werden. Diese Kennzahlen können sowohl isoliert, d.h. für jeden einzelnen Teilprozessschritt, als auch prozessübergreifend abgeleitet werden. Hierbei sollen, ausgehend von isolierten Kennzahlen, prozessübergreifende Kennzahlen gebildet werden, die die Leistung und die Leistungsfähigkeit des gesamten Prozesses abbilden.

---

[3] Vgl. Fröhling (1990), S. 196.

Die wesentliche Anforderung an die gewonnenen Kennzahlen ist deren Handhabbarkeit im Rahmen der Prozessanalyse sowie für die operativen Prozesssteuerung. Dies setzt voraus, dass die Kennzahlen sowohl die tatsächliche Performance eines Prozesses abbilden als auch betriebliche Ziele darstellen, was wiederum die hohe Bedeutung der Auswahl von geeigneten Maß- und Bezugsgrößen für die Kennzahlenbildung unterstreicht.

Die Kennzahlen selbst können Absolutzahlen oder Beziehungszahlen sein. Eine Beziehungszahl bezieht eine Leistungsgröße auf eine andere Leistungsgröße, einen Zeitraum oder eine ergänzende Größe (z.B. Anzahl der Mitarbeiter, Leistungsstunden, Umsatz, Sortimentsumfang, usw.). Denkbare Ausprägungen sind dabei z.B. Durchschnitts-, Maximal- oder Minimalwerte; diese wiederum als Ist- oder Planzahlen. Die angegebenen Kennzahlen sind lediglich exemplarische Beispiele, die die Vielfältigkeit der Kombinationsmöglichkeit unterstreichen sollen, eine vollständige Darstellung der Kennzahlenbildung ist an dieser Stelle nicht beabsichtigt.

3.3.1 Leistungs-Kennzahlen

3.3.1.1   Einzelkennzahlen

Prozesskapazität

Kennzahlen für die Prozesskapazität beschreiben allgemein die Prozessmenge pro Zeiteinheit, die durch den Prozess durchgeschleust werden kann. Diese Kapazitäten können durchschnittliche, sichergestellte, minimale und maximale Kapazitäten bezeichnen. Bestimmte Kapazitätskennzahlen können auch Absolutwerte sein, d.h. nur die Maßgröße (z.B. Flächenkapazitäten). Die Auswahl der geeigneten Kapazitätsgrößen hängt stark von Branchen- und Betriebsspezifika ab.

Die *Maßgrößen* zur Kennzahlenbildung sind z.B. Anzahlen bzw. Mengenangaben für Lieferungen, Ladehilfsmittel, Stück, Colli, Positionen, Lagerplätze, Umschlagsmengen, Stückzahlen, Fahrzeuge etc. Die *Bezugsgröße* ist eine festzulegende Zeiteinheit, d.h. Jahr, Tag, Monat, Schicht, Stunde usw.

Am Beispiel der Prozesskapazität in der *Lagerung* kann zunächst die statische von der dynamischen Kapazität des Lagers selbst unterschieden werden. Die Maßgrößen sind vorhandene bzw. genutzte Lagerplätze oder -flächen je Lagertyp/-kategorie/-qualität. Für die dynamische Kapazität sind die Maßgrößen die Mengen an Bewegungen je Lagertyp/-kategorie/-qualität sowie Mengen an Aufträgen, Ein-/Aus-/Umlagerungen, Paletten, Gebinde usw. Weitere Maßgrößen innerhalb der Lagerung beziehen sich auf sonstige Ressourcen, z.B. vorhandene/genutzte Mitarbeiter, Förderfahrzeuge, Fördertechnik usw.

Häufig verwendete Kennzahlen in der Lagerung lassen sich aus diesen Maß- und Bezugsgrößen ableiten, wie z.B. Lagerfläche, Anzahl Lagerplätze, Auslastungs- oder Nutzungsgrade sowie Durchsatz je Zeiteinheit.

Prozessflexibilität

Die Prozessflexibilität richtet sich nach der Leistungsbandbreite bei den Ressourcen Personal, Raum (z.B. Kommissionierplätze), Sachausstattung und Zeit (Zeitfenster, Betriebszeiten). Diese Kenngrößen sind als Absolutzahlen grundsätzlich messbar/quantifizierbar (z.B. Anzahl unterstützter Ladehilfsmittel, Anzahl verschiedener Lagertypen, Anzahl der verschiedenen unterstützten Kommissionierarten usw.). Auf Grund ihrer hohen qualitativen Prägung sind sie isoliert betrachtet nicht besonders aussagekräftig. Die Beurteilung der Flexibilität auf Grund derartiger Kenngrößen fällt auf Grund des jeweiligen betrieblichen Zusammenhangs und der Anforderungen, die an die logistische Leistung gestellt werden, meist sehr unterschiedlich aus. Flexibilitätskenngrößen sind deshalb nur im ökonomischen Zusammenhang bewertbar, d.h. bei der Berücksichtigung der dadurch entstehenden Kosten-Nutzen-Situation. Alternativ ist eine Betrachtung in Bezug auf den zeitlichen Aufwand für verschiedene Prozessvarianten denkbar, der dann in einem vertretbaren Verhältnis zum Output stehen muss.

Die Messung der Flexibilität ist besser über (interpretationsbedürftige) Indikatoren vorzunehmen, die mangelnde Flexibilität auf Grund von indirekten Wirkungszusammenhängen anzeigen. Mögliche Indikatoren können z.B. Durchlaufzeiten, Bearbeitungszeiten, Servicegrade (line fill rate, order fill rate), Lieferbereitschaftsgrade, Reklamationsquoten usw. sein.

Prozessrobustheit

Zur Darstellung der Prozessrobustheit als Kennzahl sind insbesondere Verfügbarkeitskenngrößen geeignet, die kontinuierlich die Verfügbarkeit der technischen Systeme und/oder von Mitarbeitern messen oder aber Störungsquoten, die angeben, wie häufig ein Prozess auf Grund von Störungen zum Erliegen gekommen ist. Entscheidend bei der Messung ist es, nicht allein die Störungsfälle zu messen, sondern festzustellen, ob eine Störung einen Prozess auch angehalten bzw. unterbrochen hat.

Maßgrößen für die Messung sind z.B.:

- Anzahl der fatalen Störungsfälle (d.h. Störungsfälle, in denen die Leistung nicht bzw. stark verzögert erbracht wurde),
- Dauer der fatalen Störungsfälle,
- Anzahl der fatalen Störungsfälle mit negativen Auswirkungen auf andere Teilprozessschritte,

- Unterbrechungsdauer der fatalen Störungsfälle mit negativen Auswirkungen auf andere Teilprozessschritte und
- Stunden, während der ein bestimmtes System verfügbar ist.

Bezugsgrößen können z.B. sein:

- Gesamtzahl Störungsfälle,
- Gesamtzahl Vorgänge,
- Gesamtdauer Vorgänge und
- gesamte Betriebszeit.

Hieraus abgeleitete Kennzahlen sind z.B.:

$$\text{Ausfallquote Vorgänge} = \frac{\text{Anzahl fatale Störungsfälle}}{\text{Gesamtzahl Vorgänge}},$$

$$\text{Ausfallquote Zeit} = \frac{\text{Unterbrechungsdauer in h}}{\text{Gesamtbetriebszeit des Teilprozessschrittes in h}},$$

$$\text{Störungstypenquote} = \frac{\text{Anzahl fatale Störungsfälle}}{\text{Gesamtzahl Störungsfälle}},$$

$$\text{Verfügbarkeitsquote} = \frac{\text{Dauer Systemverfügbarkeit in h}}{\text{gesamte Betriebszeit in h}}.$$

Für eine Messung der Prozessrobustheit am Beispiel des Teilprozesses der *Wareneingangsbearbeitung* sind folgende Kenngrößen denkbar, aus denen dann die entsprechenden Kennzahlen abzuleiten sind: Keine Lieferpapiere, unvollständige/fehlerhafte Papiere, einzelne Daten nicht vorhanden, keine Vorgängerbelege vorhanden (z.B. Bestellungen, Avise, usw.), kein Bezug auf Vorgängerbelege/fehlende Referenzen, fehlerhafte Erfassung von Informationen.

Prozessgenauigkeit

Kennzahlen über die Prozessgenauigkeit geben an, welche Fehlerhäufigkeiten innerhalb eines Teilprozesses durch die Prozessbeteiligten verursacht worden sind.

Die Kennzahlen werden generell aus der Anzahl der Prozessfehler bezogen auf Gesamtmenge/Gesamtoutput des Prozesses gebildet. Im Gegensatz zur Prozessrobustheit stehen nicht (externe oder interne) Störungen, sondern innerhalb des Prozesses eingetretene Fehler im Vordergrund.

Als *Maßgrößen* kommen z.B. in Frage: Anzahl Fehler (z.B. Pickfehler, Erfassungsfehler, Zählfehler, Einlagerungsfehler, Bestandsdifferenzen usw.), Anzahl Reklamationen usw. Ausprägungen der zu messenden Fehler können dabei z.B. Art des Fehlers, Fehlermenge, Zustand (z.B. der Ware), Ort der Fehlerentstehung oder -identifikation sein. Die *Bezugsgrößen* sind üblicherweise die Leistungsmengeneinheiten.

Als Kennzahlen bieten sich insbesondere Fehlerquoten und Reklamationsquoten an (die Indikatorfunktion für nicht identifizierte Fehler haben), z.B.:

$$\text{Fehlerquote} = \frac{\text{Anzahl Fehler}}{\text{Gesamtzahl Positionen}},$$

$$\text{Sendungs - Reklamationsquote} = \frac{\text{Anzahl Reklamationen}}{\text{Anzahl Gesamtsendungen}},$$

$$\text{Positionen - Reklamationsquote} = \frac{\text{Anzahl Reklamationspositionen}}{\text{Anzahl Gesamtpositionen}}.$$

Prozesstermintreue

Die Prozesstermintreue, d.h. die Einhaltung der Leistungserfüllung innerhalb eines (vorgegebenen) Zeitfensters, lässt sich messen, wenn Start- und Endzeiten für die Leistungserfüllung erfasst bzw. gemessen werden. Aus dem Vergleich zwischen Ist- und Soll-Werten (die z.B. bei der Prozessgestaltung definiert werden oder aber auf Grund besonderer Vereinbarungen mit den Kunden bestehen) können dann Zeitüberschreitungen ermittelt werden.

Als *Maßgröße* kommen z.B. in Frage: Anzahl zeitgerecht abgearbeiteter Positionen/Aufträge/Colli/Sendungen, Anzahl Positionen/Aufträge/Colli/Sendungen mit Zeitüberschreitung, Dauer der Zeitüberschreitungen usw.

Als *Bezugsgrößen* kommen die Leistungsmengeneinheiten in Frage, also z.B. Anzahl Positionen/Colli/Aufträge/Sendungen usw.

Mögliche Kennzahlen können die Einhaltung oder die Überschreitung der vorgesehenen Termine angeben.

Typische Kennzahlen sind z.B.:

$$\text{Tagesgenauigkeit} = \frac{\text{Anzahl zeitgerecht abgearbeiteter Positionen}}{\text{Gesamtzahl Positionen}},$$

$$\text{Durchschnittliche Verzugsquote} = \frac{\text{kumulierte Länge Zeitüberschreitung}}{\text{Gesamtzahl Positionen}}.$$

Prozesszeit

Kennzahlen zur Abbildung der Prozesszeit beschreiben generell den Zeitbedarf pro Leistungsmengeneinheit. Als *Maßgrößen* lassen sich Durchlaufzeiten, Bearbeitungszeiten und Liegezeiten verwenden; als *Bezugsgrößen* kommen wiederum die Leistungsmengeneinheiten in Frage, aber auch weitere zeitbezogene Maße (z.B. Durchlaufzeiten).

Mögliche Kennzahlen sind:

$$\text{Durchschnittliche Bearbeitungszeit} = \frac{\text{kumulierte Bearbeitungszeit}}{\text{Gesamtzahl Positionen}},$$

$$\text{Bearbeitungsanteil} = \frac{\text{kumulierte reine Bearbeitungszeit}}{\text{kumulierte Gesamtdurchlaufzeit}}.$$

Als Kennzahl zur Bewertung der Prozesszeit ist insbesondere der o.g. Quotient aus der Summe der reinen Bearbeitungszeit bezogen auf die Gesamtdurchlaufzeit von Bedeutung, der Hinweise auf (evtl. unproduktive) Liegezeitanteile gibt. Eine Richtgröße ist jedoch nicht ableitbar, da in der Regel Pufferzeiten (z.B. für Batch-Optimierungen) notwendig und produktspezifisch unterschiedliche Durchlaufzeiten möglich sind (z.B. Frischebereich vs. Trockensortiment).

3.3.1.2   Kennzahlenverknüpfung

Die prozessübergreifende Verknüpfung kann auf verschiedene Arten erfolgen, von denen vier beispielhaft dargestellt werden.

Synthetische Kennzahlenverknüpfung: Verschiedene Einzelkennzahlen lassen sich auf multiplikative Weise relativ einfach miteinander verknüpfen. Hierbei ist jedoch darauf zu achten, dass eine Verknüpfung auch logisch sinnvoll ist. Dies kann z.B. dann der Fall sein, wenn ein und dieselbe Leistungskategorie an verschiedenen Messpunkten des Prozesses einheitlich gemessen wird. Hieraus kann eine Kenngröße für den Hauptprozess gebildet werden – jeweils spezifisch für die jeweilige Leistungsgröße. So lässt sich z.B. die Robustheit einer Prozesskette aus den Verfügbarkeitskennzahlen von Systemen oder Personal jedes einzelnen Prozessschrittes ermitteln. Eine ähnliche Vorgehensweise ist für die Prozessgenauigkeit denkbar, wenn die Fehlerquoten jedes einzelnen Prozessschrittes miteinander verknüpft werden. Die resultierende Größe könnte dann als derjenige Anteil der Gesamtgröße interpretiert werden, der absolut fehlerfrei durch den Hauptprozess geschleust wurde. In dieselbe Richtung gehen Kenngrößen, die die perfekte Abarbeitung von Aufträgen messen (s. Abb. 4).

$$
\begin{aligned}
\textbf{perfect order rate} \\
= \left(1 - \frac{\text{fehlerhafte Anlieferungen}}{\text{Gesamtzahl Anlieferungen}}\right) &\times \left(1 - \frac{\text{fehlerhafte Einlagerungen}}{\text{Gesamtzahl Einlagerungen}}\right) \times \\
\left(1 - \frac{\text{Artikel mit Bestandsdifferenz}}{\text{Gesamtzahl langhaltiger Artikel}}\right) &\times \left(1 - \frac{\text{Nullbezüge}}{\text{Auslagerpositionen}}\right) \times \\
\left(1 - \frac{\text{Kommissionierfehler}}{\text{Gesamtzahl Komm.-Positionen}}\right) &\times \left(1 - \frac{\text{Verpackungsfehler}}{\text{Gesamtzahl Colli}}\right) \times \left(1 - \frac{\text{Kundenreklamationen}}{\text{Gesamtzahl Sendungen}}\right)
\end{aligned}
$$

Abb. 4:   Mögliche Definition für eine perfect order rate

Geschlossene Kennzahlenhierarchien: Der Idealfall wäre, wenn alle Kennzahlen in einer geschlossenen, mathematischen Kennzahlenhierarchie abgebildet werden könnten und schließlich eine Hand voll von Spitzenkennzahlen generiert wird, die die Gesamtleistung des Prozesses abbildet. Es hat sich jedoch herausgestellt, dass es nahezu unmöglich ist, die Zusammenhänge zwischen sämtlichen Einflussgrößen zu quantifizieren, oder eine ausreichend genaue Nutzwertanalyse durchzuführen.

Die Vielfalt der einzelnen Einflussgrößen, deren Anzahl ohne weiteres in die Hunderte gehen kann, macht es unmöglich, sämtliche Einflussfaktoren korrekt abzubilden und zu gewichten.

Analytische Kennzahlenableitung: Ausgehend von Kennzahlen, die direkt für den Kunden relevant sind (z.B. Lieferservicequoten, Auftragsvollständigkeit, Gesamtdurchlaufzeiten), müssen alle Einzelursachen, die in die Kennzahl direkt oder indirekt einfließen, identifiziert und separiert werden. Hierbei wirken die Kennzahlen als Indikatoren, die – im Sinne einer Alarmglocke – Schwächen eines Prozesses anzeigen können. Diese Kennzahlen sind auch als Zielgrößen einsetzbar, wenn alle an dem Prozess beteiligten Stellen an dieser kundenbezogenen Zielgröße gemessen werden, auch wenn sie nur mittelbar Einfluss haben. Zur operativen Steuerung ist es hierbei aber notwendig, detailliert die einzelnen Einflussgrößen zu identifizieren, um auch die Schwachstellen eindeutig lokalisieren zu können. Die o.g. Kenngrößenmatrix hilft dabei sicherzustellen, sämtliche Einflussgrößen bzw. sämtliche Teilprozessschritte bei der Analyse zu berücksichtigen.

Pragmatische Kennzahlenauswahl: Die Darstellung von herausragenden Spitzenkennzahlen, z.B. in Form von Cockpit Charts, hat sich in der Praxis bewährt. Hierbei sollen für jeden Teilprozess eine (oder möglichst wenige) kritische Kennzahlen ausgewählt werden, die die Leistung des jeweiligen Teilprozesses am besten veranschaulicht (KPI – key performance indicators). Hierbei wird bewusst auf eine quantitative Verknüpfung der einzelnen Kennzahlen verzichtet; der Prozessgedanke soll durch die Zusammenstellung verschiedener Kenngrößen in einer übersichtlichen Darstellung berücksichtigt werden.

3.3.2 Kosten-Kennzahlen

Für den Prozess der physischen Auftragsbearbeitung ergeben sich, wie für die anderen Logistik-Teilprozess, entsprechende Prozesskostensätze. Diese bestehen auch hier aus leistungsmengeninduzierten Prozesskosten und den leistungsmengenneutralen Kosten, die als Umlagesatz hinzugerechnet werden können (siehe hierzu die Diskussion zur PKR in Abschnitt I.2). Eine exemplarische Berechnung findet sich in der folgenden Abbildung 5.

Annahmen: *lmi*-Kosten des Teilprozesses: 250.000 DM p.a.

Kostentreiber: Anzahl der Anlieferungen

Anzahl Kostentreiber p. a.: 30.000

lmn-Kosten des Teilprozesses: anteiliges allg. Management,

spezifische EDV-Kosten: Summe 45.000 DM p. a.

$$\text{Prozesskostensatz } (lmi) = \frac{\text{Prozesskosten (lmi)}}{\text{Prozessmengen (lmi)}}$$

$$= \frac{250.000\,\text{DM (lmi)}}{30.000\,\text{(lmi)}} = 8,33\,\text{DM/Anlieferung}$$

$$\text{Umlagesatz } (lmi) = \frac{\text{Prozesskosten (lmn)}}{\text{Prozessmenge (lmi)}}$$

$$= \frac{45.000\,\text{DM (lmn)}}{30.000\,\text{(lmi)}} = 1,50\,\text{DM/Anlieferung}$$

$$\text{Hauptprozesskostensatz} = 8,33 + 1,50 = 9,93\,\text{DM/Anlieferung}$$

Abb. 5: Ermittlung der Teilprozesskostensätze am Beispiel der Wareneingangsbearbeitung

Welche Prozessmengen als Kostentreiber eingesetzt werden, ist für jeden einzelnen Prozessschritt im Vorfeld zu ermitteln. Eine Auswahl möglicher Kostentreiber findet sich sowohl in der Matrix der Teilprozessschritte als auch bei der Beschreibung der Leistungsgrößen in Abschnitt 3.1. An dieser Stelle sollen daher nur exemplarisch mögliche Kostentreiber für den Teilprozess der Wareneingangsbearbeitung aufgeführt werden:

- Sendungen,
- zu entladende Paletten,
- zu erfassende Artikel,
- zu kontrollierende Artikel,
- zu reklamierende Artikel und
- erfasste Positionen.

Die Bildung der Prozesskostensätze dient der Kostenträgerstückrechnung und der Kostenträgerzeitrechnung. In der Kostenträgerzeitrechnung kann durch die Bildung von Plan- und Kennzahlen eine Kostenkontrolle und -steuerung auf Prozessebene durchgeführt werden.[4]

Die Kosten einer kompletten Leistung für eine Prozessvariante lassen sich dann durch die additive Verknüpfung entlang der Prozesskette, d.h. durch Aufsummieren der bean-

---

[4] Vgl. Mayer (1991), S. 269.

spruchten Aktivitätskosten, relativ einfach „ablesen". Die so ermittelten Prozesskostensätze sind ebenso wie die Teilprozesskostensätze direkt für Kostenvergleiche innerhalb der Supply Chain einsetzbar. Gerade für ECR-Projekte (vgl. Kapitel II.2) sind sie unerlässlich, weswegen sie auch zu den ECR-Voraussetzungen zählen.

Dem Prozessverantwortlichen (Process Owner) wird dadurch ein Instrument zur Prozesssteuerung und Kontrolle an die Hand gegeben. Dabei müssen die Kostengrößen gemeinsam mit den Leistungsgrößen (siehe Abschnitt 3.1) betrachtet werden. Zunehmende Verdichtung führt aber zu geringerer Aussagekraft für die praktische Anwendung durch den Process Owner. Je unterschiedlicher die Ressourcenbeanspruchung der Prozessvarianten, desto wichtiger ist deren Unterscheidung. Es sei daher nochmals darauf hingewiesen, dass von pauschalen Aussagen abzusehen ist.

Hierbei ist zu beachten, dass sich für die Prozessvarianten die bereits angesprochenen Multiplikatoren der Kostentreiberbewertung ergeben, die der Intensität der Nutzung durch den Auftragstyp entsprechen. Die Bestimmung der Faktoren muss sich *nachweislich* an der Inanspruchnahme der Ressourcen für die jeweilige Einzelaktivität orientieren.

Entscheidungen, wie z.B. eine Veränderung des Kundenmixes, haben nur dann eine positive Auswirkung, wenn zuvor die Kosten und Erlöse der Handlungsalternative richtig abgeschätzt werden. So kann die Eliminierung kleiner Kunden aus dem Prozess zwar zu einer reduzierten Nachfrage der betroffenen Prozesse führen, solange aber die gleichen Kapazitäten vorgehalten werden, bleiben die Kosten konstant, während sich die Erlöse entsprechend verringern werden. Der Einsatz prozessorientierter Ressourcennutzungsmodelle, die die Kosten und Leistungen gleichzeitig berücksichtigen, lenkt die Entscheidung der Manager auf Alternativen mit signifikanten Gewinnchancen.

4. Schlussfolgerung: Nutzenpotenziale der Prozessanalyse und -bewertung

Aus der systematischen Vorgehensweise zur Prozessanalyse und -bewertung der „Physischen Auftragsbearbeitung" ergeben sich – auch mit Blick auf die zunehmende Wettbewerbsintensität – eine Vielzahl verschiedener Nutzenpotenziale zur effizienten Steuerung, Kontrolle und Gestaltung betrieblicher Strukturen und Prozesse.

Ausgangspunkt ist die Schaffung einer umfassenden *Prozess- und Strukturtransparenz*, auf die weitere Analysen, wie beispielsweise *Trade-off-Analysen*, *Prozesssimulation* und *Benchmarking* sowie Analysen zu *Make-or-buy-Entscheidungen* folgen.

Für eine differenzierte Prozessbewertung ist der Aufbau einer *Kennzahlensystematik* mit detaillierten Kosten- und Leistungsgrößen erforderlich. Eine *logistikorientierte Kos-*

ten- und Leistungsrechnung bildet schließlich die Grundlage für die laufende Steuerung und Kontrolle und liefert die Informationsbasis für unternehmerische Entscheidungen.

Zum Abschluss dieses Beitrags wird auf die genannten Punkte kurz eingegangen.

Transparenz der Prozessstruktur und Prozessleistung

Eine konsequente Prozessorientierung ist langfristig nur dann erreichbar, wenn unter den Prozessbeteiligten ein gemeinsames Verständnis für das Zusammenwirken der in der „Physischen Auftragsbearbeitung" ablaufenden Aktivitäten und Teilprozesse sowie deren Koordination und Steuerung vermittelt werden kann. Nach der Identifikation und Visualisierung der Prozesse erfolgt die Bewertung anhand ausgewählter Kosten- und Leistungsgrößen. Durch die Prozessanalyse und -bewertung werden sowohl die logische Struktur aller Aktivitäten und Teilprozesse im Leistungserstellungsprozess einschließlich ihrer Wechselwirkungen untereinander als auch die Kosten- und Leistungsgrößen entlang des gesamten Hauptprozesses transparent. Mit Hilfe dieser Kosten- und Leistungsgrößen lassen sich Abweichungen von den Zielvorgaben frühzeitig erkennen, die Ursachen der Abweichungen ermitteln und Gegenmaßnahmen einleiten und bewerten. Darüber hinaus können durch die umfassende Transparenz der Prozessstruktur ineffiziente Abläufe und Strukturen sowie Ansatzpunkte für zielgerichtete Prozessverbesserungen oder Neugestaltung der Prozesse aufgezeigt werden.

Outsourcing

Die gewonnene Transparenz der Kosten- und Leistungsstrukturen innerhalb der Teilprozesse bildet eine Grundlage für Make-or-buy-Entscheidungen hinsichtlich logistischer Leistungen. Dabei ist die Ausgliederung logistischer Funktionen an externe Dienstleister stets strategischer Natur und sollte sich nicht ausschließlich auf kurzfristige Kostenbetrachtungen stützen. Vielmehr sind auch qualitative Aspekte unter wettbewerbspolitischen (Know-how-Verlust, Gefahr zunehmender Abhängigkeit, Image) sowie finanz- und absatzwirtschaftlichen (eingeschränkter Einfluss auf Preis- und Qualitätsvorgaben) Gesichtspunkten in eine solche Entscheidung einzubeziehen. Allerdings schafft die Integration externer Zulieferer aus logistischer Sicht zusätzliche Schnittstellen, die mit zunehmender Anzahl immer schwieriger abzustimmen und zu beherrschen sind. Daraus resultiert ein wachsender Aufwand für die laufende Koordination und Kontrolle der Interdependenzen und der Datenübergänge an den Schnittstellen.

Trade-off-Analysen

Die ganzheitliche Prozessorientierung und die daraus resultierende schnittstellenübergreifende Betrachtung des Hauptprozesses der „Physischen Auftragsbearbeitung" erfordert zwangsläufig die Steuerung und Kontrolle entlang des gesamten Prozesses mit einer möglichst effizienten Koordination bestehender Schnittstellen in Richtung des

Gesamtoptimums. Im Mittelpunkt steht die Analyse der organisatorischen und prozessualen Schnittstellen sowie die Wechselbeziehungen zwischen den einzelnen Aktivitäten bzw. (Teil-)Prozessen.

Aus diesem Grund stehen aus Kostensicht nicht isolierte Kosteneinsparungen einzelner Prozessteile, sondern die Reduzierung der Gesamtkosten über den kompletten Prozess im Vordergrund. Somit können Maßnahmen zur Kostensenkung in einem Teilprozess Mehr-/Minderkosten in vor- oder nachgelagerten (Teil-)Prozessen zur Folge haben. So kann beispielsweise ein Umpacken im Wareneingangsbereich der angelieferten Waren in entsprechende Lagerbehälter zum einen zu einer verbesserten Lagerauslastung und damit geringeren Lagerkosten (z.B. durch Verkleinerung des Lagers), zum anderen aber auch zu einem zusätzlichen Handlingaufwand führen. Einzelne Optimierungsmaßnahmen beeinflussen in der Regel mehrere (Teil-)Prozesse gleichzeitig und entfalten erst in ihrer Gesamtheit eine Wirkung auf das Gesamtoptimum. Die Kostenanalyse einzelner Aktivitäten unterstützt neben einer kostenmäßigen Trade-off-Analyse innerhalb des Hauptprozesses auch die Identifikation von so genannten Schlüsselaktivitäten, die erheblichen Einfluss auf die Kosten des Teil-/Hauptprozesses haben.

Durch die schnittstellenübergreifende Koordination des Material- und Warenflusses entstehen die daraus erzielten Kosten- und Nutzeneffekte vor allem an den internen/externen Schnittstellen. Dies führt im Weiteren zu einem Verteilungsproblem der Kosten- und Nutzeneffekte zwischen den Beteiligten.

Die existierenden Schnittstellen sind einerseits häufig die Ursache für Prozessschwächen, Bereichsegoismen und -konflikte, andererseits bilden sie als mögliche Messpunkte die Basis für die Implementierung eines Kennzahlensystems.

Kennzahlensystem und Balanced Scorecard

Die ermittelten Kosten- und Leistungskennzahlen bilden eine Grundlage für ein aktives Controlling. Durch die regelmäßige Bestimmung der Kennzahlen ist eine klare Ergebnismessung der Logistikbereiche möglich, können Auffälligkeiten und Trends frühzeitig erkannt, kritische Erfolgsfaktoren identifiziert und Planabweichungen analysiert werden. Des Weiteren ist zu prüfen, inwieweit die ermittelten Kosten- und Leistungsgrößen in einem mathematischen oder sachlogischen Zusammenhang (z.B. logistische Zielkonflikte) zueinander stehen.

Ein geschlossenes Kennzahlensystem berücksichtigt die logischen Beziehungen zwischen den einzelnen Kennzahlen und ermöglicht dadurch eine detaillierte und konsistente Steuerung und Kontrolle. Einzelne Kennzahlen ohne jeglichen Zusammenhang haben demgegenüber eine vergleichsweise geringere Aussagekraft.

Allerdings erscheint eine Aggregation zu einer Spitzenkennzahl, insbesondere bei den nicht-monetären Leistungsgrößen, auf Grund unterschiedlicher Dimensionen und fehlender Verrechnungsvorschriften vergleichsweise komplex. Zudem besteht die Gefahr, dass durch die Verknüpfung auf hohem Aggregationsniveau der Informationsgehalt und die Aussagekraft der Spitzenkennzahl bezogen auf Einzelaspekte des Prozesses gering ist.

Auf diese Weise wird mit dem Konzept der Nutzwertanalyse, unter Inkaufnahme eines hohen Subjektivitätsgrads in der Bewertung, versucht, mit hohem Aufwand eine Spitzenkennzahl zu generieren.

Eine Alternative zur Spitzenkennzahl besteht in der Auswahl weniger kritischer Kennzahlen zur Überwachung der Erreichung der strategischen und operativen Pläne.

Dem Vorteil der Verdichtung großer Datenmengen zu wenigen relevanten Kennzahlen stehen die Probleme der mangelnden Konsistenz und Beeinflussbarkeit sowie der fehlerhaften Auswahl und Aufstellung von Kennzahlen gegenüber.

Die Balanced Scorecard (BSC) ist ein Managementinstrument, das die Strategieumsetzung anhand operativer Kennzahlen bewertet und eine auf die strategische Zielsetzung ausgerichtete Steuerung ermöglicht. Auf der Grundlage der Geschäftsstrategie werden die Kennzahlen über Ursache-Wirkungszusammenhänge miteinander verbunden, so dass mögliche Trade-off-Effekte transparent werden. Die BSC unterstützt eine mehrdimensionale Kosten- und Leistungsrechnung, indem neben rein finanzwirtschaftlichen Kennzahlen auch qualitative Leistungskennzahlen (z.B. Prozesskennzahlen) abgebildet werden. Damit reduziert die BSC die Informationsflut auf eine begrenzte Anzahl von steuerungsrelevanten Kennzahlen und lenkt den Blick auf die wesentlichen Aspekte zur Unternehmenssteuerung.

Anreizsysteme

Ein Unternehmen verfügt über eine Vielzahl verschiedener Instrumente, um seine Mitarbeiter zu einem auf das Organisationsziel gerichteten Verhalten zu beeinflussen. Die Kosten- und Leistungsgrößen sind dann als Anreizsystem zur Förderung der Motivation einsetzbar, wenn es sich bei den Größen um operationalisierte Zielvorgaben handelt, die von den Prozessbeteiligten nachvollzogen, und als richtig und gerecht akzeptiert werden. Vorgaben in Form von Kosten- und Leistungsgrößen, die nicht verursachungsgerecht und scheinbar willkürlich aufgestellt werden, rufen bei den Beteiligten dagegen eher Widerstand oder Resignation hervor. Jedoch bieten gerade aussagekräftige Kennzahlen, die die Leistung des logistischen Prozesses zutreffend widerspiegeln, eine sehr gute Ausgangsbasis für Bonus-Systeme.

Prozesssimulation und Benchmarking

Da sich die existierenden Prozessvarianten im Hinblick auf Art und Umfang der Aktivitäten zum Teil deutlich unterscheiden, variieren die Kosten- und Leistungsgrößen in ihren Ausprägungen in der Regel dementsprechend. Zur Vermeidung einer Explosion verschiedener Kosten- und Leistungsgrößen durch die Zunahme der Prozessvarianten sollten die Prozesse, die nur geringfügig voneinander abweichen, in einer Prozessvariante zusammengefasst werden.

Aus der Kenntnis der Kosten- und Leistungsgrößen erwächst das Bedürfnis, Vergleiche anzustellen, um die Effizienz der verschiedenen Prozessvarianten zu beurteilen. Der dazu notwendige Vergleich verschiedener Prozessvarianten in Form einer Prozesssimulation kann durch die ermittelten Kosten- und Leistungsgrößen zielgerichtet unterstützt werden.

Auf diese Weise lassen sich beispielsweise aus den Durchlaufzeiten und den Kosten der Teilprozesse die Gesamtkosten und die Prozesszeit für unterschiedliche Prozessvarianten miteinander vergleichen. Dabei sind die Kosten- und Leistungsdaten grundsätzlich sowohl für den unternehmensinternen Vergleich gleichartiger (Teil-)Prozesse und Prozessvarianten als auch für ein externes Benchmarking geeignet. Die auf diese Weise ermittelten Benchmarks verdeutlichen zum einen die Leistungs- und Veränderungspotenziale der bestehenden Prozesse und unterstützen zum anderen die Ermittlung von Optimierungsmaßnahmen. Die Zielsetzung des Prozessbenchmarking sollte auf strategische Performanceverbesserungen der Kosten- und Leistungsgrößen und signifikante Effizienzsteigerungen gerichtet sein.

Logistikorientierte Kosten- und Leistungsrechnung

Der Aufbau einer umfassenden logistikorientierten Kosten- und Leistungsrechnung hat eine möglichst zeitnahe und umfassende Aufbereitung des logistischen Geschehens zum Ziel. Voraussetzung hierfür ist die systematische Erfassung und Abgrenzung der logistischen Kosten und Leistungen. Die Aussagefähigkeit einer solchen logistikorientierten Kosten- und Leistungsrechnung für die „Physische Auftragsbearbeitung" erfordert eine möglichst genaue mengen-, qualitätsmäßige und zeitliche Erfassung des Material- und Warenflusses.

Auf Grund der Heterogenität und des Dienstleistungscharakters von Logistikleistungen ist es einerseits äußerst schwierig, diese zu definieren und abzugrenzen. Anderseits ist die laufende Messung und Bewertung in der Regel mit einen hohen Aufwand verbunden.

Erst durch eine verursachungsgerechte Ermittlung und Verrechnung der Kosten für einzelne logistische Leistungen werden Kostenblöcke und mögliche Kostensenkungsmaßnamen transparent, das Bewusstsein unter den Mitarbeitern für Logistikkosten geschärft und letztlich Logistikleistungen kalkulierbar.

Mit der auf diese Weise erreichten Kostentransparenz wird man in die Lage versetzt, gezielt Kostentreiber und damit Kosteneinsparungspotenziale zu identifizieren.

Der gesonderte Ausweis der Logistikkosten und -leistungen bildet u.a. die Basis für Investitionsentscheidungen, Schwachstellen- und Abweichungsanalysen sowie Ansätze für die Optimierung und Reorganisation der Prozessstruktur. Die Ermittlung der Prozesskosten unterstützt das Auffinden kostenintensiver und unwirtschaftlicher Aktivitäten, die zur Wertschöpfung keinen oder nur einen sehr geringen Beitrag leisten.

Die Kostenbetrachtung mit Hilfe der prozessorientierten Kosten- und Leistungsgrößen ermöglicht einen kritischen Blick auf die Sortiments- und Vertriebsstruktur und deren Wirkung auf die gesamte Kostensituation eines Unternehmens. Gezielte Maßnahmen im Produkt- und Kundenportfolio können im Hinblick auf die Erfolgsbeiträge einzelner Produkte und Kunden in Bezug auf Randsegmente zu erheblichen Effizienzsteigerungen führen.

Für den Aufbau einer logistikorientierten Kosten- und Leistungsrechnung stehen grundsätzlich verschiedene Alternative zur Verfügung. So ist denkbar, dass die vorhandenen Rechnungssysteme erweitert oder im Rahmen von unregelmäßigen Sonderanalysen logistische Fragestellungen mit einzelfallbezogenen Daten beantwortet werden. Dabei ist im Einzelfall zu untersuchen, inwieweit die Implementierung eines ergänzenden Instrumentariums zu den „traditionellen", in den Unternehmen bereits bestehenden Kosten- und Leistungsrechnungssystemen sinnvoller erscheint als deren völlige Ablösung.

5.   Literatur

Fröhling, O. (1990): Strategisches Management von Wettbewerbsvorteilen: Prozessorientierte Portfolioplanung, in: Controller Magazin, Nr. 4, 1990, S. 193-198.

Mayer, Reinhold (1991): Prozesskostenrechnung und Prozesskostenmanagement: Konzept, Vorgehensweise und Einsatzmöglichkeiten, in: IFUA Horvárth & Partner Prozesskostenmanagement, 1990, S. 73-100.

Transport

Friedrich Hennings / Andreas Otto / Karl-Heinz Steinke / Saskia Treeck / Sabine Vossen Burkhard Wölfling[*]

[*] Dipl.-Kfm. Friedrich Hennings, DAV/DLA, Bremen.
Dr. habil. Andreas Otto, Produkt Manager für Supply Chain Management bei der SAP AG, Walldorf.
Dipl.-Oek. Karl-Heinz Steinke, Leiter Konzerncontrolling und Kostenmanagement Deutsche Lufthansa, Frankfurt.
Dipl.-Kff. Saskia Treeck, Intersnack Knabber-Gebäck GmbH, Köln.
Dipl.-Kff. Sabine Vossen, Cordes & Simon GmbH & Co.KG, Hagen.
Dipl.-Kfm. Burkhard Wölfling, Inova Management AG, Erkrath.

1. Zum Wesen von Transportprozessen

Transport ist definiert als die Beförderung (physische Warenbewegung) von Gütern mit Hilfe von Transportmitteln von einem Ort zu einem anderen Ort. Der dabei zu vollziehende Transportprozess kann allgemein betrachtet in verschiedene Teilprozesse, wie z.B. Beladung, Transport und Entladung, untergliedert werden. Die zunehmende Komplexität von Transportprozessen, d.h. der Versand von Waren, Gütern bzw. Rohstoffen in Beschaffungs-, Produktions-, Distributions- und retrologistischen Prozessen, macht die Betrachtung sowohl des Gesamtprozesses als auch die Analyse der einzelnen Teilprozesse erforderlich. Bei der Betrachtung der Transportprozesse sind die verschiedenen Verrichtungsaufgaben und die daraus resultierenden Transportarten bzw. -varianten zu berücksichtigen. Vor diesem Hintergrund werden Transporte über Straße, Schiene, Wasser und Luft voneinander abgegrenzt.[1] Hierbei darf jedoch der Gesamtkontext, d.h. die Einbettung des Transportsystems in seine verkehrswirtschaftliche Umwelt, nicht vernachlässigt werden.

Die nationalen und internationalen Rahmenbedingungen haben in den letzten Jahren zu Kostensteigerungen und zum Teil zu neuen Kostenbestandteilen geführt, die in jeder Kalkulation Berücksichtigung finden müssen. Hier sei die Ökosteuer oder das EU-Weißbuch erwähnt. Das EU-Weißbuch ist ein Dokument der Europäischen Kommission, das die angemessene Bezahlung für die Nutzung der Infrastruktur in den Ländern der Europäischen Union behandelt und ein schrittweises Vorgehen zur Entwicklung eines gemeinsamen Ordnungsrahmens für Transportinfrastruktur-Gebühren in der EU aufzeigt. Konkret können die Mitgliedstaaten hieraus Straßennutzungsgebühren oder Mautgebühren ableiten. Die Globalisierung der Beschaffungs- und Distributionsmärkte und die Konzentrationsprozesse der Unternehmen erhöhen die Komplexität von Transportdienstleistungen. Der Dienstleister wird immer stärker durch Outsourcing in die logistischen Prozesse einbezogen. Aufgrund des aktuellen Trends "E-Commerce/E-Business" werden zudem erhöhte Anforderungen an die damit verbundenen logistischen Leistungen gestellt (Tendenz: häufigere Transporte mit kleineren Sendungsmengen). Diese Entwicklungen haben die genaue Kenntnis der Transportprozesskette und ihrer Bewertung als wesentliche Voraussetzung für ein aktives Transportmanagement immer stärker hervorgehoben.

Die heterogenen Strukturen sowohl im Transportprozess im engeren Sinne als auch in den direkten und indirekten Umfeld- und Umweltfaktoren, erfordern eine genaue Prozessanalyse und -bewertung als zuverlässige Kalkulationsbasis für den Kosten- und Leistungsvergleich alternativer Prozesse bzw. für die Simulation. Bis Ende 1994 bildeten die Tarife für den Güterfernverkehr (GFT) die Basis für die Transportkostenkalku-

---

[1]   In den nachfolgenden Kapiteln wird der innerbetriebliche Transport ausgeschlossen.

lation. Diese vereinfachte Kostenrechnung wurde für die üblichen Rechnungszwecke wie die Bestimmung von Preisuntergrenzen oder die Ergebnisermittlung als völlig ausreichend betrachtet. Nach dem Wegfall dieser Tarifstrukturen bei gleichzeitig zunehmender Komplexität der physischen und organisatorischen Transportprozesse ist jedoch der Bedarf nach einer detaillierten Kosten- und Leistungskalkulation unumgänglich geworden. Insbesondere hat die Prozesskostenrechnung für die Kalkulation von Transportleistungen an Bedeutung gewonnen. Sie ist zu einer Voraussetzung für eine verursachergerechte Kostenzuweisung im Transportbereich geworden.

Im nachfolgenden Kapitel wird zunächst eine Analyse der Teilprozesse durchgeführt. Aufbauend auf einer detaillierten Definition der Teilprozesse werden die Einflussgrößen, die Einflussfaktoren und die verschiedenen Prozesstypen beschrieben. Anschließend erfolgt die Bewertung von Transportprozessen auf der Basis der Prozessleistungen. Am Ende wird die Bildung von Kennzahlen behandelt.

2. Analyse von Transportprozessen

2.1 Identifikation und Abgrenzung von Teilprozessen

2.1.1 Voraussetzungen und Vorgehensweise

Die notwendige Voraussetzung für die Durchführung einer prozessorientierten Kostenrechnung ist die detaillierte Beschreibung der Abläufe in und zwischen den beteiligten Unternehmen. Es stellen sich für die praktische Vorgehensweise folgende Fragen:

- Wie können die einzelnen Prozesse identifiziert werden?
- Wie können die Prozesse sinnvollerweise voneinander abgegrenzt werden?
- Wie sieht eine konkrete Vorgehensweise in der Praxis aus?

Zunächst ist anzumerken, dass es keine allgemein gültige Vorgehensweise für die Praxis gibt. Selbst bei Unternehmen einer Branche, die gleiche Produkte herstellen (Produktionsunternehmen) und/oder damit handeln (Handelsunternehmen) oder ähnliche Dienstleistungen erbringen (Logistik-Dienstleistungsunternehmen), liegen unterschiedliche Prozesse zugrunde. Dies resultiert z.B. aus einem unterschiedlichen Automatisierungsgrad, unterschiedlichen baulichen Voraussetzungen oder unterschiedlichen Unternehmensstrukturen und Organisationsformen. Es ist kaum möglich, eine vollkommen identische Prozesskette für zwei Unternehmen darzustellen. Daraus ergibt sich die Notwendigkeit, eine individuelle Betriebsanalyse durchzuführen.

Aufgrund der Erfahrungen der Arbeitskreismitglieder, die in ihren Unternehmen an der Einführung einer Prozesskostenrechnung beteiligt waren, kann die prinzipielle Empfehlung gegeben werden, eine *ablauforientierte Analyse* durchzuführen. Als Basis sollte dabei der physische Warenfluss im Unternehmen dienen: Bei der Analyse wird die Ware (Palette, Colli, Packstück etc.) vom Ausgangspunkt bis zum Endpunkt der logistischen Kette verfolgt. Im Bereich Transport/Distribution kann der Ausgangspunkt beispielsweise der Warenausgang beim Produzenten oder Lieferanten, der Endpunkt der Kunde oder Endempfänger sein.

Die Analyse der Prozesse erfolgt auf drei verschiedenen Ebenen: Der Ebene der *Hauptprozesse* liegt das Prozesskettenglied "Transport/Distribution" zugrunde. Zur Ermittlung der Teilprozesse müssen die grundlegenden *Aktivitäten* innerhalb des Hauptprozesses genau beschrieben werden. Die Beschreibung der Aktivitäten bezieht sich zum einen auf automatisierte Vorgänge (z.B. automatische Beladungsysteme für LKW), zum anderen auf die manuellen und dispositiven Tätigkeiten der einzelnen Mitarbeiter (z.B. Frachtraumplanung für eine bestimmte Tour) innerhalb der gesamten Prozesskette. Automatisierte Vorgänge lassen sich relativ einfach beschreiben sowie mit Leistungs- und Kostendaten darstellen. Schwieriger gestaltet sich die Analyse der manuellen Tätigkeiten. Für diesen Bereich bieten sich folgende Hilfsmittel zur Analyse an:

- Beobachtung (durch "Externe", d.h. nicht Abteilungsmitarbeiter)
- Interviews und Befragungen der einzelnen Mitarbeitern
- Selbstaufschreibung durch die Mitarbeiter für genau definierte Vorgänge
- Zeitaufnahmen
- Multimomentaufnahmen
- Analyse vorhandenen Datenmaterials und betrieblicher Informationsquellen (z.B. durchgeführte Benchmarking-Projekte, Qualitäts-Audits, Daten aus Speditionssoftware etc.)

Das Ergebnis der Analysen ist eine eindeutige verbale Beschreibung der einzelnen Aktivitäten hinsichtlich Aufgabe, Art und Umfang inkl. der entsprechenden Zeitanteile, die ein Mitarbeiter bezogen auf seine Gesamtarbeitszeit aufbringen muss. Zur visuellen Darstellung dieser Ergebnisse bieten sich sog. "Flow-Chart-Diagramme" an. Sind alle Aktivitäten beschrieben, so gilt es, diese zu Teilprozessen zusammenzufassen. Die Teilprozesse für den Hauptprozess Transport/Distribution werden im nächsten Abschnitt detailliert erläutert. Voraussetzung für die Definition der Teilprozesse ist die eindeutige Abgrenzung und Schnittstellendefinition zu den anderen Teilprozessen.

2.1.2 Definition der Teilprozesse

Grundsätzlich ist für den Hauptprozess Transport/Distribution anzumerken, dass dieser im Rahmen unserer Betrachtungen lediglich *außerbetriebliche Transporte* beinhaltet. Das bedeutet, dass die Schnittstelle der Warenausgang beim Produzenten oder Lieferanten der Ware ist. Innerbetriebliche Transporte wurden aufgrund der dabei existierenden unternehmensspezifischen Prozesse ausgegliedert.

Zur Klassifizierung der Prozesse werden grundsätzlich zwei Ebenen unterschieden:

a) Dispositive Ebene:

Die dispositive Ebene enthält planende, steuernde und kontrollierende Prozesselemente und beinhaltet damit den gesamten Informationsfluss der Prozesskette Transport. Die dispositiven Prozesselemente erfolgen vorauseilend, parallel und nachfolgend zum physischen Fluss der Ware. Hier werden sowohl rein manuelle (z.B. Telefon) als auch durch EDV unterstützte Vorgänge (z.B. Faktura) eingeordnet.

b) Operative Ebene:

Auf der operativen Ebene werden die tatsächlichen physischen Warenbewegungen, der eigentliche Warenfluss, betrachtet. Innerhalb dieser Ebene werden sowohl vollautomatisierte Vorgänge (z.B. Bandanlage) als auch teilautomatisierte oder manuelle Vorgänge (z.B. Transport einer Palette mittels Hubwagen) analysiert.

Häufig wird bei der Prozessanalyse die dispositive Ebene vernachlässigt. Diese stellt jedoch einerseits aufgrund des hohen Gemeinkostenanteils, andererseits aufgrund der ständig zunehmenden Tätigkeiten im administrativen Bereich, einen besonders wichtigen Komplex im Rahmen einer prozessorientierten Analyse dar.

Im Folgenden werden die "Basisprozesse" aller Transporte dargestellt.

Die *dispositive Ebene* umfasst die folgenden Teilprozesse:

- Transport-/Distributions-Grobplanung
  Innerhalb der Transport-Grobplanung werden die Rahmenbedingungen von Transporten festgelegt. Hierzu zählen beispielsweise Verträge zwischen produzierenden Unternehmen mit Spediteuren oder Frachtführern über einen längeren Planungszeitraum. Diese wiederum sind abhängig von den Produkt- und Strategieplanungen eines Unternehmens.

- Fein- und Tourenplanung (Touren- und Frachtraumoptimierung)
  Innerhalb der Feinplanung werden die einzelnen konkreten Transporte, Anforderungen an Transportmittel und Kapazitäten festgelegt.

- Waren-/Transportverfolgung
  Die Waren-/Transport-Sendungsverfolgung erfolgt als paralleler Prozess zum physischen Warenfluss. Je nach eingesetzter DV-Technik existieren in diesem Bereich unterschiedliche Arten des Ablaufs: Früher erfolgte die Anfrage durch die telefonische oder schriftliche Nachfrage des Versenders beim Transport-Dienstleister. Mittlerweile ist es möglich, dass sich der Versender in diesem Bereich aufgrund der technischen Möglichkeiten (z.B. Scannen des Packstücks an allen Schnittstellen) teilweise auf elektronischem Weg (Internet) informieren kann.

- Abrechnung/Faktura
Die Abrechnung/Faktura erfolgt als dem eigentlichen Transport nachfolgender Prozess. Heutzutage wird dies meist per EDV-Unterstützung durchgeführt. Seitens des Transport-Dienstleisters zählt hierzu i.d.R. die Rechnungserstellung, seitens des Versenders die Zahlung der Rechnung für den Transport.

Die *operative Ebene* beinhaltet folgende Teilprozesse:

- Bereitstellung der Transportmittel
Die Bereitstellung der Transportmittel erfolgt aufgrund der Transportplanung. Aus diesem Bereich werden die Art und Kapazität der erforderlichen Transportmittel festgelegt. Zur physischen Bereitstellung der vorgegebenen Transportmittel zählen die Fahrwege zur Bereitstellungsfläche sowie Rangiervorgänge der Transportmittel.

- Transport der Ware zum Transportmittel
Dieser Prozess stellt die direkte Schnittstelle zum innerbetrieblichen Warenfluss dar. Der Transport der Ware aus dem Betrieb zur Schnittstelle Ladezone kann z.B. per Gabelstapler oder Hubwagen erfolgen. In diesem Bereich existieren allerdings auch automatisierte Lösungen, wobei die Waren direkt aus dem Lager zum Transportmittel befördert werden. Der Prozess endet mit der Bereitstellung der Ware an der Ladezone.

- Beladen des Transportmittels
Das Beladen des Transportmittels kann mittels unterschiedlicher technischer Möglichkeiten erfolgen. So existieren bspw. vollautomatische Beladesysteme für LKW, aber auch die Beladung der Ware durch Personal auf bzw. in das Transportmittel ist denkbar. Mit der Transportsicherung und dem Verschluss des Transportmittels ist dieser Teilprozess beendet.

- Transportdurchführung
Die eigentliche Transportdurchführung ist die "Überbrückung einer definierten Strecke innerhalb einer bestimmten Zeit". Hier existieren unterschiedlichste Möglichkeiten (Straße, Wasser, Schiene, Luft), je nach Anforderungen an den Transport.

- Entladen beim Kunden und evtl. Zwischenlagerung
Die Entladung beim Kunden stellt den letzten Teilprozess innerhalb der Prozesskette Transport dar. Diese ist wiederum abhängig von der Art der Transportdurchführung. So werden bspw. LKW per Gabelstapler oder Schiffe per Kran entladen.

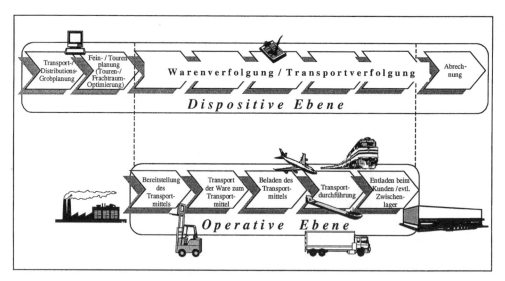

Abb. 1:   Prozesskette "Transport/Distribution"

Die skizzierten Teilprozesse sind prinzipiell bei allen Transporten vorhanden. Je nach Transportanforderungen erfolgen noch weitere Prozesse bzw. werden bestimmte Prozesse wiederholt. Ein Beispiel stellt die Prozesskette eines Logistikdienstleisters dar, innerhalb derer mehrere Umschlagprozesse an definierten Knotenpunkten vorhanden sind und demzufolge z.B. die Teilprozesse "Beladen/Entladen des Transportmittels" mehrmals erfolgen.

2.2   Einflussgrößen und Prozesstypen

Nach erfolgter detaillierter Analyse der einzelnen Teilprozesse ist es notwendig, die die Teilprozesse beeinflussenden Faktoren zu identifizieren, da nur bei Kenntnis dieser Einflussfaktoren eine sinnvolle Bewertung der Prozessergebnisse möglich ist (s. Kapitel 3 „Bewertung von Transportprozessen").

2.2.1 Klassifizierung der Einflussgrößen

Im Folgenden werden mögliche Kriterien erläutert, nach denen eine Klassifizierung erfolgen könnte:

1. Art des Transportgutes
    Die Art des Transportgutes wird durch die physische Beschaffenheit definiert. Diese ist beispielsweise für die Wahl des geeigneten *Transportmittels* von Bedeutung: Für ein Schüttgut (wie z.B. Kohle) sind andere Transportmittel (z.B. Behälter)

erforderlich als für Stückgüter, wie z.B. Paletten und Pakete. Auch das Maß (L x B x H) und Volumen (cbm, Liter) des spezifischen Gutes bestimmen die Bereitstellung des tauglichen Transportmittels. Ebenso wie die Wahl des geeigneten Transportmittels hat die Art des Transportgutes Einfluss auf die Teilprozesse *Transport der Ware zum Transportmittel* sowie die *Beladung* und *Entladung* des Transportmittels. Paletten werden beispielsweise per Stapler bewegt; Flüssigkeiten dagegen in Behältern.

2. Temperaturanforderungen der Ware
   Möglicherweise werden besondere Temperaturanforderungen an das *Transportmittel* sowie die *Transportdurchführung* gestellt. Transportgüter lassen sich hinsichtlich der Temperatur klassifizieren nach tiefgekühlten, frischen oder trockenen Waren.

3. Gefährlichkeit der Ware
   Sollte das Transportgut unter den Begriff "Gefährliche Güter" im Sinne des Gefahrgutgesetzes fallen, so sind besondere Vorschriften zu beachten, die Einfluss auf alle Teilprozesse haben. Beispielsweise ist für die Transportdurchführung neben der speziellen Ausbildung des Personals eine besondere technische Ausrüstung (z.B. Feuerlöscher, Warntafeln) erforderlich. Bei der Be- und Entladung sind ebenfalls bestimmte Vorsichtsmaßnahmen zu beachten (z.B. "Offene Flamme und Feuer verboten").

4. Interne – Externe Einflussfaktoren
   Interne Einflussfaktoren beziehen sich auf die betriebsindividuellen Strukturen, wie z.B. Organisationsformen, Entscheidungswege (beeinflussen z.B. die Art der *Transportplanung*) oder bauliche Voraussetzungen (beeinflussen z.B. den *Transport der Ware zum Transportmittel*). Externe Einflussfaktoren resultieren aus Anforderungen seitens der Kunden, des Gesetzgebers und der Öffentlichkeit.

5. Temporäre – Dauerhafte Einflussfaktoren
   Die zeitliche Komponente stellt ebenfalls einen wichtigen Einflussfaktor auf den Hauptprozess Transport dar. Ist beispielsweise ein Transport "im Ausnahmefall" (temporär) innerhalb von 12 Stunden erforderlich, so erfolgt eine anders gestaltete *Transportplanung* als bei einer "normalen" Beförderungszeit von 48 Stunden.

6. Kundenspezifische – Kundenneutrale Einflussfaktoren
   Der Einflussfaktor "Kunde" ist für die Gestaltung der Prozesskette Transport wesentlich. Spezifische Kundenanforderungen bedingen möglicherweise geänderte Teilprozesse. Sollte der Kunde nach jeder Auslieferung eine Information über diesen Status vom Dienstleister haben wollen, so sind besondere Anforderungen an den Teilprozess *Sendungsverfolgung* zu stellen.

Die aufgeführten Einflussfaktoren für eine Klassifizierung stellen Beispiele dar. Selbstverständlich ist auch eine Kombination aus mehreren Einflussgrößen möglich (z.B. flüssiges Gefahrgut, welches ausnahmsweise innerhalb eines besonders kurzen Zeitfensters transportiert werden muss). Die Einflussfaktoren lassen sich im konkreten Anwendungsfall noch erweitern. Ebenso müssen nicht immer alle Einflussfaktoren im spezifischen Anwendungsfall dieselbe Bedeutung haben.

2.2.2 Arten von Prozesstypen

Die Abbildung der betrieblichen Leistungserstellung in Form von Prozessen ist wesentlich geeigneter als, wie bisher meist üblich, in Funktionen. Schon im ersten Schritt, der *Prozessanalyse,* werden oft Schwachstellen in den derzeitigen Abläufen und Organisationsstrukturen deutlich bzw. Verbesserungspotenzial erkennbar. Ziel der Prozessanalyse ist somit neben der transparenten Darstellung der betrieblichen Prozesse auch eine "Optimierung der Prozesse hinsichtlich Zeit, Qualität und Effizienz". Weiterhin ist es möglich, bei veränderten Rahmenbedingungen eine schnelle Anpassung der Prozessabläufe zu realisieren.

Anhand der vorgenannten Einflussgrößen lassen sich Prozesstypen bilden. Im Folgenden sollen zusammenfassend einige Beispiele für Prozesstypen gegeben werden. Aufgrund der in diesem Bereich vorhandenen Komplexität ist allerdings eine detaillierte Ausführung über sämtliche denkbare Prozesstypen, die im Transport-/Distributionsbereich auftreten können, weder sinnvoll noch möglich.

Einflussgröße	Beispiele für Prozesstypen
1. Art des Transportgutes	- Stückgut
	- Schüttgut
	- Flüssigkeit
2. Temperaturanforderungen	- TK
	- Frische
	- Trocken
3. Gefährlichkeit	- Gefahrgut Klasse 1 GGVS
	- Gefahrgut Klasse 2 GGVS
	- Kein Gefahrgut
4. Interne Faktoren	- EDV-Tools
	- Organisation
	- Schulung der Mitarbeiter
Externe Faktoren	- Geschwindigkeitsregelung
	- Fahrzeiten
	- Fahrwegegebühren
5. Temporäre - Dauerhafte Faktoren	- Standardauftrag
	- Expressauftrag
	- Nachtsprung
6. Kundenspezifische - Kundenneutrale Faktoren	- Anlieferung mit Fixtermin
	- Abholung mit 2 Personen
	- Lage des Kunden (City, Industriegebiet etc.)

Tab. 1:   Beispiele für Prozesstypen

3.   Bewertung von Transportprozessen

Nachdem, wie im vorangegangenen Kapitel beschrieben, alle Teilprozesse der logistischen Prozesskette eindeutig bestimmt und analysiert wurden, gilt es im Weiteren, die Dimensionen der Prozessbewertung festzulegen. Die (primären) Bewertungsdimensionen umfassen die Kosten und Leistungen eines Prozesses. Eine allgemeine Definition der Bewertungsdimensionen erfolgte bereits in Kapitel 1.

Im Rahmen der Arbeitsgruppe Transport/Distribution galt es nun, die Felder der Matrix für die einzelnen Teilprozesse, die im Rahmen der Prozesskette Transport (s. 2.1.2, Seite 247 ff.) aufgezeigt worden sind, näher zu definieren und detailliert zu beschreiben. Dabei wurde gemäß der aufgezeigten Prozesskette zwischen der dispositiven und operativen Ebene differenziert. Da die Beschreibung aller Felder der

Matrix den vorgegebenen Rahmen sprengen würde, werden im Folgenden Beispiele für die Leistungsfähigkeit bzw. die Leistungsgrößen einzelner dispositiver und operativer Teilprozesse gegeben.

3.1 Prozessleistung

3.1.1 Prozessleistungsfähigkeit

Prozessrobustheit

"Ein logistischer Prozess gilt als robust, wenn trotz aufgetretener externer oder interner Fehler die zugesagte logistische Leistung (Prozesszuverlässigkeit und -zeit) an den Abnehmer erbracht werden kann."

a) Dispositive Ebene:

Im Rahmen der dispositiven Teilprozesse wird die Prozessrobustheit (wie auch teilweise die Prozessflexibilität) durch die Leistungsfähigkeit und Funktionalität der unterstützenden Systeme (DV) sowie durch die Mitarbeiter, die innerhalb der entsprechenden Prozesse tätig sind, bestimmt. Somit ist die Prozessrobustheit auch vom Automatisierungsgrad und der Art der eingesetzten Informationssysteme abhängig. In diesem Zusammenhang spielt die Soft- und Hardwarestabilität der eingesetzten Systeme eine entscheidende Rolle.

b) Operative Ebene:

Die Prozessrobustheit im Bereich der operativen Ebene wird im Wesentlichen durch die vorhandenen Reservekapazitäten bestimmt. Reservekapazitäten können dabei zum einen aus personellen Kapazitäten (z.B. Staplerfahrer beim Teilprozess "Transport der Ware zum Transportmittel") als auch aus maschinellen Kapazitäten (z.B. Stapler, Bandanlage) bestehen. Zudem wird die Prozessrobustheit beispielsweise durch eine stabile Transportsicherung, eine touroptimierte Bereitstellung sowie den Standardisierungsgrad der Hilfsmittel zur Beladung bestimmt.

Prozessflexibilität

"Ein Prozess gilt als flexibel, wenn er eine hohe Anzahl unterschiedlicher Auftragstypen bewältigen kann. Ein logistischer Prozess ist flexibel, wenn er große Volumen- und Variantenunterschiede verarbeiten kann."

a) Dispositive Ebene:

Neben der schon oben erwähnten Leistungsfähigkeit und Funktionalität der unterstützenden Systeme und Mitarbeiter wird die Prozessflexibilität innerhalb der dispositiven Ebene im Teilprozess "Waren- und Transportverfolgung" beispielsweise auch durch die

Melde- und Verfolgungsfähigkeit sowie den Einsatz von Barcode-Scannern, Telematik, Global Positioning Systems (GPS) etc. bestimmt.

b) Operative Ebene:

Die Prozessflexibilität im Rahmen der operativen Transportabwicklung wird im Wesentlichen durch den Standardisierungsgrad der Transportmittel, die Anzahl und Art der Fördermittel sowie Transportmittel- und -wegealternativen bei der Transportdurchführung determiniert.

Prozesskapazität

"Die Prozesskapazität beschreibt die Fähigkeit eines Prozesses, eine bestimmte, quantitativ messbare Leistung pro Zeiteinheit mit den verfügbaren Ressourcen (minimal, durchschnittlich, maximal) zu erbringen."

a) Dispositive Ebene:

Die dispositiven Teilprozesse der Prozesskette Transport werden in ihrer Kapazität v.a. durch die DV-Kapazitäten sowie die Anzahl der mit der Disposition beschäftigten Mitarbeiter begrenzt. Bei der Waren- und Transportverfolgung sind weiterhin die Organisation und Verfügbarkeit (=Erreichbarkeit der Informationsstelle) kapazitätsbestimmende Faktoren.

b) Operative Ebene:

Bei den operativen Teilprozessen spielen Verfügbarkeit und Auslastung der unterstützenden Ressourcen (z.B. Fördermittel wie Stapler, Kran etc. und Transportmittel wie LKW, Bahn, Flugzeug, Schiff) die entscheidende Rolle. Weiterhin ist zu beachten, dass diese Ressourcen zielorientiert in der Transportkette eingesetzt werden (z.B. Verteilung der Stapler in den verschiedenen Zonen eines Lagers). Bei der Transportdurchführung sind darüber hinaus die zeitlichen Kapazitäten sowie der Auslastungsgrad des Transportmittels zu berücksichtigen.

Die folgende Tabelle zeigt die im Rahmen der Arbeitsgruppe Transport/Distribution erarbeitete Matrix hinsichtlich der Dimensionsausprägungen für den Bereich der Prozessleistungsfähigkeit:

Aktivitäten	Prozessleistungsfähigkeit		
	Prozessrobustheit	Prozessflexibilität	Prozesskapazität
1. Disposition, Steuerung und Kontrolle			
Transport/ Distributionsplanung	keine Angabe	keine Angabe	DV-Kapazität; Anzahl der in der Grobplanung involvierten Mitarbeiter
Fein- und Tourenplanung (incl. Frachtraumoptimierung	Leistungsfähigkeit und Funktionalität der unterstützenden Systeme und Mitarbeiter		Rechnerkapazität (Hard- u. Software); Manpower; Möglichkeit von kurzfristigen Änderungen
Waren- und Transportverfolgung	Automatisierungsgrad; Art/ Ausprägung der Informationssysteme; jederzeitige Aussagefähigkeit; Soft- u. Hardwarestabilität	Determiniert durch Soft- u. Hardware; Anzahl redundanter Systeme; Melde- u. Verfolgungsfähigkeit; Einsatz von Barcode-Scannern, Telematik, GPS etc.	DV-Kapazität; Organisation u. Verfügbarkeit (=Erreichbarkeit der Informationsstelle)
2. Operative Abwicklung	Prozessrobustheit	Prozessflexibilität	Prozesskapazität
Bereitstellung des Transportmittels	Genügend eigene Reservekapazitäten; genügend alternative Reservekapazitäten (Fremdbezug der Leistung)	Standardisierungsgrad der Transportmittel, d.h. Einsatzmöglichkeit des Transportmittels für die unterschiedlichsten Transporteinsätze; Anzahl der Ausweichkapazitäten	Verfügbarkeit und Auslastung der unterstützenden Ressourcen; zielorientierte Verteilung der Ressourcen
Transport der Ware zum Transportmittel	siehe: Bereitstellung des Transportmittels; außerdem: stabile Transportsicherung; tourenoptimierte Bereitstellung; Standardisierungsgrad der Hilfsmittel	Reservepotenzial führt zur Flexibilität; Standardisierungsgrad der Transporthilfsmittel; flexibler Arbeitseinsatz gemäß Beladungsvolumen; Anzahl und Art der Fördermittel	Verfügbarkeit und Auslastung der unterstützenden Ressourcen; zielorientierte Verteilung der Ressourcen

Beladen des Trans- *portmittels*	siehe: Transport der Ware zum Transportmittel	siehe: Transport der Ware zum Transportmittel; außerdem: Zugänglichkeit des Transportmittels (von der Seite, von hinten etc.); Eigenschaften des Transportgutes und -mittels	Verfügbarkeit und Auslastung der unterstützenden Ressourcen; zielorientierte Verteilung der Ressourcen
Transportdurchführung	Reservezeit; Reservekapazitäten; vorgedachte und dokumentierte Alternativen	Transportmittelalternativen; Transportwegealternativen	Zeitliche Kapazität des Transportes: a) Direkttransport, b) Umladebedarf, c) Zwischenstationen; Ladefaktor (Auslastungsgrad)
Entladen beim Kunden/ *evtl. im Zwischenlager*	a) beim Kunden: abhängig von der Prozessrobustheit des Kunden (Rampenorganisation etc.) b) am Zwischenlager: siehe Beladung des Transportmittels	Eigenes Entladeequipment am Fahrzeug (z.B. kleiner Stapler, Entladekran)	Keine Angaben

Tab. 2: Matrix Prozessleistungsfähigkeit des Transports

3.1.2 Prozessleistungsgrößen

Zuverlässigkeit

Die Prozesszuverlässigkeit besteht aus den drei Elementen Prozessgenauigkeit, Termintreue und Beschaffenheit:

1. Genauigkeit

„Die Prozessgenauigkeit gibt an, inwieweit die vom Abnehmer (interner oder externer Kunde) gestellten Anforderungen an die bereitgestellten Güter oder Informationen nach Art und Menge erfüllt wurden."

a) Dispositive Ebene

Innerhalb der dispositiven Ebene werden diejenigen Prozesse als genau bezeichnet, die in der Form umsetzbar sind, in der sie geplant worden sind. Die Genauigkeit und Vollständigkeit der Daten und Informationen ist hier der wesentliche Aspekt.

b) Operative Ebene

Die Genauigkeit bei der operativen Abwicklung wird bestimmt durch die Bereitstellung der richtigen Transportmittel, Beladehilfsmittel etc. Weiterhin ist ein entscheidender Faktor eine in der Form genaue Ausführung der Teilprozesse, in der diese auch vorher geplant wurden.

2. Termintreue

„Die Termintreue dient zur Beurteilung der Übereinstimmung zwischen zugesagtem und tatsächlichem Auftragserfüllungstermin. Sie stellt ein Maß für die Sicherheit der Terminzusage dar."

a) Dispositive Ebene:

Im Rahmen des dispositiven Teilprozesses "Fein- und Tourenplanung" ist die rechtzeitige zur Verfügungstellung der Dispositionsdaten wesentlich für die Termintreue. Bei der Waren- und Transportverfolgung spielen die Erreichbarkeit, Meldepünktlichkeit und -häufigkeit eine wesentliche Rolle.

b) Operative Ebene:

Nur durch eine korrekte Dimensionierung des Zeitfensters hinsichtlich Zeitpunkt und Zeitdauer ist es bei der operativen Abwicklung möglich, Termintreue zu erzielen. Weiterhin sind die Einhaltung der Umschlagszeit bei der Beladung der Transportmittel sowie die Einhaltung des Kundenwunsches bzw. des zugesagten Lieferzeitpunktes während der Transportdurchführung wesentliche Aspekte.

3. Beschaffenheit (von Produkt bzw. Information)

Das Kriterium der Beschaffenheit gibt an, inwieweit das gelieferte Produkt oder die übermittelten Informationen dem Kunden Grund zur Beanstandung geben. Das ausgelieferte Produkt bzw. die übermittelte Information sollte deshalb möglichst unversehrt, d.h. ohne Veränderung der physischen Qualität bzw. ihres Inhaltes, zum Kunden transferiert werden.

a) Dispositive Ebene:

Bei der Transport- und Distributionsplanung ist die Brauchbarkeit der Informationen als Basis der Feinplanung für die Beschaffenheit entscheidend. Die Beschaffenheit von Informationen innerhalb der Fein- und Tourenplanung ist abhängig von der Art des Transportmittels: Entweder findet die Planung auf Basis "Minimierung der Transportkosten" oder "Maximierung des Deckungsbeitrages" jeweils unter Berücksichtigung des Kundenwunsches statt. Eine optimale Transportmittelauslastung sollte in jedem Fall gewährleistet werden. Informationsgehalt und Wertigkeit der Informationen sowie

Stringenz und Geschlossenheit der Verfolgungskette spielen bei der Waren- und Transportverfolgung eine wesentliche Rolle.

b) Operative Ebene:

Die Beschaffenheit innerhalb der operativen Transportabwicklung lässt sich je nach Teilprozess definieren durch das richtige Transportmittel, die Bereitstellung von ausreichend Flurfördermitteln und Manpower, den quantitativen und qualitativen Zustand der transportierten Güter bei der Transportdurchführung sowie schließlich den Zustand der beim Kunden abgeladenen Ware.

Prozesszeit

„Die Prozesszeit beschreibt den Zeitraum, der für die logistische Leistungserstellung benötigt wird (z.B. Durchlaufzeit eines Auftrags)."

a) Dispositive Ebene:

Die Prozesszeiten innerhalb der dispositiven Ebene für den Transport sind die Zeiten, die für die einzelnen Planungsvorgänge benötigt werden. Bei der Waren- und Transportverfolgung bezieht sich die Prozesszeit auf die jeweiligen Rückmeldezeiten. Diese unterscheiden sich je nach eingesetztem Kommunikationsmedium (Fax, Telefon, Internet).

b) Operative Ebene:

Die Prozesszeiten bei den operativen Vorgängen beschreiben den Zeitraum, der für den einzelnen Teilprozess in Anspruch genommen wird. Für die Beladung der Transportmittel ist dies beispielsweise der Zeitbedarf für die vollständige Beladung (=Einladezeit in das Transportmittel), für die Transportdurchführung der zeitliche Rahmen des Transportes (Transportdauer), für die Entladung beim Kunden die Entladezeit.

Leistungseinheiten (pro Zeiteinheit)

Leistungseinheiten sind neben der Prozesszuverlässigkeit und Prozesszeit ein weiteres Element der Prozessleistung. Beispiele für Leistungseinheiten im Bereich Transport/ Distribution sind in der folgenden Tabelle gegeben.

Dispositive Teilprozesse	Leistungskenngrößen (Beispiele)
Transport-/Distributionsplanung	Planungsdauer je Planungsvorgang
	Anzahl Planungen je Zeiteinheit
Fein- u. Tourenplanung	Planungsdauer je Planungsvorgang
	Anzahl Planungen je Zeiteinheit
	Korrekturen je Anzahl Feinplanungen
Waren-/Transportverfolgung	Antwortzeit für Warenlokalisierung je Anfrage
	Anzahl Reklamationen je Transport
	Anzahl Schadensmeldungen je Transport

Operative Teilprozesse	Leistungskenngrößen (Beispiele)
Bereitstellung des Transportmittels	Bereitstellungszeit je Transportmittel
	Anzahl bereitgest. Transportmittel je Zeiteinheit
Transport der Ware zum Transportmittel	Anzahl Verkaufseinheiten je Zeiteinheit
	Anzahl Transporteinheit je Zeiteinheit
Beladen des Transportmittels	Anzahl Verkaufseinheiten je Zeiteinheit
	Zeit je Beladungsvorgang
	Gewicht je Zeiteinheit
	Volumen je Zeiteinheit
Transportdurchführung	Raumnutzung je Transport
	Gewichtsnutzung je Transport
	Betriebsstunden je Transport
	Anzahl Transporte je Zeiteinheit
Entladen beim Kunden	Entladungsvorgänge je Kunde
	Entladungsdauer je Kunde
	Entladungsgewicht/-volumen je Kunde

Tab. 3: Beispiele für Leistungskenngrößen

3.2 Prozesskosten

Sind die einzelnen Teilprozesse anhand der Leistungsgrößen detailliert analysiert und beschrieben, gilt es, die Prozesse mittels Kosten zu bewerten. Grundsätzlich sind für den Hauptprozess Transport folgende Kostenarten relevant:

Personalkosten

Die Personalkosten umfassen Lohn- und Gehaltskosten sowie die entsprechenden Sozialabgaben für die Mitarbeiter, die an den dispositiven und operativen Teilprozessen der Prozesskette Transport/Distribution beteiligt sind. Ebenfalls zu berücksichtigen sind Kosten für Überstunden und Aushilfslöhne.

Fahrzeugkosten

Die Fahrzeugkosten für die bei der Transportdurchführung eingesetzten Transportmittel (LKW, Bahn, Flugzeug, Schiff) beinhalten die anteiligen Anschaffungskosten sowie die laufenden Kosten wie beispielsweise Steuern, Versicherung, Treibstoff.

Fördermittelkosten

Kosten für die Fördermittel, die für den Transport der Ware zum Transportmittel eingesetzt werden, umfassen ebenfalls sowohl Investitions- als auch laufende Kosten, die anteilig zu berechnen sind.

Flächenkosten

Auch die Flächen, die für die operativen Teilprozesse benötigt werden, müssen im Rahmen der Prozesskosten entsprechend bewertet werden. In diesem Zusammenhang sind Kosten für Miete, Abschreibung, Reinigung und ggf. Reparaturen relevant.

Sachkosten

Weiterhin sind diverse Sachkosten zu berücksichtigen, wie z.B. Büromaterialien, Verpackungsmaterialien, Ladungssicherungsmaterialien etc. Auch die EDV-Kosten, die v.a. bei den dispositiven Prozessen (z.B. Planungstools, Sendungsverfolgungssysteme), aber auch bei operativen Prozessen (z.B. Scannung im Warenausgang, Kommunikationssysteme im Transportmittel) entstehen, sind in diesem Kostenblock zu berücksichtigen.

Auf weitere indirekte Kosten (z.B. Overheads, Versicherungskosten etc.) soll in diesem Zusammenhang nicht näher eingegangen werden.

Wichtig im Rahmen der Prozessbewertung ist die verursachungsgerechte Zuordnung der Kosten auf die einzelnen Prozesse. Aufgrund der Ergebnisse der Prozessanalyse muss es möglich sein, anhand der Anzahl durchgeführter Teilprozesse und der damit verbundenen Zeiten und verwendeten Kapazitäten Kosten verursachungsgerecht zuzuordnen. Als Beispiel sei der Teilprozess "Beladen des Transportmittels" genannt: Dieser Prozess umfasst bei Verwendung technischer Hilfsmittel Kosten für die entsprechenden Fördermittel (z.B. Gabelstapler, Rollenbahn), Personalkosten, soweit dieser Prozess nicht vollautomatisiert abläuft, sowie Investitionskosten für die notwendigen Flächen, die zur Verfügung gestellt werden (z.B. Warenausgangszone, Bereitstellungsfläche für die Transportmittel).

Im Rahmen der Prozesskostenrechnung ist es sinnvoll, sogenannte "Preislisten" für die Leistungen anhand der gesamten Prozesskette festzulegen. Diese sollten sowohl interne als auch externe (z.B. Aushilfslöhne für Personal von Personaldienstleistern) Leistungen beinhalten. In diesem Zusammenhang ist es wichtig, auf die Aktualität der Daten hinzuweisen. Sollten sich die Rahmenbedingungen ändern, z.B. durch bauliche Maßnahmen, Erhöhung der Personalkosten oder Einsatz neuer EDV-Systeme sind die entsprechenden Prozesskosten ebenfalls anzupassen. Weitere Kosteneinflussfaktoren auf die Prozesskosten können der folgenden Tabelle entnommen werden:

Dispositive Teilprozesse	Kosteneinflussfaktoren (Beispiele)
Transport-/Distributionsplanung	Saisonschwankungen
	Rahmenverträge
	Flexibilität der Transportkapazitäten
	Jahreszeitplanung
Fein- u. Tourenplanung	DV-Unterstützung
	Frachtraum-Flexibilität
	Räumliche Verteilung der Transportmittel
	Stabilität bei Lieferterminen
	Stabilität bei Transportwegen
	Eigenschaften der Ware
	Kundenanforderungen

Dispositive Teilprozesse (Fortsetzung)	Kosteneinflussfaktoren (Beispiele)
Waren-/ Transportverfolgung	Verfolgungshäufigkeit
	Verfolgungsgenauigkeit
	Warensicherung
	Kundenanforderungen
Operative Teilprozesse	**Kosteneinflussfaktoren (Beispiele)**
Bereitstellung des Transportmittels	Verfügbarkeit der Transportmittel
	Räumliche Verteilung der Transportmittel
Transport der Ware zum Transportmittel	Standardisierungsgrad der Verpackungseinheiten
	Kommissionierungsform
	Art der Ware
Beladen des Transportmittels	Sicherungsbedarf (Verzurren, Folie etc.)
	Beladungshilfsmittel
	Art und Zugänglichkeit des Transportmittels
	Eigenschaften der Ware
Transportdurchführung	Wegstrecke (Krisengebiete, Gebirge etc.)
	Sicherungsbedarf (Begleitfahrzeuge etc.)
	Verbrauchseigenschaften (Energie)
	Wartungsintensität
Entladen beim Kunden	Kundenanforderungen
	Zeitfenster für Anlieferung
	Rampenorganisation beim Kunden
	Lage des Kunden (Gewerbegebiet, City etc.)

Tab. 4:   Beispiele für Kosteneinflussfaktoren

4.   Kennzahlen

4.1 Kennzahlen im Bereich Transport und Distribution

Kennzahlen haben eine große Bedeutung für die operative Führung von Unternehmen. Sie liefern über Plan-, Zeit- oder Betriebsvergleiche Aussagen über die Leistungsfähigkeit bzw. Produktivität eines Prozesses zu gegebenen Zeitpunkten, im Vergleich zu unterschiedlichen Zeitpunkten oder während eines Zeitraums. Im zwischenbetrieblichen

Vergleich (Benchmarking) bieten Kennzahlen Aussagen über die Leistungsfähigkeit innerhalb einer Branche, in der ein Unternehmen tätig ist (best of breed) bzw. zwischen Branchen im Sinne eines Vergleichs bester Geschäftspraktiken (best of practice).

Allgemein gültige *Ziele* eines logistischen Kennzahlensystems sind nach Schulte[2]:

- Hilfe bei der Lösung logistischer Zielkonflikte
- Eindeutige Vorgaben bei der Formulierung logistischer Ziele
- Frühzeitige Erkennung von Abweichungen, Chancen und Risiken
- Systematische Suche nach Schwachstellen und ihren Ursachen
- Erschließung von Rationalisierungspotenzialen
- Klare Ergebnismessung der Logistik und ihrer einzelnen Teilbereiche
- Leistungsorientierte Beurteilung der Mitarbeiter
- Kontinuierliche Hilfestellung bei der Erfüllung logistischer Routineaufgaben

Hinsichtlich der Teilprozesse bei Transport und Distribution sind es im Wesentlichen folgende Ziele, die mittels Kennzahleneinsatz erreicht werden sollen:

Optimale Nutzung der eingesetzten Kapazitäten

Wird im Rahmen der Transportdurchführung durch richtige Planung ein hoher Auslastungsgrad erzielt, dann ist es möglich, die Transportkosten minimal zu halten; Leerfahrten werden reduziert.

Hoher Servicegrad

Der Servicegrad betrifft den Kundenauftrag. Kurze Auftragsdurchlaufzeiten und geringe Transportzeiten sind Beispielindikatoren für einen hohen Servicegrad.

Hohe Flexibilität

Auch die Flexibilität bezieht sich auf den Kundenauftrag. In diesem Zusammenhang ist es wichtig, die Kundenanforderungen möglichst schnell erfüllen zu können (z.B. übergroße Waren).

4.2 Beispiele für Kennzahlen der Teilprozesse

Nachdem die Dimensionsausprägungen aller Teilprozesse der Transport-/Distributionsketten detailliert beschrieben und bewertet worden sind, wurde im nächsten Schritt im Rahmen des Arbeitskreises festgelegt, welche Teilprozesse sich sinnvoll messen lassen und als Grundlage für eine Kennzahlenbildung herangezogen werden können.

---

[2] Vgl. Schulte, C.: Logistik. Wege zur Optimierung des Material- und Informationsflusses, 2. Auflage, München, 1995, S. 366ff.

Folgende Vorgehensweise wurde gewählt:

1. Maßgrößen und Bezugsgrößen festlegen
2. Kennzahlen bilden
3. Ansätze zur Messung wählen

Die Kenngrößen wurden in Maßgrößen und Bezugsgrößen differenziert. *Maßgrößen* sind Größenangaben wie z.B. Mengen. *Bezugsgrößen* sind festzulegende Einheiten, wie Zeiten, Kapazitäten etc., die sich auf die Maßgrößen beziehen. Isoliert betrachtet haben diese beiden Arten von Kenngrößen nur eine relativ begrenzte Aussagekraft und sind von untergeordneter Bedeutung. Erst durch Verknüpfung und Kombination lassen sich sinnvolle *Kennzahlen* bilden. Diese wiederum lassen sich, isoliert oder als Hierarchie dargestellt, innerhalb eines kompletten Kennzahlensystems abbilden.

Nachfolgend werden drei Beispiele für Maß- und Bezugsgrößen sowie entsprechende Kennzahlen dargestellt:

1. Prozessflexibilität "Transportdurchführung"

   Maßgrößen:
   - Anzahl alternativer Transportmittel
   - Anzahl alternativer Transportwege
   - Anzahl Lademitteltypen je Transporttyp
   - Anzahl Subunternehmer

   Bezugsgrößen:
   Volumen oder Anzahl Gesamtkapazitäten

   Kennzahl:
   Reservekapazität/Gesamtkapazität

   Anhand dieser Kennzahl ist es möglich darzustellen, wie flexibel die Transportdurchführung gestaltet werden kann.

2. Prozesskapazität "Transport der Ware zum Transportmittel"

   Maßgrößen:
   - Anzahl Ladegeräte
   - Anzahl Mitarbeiter
   - Anzahl der Ladevorgänge

   Bezugsgrößen:
   - Gesamtanzahl Ladegeräte
   - Gesamtanzahl Mitarbeiter
   - Gesamtanzahl Ladevorgänge

Kennzahl:

Auslastungsgrad = Anzahl Ladegeräte/Gesamtanzahl Ladegeräte

Der Auslastungsgrad beschreibt die tatsächliche Nutzung der Kapazitäten (Personal, Ladegeräte), die für diesen Prozess notwendig sind.

3. Prozessgenauigkeit "Bereitstellung des Transportmittels"

Maßgrößen:
- Anzahl Fehler aufgrund falscher Transportmittel
- Anzahl Fehler aufgrund fehlender Transportmittel

Bezugsgrößen:
Gesamtanzahl Bereitstellungen

Kennzahl:
Anzahl falscher Transportmittel/Gesamtanzahl

Diese Kennzahl ermöglicht eine Aussage über die Genauigkeit des zur Verfügung gestellten Transportmittels.

Die Erfassung der Kennzahlen kann beispielsweise durch folgende Messverfahren erfolgen:

- Zeiterfassung
- Zählung Fehlermeldungen
- Zählung Transaktionen pro Zeiteinheit
- Stichprobenartige Messung von Leerlaufzeiten
- Stichprobenartige Zeitmessung nach REFA-Standard
- Auswertung von Aufzeichnungen, Statistiken

Die ermittelten Kennzahlen sind bei *standardisierten* Waren (z.B. Paletten) i.d.R. statische Größen und daher nur einmalig zu ermitteln. Bei erheblichen Veränderungen der Rahmenbedingungen sind diese ggf. anzupassen. Anders stellt sich die Situation bei *nicht-standardisierten* Waren dar (z.B. Großtransporte von kompletten Anlagen). Hier sind individuelle Kennzahlen zu ermitteln. Allerdings stellt sich bei derartigen Transporten auch die Frage, wie sinnvoll die Bildung eines Kennzahlensystem grundsätzlich ist, da sich ein einmaliger Transport den Aufwand für die Kennzahlenbildung weder rechnet noch eine weitere Anwendung dieses Kennzahlensystems zu erwarten ist. Grundsätzlich bleibt noch anzumerken, dass Kennzahlen und Kennzahlensysteme sehr betriebsspezifisch sind. Bei der Übertragbarkeit auf andere Unternehmen sind diese hinsichtlich der Rahmenbedingungen individuell anzupassen.

5. Zusammenfassung und Fazit

Spätestens seit dem Wegfall des Tarifsystems GAF (1994) und der ständigen Zunahme der Komplexität von Transportprozessen, ist die genaue Kenntnis der „Prozesskette Transport" als Grundlage der Planung, Steuerung und Kontrolle der logistischen Wertschöpfungskette von entscheidender Wichtigkeit. In einem ersten Schritt müssen zunächst die Teilprozesse analysiert werden, um dann eine sorgfältige Definition vornehmen zu können. Darauf folgt die Bewertung der Prozesse. Als letzter Punkt schließt sich die Bildung der Kennzahlen an.

Die *Analyse* der Teilprozesse besteht in deren Identifikation und Abgrenzung. Letztere erfolgt über die Definition von Schnittstellen. Dabei verfügt jedes Unternehmen über so individuelle Prozessketten, dass keine allgemeinen Analysemöglichkeiten bestehen. In der Praxis haben sich allerdings – nach der Erfahrung der Arbeitskreismitglieder – ablauforientierte Prozessanalysen bewährt. Die *Definition der Teilprozesse* erfolgt auf zwei Ebenen: Die Informationsflüsse werden auf der dispositiven Ebene dargestellt und die Warenflüsse auf der operativen. Eine Reihe von Basisprozessen oder Prozesselementen (siehe Abbildung 1) ist in der Regel bei allen Transporten vorhanden. Auf der dispositiven Ebene sind dies die Transport- und Distributionsgrobplanung, die Fein- und Tourenplanung, die Waren- und Transportverfolgung sowie Abrechnung und Faktura. Auf der operativen Ebene lassen sich die Bereitstellung der Transportmittel, der Transport der Waren zum Transportmittel, das Beladen des Transportmittels, die eigentliche Transportdurchführung und das Entladen beim Kunden (ggf. noch Zwischenlagerungen) identifizieren. Die Basisprozesse werden durch die Art und Gefährlichkeit des Transportgutes, die damit verbundenen Temperaturanforderungen sowie interne/externe, temporäre/dauerhafte und kundenspezifische/kundenneutrale Faktoren beeinflusst. Anhand dieser Einflussgrößen können nun die sogenannten Prozesstypen differenziert werden. Dabei handelt es sich zum Beispiel um Stück- oder Schüttgut- und Flüssigkeitstransporte; auch Gefahrguttransporte lassen sich so klassifizieren. Der Vorgang der *Bewertung* läuft folgendermaßen ab: Als Grundlage müssen die sogenannten Prozessleistungsgrößen aufgestellt werden. Darauf aufbauend können die Kosten ermittelt werden. Ebenso lassen die Prozessleistungsgrößen daraufhin die Aufstellung von spezifischen *Kennzahlen* (Leistungskenngrößen) zu. Der Einsatz der Kennzahlen dient der optimalen Nutzung der eingesetzten Kapazitäten und der Ermittlung des Servicegrades und der Flexibilität.

Im Bereich der Produktion fand über die letzten Jahre eine enorme Effizienzsteigerung statt. Diese führte zu einer Situation, in der es sich immer schwieriger gestaltet, strategische Vorteile zu erringen. So wurde neben den Eigenschaften und Preisen der Produkte die optimale Transportgestaltung hinsichtlich ihrer Effektivität und Effizienz zu einem wettbewerbsentscheidenden Faktor. Aus diesem Grund ist das Controlling der logistischen Wertschöpfungskette aus wettbewerbsstrategischer Sicht unersetzlich geworden.

Kosten- und Leistungsrechnung in der Retrologistik - Konzeption unter Einsatz der Prozesskostenrechnung

Heiko Dittrich / Christian Femerling / Gero Hempel[*]

[*] Dipl.-Betr./Logistiker (IML) Heiko Dittrich, Klüber Lubrication München KG, München.
Dr. Christian Femerling, SoLog Solutions for Logistics AG, Köln.
Dipl.-Kfm. Gero Hempel, Trienekens AG, Viersen.

1. Einführung und Vorgehensweise

Die Retrologistik, hier verstanden als die logistischen Subsysteme[1]

- Behälterlogistik
- Ersatzteillogistik
- Retourenlogistik
- Entsorgungslogistik,

gewinnt immer mehr an Bedeutung als innerbetriebliche und unternehmensübergreifende Funktion wie auch als potenzieller eigenständiger Wirtschaftsbereich, wie bspw. in der Abfall- und Entsorgungswirtschaft.[2] So verlangt die Entwicklung von entsorgungslogistischen Konzepten, der Aufbau arbeitsteiliger Strukturen zwischen Verursachern und Entsorgern und die sich daraus ergebende Durchführung und Kontrolle entsorgungslogistischer Prozesse nach entsprechenden Angebotskalkulationen, Vor- und Nachkalkulationen sowie Controlling-Informationen. Diese Anforderungen können von herkömmlichen Systemen der Kosten- und Leistungsrechnungen überhaupt nicht oder nur ansatzweise erfüllt werden.[3] Dies gilt in gleichem Maße für den auf vielen Konsumgüter- und Investitionsmärkten zentralen Bereich der Ersatzteillogistik wie auch für Systeme der Behälter- und Retourenlogistik, die bislang überwiegend als Hilfsfunktionen angesehen werden.[4]

Der folgende Beitrag ist in zwei Teile gegliedert. Zu Beginn werden die Besonderheiten der Retrologistik, ihre Bedeutung und die Komplexität der mit ihr verbundenen Prozesse sowie die daraus resultierende Notwendigkeit einer Leistungs- und Kostentransparenz deutlich gemacht. Anschließend ist zu prüfen, inwieweit das vom Arbeitskreis *Prozessmanagement/Prozesskostenrechnung* entwickelte Referenzmodell zur Prozesskostenrechnung für die logistischen Hauptprozesse auf die logistischen Kombinationsprozesse im Allgemeinen und auf die hier interessierende Retrologistik im Besonderen übertragen werden kann. D.h., es wird zu untersuchen sein, wie geeignet das Modell ist und in welcher Hinsicht und durch welche Maßnahmen es erweitert bzw. angepasst werden muss.

---

[1] Vgl. zu (mikro-)logistischen Subsystemen grundlegend Ihde (1991), S. 40 ff.

[2] Im Gegensatz zum hier verwendeten Begriff Retrologistik bezieht sich die Retrodistribution ausschließlich auf „die Rückführung und Verwertung zur Entsorgung anstehender Rückstände", vgl. Dutz (1996), S. 901f.

[3] Vgl. Dutz / Femerling (1994), S. 229, die erstmals die Entwicklung einer prozessorientierten Entsorgungskostenrechnung behandeln.

[4] Vgl. Pfohl (1996), S. 19, der allerdings die Aspekte der Behälter-, Ersatzteil- und Retourenlogistik zum „phasenspezifischen Subsystem" der Entsorgungslogistik zusammenfasst.

Die Anwendungsprüfung des Modells folgt der Vorgehensweise:

- Existieren Hauptprozesse?
- Können Teilprozesse identifiziert werden?
- Welche Aktivitäten bestehen?
- Ist die Bewertung der Prozesse durch die Abbildung von Kostentreibern möglich?
- Kann eine Prozesskalkulation durch Prozessleistung und Prozessleistungsfähigkeit erfolgen?

Dabei wird insbesondere auf die Ausnahmen und Inkompatibilitäten retrologistischer Prozesse im Vergleich zu den logistischen Hauptprozessen *informatorische Auftragsbearbeitung*, *physische Auftragsbearbeitung* und *Transport/Distribution* hinzuweisen sein. Dies ist umso mehr von Bedeutung, als logistische Kombinationsprozesse ungleich geringer erforscht sind. Aus diesem Grund wird mit einer Prozessbeschreibung begonnen, die auf die Abbildung von Prozessleistung, Prozessleistungsfähigkeit und den dafür anfallenden Prozesskosten abzielt.

2. Grundlagen der Retrologistik

2.1 Begriffliche Abgrenzung und inhaltliche Erläuterungen retrologistischer Subsysteme

2.1.1 Behälterlogistik

Die Behälterlogistik, verstanden als die Planung, Steuerung und Kontrolle der Bereitstellung und des Einsatzes von Lade- (z.B. Paletten, Spezialladungsträger) bzw. Förderhilfsmitteln (u.a. Versandkartons) und Großbehältern (Container) sowie (Produkt-) Verpackungen,[5] gewinnt unter ökologischen wie ökonomischen Gesichtspunkten immer mehr an Bedeutung.

Durch die zunehmende Arbeitsteilung in logistischen Systemen und den damit einhergehenden Materialflüssen (Vorprodukte, Teile, Module) werden immer höhere Anforderungen an Behälter und Ladehilfsmittel gestellt. Diese reichen von auf das zu transportierende Produkt abgestimmten Aufnahmevorrichtungen bei Spezialladungsträgern, wie sie in der Automobilzulieferindustrie eingesetzt werden, bis hin zu Mehrwegverpackungssystemen, wie sie vor allem in der Konsumgüterindustrie verwendet werden. Betrachtet man das retrologistische Subsystem Behälterlogistik, so wird von einer großen Homogenität der Prozesse unabhängig von Verpackungs- und Behälterarten ausgegangen.

---

[5]   Zu Behälter- und Verpackungssystemen vgl. den Überblick bei Vahrenkamp (1998), S. 204-216, zu diesen und anderen Unterscheidungen Pfohl (1994), S. 153 und Schulte (1999), S. 57.

2.1.2 Ersatzteillogistik

Ersatzteillogistische Prozesse können von unterschiedlicher Art sein. Ersatzteile sind vorzuhalten, um im Schadensfall- oder Reparaturfall einen Ersatzteilservice bieten zu können. Ein hohes Serviceniveau der Ersatzteilversorgung beeinflusst die Kundenzufriedenheit in der Nachkaufphase und führt zu einem hohen akquisitorischen Potenzial für den Wiederholungskauf des Primärprodukts.[6] Ist bspw. ein Motor defekt, erfolgt die Bedarfsmeldung bei einem zentralen Ersatzteillager. Das Ersatzteillager setzt den physischen Rückführungsprozess in Gang. Ein Ersatzmotor, der bei einem der Zulieferer auf Lager liegt, wird im normalen Versorgungsprozess vom Zulieferer zur Produktionsstätte gebracht. Der Versorgungsprozess ist abgeschlossen, wenn das Ersatzteil bei der technischen Funktionsprüfung im Wareneingang der Produktionsstätte für gut befunden wird.[7] Die dabei auftretenden Prozesse des Lagerns, des Sammelns, Transportierens und des Umschlagens entsprechen überwiegend den logistischen Hauptprozessen, wie sie im Arbeitskreis identifiziert und analysiert worden sind. Je nach Unternehmensbereich können allerdings verschiedenartige Teilprozesse durchgeführt werden. So kann bei Ersatzteil-Rückführungsprozessen durch einen Mechaniker das Ersatzteil umgehend installiert werden. Der technisch defekte Motor wird dann im Rahmen der Entsorgung meist verschrottet. Hier kann auf den physischen Entsorgungsprozess der Verwertung verwiesen werden.[8] Anschließend wird der Motor, wie beim Rückführungsprozess Entsorgung, in seine Bestandteile zerlegt (demontiert). Noch funktionstüchtige Komponenten werden von nicht mehr benötigten oder unbrauchbaren Altteilen getrennt. Der technisch defekte Motor wird durch Einsatz gebrauchter (technisch überholter) und neuer Teile instandgesetzt. Aufgrund des hohen Anteils manueller (Handling)-Tätigkeiten soll nicht von einem Produktionsprozess, sondern vielmehr von hier interessierenden Logistikprozessen gesprochen werden.[9]

2.1.3 Retourenlogistik

Unter dem Gesichtspunkt Kundenservice besitzen Logistiksysteme in der Nachkaufphase,[10] wie u.a. die Retourenabwicklung, eine zentrale Bedeutung. Aus unterschiedlichen Anlässen kann für den Hersteller, Lieferanten oder Versender die Notwendigkeit bestehen, Ware vom Besteller, Abnehmer oder Kunden zurückzuführen. Im Allgemeinen werden diese Sachverhalte unter den Begriff der Retourenabwicklung gefasst, worunter

---

[6]   Zur Gestaltung ersatzteillogistischer Systeme vgl. Schuppert (1993), S. 16-24, zu empirischen Erscheinungsformen vgl. Ihde / Lukas / Merkel / Neubauer (1988), S. 45-56 sowie Ihde / Merkel / Henning (1999).

[7]   Vgl. Schuppert (1993), S. 16-24, insbesondere S. 20.

[8]   Vgl. Kapitel 2.1.4

[9]   Vgl. zur logistischen Handhabung demontierter Teile und Fraktionen Dutz (1996), S. 182-186.

[10] Vgl. zur Bedeutung der Logistik in der Nachkaufphase Ihde (1991), S. 250.

das Zurücksenden der Ware (Retour) mit der anschließenden Gutschrift des Warenwertes gegenüber dem Kunden zu sehen ist.

Eng verbunden mit der Retourenabwicklung, weil in vielen Fällen ihr Auslöser, ist der Bereich des Beschwerdemanagements und der Reklamation.[11] Reklamationen und damit einhergehende Vorgänge der Retourenabwicklung können dabei aufgrund unterschiedlicher Ursachen veranlasst werden:[12]

Fehlmengenlieferung

Art-, mengen- und qualitätsmäßige Abweichungen zwischen geplanten Soll- und effektiven Ist-Werten lösen den Prozess einer Abweichungsbearbeitung aus. In Abhängigkeit vom Grad der Soll-Ist-Abweichung sowie den bestehenden Über- und Unterlieferungsregelungen sind unterschiedliche Folgeprozesse möglich. Wird z.B. die richtige Ware in zu geringer Menge ausgeliefert, erfolgt eine Nachbestellung. Dies kann je nach Bezugsquelle der Ware einen erneuten Bestellauftrag, einen Fertigungsauftrag oder einen Umlagerungsauftrag auslösen.

Falschlieferung

Es liegt eine qualitative Abweichung der auf dem Lieferschein ausgewiesenen Artikel vor. Verursacht werden kann dies dadurch, dass ein einzelnes Produkt falsch kommissioniert, eine ganze Sendung nicht bestellt wurde, eine Doppellieferung vorlag oder die Sendung einem anderen Kunden zugestellt wurde. Die Anlieferung falscher Ware kann zu unterschiedlichen Reaktionen beim Kunden führen, was wiederum verschiedene Prozesse auslöst:

Der Kunde möchte den Warenumtausch wegen:

• Veranlassung einer Nachlieferung
• Veranlassung einer Abholung
• Wareneingang im Retourenlager
• Warenrückführung von einem Retourenlager an das Zentrallager

Der Kunde möchte die Ware behalten, weil

• die Belastung für ein falsches Produkt entstand,
• eine Rückbuchung für ein fehlendes Produkt über das Retourensystem ohne Warenbewegung entstand,
• eine Belastungs-Gutschrift über die Debitorenbuchhaltung an den Kunden erfolgte.

---

[11] Vgl. zum Beschwerdemanagement Stauss / Seidel (1996).
[12] Vgl. Mevissen (1997), S. 901.

Der Kunde möchte eine Gutschrift, da

- eine Veranlassung zur Abholung der falschen Ware beim Kunden bestand
- ein Wareneingang im Retourenlager erfolgte
- das Retourenlager die Warenrückführung an das Zentrallager veranlasste.

Davon zu unterscheiden bzw. zu ergänzen sind die Vorgänge, wenn ein Kunde die Ware eines anderen Kunden erhält und die eigene Ware fehlt. Auch hier sind die Fälle *Kunde möchte Ware behalten/nicht behalten* zu unterscheiden von den o.g. Vorgängen, allerdings ergänzt um *Kontaktaufnahme zum zweiten Kunden* und beim Vorgang *Warenaustausch zweier Falschlieferungen* um die *Veranlassung der Abholaufträge* und *Neuverfügung über Dienstleister* (Post, Paketdienst, Spediteur).

Technische Reklamation

Dabei handelt es sich um Ware, die ganz oder teilweise beschädigt oder fehlerhaft ist. Fehlerhafte Waren können zur Annahmeverweigerung beim Kunden und Rücksendung an den Lieferanten führen oder bei eigener Produktion zur Nachbesserung an die liefernde Produktionsstelle zurückgegeben werden. Wird vorgeschlagen, die Ware umzutauschen, werden die fehlerhaften Produkte abgeholt und durch eine kostenlose Nachlieferung ersetzt; auf Kundenwunsch erfolgt eine Gutschrift. Eine Nachbesserung lohnt hingegen nur, wenn die Fehlerbeseitigungs- resp. Instandsetzungskosten geringer sind als die Differenz aus Verkaufswert und Schrottwert. Je nach Umfang der Qualitätsmängel kann bei Wareneingängen aus Kundenretouren ein Verkauf als zweite Wahl oder eine Verschrottung des Produkts entschieden werden. Die einzelnen Handlungsalternativen lösen unterschiedliche (physische) Bearbeitungs- und (informatorische) Buchungsvorgänge aus. So führt bspw. die Verschrottung zur physischen und wertmäßigen Vernichtung eines Produktes.

Über diese Ursachen hinausgehend, gewinnen Retouren im Rahmen absatzstrategischer und vertriebspolitischer Instrumente immer mehr an Bedeutung. Die zunehmende Unsicherheit über die Absatzmärkte (u.a. Produkt-, Variantenvielfalt, Verkürzung der Produktlebenszyklen) in wettbewerbsstarken Branchen und auf schnelllebigen Consumer-Goods Märkten, auf denen sich das konkrete Nachfrageverhalten der Kunden nur relativ unscharf prognostizieren lässt, führt oftmals zu einer Überschätzung der Nachfrage. Nicht zu vergessen ist an dieser Stelle das generelle Rückgaberecht im Versandhandel, was durch die Zunahme des Electronic Commerce zu einer Erhöhung des Retourenaufkommens führen wird. Je mehr diese Entwicklungen eintreten, desto mehr müssen die damit verbundenen Aktivitäten und Aufwendungen kalkuliert werden, um als ertragsmindernde Größen in Verhandlungen, Kundenerfolgsrechnungen etc. Berücksichtigung zu finden.

2.1.4 Entsorgungslogistik

Die Verwertung und Beseitigung von Abfällen hat sich, beeinflusst durch die stark veränderten Umweltbedingungen, erheblich verändert. Früher galt es, den Abfall einzusammeln und direkt zur Beseitigungsanlage, meist Deponie, zu befördern. Aufgrund der europäischen Umweltpolitik und den damit einhergehenden Verordnungen hat sich der Prozess der Entsorgung verändert. Heute gilt in Deutschland das im 5. Aktionsprogramm der EU zum Schutz der Umwelt geforderte „Gesetz zur Förderung einer abfallarmen Kreislaufwirtschaft und Sicherung einer umweltverträglichen Entsorgung von Abfällen" (Kreislaufwirtschaft und Abfallgesetz - KrW-/AbfG). Zweck des Gesetzes ist die Förderung der Kreislaufwirtschaft zur Schonung der natürlichen Ressourcen und die Sicherung der umweltverträglichen Beseitigung von Abfällen. Deshalb sollen Produktion und Konsum so gestaltet werden, dass möglichst wenige Abfälle entstehen, entstandene Abfälle primär ordnungsgemäß verwertet und nicht vermeidbare und verwertbare Abfälle umweltverträglich beseitigt werden.

Als Instrumente zur Erreichung dieser Ziele enthält das Gesetz u.a. die Produktverantwortung der Hersteller, einen detaillierten Anforderungskatalog bzgl. einer ordnungsgemäßen und schadlosen Abfallverwertung und die Kompetenzverteilung der zuständigen Körperschaften. Dementsprechend sind heute neue Strategien und Techniken gefragt, um die Ziele des Gesetzes zu erreichen. Effiziente Sammelsysteme, mechanische und biologische Restmüllaufbereitungsverfahren und modernste Abfallverbrennungstechnik und unterschiedliche Recyclingtechniken sind nur einige Trends und Entwicklungen in der Entsorgungsbranche. Die zunehmende Komplexität bedingt in der jetzigen Phase einen stetigen Anstieg der gesamten Entsorgungskosten. Aufgrund des zunehmenden Kostendrucks besteht das Bedürfnis, die Prozesse sowohl unter theoretischen als auch praktischen Gesichtspunkten detaillierter zu analysieren. Gerade im Bereich der Entsorgungslogistik bestehen Optimierungspotenziale.

Entsorgung als Oberbegriff umfasst alle planenden und ausführenden Tätigkeiten einer umweltgerechten Verwendung, Verwertung und (geordneten) Beseitigung von Reststoffen.[13] Dabei steht die Entsorgungslogistik innerhalb der horizontalen Struktur der logistischen Prozesskette, die durch den jeweiligen Informations- und Güterfluss bestimmt wird, am Ende der Kette. Die weitläufige Feststellung, dass es sich bei der Entsorgungslogistik um das Komplement zur Versorgungslogistik handelt,[14] stützt die Aussage, dass der Hauptprozess der Entsorgung durch die Kernprozesse abgebildet wird, da es sich bei der Distributionslogistik um die ursprünglichen Hauptprozesse handelt, aus denen die Kernprozesse abgeleitet werden. Die entsorgungslogistischen Zusatzleistungen

---

[13] Vgl. Schulte (1999), S. 415.

[14] Bezogen auf die Gestaltung von Sammelsystemen vgl. Dutz (1996), S. 182, zu grundlegenden Gemeinsamkeiten und Unterschieden zwischen Entsorgungs- und Versorgungslogistik vgl. Göpfert (1999).

Sammeln und Trennen bilden einen typischen entsorgungslogistischen Prozess ab, der nicht Teil versorgungslogistischer gerichteter Systeme ist. Diese Zusatzleistungen stellen zwar eine Besonderheit innerhalb des Logistiksystems dar, sind aber durch den Hauptprozess der *physischen Auftragsbearbeitung* erfasst, so dass sie in ihrer Ausprägung mit den Begriffen *Verteilung*, *Zusammenführung* und *Verdichtung* aus der Distributionslogistik übereinstimmen. Somit bilden die Kern-, Zusatz- und Informationsleistungen die elementaren entsorgungslogistischen Teilprozesse, die sich zur gesamten entsorgungslogistischen Kette verknüpfen (*vgl. Abbildung 1*). Die Frage ist hier, inwieweit sich diese Teilprozesse den oben dargestellten Hauptprozessen zuordnen lassen. Die Informationsleistungen können direkt der informatorischen Auftragsbearbeitung zugeordnet werden. Die als Kernleistungen und Zusatzleistungen erfassten Teilprozesse sind der *physischen Auftragsbearbeitung* zu zuordnen.

Entsorgungslogistische Aufgabenbereiche		Entscheidungstatbestände	Gestaltungsalternativen
Kernleistungen	*Lagerung*	Bedarfsermittlung	deterministisch stochastisch
		Lagerplatzordnung	getrennte Lagerzonen gemeinsame Lagerzonen
		Lagerbauform	frei überdacht geschlossen
	Transport	Fördermitteleinsatz	stetige Fördermittel unstetige Fördermittel
		Transportorganisation	Direktverkehr Stern- oder Ringverkehre
	Umschlag	Umschlagmitteleinsatz	stetige Umschlagmittel unstetige Umschlagmittel
		Umschlagorganisation	Umleerverfahren Wechselverfahren
Zusatzleistungen	*Sammlung und Trennung*	Organisation der Sammlung und Trennung	getrennte Sammlung gemischte Sammlung mit nachträglicher Trennung gemischte Sammlung ohne nachträgliche Trennung
		Sammelprinzip	synchron regelmäßig unregelmäßig
	Verpackung	Form der Behälter in Abhängigkeit ihrer Form	tragend umschliessend abschliessend
Informations-leistungen	*Auftrags-abwicklung*	Schwerpunkt der Unternehmenszugehörigkeit der am Austausch der einschlägigen Informationen Beteiligten	intraorganisatorischer Schwerpunkt interorganisatorischer Schwerpunkt

Abb. 1:   *Entsorgungslogistische Aufgabenbereiche in Anlehnung an Stölzle (1993), S. 252*

2.2 Einführung und Bewertung retrologistischer Prozesse im Referenzmodell

2.2.1 Identifikation und Abgrenzung von Teilprozessen

Die Prozesskostenrechnung betont die Bedeutung von Prozessen und deren Zusammengehörigkeit über mehrere Kostenstellen hinweg, woraus sich die Eignung dieses Ansatzes zur kosten- und leistungsmäßigen Abbildung logistischer Prozesse ergibt.[15] In der Methodik der Prozesskostenrechnung dient eine Analyse und Strukturierung der Unternehmensprozesse als Ausgangspunkt. Die Begriffe Hauptprozess, Teilprozess und Aktivität sind für die Beschreibung der komplexen Abläufe in einem Unternehmen erforderlich. Dabei werden ineinandergreifende Teilprozesse zu Hauptprozessen aggregiert. Abbildung 2 gibt einen Überblick über die relevanten Betrachtungsebenen.

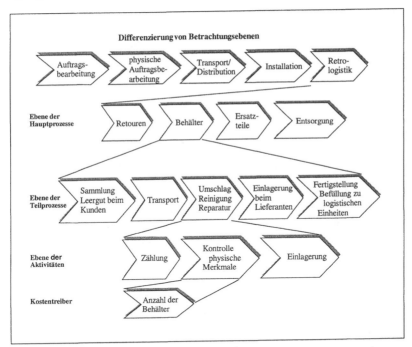

Abb. 2:   *Differenzierung von Betrachtungsebenen in der Prozesskostenrechnung*

Teilprozesse sind die kleinste Erfassungsstufe auf der Kostenstellenebene, für die Prozesskosten ermittelt werden. Hauptprozesse im Sinn der Prozesskostenträger sind eine

---

15 Vgl. Pfohl (1994), S. 265, zur grundlegenden Eignung der Prozesskostenrechnung für eine Logistikkostenrechnung vgl. Horváth / Brokemper (1999), S. 524-537, insbesondere S. 535.

Reihe von Teilprozessen, die gemeinsam die Erfüllung einer definierten, abgrenzbaren Arbeitsaufgabe zum Ziel haben.

Um die Kosten eines Prozesses vollständig abzubilden, müssen sämtliche Teilprozesse, die zur Erledigung einer Arbeitsaufgabe notwendig sind, einbezogen werden. D.h., lediglich solche Teilprozesse, die von untergeordneter Bedeutung sind bzw. deren Erfassung unwirtschaftlich wäre, können vernachlässigt werden. Die Kostenzurechnung zu den jeweiligen Teilprozessen erfolgt mit Hilfe von zu ermittelnden Kostentreibern.[16]

In einem ersten Schritt ist eine kostenstellenbezogene differenzierte Aufgaben- und Arbeitsablaufanalyse vorzunehmen. Dabei sind die Arbeitsabläufe möglichst detailliert in einzelne Arbeitsablaufschritte zu untergliedern.[17] Orientiert an dem im Arbeitskreis erstellten prozesskostenorientierten Referenzmodell können der Retourenlogistik u.a. folgende physische und informatorische Teilprozesse zugeordnet werden:

Teilprozess Antrag auf Retoure

Der Kunde stellt beim Vertrieb resp. Außendienstmitarbeiter einen Antrag auf Retourenfreigabe. Nach Prüfung durch den Vertrieb erhält der Kunde eine Retourenfreigabe mit einem Freigabeformular und einem Paketaufkleber. Das Freigabeformular wird vom Außendienstmitarbeiter ausgefüllt. Die Artikelnummern werden aufgelistet und als Anlage der Freigabe beigefügt. Der Kunde sendet die Originalfreigabe mit der Ware, die mit dem Paketaufkleber versehen ist, an das Retourenlager.

Teilprozess Prüfung im Retourenlager

Transportiert und angeliefert wird die zu retournierende Ware über Post, Paketdienste oder Speditionen. Die große Anzahl von Dienstleistern erfordert eine spezielle Wareneingangskontrolle. Die Pakete werden geöffnet und das beiliegende Freigabeformular auf Warenwert, Retouren- und Kundennummern kontrolliert, welche anschließend im Wareneingangssystem erfasst werden.[18] Die eingegangenen Retouren werden auf Paletten gestapelt und mit einem Tageseingangszettel versehen.[19] Darauf erfolgt die Überprüfung der Freigabepapiere, wozu die Packstücke geöffnet werden. Bei fehlender Freigabe wird diese beim Kunden angefordert. Reicht der Kunde die Freigabe nicht nach, wird die Ware an ihn zurückgeschickt.

---

[16] Vgl. hierzu Kap. 2.2.2.
[17] Vgl. hierzu auch das Fallbeispiel bei Heinz (1997), S. 76-78.
[18] Vgl. zu den Wareneingangsprozessen der Retourenabwicklung das Modell bei Kruse (1995), S. 170-171.
[19] Hiermit wird sichergestellt, dass bei hohem Retourenbestand die ältesten Retouren zuerst abgearbeitet werden.

Teilprozess Gutschrifterteilung

Bei korrekten Freigabepapieren wird eine Artikelnummer- und Stückzahlüberprüfung vorgenommen und das Ergebnis auf der Freigabe vermerkt. Anschließend erfolgt die Eingabe (Scannen) von Freigabenummer, Kundennummer und Retourenart (technische Reklamation, Fehl- bzw. Überlieferung, Annahmeverweigerung, Falschlieferung, Artikelnummer, Stückzahl) in das Erfassungssystem.[20] Informatorische Grundlage der Gutschriftbearbeitung sind die Retourenscheine bzw. Gutschriftanforderungen. Sie werden auf Basis der Bezugsbelege (Lieferschein- und Auftragsdaten, Ergebnisse der Qualitätsprüfung eingehender Retourensendungen) erstellt. Nach Abschluss der Eingabe werden die Gutschriften in der Debitorenbuchhaltung ausgedruckt; die Retourenabteilung erstellt ein Protokoll.

Teilprozess Prüfung auf Gängigkeit

Den finanztechnischen und buchhalterischen Vorgängen geht, wie beschrieben, das physische Retourenhandling voraus. Hier gehen die von Außendienstmitarbeitern freigegebenen Retourensendungen ein, werden erfasst, gezählt, auf ihr Rückgaberecht und auf Beschädigungen geprüft. Anschließend wird entschieden, ob

- die Ware wieder dem Lagerbestand zugelagert,
- dem Kunden zurückgeschickt oder
- der Verschrottung zugeführt wird.

Die retournierten Produkte werden auf ihre Gängigkeit geprüft. Die Gängigkeiten mit niedrigen Abverkaufszahlen und hohem Lagerbestand werden zum Vernichten aussortiert. Die übrige Ware wird gesammelt und ab einer bestimmten Stückzahl pro Artikelnummer nach Prüfung auf Unversehrtheit zur Rückführung ans Lager bereitgestellt. Wiedereinzulagernde Ware wird im Retourenlager eingebucht und ein Einlagerungsbeleg ausgedruckt. Auf diese Weise ermittelte Teilprozesse können anschließend kostenstellenübergreifend zusammengefasst werden *(vgl. Abbildung 3)*.[21]

---

20 Vgl. auch die Ausführungen in Kapitel 2.1.3.
21 Vgl. hierzu auch das Fallbeispiel *Wareneingang der Retourenabwicklung* bei Heinz (1997), S. 76.

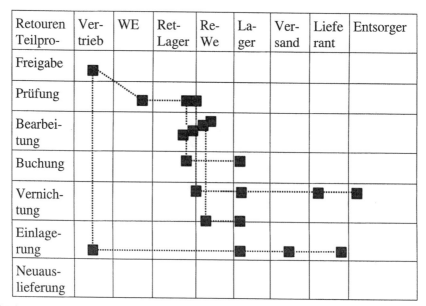

Retouren Teilpro-	Ver-trieb	WE	Ret-Lager	Re-We	La-ger	Ver-sand	Liefe rant	Entsorger
Freigabe	■							
Prüfung		■	■					
Bearbei-tung			■	■				
Buchung			■		■			
Vernich-tung			■		■		■	■
Einlage-rung	■			■		■	■	
Neuaus-lieferung								

Abb.3: Kostenstellenübergreifende Zusammenfassung von Teilprozessen der Retourenlogistik

Die Entsorgungslogistik bildet aufgrund ihrer Aufgabenstellung eine Querschnittsfunktion mit entsprechenden Schnittstellen zu allen anderen Funktionsbereichen eines Unternehmens. Als Teilprozesse des gesamten Entsorgungsprozesses fallen logistische Prozesse, Aufbereitungs- und Entsorgungsprozesse i.e.S. an.[22] So fallen z.B. innerhalb des logistischen Beschaffungsprozesses Rückstände an, deren Entsorgung Aufgabe der Entsorgungslogistik ist. Außerdem besteht direkter Kontakt zu Versorgungsflüssen, wenn man die Transportkapazitäten gemeinsam nutzt. Die Entsorgungslogistik ist somit nicht der Teil der Prozesskette, der am Ende steht, sondern fällt auf allen Stufen der horizontalen Ausprägungen der Prozesskette an. Damit nimmt sie eine Sonderrolle ein.

Die Ebene der Hauptprozesse wird definiert durch die vorhandenen logistischen Prozesse *informatorische Auftragsbearbeitung*, *physische Auftragsbearbeitung* und *Transport/Distribution*. Die zu erbringenden entsorgungslogistischen Leistungen bestehen mindestens aus einer der drei Kernleistungen[23] (Lagerleistungen, Transportleistungen, Umschlagsleistungen), entsorgungslogistischen Zusatzleistungen (z.B. Sammeln, Trennen) und entsorgungslogistische Informationsleistungen, wie sie in Abbildung 1 verdeutlicht sind.[24]

---

[22] Vgl. hierzu näher Dutz / Femerling (1994), S. 223.
[23] Kernleistungen werden hier als Prozessleistungen der Hauptprozesse verstanden.
[24] Vgl. auch ausführlich Schulte (1999), S. 421-430.

2.2.2 Ermittlung von Bezugsgrößen und Kostentreibern

Nach der durchgeführten Prozessanalyse sind die Auswirkungen logistischer Entscheidungen zu bewerten. Der Arbeitskreis konzentrierte sich auf primäre Bewertungsdimensionen bei der Prozessbewertung. Die primären Bewertungsdimensionen erfassen, wie in der Einführung dargestellt, die Kosten und Leistungen eines Prozesses. Der Leistungsbegriff bezieht sich nicht nur auf die monetär bewertete Leistungserstellung, sondern er berücksichtigt auch Qualitäts- und Leistungsfähigkeitskriterien. Ein zu bewertender Prozess ist eine auf die Erbringung eines Leistungsoutputs gerichtete Kette von Aktivitäten und gekennzeichnet durch:

- einen Leistungsoutput
- eine Leistungsfähigkeit
- eine Ressourceninanspruchnahme, die in Kosten bewertet wird
- mindestens einen Kosteneinflussfaktor (Kostentreiber)
- analysierbare Durchlaufzeit.

Für die Kostenzurechnung (in den Kostenstellen) zu den Teilprozessen ist es erforderlich, die Teilprozesse mit Hilfe von Bezugsgrößen (Prozessgrößen) – den kostentreibenden Faktoren – zu quantifizieren. Bis heute existiert allerdings noch kein einheitliches System von Kosteneinflussgrößen (cost driver). Insbesondere die kostentreibenden Faktoren der indirekten Bereiche sind noch weitgehend unerforscht.[25] Als Prozessgrößen können verschiedene Leistungsmessgrößen herangezogen werden. So werden z.B. die zu bearbeitenden Geschäftsvorfälle als Kostentreiber verwendet, wenn in einer Kostenstelle ein einzelner Teilprozess oder mehrere in der Kostenverursachung identische Teilprozesse erbracht werden. Dies ist bspw. in der Retourenabwicklung der Fall, wenn die Retourenprüfung weitgehend in Prozesse aufgegliedert ist, bei denen Mitarbeiter stets gleichartige, sich wiederholende (repetitive) Aufgaben durchführen.

Andererseits sind mehrere Kostentreiber zu verwenden, wenn in einer Kostenstelle unterschiedliche Prozesse durchgeführt werden. Dies wäre im Rahmen der Retourenbearbeitung z.B. der Fall, wenn nach Retourenwert und/oder Kundenbedürfnisse differenziert wird. D.h., es werden unterschiedliche Großretouren und Kleinretouren bis zu einem bestimmten Warenwert unterschieden sowie eine zeitlich schnell notwendige von einer zeitlich unkritischen Bearbeitung. Allerdings kann alternativ auch ein Kostentreiber verwendet werden, der von einer gleichartigen Kostenverursachung unterschiedlicher Prozesse ausgeht. Darüber hinaus können kostentreibende Faktoren in output- und inputorientierte Größen differenziert werden. Outputorientierte Prozessgrößen ergeben sich bspw. aus der Anzahl bearbeiteter Retourenanträge in Form der Anzahl an erstell-

---

25 Vgl. Franz / Kajüter (1997), S. 485 und die dort angegebene Literatur sowie die empirische Untersuchung von Stoi (1999).

ten Gutschriften oder der Anzahl angeforderter Retourenfreigaben beim Kunden. Hingegen ergeben sich inputbezogene Größen aus der Inanspruchnahme der Ressourcen und Kapazitäten einer Kostenstelle, ausgedrückt in der absoluten Bearbeitungszeit eines Retourenauftrags, Häufigkeit der Rückfragen beim Außendienst oder Nutzungsdauer der EDV.[26]

Darüber hinaus ist u.U. eine Klassifizierung und Gewichtung der Prozessgrößen notwendig, so in der Retourenabwicklung, wo Vorgänge wie Wareneingang für lagerhaltige Artikel, der Wareneingang für lagerlos versorgte Artikel oder technische Abnahmen zu unterscheiden sind. Es ist offensichtlich, dass die Anzahl der Vorgänge allein nicht die Kostenhöhe direkt beeinflusst. Dies wäre nur richtig, wenn die Aufwände eines Wareneingangs oder einer technischen Prüfung gleich hoch wären. Aus diesem Grund ist die Bildung von Artikelgruppen erforderlich, die gleiche Kostentreibereigenschaften besitzen.

Aus Sicht des Empfängers einer Retourensendung erfolgt eine Warenanlieferung mit den aus der Warenversendung bekannten Teilprozessen. Diese können entsprechend dem aufgestellten Referenzmodell für die Prozesskostenrechnung aufgenommen werden. Dies gilt auch für die anderen physischen Aktivitäten des Handlings der retournierten Ware. Hier kann inhaltsgleich auf die Vorgaben aus dem Prozesskostenmodell zur *informatorischen Auftragsbearbeitung*, *physischen Auftragsbearbeitung* und *Transport/Distribution* zurückgegriffen werden. Zu berücksichtigen sind jedoch die kostentreibenden Faktoren *Anzahl Aufträge* und *Auftragsgröße (Anzahl Auftragspositionen, Menge pro Auftragsposition)*, da diese bei der Retourenabwicklung ungleich kleiner sein können, als dies bei der Waren(erst)auslieferung der Fall ist, bspw. wenn nur Teilmengen zurückgegeben werden. Abweichungen und damit Ergänzungsbedarf können bei der Ermittlung der administrativen Vorgänge der Retourenfreigabe, -verbuchung und Gutschrifterstellung auftreten. Hier überwiegen dispositive Tätigkeiten, die kostenstellenübergreifend auftreten und teilweise bereits beim Kunden anfallen. So stellt der Kunde eine Retoure zusammen, die vom Außendienstmitarbeiter vor Ort beim Kunden autorisiert wird und unter Rückgriff auf die Zentrale freigegeben werden muss.

Problematisch ist die Erfassung von Kostentreibern in dem Bereich der Entsorgung, da die Kosteneinflussfaktoren sehr heterogen sind: Die folgende Auswahl von Kosteneinflussgrößen zeigt, dass die Definition der cost driver sehr komplex ist:[27]

---

[26] Zur grundlegenden Auswahl von Kostentreibern und der Festlegung ihrer Anzahl vgl. Coenenberg / Fischer (1991), bezogen auf die Logistik Schulte (1999), S. 524-525.
[27] Vgl. Dutz / Femerling (1994), S. 235.

- unterschiedliche Behältersysteme
- unterschiedliche Abfallarten mit verschiedenen Eigenschaften (Trennbarkeit, Entfernung zur Aufbereitung bzw. Behandlungsanlage)
- rechtliche Rahmenbedingungen (Abfall zur Verwertung versus Abfall zur Beseitigung)

Deshalb gilt auch im Bereich der Entsorgungslogistik, die Bezugsgrößen für die Aktivitäten so auszuwählen, dass diese die entstehenden Kosten sehr genau beeinflussen bzw. abbilden.

Die kostenstellenübergreifenden Teilprozesse für das Beispiel der Entsorgungslogistik zeigt Abbildung 4.

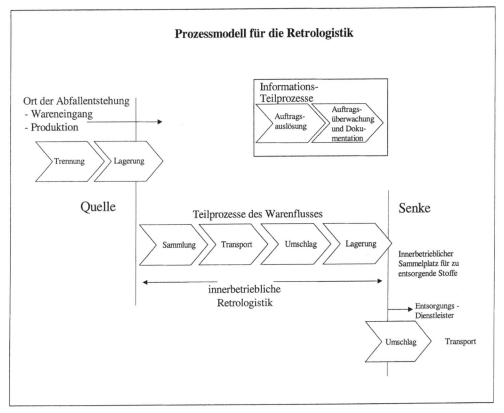

Abb. 4:   Kostenstellenübergreifende Teilprozesse in der Retrologistik

Für die Ermittlung der Prozessleistung und Prozessleistungsfähigkeit wird das im Arbeitskreis entwickelte Schema an dieser Stelle exemplarisch für die Prozessmodelle aufgegriffen (vgl. Abbildung 5).

Teilprozess-schritt	Leistungs-messgrößen	Leistung		
		Prozessgenauigkeit	Prozesstermintreue	Prozesszeit
Sammlung	*Beispiel*	Papier wird in die blauen Container geschüttet***	Mitnahme eines oder mehrerer Container	Fahrzeit sowie Entleerung
	Kennzahl	siehe unten	Austauschcontainer	Messung der Austauschzeit
	Methode	Anzahl der abgefertigten blauen Container pro Tag; Messung pro Tag (Aufzeichnung)	Erfahrungswerte	
Transport	*Beispiel*	Abholung der blauen Container	Abholung der Container zu einem fixen Zeitpunkt	Gesamtzeit für eine Tour
	Kennzahl	Anzahl der befindlichen Container pro Tour	Einsatz pro Tag/Schicht	Richtzeit
	Methode	Stichprobe Irrläufer/ richtig. Hrsg. Touren	Einsatz pro Tag/Schicht	Fahrplan Ab-/Anfahrt
Umschlag	*Beispiel*		Funktionstüchtigkeit der Presse	Umschlagszeit für einen Zug
	Kennzahl		keine Erfahrungswerte	Durchschnitt/Tag
	Methode		keine Erfahrungswerte	Messung Refa
Lagerung	*Beispiel*	Anlagennummer bei Entsorger	durchschnittliche Standzeit der Presse	Lagerzeit
	Kennzahl	Keine	Häufigkeit des Austausches	Standzeit/Monat
	Methode	Keine	Auswechseln pro Monat	Erfahrungswerte
Unterhaltung Fuhrpark Flurförderfahrzeuge	*Beispiel*	Zugesagte Reparatur erfolgt	eingehaltener Termin bei Reparatur des Flurförderfahrzeuges	Einsatzzeit pro Fahrt/ Tour
	Kennzahl	Mehrkosten durch falsche Reparatur	Soll-Termin – Ist-Termin	Sollzeit – Istzeit
	Methode			
Übergabe an Entsorger	*Beispiel*	Irrläufer Unzustellbarkeiten	Terminehrlichkeit des Entsorgers	Entleerungs-/Austauschzeit
	Kennzahl	Touren/ Nichteinhaltung	Sollzeit/zugesagter Termin	Sollzeit – Istzeit
	Methode	Ordnungsgelder von Behörden	Erfahrungswert	

(*** Es gibt unterschiedliche Farben für Müllcontainer: Gelbe Container sind für das duale System; Container ohne Kennzeichnung dienen dem allgemeinen Abfall; blaue Container symbolisieren die Papierentsorgung.)

Abb. 5:   Prozessleistung und Prozessleistungsfähigkeit retrologistischer Subsysteme

2.2.3 Prozessbewertung durch Ermittlung der Kosten für die Prozessleistungen bzw. Prozessleistungsfähigkeit

2.2.3.1 Behälterlogistik

Zur Übertragung des Referenzmodells auf die Behälterlogistik sind die Teilprozessschritte

- Sammlung des Leerguts beim Kunden
- Transport durch einen Spediteur
- Ankunft beim Lieferanten (Umschlag, Reinigung und Reparatur)
- Lagerung beim Lieferanten (gesäubert) in einer Lagerhalle
- Fertigstellung der Ware (Befüllung mit Waren)

zu analysieren.

Bei der Sammlung beim Kunden wird das Leergut zusammengestellt. Dabei können die Behälter stapelbar gelagert werden. Die Behälter werden solange gelagert, bis ein sinnvoller Rücktransport möglich ist. Den Transport übernimmt ein Spediteur, der die Behälter verlädt und möglichst einen ausgelasteten Rücktransport zum Lieferanten durchführt. Beim Lieferanten wird der LKW abgeladen. Die stapelbaren Behälter werden zu einem Lagerplatz gebracht, wo noch nicht gereinigte Mehrwegbehälter aufbewahrt werden. Je nach Grad der Verunreinigung werden die Behälter gereinigt. Um die Reinigungskapazitäten wirtschaftlich auszulasten, sind nach der Reinigung Puffer eingerichtet. Je nach Auslastung der Produktionsanlage werden die Behälter aus dem Behälterlager entnommen und mit den jeweiligen Produkten versehen bzw. befüllt.

Prozesskapazität (Leistungsumfang während einer Abrechnungsperiode)

Der Begriff der Prozesskapazität beinhaltet die Leistungsfähigkeit des cost drivers. Der Kunde (Vorlieferant) bezieht eine bestimmte Anzahl von Transportbehältern in einem gewissen regelmäßigen Zeitabstand. Aufgrund eines Chips am Behälter kann exakt ermittelt werden, wie viele Behälter der Kunde oder die jeweilige Kostenstelle beansprucht haben. Mittels einer Kontoführung werden die jeweiligen Behälter pro Jahr aufgeführt und mit den entsprechenden Kosten belastet.

Beispiel: In der Automobilindustrie werden Behälter dem Lieferanten (Zulieferanten) kostenfrei bei der Befüllung zur Verfügung gestellt. Der Retroprozess besteht, wenn die Behälter vom Automobilhersteller zum Kunden kommen. Mittels eines Chips an den Behältern kann der Wareneingang verbucht werden. Dieser Chip kann dann die einzelnen Behälter in das System einbuchen lassen. Letztendlich kann die Bewertung der Lagerzugänge Aufschluß geben, wie hoch die Zugänge pro Monat sind. Es können so Zugänge ins Verhältnis zu den Abgängen gebracht werden, die mittels einer Kennzahl Aufschluss geben, wie hoch die Prozesskapazität ist.

Prozessflexibilität (Variantenvielfalt)

Es gibt unterschiedliche Behälter, die groß und klein sein können. Mittels des Chips können die einzelnen Varianten mit einem entsprechenden Code den entsprechenden Konten zugeordnet werden. So können große und kleine Behälter exakt mit den Kosten erfasst werden, die entstehen. Wichtig ist eine Automatisierung mit einer entsprechenden EDV-Anlage.

Beispiel: Behälter im Getränkehandel haben standardisierte Abmaße. Für die unter-schiedlichen Behälter werden pro Getränkeart (Cola, Wasser, Bier) und Er-zeuger verschiedene Codes zwecks Erkennung für die Zu- und Abgangsbu-chung für die entsprechenden Konten eingerichtet. Je Behälterart können die unterschiedlichen Lagerbewegungen kennzeichnet werden. Je nach Va-riantenart können die diversen Prozesse mit den Kosten belastet werden.

Prozessrobustheit (Umschlag/Reinigung beim Lieferanten)

Ein Prozess gilt als robust, wenn möglichst keine Störgrößen auftreten. Wenn die Rei-nigungsmaschine ohne nennenswerte Störungen möglichst viele Behälter ohne Beschä-digungen reinigt, ist der Prozess störsicher, d.h., es kann von einem robusten Prozess gesprochen werden. Die Kennziffer, die gebildet werden muss, lautet: Anzahl neuer an-zuschaffender Behälter im Verhältnis zu den ausgemusterten, zerstörten Behältern. Die neu anzuschaffenden Behälter können anhand der Bestellungen ermittelt werden, wäh-rend zerstörte oder defekte Behälter mittels Verschrottungsmeldungen angezeigt wer-den. Als zweite Kennziffer sind die Maschinenlaufzeiten (Störungen in der Reinigungs-anlage) auszuwerten. Je robuster der Prozess ist, desto geringer sind die Kosten für diesen Prozessbestandteil.

Beispiel: Unternehmen Y reinigt seine Behälter selbst. Jeden Tag werden Behälter in der unternehmenseigenen Waschanlage gereinigt. Die Betreibung einer sol-chen Anlage ist sehr kostenintensiv. Um einen reibungslosen Betrieb (ho-hen Output an gewaschenen Behältern) zu gewährleisten, müssen vor der Reinigung der Behälter Qualitätskontrollen vorgenommen werden. Diese Qualitätskontrollen bewirken, dass die Waschanlage ohne Störungen mit einer langen Betriebszeit versehen ist. Treten keine Störungen durch defek-te Behälter auf und kann eine hohe Anzahl der Behälter gereinigt werden, spricht man von einem robusten Prozess.

Prozessgenauigkeit (Lagerung beim Lieferanten)

Ist das Leergut gereinigt, wird es in ein geschlossenes Lagerhaus transportiert. Je nach Größe der Behälter werden unterschiedliche Lagerplätze dafür vorgesehen. Ein Prozess gilt als genau (exakt), wenn sich das richtige Leergut möglichst ohne Fehlbelegung am Platz befindet. Je nach Umlagerung oder Sortierung kann ein Prozess als genau bzw. exakt gelten, wenn möglichst wenig Umlagerungen resp. Fehlbelegungen existieren. Fehlbelegungen im Verhältnis zu Lagerzu- und Lagerabgängen können Auskunft darüber geben, ob der Prozess möglichst zielgerecht erfolgen kann.

Beispiel: Alle Lagerzu- und Lagerabgänge vom Transportgut werden einmal am Monatsende einer Kontrolle unterzogen. Anhand einer automatisierten EDV-Liste wird ein Bestandsabgleich der Lagerplätze vorgenommen. Fehlbelegungen pro Transportplatz können so herausgefunden werden. Die Anzahl der Fehlbelegungen wird mit einem Kostensatz pro Mitarbeiter (Kennziffer durchschnittliche Umlagerungszeit) multipliziert.
– EDV-Liste Resultat: 6 Fehlbelegungen pro Monat
– Kostensatz pro Umbuchungsfaktor 2,56
– Multiplikation 6 · 1,31 € = 7,85 €
– Resultat: Die Ungenauigkeit hat im Monat Mai 7,85 € betragen.

Prozesszeit (Fertigstellung Befüllung der Behälter im eigenen Unternehmen)

Die Prozesszeit kennzeichnet die Dauer eines Prozesses. Ein Prozess gilt als abgeschlossen, wenn die Tätigkeit erfüllt ist. Werden Produkte mit den dafür vorgesehenen Mehrzweckbehältern versehen, gilt der Prozess als abgeschlossen. Legt man den Befüllungsprozess zu Grunde, kann die Befüllungszeit als in Anspruch genommene Prozesszeit verwendet werden. Die Kennziffer lautet: *Anfangszeit – Endzeit der Maschine = Prozesszeit = insgesamt befüllte Behälter.*

Beispiel: Am Ende einer Fertigungsstraße bei einem Produkt X ist ein automatischer Zähler installiert, der die Behälter zählt. Seitdem die Maschine auf das entsprechende Produkt mit dem entsprechenden Behälter umgerüstet wurde, können die zu befüllenden Behälter automatisch registriert werden. Eine Auswertung an jedem Tag (in Form eines Protokolls) gibt darüber Auskunft, wie viele Behälter in der Produktion verwendet wurden. Nimmt man noch einen entsprechenden Kostensatz des Behälters hinzu, können die Behälterkosten der Prozesszeit ermittelt werden.

Ist der Befüllungsprozess abgeschlossen, endet der Retrologistikprozess. Es fängt ein neuer Versorgungsprozess an. Die mit den Mehrzweckbehältern versehene Ware kann nun im wiederkehrenden Versorgungsprozess erneut zum Kunden gelangen. Der Befüllungsprozess ist ein gesonderter Prozess und wird nicht als Herstellungsprozess angesehen.

2.2.3.2   Ersatzteillogistik

Bezogen auf den Ersatzteilprozess sind folgende Größen näher zu untersuchen:

Prozesskapazität (Sammlung beim Servicebetrieb)

Wird eine Prozessanalyse vorgenommen, soll zuerst das Ersatzteillager einer näheren Betrachtung unterzogen werden. In einem Ersatzteillager kann sofort ein Austauschmotor zur Verfügung gestellt werden. Die Prozesskapazität gilt als hoch, wenn möglichst schnell und in ausreichender Anzahl Motoren für den Betrieb bereit stehen. Die Prozesskapazität ist gering, wenn kein Ersatzteil zur Verfügung steht. Der Lagerumschlag kann anhand der Entnahmescheine ausgewertet werden.

Beispiel: Im Montanunternehmen Z werden für den laufenden Explorationsbetrieb Ersatzmotoren benötigt. Jeder Ausfall kostet Millionen. Je schneller dabei ein Ersatzmotor an der Explorationsstelle ist, desto niedriger sind die Kosten für den Ausfall. Anhand von Protokollen, die sich in einer Datenbank befinden, wird der Zeitaufwand vom Ersatzteillager bis hin zur Explorationsstelle mittels eines Chips am Ersatzteilmotor festgehalten. Aufgrund der Statistik in der betreffenden Datenbank kann die Prozesskapazität (Leistung) exakt ermittelt werden.

Prozessrobustheit

Ein Prozess gilt als gut durchführbar, wenn keine Störungen aufgetreten sind. Ein Prozess gilt als robust, wenn möglichst viele (reibungslose) Transporte von Ersatzteilmotoren vom Kunden zum Zulieferanten durchgeführt werden können. Die erfolgten Transporte lassen sich anhand einer Auflistung verfolgen, die aufgrund der Aufträge erteilt wurden.

Beispiel: Zwischen den Zulieferanten und dem Stahlunternehmen A werden in regelmäßigen Abständen Retouren für Antriebsmotoren durchgeführt. Für jede Fahrt vom Stahlunternehmen werden Transportaufträge erstellt. Diese Transportaufträge beinhalten als Transportgegenstand die jeweilige Anzahl der zu reparierenden Ersatzmotoren. Die Transportaufträge mit ihrer Nummer werden in einer Datenbank gespeichert und geben Auskunft, ob ein ordnungsgemäßer Transport zwischen den beteiligten Stellen erfolgt ist. Ist der Prozess nicht robust, liegt also eine Störung vor, so wird dies dokumentiert. Pro Quartal kann mittels eines Datenvergleichs ermittelt werden, wie viele Störungen im Verhältnis zu den ordnungsgemäßen Transporten erfolgt sind.

Prozessgenauigkeit

Prozessgenauigkeit ist dann gegeben, wenn der jeweilige Motor an einem bestimmten Lagerplatz eingelagert wird, bevor er einer Reparatur zugeführt wird. Ein Prozess gilt als genau, wenn es zu keiner Fehlbelegung kommt. Die Anzahl der Fehlbelegungen kann darüber Auskunft geben, wie hoch die Umlagerungskosten pro Monat sind.

Beispiel: Aufgrund der Größe der Motoren ist eine genaue Lagerplatzzuweisung notwendig. Das Lagersystem vergibt automatisch einen Lagerplatz, der dem jeweiligen Lagerarbeiter ebenfalls automatisch in seinem Gabelstapler übermittelt wird. Es kann vorkommen, dass der Mitarbeiter dem Motor einen falschen Lagerplatz zuweist. Aufgrund der Dringlichkeit für den Einsatz von Motoren muß die Zugriffszeit im Notfall möglichst gering sein. Pro Monat werden die Fehlbuchungen von der EDV ausgewiesen. Aufgrund der Dringlichkeit ist der Kostensatz als hoch zu bewerten.
  –   Anzahl der Fehlbuchungen pro Monat 2
  –   Kostensatz 18,08 € pro Fehlbuchung
  –   Die Fehlbuchung für den Monat April ergibt dann einen Kostensatz von 36,16 € pro Monat.
  Je genauer und sorgfältiger ein Prozess durchgeführt wird, desto geringer können die Kosten für einen Prozess sein.

Prozesszeit

Die Prozesszeit ist das Kriterium mit der größten Besonderheit. Im Rückführprozess wird der Motor instand gesetzt. Der Instandsetzungsumfang ist selten identisch und erfolgt überwiegend durch manuelle Tätigkeit (Werkstattfertigung). In einem Produktionsprozess auf der Versorgungsseite können hingegen große Stückzahlen eines Produkts produziert werden. Die noch funktionsfähigen Einzelteile unterliegen einer Wiederverwendung. Diese kann eine unterschiedlich hohe Reparaturzeit in Anspruch nehmen: Je mehr ausgetauscht werden muss, desto länger kann die Reparaturzeit andauern. Alle Reparaturzeiten müssen aus den entsprechenden Rechnungen ermittelt werden. Mittels einer Auswertung kann dann eine Durchschnittszeit in Mannstunden bestimmt werden, die einen Anhaltspunkt bietet, wie die tatsächlichen Istzeiten von den Vorgaben abweichen.

Beispiel: Ein EDV-Kalkulationsprogramm für die Instandsetzung ist in jedem Maschinenbauunternehmen zwingend erforderlich. Die Maschinenstundensätze pro Mannstunden sind aus den Rechnungen der externen Dienstleister erfasst worden. Pro Reparaturart (Ersatz eines Maschinenteils, Austausch eines Kühlerbauteiles) können die Kosten pro Auftrag und Reparaturart genau ermittelt werden. Eine große Ähnlichkeit besteht bei den Kfz-Werkstätten der Automobilhersteller. Jedes Bauteil wird mit einer entsprechenden Arbeitszeit und einem Kostenfaktor versehen. Die Prozesszeit kann exakt ermittelt werden und der Kunde erhält einen exakten Kostenvoranschlag. Aufgrund des hohen Anschaffungswertes von Neuteilen geht die Kfz-Versicherungswirtschaft mit der Automobilindustrie dazu über, Gebrauchtteile aufzuarbeiten (Retrologistikprozess) und einzulagern. Ist ein Versicherungsfall entstanden, kann die Versicherung dem Versicherungsnehmer preiswert Ersatz anbieten, indem sie ihrem Kunden eine exakte Kalkulation vorlegt. Dies muss auf die Reparatur von hochwertigen Maschinen übertragen werden. Je exakter die Prozesszeit ermittelt werden kann, desto preiswerter kann der Prozess letztendlich sein.

2.2.3.3   Retourenlogistik

Für die Erfassung der Bearbeitungszeit, der Betriebsstunden und Prozesszeiten stehen eine Reihe von Verfahren zur Verfügung, wie u.a. Schätzmethode, Multimomentaufnahmen und Selbstaufschreibung.[28] Entscheidend für die Auswahl der Verfahren ist, ob bereits bestehende Abläufe oder geplante Abläufe mit Hilfe der Prozesskostenrechnung abgebildet und bewertet werden sollen. Zudem ist die Qualität der ermittelten Prozesskosten von der Genauigkeit der Erfassung der Bezugsgrößen abhängig.[29] Allerdings sind diesen Informationen keine Wert- und damit Kostengrößen zu entnehmen, die in einer entsprechenden Kostenplanung erfolgen müssen. Die wichtigste Voraussetzung hierfür ist die Festlegung der Planbezugsgrößen. Dies sind in der Prozesskostenrechnung die Planprozessmengen, die sich aus dem Bedarf an einzelnen Tätigkeiten in der Planungsperiode ergeben, bezogen auf die Retourenbearbeitung bspw. 5.000 Retourenfreigaben pro Monat. Die benötigten Kostenarten können anhand von Betriebsmitteleinsatzplänen erfasst werden, die als Grundlage für die Planung der kalkulatorischen Abschreibungen, Zinskosten, Reparatur- und Instandhaltungskosten usw. dienen. Die Ermittlung des Prozesskostensatzes, z.B. des Retourenprozesses oder auch die Kosten je Prozessgröße, erfolgt durch Division von Planprozesskosten und Planprozessmenge auf Grundlage leistungsmengeninduzierter Prozesse. Die Kosten der leistungsmengenneutralen Prozesse (z.B. Leiten einer Abteilung) werden mit prozentualen Zuschlagssätzen auf die Prozesse umgelegt.[30]

---

[28] Vgl. zur Planzeitermittlung Heinz / Olbrich (1993).
[29] Vgl. Heinz (1997), S. 41.
[30] Vgl. hierzu grundlegend Horvath / Mayer (1989), S. 217.

Um einen Gesamtkostensatz für Retourenleistungen zu erhalten, sind die ermittelten Prozesskostensätze der physischen Teilprozesse Sammeln, Transportieren, Sortieren, Lagern wie auch der administrativen Teilprozesse Retourenprüfung, Retourenfreigabe und Gutschrifterstellen zu einem Kostensatz € *pro Retourenantrag* zu addieren.[31] *(Vgl. Abbildung 6)* Die Ermittlung der Anzahl von Paketen, Positionen und Freigaben kann mit Hilfe von Aufzeichnungen oder bei (teil-)automatisierten Prozessen durch Betriebsdatenerfassung (BDE-Terminals) erfolgen.

Prozesskostenermittlung Retourenlogistik					
Retouren Teilprozess	Prozess-Größe	Prozess-Menge	Prozess-Kosten	Teilprozess-Kostensatz	Gesamt-Kostensatz
Sammeln	Anzahl Pakete				
Transportieren	Anzahl Pakete Betriebsstunden				
Sortieren	Produktmenge Anzahl Positionen				
Lagern	Anzahl Behälter Mitarbeiter				
Prüfung	Anzahl Pakete				
Freigabe	Bearbeitungszeit				
Buchung	Anzahl Freigaben				
Gutschrift	Anzahl Freigaben				

Abb. 6: Prozesskostenermittlung in der Retourenlogistik

2.2.3.4 Entsorgungslogistik

Unter Zuhilfenahme der Prozesskostenrechnung können Gemeinkosten der jeweiligen Kostenstelle direkt zugeordnet werden. Dies soll für das retrologistische Subsystem Entsorgungslogistik am Beispiel der Papierentsorgung verdeutlicht werden.

Um eine solche Bestimmung vorzunehmen, wird ein Chip (Transponder) an den Entsorgungsbehältern befestigt.[32] Erste Praxisversuche belegen, dass sich trotz eines noch hohen Anschaffungspreises eine verursachungsgerechte Kostenerfassung lohnt. Weiterhin ist die Erfassung der Abfallmengen pro Verursacher möglich, womit später eine genaue Abfallbilanz erstellt werden kann. Das Prozessmodell für die Papierentsorgung hat folgenden Verlauf:

---

[31] Zur Bildung von Prozesskostensätzen für die Entsorgungslogistik vgl. Dutz / Femerling (1994), S. 237.

[32] Zur Gestaltung elektronischer Identifikationssysteme in der Entsorgungswirtschaft vgl. Schweitzer (2000), S. 2-5.

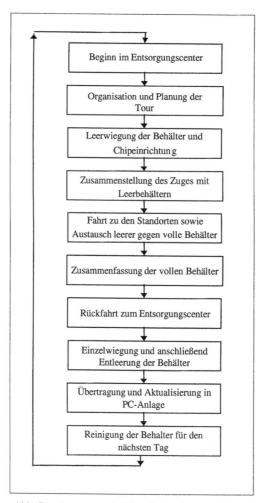

Abb. 7:   Prozessmodell für die Papierentsorgung

Abbildung 8 gibt einen Überblick über die Kennziffern, wie je Tour eine bestimmte, transportierte Menge gemessen werden kann und mit welchen Kennzahlen eine kosten-orientierte Bewertung der Entsorgung erfolgen kann. Bspw. lässt sich das Volumen ei-nes Containers unter der Zuhilfenahme einer Leer- und Vollwiegung mit einem Chip ermitteln. Es kann darüber Auskunft geben, welche Kostenstelle wie viel Müll produ-ziert hat. Die Tour muss dabei wirtschaftlich erfolgen, da die Fixkosten für die Zugma-schine und den Fahrer hoch sind. Wird ein Behälter nicht zugestellt, stapelt sich der Müll vor Ort. Wird schnell ein Ersatzcontainer zugestellt, können die davon abhängigen Prozesse fast störungsfrei weiter laufen. Je weniger Störungen vorhanden sind, desto geringer sind letztendlich die nachfolgenden Kostenbelastungen. Die Zugmaschine und die Container sind störsicher bzw. robust (Prozessrobustheit), wenn sie regelmäßigen technischen Wartungen unterliegen.

Teilprozessschritt	Leistungsmessgrößen Behältnis	**Leistungsfähigkeit** Prozesskapazität	Prozessflexibilität	Prozessrobustheit
Sammlung	*Beispiel*	# Anzahl der Touren	# der verschiedenen Container an den Standorten	# zulässiges Gesamtgewicht
	Kennzahl	Zu entleerende Container	Pool der Ersatzcontainer	Zulässiges Gesamtgewicht
	Methode	Zählung der Container pro Tour	Messung mit Chip; Austausch und Einsatz der Ersatzcontainer	Anlagedauer eines Containers
Transport	*Beispiel*	Transport von 1,1 m³ Containern	Pool aller Container	Anlagedauer eines 1,1 m³ Containers
	Kennzahl	Einsatz pro Tag	Zeitabstand für Austauschcontainer	Anlage / Reparaturen
	Methode	Monatsdurchschnitt durch Chip-Auswertung	Erfahrungswerte rechnerische Datenermittlung (arithmetisches Mittel)	Durchschnitt / Reparaturen
Umschlag	*Beispiel*	Wechsel von Containern zur Papierpresse	Verhältnis des Volumens der Papierpresse zu den 1,1 m³ Containern	Ersatzbeschaffung durch den Entsorger
	Kennzahl	Sollzeit pro Umschlag	keine Erfahrungswerte	
	Methode	Erfassung der Sollzeit	keine Erfahrungswerte	Keine
Lagerung	*Beispiel*	Lagerkapazität der Presse	Ersatzbeschaffung einer Papierpresse durch den Entsorger	Funktionstüchtigkeit der Presse zu Containern
	Kennzahl	Fassungsvermögen in m³	Stunden durch den Austausch durch Entsorger	Ausfall von funktionierenden Containern
	Methode	Wiegung bei An- und Abfahrt (ohne Chip)	Erfahrungswerte	Durchschnittswerte
Unterhaltung Fuhrpark Flurförderfahrzeuge	*Beispiel*	Elektrofahrzeug als Zugmaschine	Ersatzfahrzeug z.B. Stapler mit Kupplung	Einhaltung der Reparaturintervalle
	Kennzahl	Anzahl der zu ziehenden Container	Anzahl der Fahrzeuge oder Flurförderfahrzeuge	Touren / Reparaturen
	Methode	Durchschnitt pro Tag	Wartungsintervalle/ Reparaturen im Monat	Durchschnitt
Übergabe an Entsorger	*Beispiel*	Papierpresse in einwandfreiem Zustand	Es besteht keine Möglichkeit der Messung	Zuverlässigkeit des Entsorgers
	Kennzahl	?	?	?
	Methode	?	?	?

Abb. 8: Prozessleistung und Prozessleistungsfähigkeit für die Papierentsorgung

2.3 Kennzahlen retrologistischer Subsysteme

Sowohl die theoretische Entwicklung als auch die praktische Anwendung von Logistikkennzahlen ist im Vergleich zu anderen Unternehmensfunktionen, wie dem Finanzcont-
rolling, noch nicht weit fortgeschritten. Dies gilt für das Logistikverständnis im Allgemeinen und die Prozessorientierung der Logistik im Besonderen. Eine Verknüpfung
von Logistikkennzahlen mit Ansätzen der hier angewandten Prozesskostenrechnung
existiert bislang noch nicht. Für die logistischen Subsysteme finden sich lediglich
Kennzahlen zu den physischen Transferprozessen Transportieren, Lagern und Kommis-
sionieren, jeweils bezogen auf die Funktionen Beschaffungs-, Produktions- und Distributionslogistik.[33] Kennzahlen zu den hier angesprochenen retrologistischen Subsystemen fehlen völlig. Dies liegt zum einen an der bisher geringen Aufmerksamkeit, die
diesen Bereichen zuteil wurde, zum anderen an der deutlich gewordenen Komplexität
dieser Prozesse, die eine Abbildung und mehr noch eine informatorische Aufbereitung
durch Kennzahlen schwierig macht.

Erste Ansätze liefert die hier vorgestellte prozesskostenorientierte Betrachtung. Aus den
ermittelten Prozesskostensätzen ist es möglich, weitere Kennzahlen zu entwickeln, aus
denen wichtige Aussagen für die hier angewendete Prozesskostenbetrachtung der
Retrologistik gezogen werden können. Dabei ist allerdings zu beachten, dass eine Analyse und Interpretation von Kennzahlen nur vor dem Hintergrund der vorhandenen
Strukturen des betrachteten Bereichs sinnvoll ist.[34] Voraussetzung hierfür ist die hier
vorgestellte entsprechende Prozessanalyse mit der Identifikation von Haupt- und Teilprozessen sowie Aktivitäten. Im Einzelnen lassen sich damit Struktur-, Wirtschaftlich-
keits-, Produktivitäts- und Qualitätskennzahlen ermitteln.[35] *Strukturkennzahlen* beziehen sich auf den zu erfüllenden Aufgabenumfang (Hauptprozess), die Anzahl und
Kapazitäten der Aufgabenträger (Teilprozess) und die im Betrachtungszeitraum angefallenen Aufwendungen (Prozesskosten). Wirtschaftlichkeitskennzahlen betrachten das
Verhältnis von exakt bestimmten Logistikkosten und bestimmten Logistikleistungen,
wie z.B. die Warenannahmekosten pro eingehender Retoure. Produktivitätskennzahlen
messen die Produktivität von Mitarbeitern, so z.B. die Abwicklungszeit einer Gutschrift. Qualitätskennzahlen bestimmen die Zielerreichung, wie bspw. die Reklamati-
onsquote. Darüber hinaus ist die Übertragung von Kennzahlen aus den logistischen
Hauptprozessen *informatorische Auftragsbearbeitung*, *physische Auftragsbearbeitung*
und *Transport/Distribution* möglich, für die ausführliche Kennzahlen und Kennzahlensysteme existieren.[36]

---

[33] Vgl. hierzu ausführlich Pfohl (1994), S. 213-223, die empirische Studie von Göpfert (2000), S. 347-354 und
das Logistikkennzahlensystem bei Schulte (1999), 526-546.

[34] Vgl. Schulte (1999), S. 526.

[35] Vgl. Schulte (1999), S. 528.

[36] Hierfür sei an dieser Stelle auf die anderen Beiträge in diesem Band verwiesen. Grundlegend siehe die

Eine besondere Bedeutung kommt der Bildung von logistischen Spitzenkennzahlen zu. Sie können grundsätzlich als Effizienzindikatoren des logistischen Gesamtsystems – wozu auch die Retrologistik gehört – verstanden werden und lassen sich als Quotient der Logistikkosten zum erbrachten Lieferservice ausdrücken.[37] Entsprechende Verhältniszahlen können aus den Gesamtkosten, dem Umsatz oder dem eingesetzten Kapital auf der einen Seite und den Servicekomponenten Lieferzeit, Lieferzuverlässigkeit, Lieferbeschaffenheit und Lieferflexibilität auf der anderen Seite gebildet werden. Analog können diese Kennzahlen auch für die retrologistischen Subsysteme herangezogen werden. Ein Indikator der logistischen Leistungsfähigkeit ist z.B. die *Bereitstellungsflexibilität von Behälterkapazitäten,* die als *Relation von erfüllten Sonderanforderungen in zeitlicher und mengenmäßiger Hinsicht zur Gesamtzahl der Sonderanforderungen* gemessen werden kann. Ein anderes Beispiel ist die Lieferzuverlässigkeit. Sie lässt sich als *Anzahl der termingerecht ausgelieferten Bedarfsanforderungen im Verhältnis zur Gesamtzahl der Bedarfsanforderungen* in ersatzteillogistischen Systemen erfassen. Für kostenintensive Bereiche, wie die Entsorgungslogistik, sind Spitzenkennzahlen, wie der *Anteil der Entsorgungslogistikkosten an den Gesamtentsorgungskosten und/oder Gesamtproduktkosten* interessant.

3. Abschließende Beurteilung / Empfehlungen

Die Prozesse der Retrologistik zeichnen sich durch besondere Eigenschaften aus, wie u.a. einen hohen Anteil an dispositiven Tätigkeiten, die einen großen Bestandteil bei den elementaren Logistikprozessen einnehmen. Weiterhin sind sie verbunden mit einer erheblichen Prozesskomplexität. Die Prozesskostenrechnung erweitert das Spektrum der Auswertungsmöglichkeiten für Entscheidungen in der Retrologistik, indem betriebliche Prozesse als eigenständige Kostenzurechnungsobjekte betrachtet werden. Informationen über die betrachteten Prozesse können wertvolle Hinweise insbesondere bei der Kalkulation der Dienstleistungen geben. Die Kenntnis der kostenstellenübergreifenden Prozesskosten ermöglicht, die Auswirkungen bestimmter Verfahrensentscheidungen ganzheitlich bezogen auf den Hauptprozess abzuschätzen.

Da die Ergebnisse der Prozesskalkulation wesentliche Bestandteile der Produkt-, Vermarktungs- und Servicekosten sein können, geben die Prozesskosteninformationen wichtige Hinweise, inwieweit diese Kosten beispielsweise durch Wegfall, Reduzierung oder Vereinfachung bestimmter Teilprozesse gesenkt werden können. Dabei werden auch die Kosten solcher Prozesse deutlich, die nicht unmittelbar zur Steigerung des Kundennutzens beitragen, wie z.B. die Bearbeitung von Reklamationen.

---

ausführlichen Logistik-Kennzahlensysteme bei Weber (1995) und Schulte (1999).
[37] Vgl. u.a. Pfohl (1994), S. 214.

Exakte Größen für die Prozessbewertung zu ermitteln ist relativ schwierig. Für alle Bereiche der Retrologistik ist die Prozesskapazität (Was leistet ein Prozess?) als eine der wichtigen Größen anzusehen. Eine grobe Vorgehensweise kann man wie folgt beschreiben:

1. Ermittlung der Teilprozesse für die Retrologistik
2. Einsatz der verschiedenen Prozesskriterien für den jeweiligen Teilprozess. Beispiel: Oft liegen keine Informationen vor, was ein Prozess leisten kann. Hier kann erst jetzt mit der Ermittlung begonnen werden, weil die entsprechenden neuen Speichermedien erst seit kurzer Zeit in einem günstigen Preis-Leistungsverhältnis beziehbar sind. Können die entsprechenden Leistungen erfolgen, gilt es diese mittels diverser Prozessgrößen zu bewerten.
3. Die anderen Prozessbewertungen müssen in der entsprechenden Tabelle (wie in den Beispielen) ermittelt werden. Wichtig ist, dass die entsprechenden EDV-Tools diese Schritte automatisch auswerten können. Die Kennziffern müssen aussagekräftig sein und das Leistungsverhältnis graphisch abbilden können.
4. Das Gesamtergebnis der Ermittlung von vernünftigen und verständlichen Kennziffern ist, dass in der gesamten Retrologistik noch ein beträchtliches Rationalisierungspotenzial vorhanden ist, das es zu nutzen gilt (in der Entsorgungsbranche z.B. beträgt der Anteil an den Gesamtkosten je Prozesskette 53,5%).[38]

Das im Arbeitskreis *Prozessmanagement/Prozesskostenrechnung* entwickelte Modell ist auf die Retrologistik anwendbar. Die praktische Eignung ist allerdings nicht überprüfbar, da sich bestehende Bewertungssysteme zur Zeit in der Erprobungsphase befinden. Neben den vorgestellten primären Bewertungsdimensionen wird der Stellenwert der sekundären Bewertungsdimensionen, hier im Besonderen die Strategieperspektive, in der Retrologistik eine zunehmende Bedeutung erfahren.

4.   Literatur

Coenenberg, A. G. / Fischer, Th. M. (1991): Prozesskostenrechnung. Strategische Neuorientierung in der Kostenrechnung, in: Die Betriebswirtschaft, 51. Jg., 1991, S. 21 – 38.

Baumgarten H. / Darkow I. / Walter I. (2000): Die Zukunft der Logistik - Kundenintegration, globale Netzwerke und E-Business, in: Logistik Jahrbuch 2000, Düsseldorf, 2000, S. 13.

Dutz, E. (1996): Die Logistik der Produktverwertung, München, 1996.

---

[38] Vgl. Baumgarten / Darkow / Walter (2000), S. 13.

Dutz, E. / Femerling, Ch. (1994): Prozessmanagement in der Entsorgung, in: Die Betriebswirtschaft, 54. Jg., Heft 2, 1994, S. 221 – 245.

Franz, K.-P. / Kajüter, P. (1997): Kostenmanagement in Deutschland – Ergebnisse einer empirischen Analyse in deutschen Großunternehmen, in: Franz, K.-P.; Kajüter, P. (Hrsg.): Kostenmanagement: Wettbewerbsvorteile durch systematische Kostensteuerung, Stuttgart, 1997, S. 481 – 502.

Göpfert, I. (1999): Industrielle Entsorgungslogistik, in: Weber, J.; Baumgarten, H. (Hrsg.): Handbuch Logistik: Management von Material- und Warenflussprozessen, Stuttgart, 1999, S. 203 – 218.

Göpfert, I. (2000): Logistik: Führungskonzeption; Gegenstand, Aufgaben und Instrumente des Logistikmanagements und –controllings, München, 2000.

Heinz, K. / Olbrich, R. (1993): Planzeitermittlung, München, Wien, 1993.

Heinz, K. (1997): Prozesskostenrechnung für die Logistik kleiner und mittlerer Unternehmen – Methodik und Fallbeispiele, Dortmund, 1997.

Horváth, P. / Brokemper, A. (1999): Prozesskostenrechnung als Logistikkostenrechnung, in: Weber J.; Baumgarten H. (Hrsg.): Handbuch Logistik, Stuttgart, 1999, S. 523 ff.

Horváth, P. / Mayer, P. (1989): Prozesskostenrechnung – Der neue Weg zu mehr Kostentransparenz und wirkungsvolleren Unternehmensstrategien, in: Controlling, 1. Jg., 1989, S. 214 – 219.

Horváth, P. / Brokemper, A. (1999): Prozesskostenrechnung als Logistikkostenrechnung, in: Weber, J.; Baumgarten, H. (Hrsg.): Handbuch Logistik: Management von Material- und Warenflussprozessen, Stuttgart, 1999, S. 524 – 537.

Ihde, G. B. (1991): Transport, Verkehr, Logistik: Gesamtwirtschaftliche Aspekte und einzelwirtschaftliche Handhabung, 2. Auflage, München, 1991.

Ihde, G. B. / Lukas, G. / Merkel, H. / Neubauer, H. (1988): Ersatzteillogistik: Theoretische Grundlagen und praktische Handhabung, 2. Auflage, München, 1988.

Ihde, G. B. / Merkel, H. H. / Henning, R. (1999): Ersatzteillogistik: Theoretische Grundlagen und praktische Handhabung, 3. Auflage, München, 1999.

Kruse, Chr. (1995): Referenzmodellgestütztes Geschäftsprozessmanagement: Ein Ansatz zur prozessorientierten Gestaltung vertriebslogistischer Systeme, Diss. Saarbrücken, 1995.

Mevissen, K. (1997): Stichwort *Retouren*, in: Bloech, J.; Ihde, G. B. (Hrsg.): Vahlens großes Logistiklexikon, München, 1997.

Pfohl, H.-Chr. (1994): Logistikmanagement: Funktionen und Instrumente, Berlin u.a., 1994.

Schuppert, F. (1993): Strategische Optionen für Anbieter auf Ersatzteilmärkten, Wiesbaden, 1993.

Schulte, Ch. (1999): Logistik: Wege zur Optimierung des Material- und Informations-flusses, 3. Auflage, München, 1999.

Schweitzer, A. (2000): Logistik im Bereich Entsorgungsdienstleistungen, in: Baumgarten, H.; Wiendahl, H.-P.; Zentes, J.: Logistikmanagement, Strategie – Konzepte – Praxisbeispiele, 901/05, Berlin, Heidelberg, 2000, S. 1 – 19.

Stauss, B. / Seidel, W. (1996): Beschwerdemanagement: Fehler vermeiden – Leistung verbessern – Kunden binden, München, Wien, 1996.

Stoi, R. (1999): Prozesskostenmanagement in Deutschland. Ergebnisse einer empirischen Untersuchung, in: Controlling, Nr. 2, 1999, S. 53 – 60.

Stölzle, W. (1993): Umweltschutz und Entsorgungslogistik. Theoretische Grundlagen mit ersten empirischen Ergebnissen zur innerbetrieblichen Entsorgungslogistik, Berlin, 1993.

Vahrenkamp, R. (1998): Logistikmanagement, 3. Auflage, München, Wien, 1998.

Weber, J. (1995): Kennzahlen für die Logistik, Stuttgart, 1995.

Praktische Anwendungen

Prozessorientierte Kostenrechnung bei der Neckermann Versand AG, Frankfurt

*Harald Gleißner**

*   Dr. Harald Gleißner, KarstadtQuelle AG, Frankfurt.

1.   Vorbemerkungen

Im Zuge der Arbeiten des Arbeitskreises Prozesskostenrechnung wurden neben den theoretischen Grundlagen immer wieder Anwendungsbeispiele aus der Unternehmenspraxis vorgestellt und diskutiert. Diese Beispiele trugen vor allem dazu bei, die praktische Relevanz der Ergebnisse und Empfehlungen des Arbeitskreises zu sichern. Allen Beteiligten ist allerdings klar, dass eine 1:1-Umsetzung des Arbeitskreiskonzepts in die Unternehmenspraxis nicht möglich ist. Vielmehr stellen die erzielten Ergebnisse eine Tool-Box dar, aus der für jeden Einzelfall unter Berücksichtigung der spezifischen Anforderungen des Unternehmens und des Zielmarktes ein funktionales Anwendungskonzept zusammengestellt werden kann.

Im folgenden wird die Anwendung der Prozesskostenrechnung bei der Neckermann Versand AG vorgestellt. Dabei sollen insbesondere auch die Zusammenhänge mit der vom Arbeitskreis vorgeschlagenen Systematik zur Prozessanalyse und -kostenrechnung herausgestellt werden. Die im folgenden beschriebenen Anwendungen mögen den Leser ermutigen, unter Nutzung der in den vorstehenden Kapiteln genannten Vorschläge die Umsetzung der Prozesskostenrechnung im eigenen Unternehmen anzugehen, weiterzuführen oder lediglich einen Statusvergleich durchzuführen.

2.   Das Unternehmen

Die 1950 von Josef Neckermann gegründete Neckermann Versand AG, Frankfurt am Main, hat sich rasch zu einem der großen europäischen Versandhäuser entwickelt. 1998 belief sich der Gesamtumsatz einschließlich Tochtergesellschaften im Inland (z.B. Versandhaus Walz-Gruppe, Bad Waldsee, Saalfrank Qualitätswerbeartikel GmbH, Schweinfurt, und Krähe-Versand GmbH, Schlierbach) sowie in den Niederlanden, in Belgien, Frankreich, Österreich, in Skandinavien und in osteuropäischen Ländern auf 4,4 Mrd. DM bei 9.917 Mitarbeitern. Die Neckermann Versand AG (ohne Tochtergesellschaften) erzielte 1998 einen Umsatz (inkl. MwSt.) von 3,2 Mrd. DM und beschäftigte 6.779 Mitarbeiter.

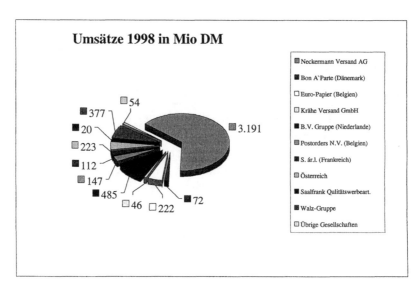

Abb. 1:   Umsätze 1998 Neckermann Konzern

Zweimal jährlich erreicht der Hauptkatalog mit fast 1.500 Seiten etwa 6,5 Millionen Haushalte; hinzu kommen Spezialkataloge und Sonderprospekte. Insgesamt ergibt sich so ein Vollsortiment mit über 110.000 Artikelpositionen. Die Tochtergesellschaften geben eigene Kataloge heraus.

Der Einkauf kann – ohne Ladenschlusszeiten – bequem von Zuhause aus erfolgen. Der telefonische Kundenservice der Neckermann Versand AG ist rund um die Uhr – auch am Wochenende – zu erreichen. Das gesamte Modesortiment, der größte Teil des Hartwarenangebotes (Haushaltsartikel, Kleinelektro, Schmuck, Fotoartikel usw.) und weitere Artikel können im 24-Stunden-Service oder zum Wunschtermin geliefert werden. Das gesamte Warenangebot ist jeweils mit sofortiger Lieferauskunft auch über Internet bestellbar.

Insgesamt wurden 1998 von der Neckermann Versand AG über 20 Mio. Warensendungen mit rund 40 Mio. Warenstücken an Kunden im gesamten Bundesgebiet verschickt. Mit seinen Filialketten „Urlaubswelt", „Fox-Markt" sowie den „Kauf- und Bestellshops" ist das Großversandhaus bundesweit vertreten.

1995 wurde das mit modernster Technik ausgestattete „Logistikzentrum Heideloh" (bei Bitterfeld) in Betrieb genommen. Im gleichen Jahr erwarb Neckermann die Trend Produktvermarktungs AG, Wien/Österreich, 1999 umfirmiert in Neckermann Handels AG, mit Versandhandelsaktivitäten in Tschechien, in der Slowakischen Republik sowie Polen und Ungarn; 1996 erfolgte die Übernahme des Textil-Versandhauses Bon`A Parte Postshop A/S, Ilkast/Dänemark, das vornehmlich im skandinavischen Raum tätig ist.

Seit September 1997 gehört die Krähe-Versand GmbH, ein Spezialanbieter für Berufs- und Zunftbekleidung, zur Neckermann-Gruppe.

Die Neckermann Versand AG, eine 100%ige Tochtergesellschaft der Karstadt-Quelle AG, ist das drittgrößte Versandhaus in Deutschland und das fünftgrößte in Europa.

3.   Ausgangssituation und Zielsetzung

Die wichtigste Logistikaufgabe der Neckermann Versand AG in Frankfurt ist die Belieferung von Endkunden mit einem breiten Versandhandelssortiment. Darüber hinaus gibt es logistische Aufgaben zur Belieferung von Tochtergesellschaften und weiterer Großabnehmer. Durch Sortimentsunterscheidungen und differenzierte Betrachtung der Abnehmergruppen lassen sich deutliche Variationen in den spezifischen Distributionswegen feststellen.

Bei den Sortimentsgruppen ergeben sich die Unterschiede in den Distributionswegen aus den sortimentsspezifischen Versandstandorten. Man unterscheidet:

- *Beipackfähige Ware*, die zusammen mit paketversandgenormter Kartonage verschickt werden. Dazu gehören Textilien (liegende und hängende Konfektion) und Hartwaren.
- *Einzelversandfähige Ware*, die ohne weitere Verpackung in der vom Hersteller eingesetzten Kartonage versandt werden können.
- *Großgüter* (braune und weiße Ware) und *Möbel*.
- *Ware ab Fabrik*, d.h. Waren, die kundenspezifisch beim Hersteller angefertigt werden. Dazu gehören u.a. Maßanfertigungen von Küchen, Fenstertextilien, Bettwaren usw.

Die aus den verschiedenen Abnehmergruppen resultierenden Distributionswege werden unterschieden in:

- Kundenversand Deutschland,
- Belieferung der Tochterunternehmen insbes. im europäischen Ausland,
- Großabnehmerversand und
- Belieferung der unternehmenseigenen Fox-Märkte.

Beim Kundenversand Deutschland wiederum lassen sich die Versandarten einerseits nach Lieferschnelligkeit in Eilservice, Terminservice und Normalservice und andererseits nach Kunden in Einzelbesteller mit einer Bestellposition, Einzelbesteller mit mehreren Bestellpositionen, Sammelbesteller und Versand für Betriebsangehörige unterteilen.

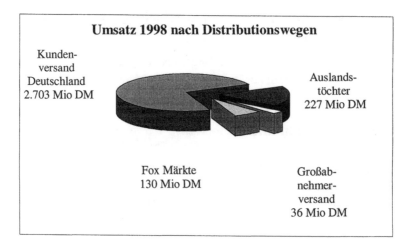

Abb. 2:   Umsatz 1998 nach Distributionswegen

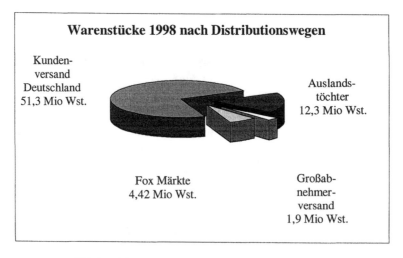

Abb. 3:   Warenstücke 1998 nach Distributionswegen

Verknüpft man die sortiments- und kundenspezifischen Distributionswege, so ergibt sich für den Bereich „physische Auftragsbearbeitung" in der Logistik eine Vielzahl unterschiedlicher Prozesstypen. Die hohe Anzahl der verschiedenen Prozesstypen soll mit der nachfolgenden Abbildung 4 veranschaulicht werden.

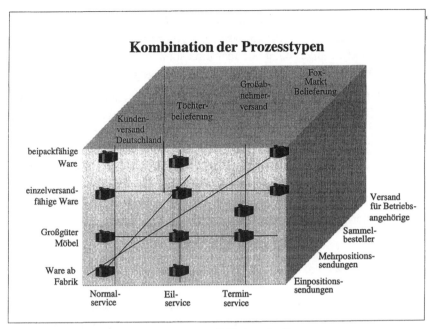

Kombination der Prozesstypen

Abb. 4: Kombinationsmöglichkeiten der Prozesstypen

Ausgangsüberlegung für eine detaillierte Prozessanalyse war die ursprünglich allein am Kundenversand für Einzel- und Sammelbesteller im Normalservice ausgerichtete Lager-, Kommissionier-, Bereitstellungs- und Versandkostenberechnung. Die Stückkosten für die übrigen Distributionswege wurden durch Anteilsschätzverfahren unter Berücksichtigung von Größendegressionseffekten pauschal anhand der Kostenwerte für den Normalservice ermittelt.

Die Prozessanalyse sollte zukünftig pro Prozessvariante eine verursachungsgerechte Kostenzuordnung ermöglichen. Ziel war es, genaue Stückkosten pro Vertriebsweg und Sortimentsgruppe zu ermitteln. Damit sollten insbesondere bis dahin vorhandene Unschärfen bei der Kostenbelastung von Tochtergesellschaften und sonstiger Mandanten, die über die Neckermann Logistik abgewickelt werden, beseitigt werden.

Für die Tochtergesellschaften war als Ergebnis ein sortimentsgenauer Input für die Kalkulation des Abgabepreises an den Bestellkunden zu erwarten. Zudem wurde eine deutlichere Abgrenzung und Beurteilung der Sortimentsergebnisse hinsichtlich der belastenden Kostenkomponenten angestrebt.

Nach den Prozesstypen innerhalb des logistischen Kernprozesses „physische Auftragsabwicklung" wurde der Kernprozess „Retrologistik" mit dem Bereich der Retourenbearbeitung in gleicher Weise einer Prozessanalyse unterzogen.

Derzeit ist eine Prozessanalyse für die Hängekonfektionsabwicklung in Bearbeitung. Damit wird eine Spezialform der „physischen Auftragsbearbeitung" erfasst, die zwar am Standort Frankfurt angesiedelt ist, aber eine spezifische Abwicklungsform erfordert und insofern von der Hauptabwicklung für Liegeware getrennt ist.

Alle Aktivitäten zur Prozessanalyse werden in enger Zusammenarbeit des Unternehmensbereichs Controlling mit den betroffenen Linienabteilungen des Unternehmensbereichs Logistik durchgeführt. Die Arbeitsgruppen sind entsprechend mit Mitarbeitern aus allen betroffenen Bereichen besetzt. Die Beteiligung der Linienverantwortlichen ist unabdingbar, da sie oftmals die einzigen sind, die die Prozesse im Detail kennen und auch Kenntnis über die im Arbeitsalltag ständig vorkommenden Abwandlungen von Normalabläufen haben. Diese Vorgehensweise trägt schließlich wesentlich zu einer hohen Akzeptanz der gefundenen Ergebnisse sowie zu deren rascher Umsetzung bei.

4.   Vorgehensweise

Am Beispiel des Distributionsweges für „einzelversandfähige Ware" soll die Vorgehensweise bei der Erstellung des Prozess- und Stückkosteninstrumentariums bei Neckermann illustriert werden. Der Begriff Warenbereitstellung wird im nachfolgenden jeweils synonym zum Begriff Kommissionierung verwendet.

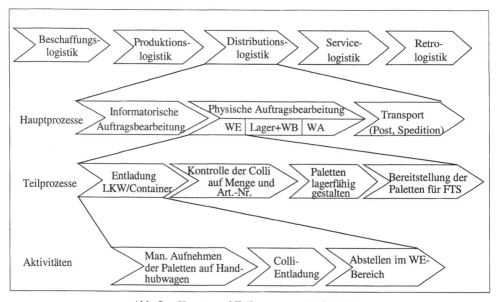

Abb. 5:   Haupt- und Teilprozesse mit Aktivitäten

4.1   Prozessanalyse

Die Prozessanalyse begann mit einer Ist-Aufnahme der Abläufe im Neckermann-Logistikzentrum Heideloh, dem Lager- und Versandort für „einzelversandfähige Ware". Die Abläufe wurden dabei analog zu der vom Arbeitskreis Prozesskostenrechnung benutzten Systematik in Haupt- und Teilprozesse sowie Aktivitäten zerlegt.

Beim Ansatz der Gliederungssystematik ist allerdings eine Verschiebung der Hierarchieebenen erkennbar. Unter der Überschrift „physische Auftragsbearbeitung" werden bei Neckermann der Wareneingang, die Lagerung und Kommissionierung sowie der Warenausgang jeweils als Hauptprozesse eingestuft. Diese Verschiebung verändert aber nicht die grundsätzliche Systematik.

In Gesprächen mit den verantwortlichen Führungskräften wurden die Teilprozesse und deren Aktivitäten abgegrenzt sowie die messbaren Bezugsgrößen der jeweiligen Aktivitäten definiert. Mit der Auswertung von historischen Leistungsdaten, mit Multimomentaufnahmen und Zeiterfassungen über einen begrenzten Auswahlzeitraum erfolgte die Leistungsermittlung.

Im nachfolgenden ist ein Beispiel für ein Arbeitsblatt zur Bezugsgrößendefinition und Leistungserfassung dargestellt. Bei den Teilprozessen wurde nach produktiven Tätigkeiten, den sog. leistungsmengeninduzierten Aktivitäten (lmi), und nach unproduktiven Tätigkeiten, den leistungsmengenneutralen Aktivitäten (lmn), unterschieden.

Hauptprozess	Teilprozess	Aktivität	Bezugsgröße
Wareneingang	**Produktiv**		
	Entladung LKW/ Container	- manuelles Aufnehmen der Paletten auf Handhubwaren - Colli-Entladung - Abstellen im WE-Bereich	Paletten, Colli, Warenstücke
	Kontrolle Colli auf Menge und Art.-Nr.	- Vergleich mit den Angaben auf Anlieferungsaufstellung/ Entladeanweisung	Paletten, Colli, Warenstücke
	Paletten lagerungsfähig gestalten	- ggf. Depalettierung und normgerechte Neugestaltung	Paletten, Colli, Warenstücke
	Bereitstellung der Paletten für FTS	- Aufnehmen, Transport und Abstellen der Paletten auf Übergabeplatz für FTS	Paletten, Colli, Warenstücke
	Unproduktiv		
	EDV-mäßige Verarbeitung der WE-Daten	- Erfassen der WE-Daten - Soll-Ist-Vergleich - Klärung von Differenzen - Ausdruck der Palettenscheine - Führung des Palettenkontos - Steuerung des Materialverbrauchs	Anzahl Datensätze Vorgänge
	Führungstätigkeit		Zeit, Anzahl MA
Lager + WB Hochregallager (HRL)	**Produktiv**		
	Transport der lagerfähigen Paletten zum HRL	- Aufnehmen der Paletten durch FTS - Transport und Absetzen am I-Punkt	Paletten, Colli, Warenstücke
	Erfassung am I-Punkt	- Scannen des Palettenscheines - Kontrolle (Art.-Nr., Menge) - Ware in Bestand des HRL einbuchen und Auftrag an RBG (Platzzuweisung)	Paletten, Colli, Warenstücke
	Einlagerung, Auslagerung	- autom. Einlagerung der Palette durch RBG - durch Optimierung der Abläufe anschließende Auslagerung (Doppelspiel)	Paletten, Colli, Warenstücke
	Erfassung am K-Punkt	- Scannen des Palettenscheines (Art.-Nr., Menge) - Ausdruck der Pickanlage - Verrechnung der Entnahmemenge mit Lagerbestand - bei Ganzentnahme: Leermeldung	Paletten, Colli, Warenstücke
	Unproduktiv		
	Führungstätigkeiten		Zeit, Anzahl MA

Tab. 1:   Prozess- und Aktivitätenblatt

4.2   Ermittlung der Prozesskosten

Zur Ermittlung der Prozesskosten wurde eine Zuordnungstabelle, wie sie in Tabelle 2 ausschnittsweise dargestellt ist, entwickelt. Ziel war es dabei, aus bestehenden Kostenstellen den Teilprozessen Kostenwerte zuzuordnen. Soweit mehrere Teilprozesse oder sogar Hauptprozesse in einer Kostenstelle zusammengefasst waren, wurden über entsprechende, mit den Prozessverantwortlichen der jeweiligen Haupt-/Teilprozesse ermittelte Anteilsschlüssel Zuordnungen getroffen.

Die aus dem Leistungsentlohnungssystem oder den Beobachtungen bzw. Aufschreibungen ermittelten Mengen wurden danach ebenfalls in die Zuordnungstabelle eingefügt. Über Sortimentsfaktoren wurde die benötigte Prozesskapazität für die jeweiligen Sortimentstypen festgelegt. Damit konnten schließlich die für jeden Teilprozess anfallenden Stückkosten ermittelt werden.

3	4	5	6	7	8	9					10				
Zuord-nung	Kosten-art	Kosten-Ges.(TDM)	Bezugs-größe	Mengen-Ges (Tsd.)	Prozess-kosten (DM)	*Sortimentsfaktor*					*Stückkosten Gesamt (in Pfennig)*				
						SF	Fliesen	Teppiche	Zuschnitt	sonst. NSF	SF	Fliesen	Teppiche	Zuschnitt	sonst. NSF
VW	var. PK				(5:7)	1	-	-	-	-	(8:9)	-	-	-	-
	var. SK		bereitge-			1	-	-	-	-	(8:9)	-	-	-	-
alle	Summe		stellte Wst.								(8:9)	-	-	-	-
	fixe PK					1	-	-	-	-	(8:9)	-	-	-	-
	fixe SK					1	-	-	-	-	(8:9)	-	-	-	-
	Summe											-	-	-	-
	var. PK				(5:7)	1	-	-	-	-	(8:9)	-	-	-	-
	var. SK		bereitge-			1	-	-	-	-	(8:9)	-	-	-	-
alle	Summe		stellte Wst.								(8:9)	-	-	-	-
	fixe PK					1	-	-	-	-	(8:9)	-	-	-	-
	fixe SK					1	-	-	-	-	(8:9)	-	-	-	-
	Summe											-	-	-	-
	var. PK				(5:7)	-	1	-	-	1	-	(8:9)	-	-	(8:9)
	var. SK		bereitge-			-	1	-	-	1	-	(8:9)	-	-	(8:9)
alle	Summe		stellte Wst.								-	(8:9)	-	-	(8:9)
	fixe PK					-	1	-	-	1	-	(8:9)	-	-	(8:9)
	fixe SK					-	1	-	-	1	-	(8:9)	-	-	(8:9)
	Summe											(8:9)			(8:9)
	var. PK				(5:7)	-	-	1	-	-	-	-	(8:9)	-	-
	var. SK		bereitge-			-	-	1	-	-	-	-	(8:9)	-	-
alle	Summe		stellte Wst.								-	-	(8:9)	-	-
	fixe PK					-	-	1	-	-	-	-	(8:9)	-	-
	fixe SK					-	-	1	-	-	-	-	(8:9)	-	-
	Summe														
	var. PK		lfd. Meter		(5:7)	-	-	-	4	-	-	-	-	(8:9)	-
	var. SK		(1 Best-			-	-	-	4	-	-	-	-	(8:9)	-
alle	Summe		durchschn.								-	-	-	(8:9)	-
	fixe PK		4m=4 Wst.)			-	-	-	4	-	-	-	-	(8:9)	-
	fixe SK					-	-	-	4	-	-	-	-	(8:9)	-
	Summe														
nur KV	var. PK				(5:7)	1	1	1	1	1	(8:9)				
	var. SK		bereitge-			1	1	1	1	1		(8:9)			
	Summe		stellte Wst.										(8:9)		
	fixe PK					1	1	1	1	1				(8:9)	
	fixe SK					1	1	1	1	1					(8:9)
	Summe														

Tab. 2: Prozesskostenübersicht (Werte in Klammer sind die Berechnungsformeln z.B. (5:7) = Wert Spalte 5 geteilt durch Wert Spalte 7)

4.3   Stückkostenberechnung

Aus den oben dargestellten Zuordnungstabellen konnten nun die Stückkosten nach Sortimenten für

- sortierfähige Ware,
- Teppiche,

- Fliesen,
- Meterware und
- sonstige nichtsortierfähige Ware

zusammengestellt werden (vgl. Tab. 3).

Genauso ist aber auch eine Unterscheidung nach Vertriebswegen für

- Kundenversand Deutschland,
- Ausland,
- Fox-Märkte,
- Großabnehmerversand

möglich (vgl. Tab. 4).

Zwei Beispiele für die verwendeten Stückkostenblätter sind in den folgenden zwei Tabellen dargestellt.

		Stückkostenblatt Kostenart	Kunden-versand	Ausland	FOX	GAV
1		variable Personalkosten				
2		variable Sachkosten				
3	1+2	∑ variable Kosten				
4		fixe Personalkosten				
5		fixe Sachkosten				
6	4+5	∑ fixe Kosten				
7	3+6	∑ var. und fixe Kosten				
	8	Mietkosten (direkt)				
	9	DV-Kosten (direkt)				
	10	Wartungskosten (direkt)				
11	8-10	∑ Funktionsgemeinkosten				
12	7+11	∑ Funktionsvollkosten				
13 14		Verwaltung Außenstellen Betriebssteuerung Zentrale Ffm.				
15		Mietkosten (indirekt)				
16		DV-Kosten (indirekt)				
17		Wartungskosten (indirekt)				
18	13-17	∑ Abwicklungsgemeinkosten				
19	12+18	∑ Abwicklungsvollkosten				

Tab. 3: Stückkostenblatt nach Vertriebswegen

Die Position „variable Personalkosten" (Zeile 1) enthält alle gewerblichen Mitarbeiter mit Voll-, Teilzeit- oder Aushilfsverträgen, die in der operativen Abwicklung eingesetzt sind. Variable Sachkosten (Zeile 2) ergeben sich in erster Linie aus den eingesetzten Verpackungsmaterialien.

In den fixen Personalkosten (Zeile 4) sind alle Kosten für Gehälter der angestellten Führungskräfte in der operativen Abwicklung zusammengefasst. In den fixen Sachkosten (Zeile 5) sind mengenunabhängige Kosten wie Betriebskosten (Heizung, Energie) und anteilige Verwaltungskosten enthalten.

Die Zeilen 3, 6 und 7 bilden die Summen der variablen und fixen Kosten.

Die Position „Mietkosten" (Zeile 8) enthält Raumkosten, Fremdmieten, kalkulatorische Abschreibungen, kalkulatorische Zinsen und ggf. für die Nutzung eigener Gebäudeteile angesetzte kalkulatorische Mieten. Für die DV-Nutzung in Form von direkt zurechenbaren Rechnerzeiten und bereitgestellter DV-Infrastruktur werden "DV-Kosten" (Zeile 9) angesetzt. Diese ergeben sich schwerpunktmäßig aus der Großrechnernutzung und dem Rechnungsdruck. Personal- und Sachkosten für Wartung der Gebäude und der Fördertechnik sind in der Position "Wartungskosten" (Zeile 10) zusammengefasst. Die Summe aus diesem Kostenblock folgt in den "Funktionsgemeinkosten" (Zeile 11). Addiert man die operativen variablen und fixen Kosten (Zeile 7), ergeben sich die sogenannten "Funktionsvollkosten" (Zeile 12). Diese stellen alle Kosten der operativen Unternehmensfunktion dar.

Es folgen einige Kostenpositionen, die spezifisch an den unterschiedlichen Abwicklungsstandorten, wie beispielsweise im Logistikzentrum Heideloh, anfallen. Die Position „Verwaltung Außenstellen" (siehe 13) enthält Personal- und Sachkosten, die durch die räumlich getrennte Abwicklung vor Ort erforderlich sind. Die Kosten innerhalb des Bereichs Logistik für die Zentral-Verwaltung und Koordination der Außenstellen sind in der Position "Betriebssteuerung" (Zeile 14) enthalten. Dazu gehören neben allgemeinen Verwaltungsaufgaben auch Kosten für die Bestandsführung, für Bestandskorrekturen usw.

Die als indirekt ausgewiesenen "Miet-, DV- und Wartungskosten" lassen sich nicht auf konkrete Funktionen verteilen. Dazu gehören zum Beispiel Kosten für Datenhaltung, Wartungs- und Instandhaltungsarbeiten an Gebäuden. Die Summe dieses Blocks wird als "Abwicklungsgemeinkosten" bezeichnet.

		Stückkostenblatt Kostenart	Sorterfä- hige Ware	Teppi- che	Flie- sen	Meter- ware	sonst. nicht sorterfähige Ware
1		variable Personalkosten					
2		variable Sachkosten					
3	1+2	∑ *variable Kosten*					
4		fixe Personalkosten					
5		fixe Sachkosten					
6	4+5	∑ *fixe Kosten*					
7	3+6	∑ *variable und fixe Kosten*					
8		Mietkosten (direkt)					
9		DV-Kosten (direkt)					
10		Wartungskosten (direkt)					
11	8 -10	∑ *Funktionsgemeinkosten*					
12	7 +10	∑ *Funktionsvollkosten*					
13		- Verwaltung Außenstellen					
14		- Betriebssteuerung, Zent- rale Ffm					
15		- Mietkosten (indirekt)					
16		- DV-Kosten (indirekt)					
17		- Wartungskosten (indi- rekt)					
18	13-17	∑ *Abwicklungsgemein- kosten*					
	12+18	∑ *Abwicklungvollkosten*					

Tab. 4:   Stückkostenblatt nach Vertriebswegen

Als Endsumme entstehen die sogenannten Abwicklungsvollkosten, die alle Kosten eines bestimmten, jeweils an einem räumlich eigenständigen Standort angesiedelten Ab-
wicklungstyps enthalten. Die wichtigsten Abwicklungstypen ergeben sich aus den auf
Seite 6 dargestellten sortimentsspezifischen Versandstandorten. Hinzu kommen die
Abwicklungstypen Hängewarenversand und Retourenbearbeitung.

5.   Praktische Anwendung

Die obige Darstellung zeigt, dass der Hauptprozess „physische Auftragsbearbeitung"
mit allen seinen Varianten keinesfalls vollständig bis ins Letzte analog zu den vom Arbeitskreis entwickelten Leistungsgrößen der „Prozessleistungsfähigkeit" und „Prozessleistung" zerlegt wurde. Im Fokus der Betrachtungen stand nach der Beschreibung und
Dokumentation der vorhandenen Prozesse die Bewertung der monetären Größen und

damit der „Prozesskapazität" und der „Prozessleistungsmengen". Hintergrund für diese
Einschränkung waren Wirtschaftlichkeitsüberlegungen, d.h. die Fragen, bis zu welchem
Detaillierungsgrad eine Bearbeitung wirtschaftlich sinnvoll ist, im Ergebnis ausreichen-
de Kosteneffekte garantiert und ob die dazu notwendigen Daten mit einem vertretbaren
Aufwand zu ermitteln sind. Die „Prozessflexibilität" findet sich in den unterschiedlichen, sortimentsbezogenen Teilprozessen mit ihren speziell zugeschnittenen Lagerfor-
men, Kommissionier- und Bereitstellungsabläufen wieder, wird aber nicht als Kennzahl
erfasst.

Eine Erfassung der Leistungsgrößen „Prozessgenauigkeit" und „Prozesstermintreue"
wird bei Neckermann bisher für die jeweiligen Distributionswege insgesamt vorgenommen, ohne in monetär bewerteter Form in die Prozesskostenrechnung einzufließen.
Man ermittelt die Prozessgenauigkeit und -termintreue als eigenständige Kennziffern
für die jeweiligen Versandstandorte. Dazu gehört auch die Erfassung und Auswertung
der externen Lieferzeiten von den einzelnen Versandstandorten aus. Dies betrifft insbesondere die Laufzeitverfolgung der Postpakete. In Einzelfällen werden stichprobenartig
auch prozessbezogene Erfassungen durchgeführt, so zum Beispiel für den 24-Stunden-
Service.

Beispiele für solche Kennzahlen sind z.B. die Anzahl der Fehlpicks bei der Kommissionierung, die Anzahl der Falschzuordnungen von Ware zum jeweiligen Kundenauftrag,
die Erfüllungsquote von Eilaufträgen des jeweiligen Tages usw.

Die Ergebnisse der Prozessanalyse werden schließlich im Rahmen der Sortimentser-
gebnisrechnung berücksichtigt, um eine genaue Kostenbelastung der einzelnen Sorti-
mente zu ermöglichen. Genauso werden die Ergebnisse im Rahmen der Vertriebsergeb-
nisrechnung genutzt. Das führte zu einer Qualitätsverbesserung der Ergebnis-
rechnungen durch eine verursachungsgerechte Logistikkosten-Belastung. Besonders
wichtig ist in diesem Zusammenhang der Input für die Vorkalkulation der Abgabepreise
von Waren für die Lieferung an die Tochtergesellschaften im Ausland.

6.   Ausblick

Die Vielzahl der verschiedenen Prozesstypen (vgl. Abbildung 3) erklärt, dass die Aktivitäten zur Ersterfassung bis heute noch nicht für alle Prozesse abgeschlossen sind. Die
wichtigsten und mit den größten Kosteneffekten verbundenen Prozesse wurden zuerst
bearbeitet. Das Prozesskostenteam steht derzeit kurz vor dem Abschluss der Prozessanalyse und –bewertung für den letzten großen Prozess "Hängelagerabwicklung" (Lagerung, Kommissionierung, Bereitstellung). Weitere Prozesse und Prozessvarianten sollen folgen. Aus Wirtschaftlichkeitsüberlegungen werden allerdings nicht alle Prozesse
bei Neckermann einer Prozessanalyse unterzogen. Die Effekte, die sich aus der Analyse

kleinerer, unbedeutender oder selten ablaufender Prozesse ergeben, sind zu gering und würden von dem erforderlichen Aufwand überkompensiert.

Eine weitere Arbeitsgruppe, die teilweise aus Mitgliedern des bei der Erstanalyse eingesetzten Teams besteht, betreut die bereits erfassten Prozesse. Die schon durchgeführten Prozessanalysen und deren Ergebnisse unterliegen im jährlichen Rhythmus einer Überprüfung hinsichtlich ihrer Konsistenz und der Gültigkeit der erfassten Abläufe.

Das ist notwendig, weil gerade Abläufe während des laufenden Betriebs u.a. aus Gründen der Rationalisierung und Vereinfachung fortwährenden Anpassungen unterliegen (KVP-Prinzip). Veränderungen können sich aber auch aufgrund von Sortimentsverschiebungen oder Änderungen im Serviceangebot für den Endkunden ergeben. Aufgrund der bei Neckermann entwickelten Systematik zur Prozessanalyse, die durch ein DV-gestütztes Verfahren abgebildet wird, ist es verhältnismäßig einfach, Modifikationen in den Prozessmodellen umzusetzen.

Der gleichen Überprüfung unterliegen sowohl die Bewertung der Kostentreiber als auch die in die Prozesskostenrechnung einfließenden Basiskosten. Die Kostenbestandteile werden in regelmäßigen Abständen aus der Kostenrechnung abgefragt und in die Prozesskostenmodelle integriert. Die Aktualisierung erfolgt derzeit ebenfalls einmal im Geschäftsjahr und sichert so einen guten Aktualitätsgrad der jeweiligen Stückkosten.

Unterjährige Anpassungen der Prozesskostenmodelle werden nur bei wesentlichen Veränderungen der Prozesse, bei im Laufe des Jahres erkennbaren starken Veränderungen in der Sortimentsstruktur oder bei den Kostenkomponenten durchgeführt.

Im Zuge der Weiterentwicklung des DV-gestützten Instrumentariums Prozesskosten-Rechnung wird bei Neckermann in der Zukunft auch Data-Warehouse-Technologie zum Einsatz kommen. Damit wird der laufende Input von weiteren Elementen der Prozessleistung und -leistungsfähigkeit in die Prozessbewertung und schließlich in die Prozesskostenrechnung möglich.

Das Ziel, das mit der Weiterentwicklung der Prozesskostenrechnung angestrebt wird, ist über die verursachungsgerechte Kostenverrechnung hinaus der Einsatz der Ergebnisse für die Preiskalkulation und für eine bessere Ergebnisbeurteilung. Die Ergebnisse der Prozessbewertung sollen zudem noch viel stärker zur Planung aller betrieblichen Logistikprozesse und zur bedarfsgerechten Gestaltung der Logistiksysteme herangezogen werden. Ein erster Aspekt bei der Verbesserung der Prozesse kann beispielsweise in der Anpassung der Kommissioniersystematik für Belieferung der Auslandstöchter liegen, so dass eine gleichmäßigere Auslastung der technischen Systeme erreicht wird. In diesem Zusammenhang wäre eine generelle Umstellung von der heute teilweisen Einzelstückbelieferung auf Ganzkollibelieferung (ganze Lieferantenverpackungen mit einer Vielzahl gleicher Warenstücke) denkbar. Der Unterschied im Kommissionieraufwand zwischen Einzel- und Kollibelieferung liegt auf der Hand, ist aber dem Bestands- und

Warenverfügbarkeitseffekt gegenüberzustellen. Liegt eine exakte Prozessbewertung vor, ist dies allerdings leicht möglich.

Die Integration der Prozesskostenrechnung in das allgemeine Rechnungswesen- und Controllinginstrumentarium wird nach und nach im Zuge der Erneuerung der vorhandenen Systeme erfolgen, so dass zukünftig heute noch notwendiger manueller Aufwand zum Datenhandling vermieden werden und der Aktualitätsgrad der Prozessbewertung sehr viel zeitnäher erfolgen kann.

Der Einsatz der Prozessbewertung für auf Neckermann bezogene Make-or-Buy-Entscheidungen oder zur Auftragssteuerung wird zunächst nicht in Betracht kommen. Der Typus des traditionellen Versandhandels mit inzwischen sehr kurzen Reaktionszeiten (24-h-Service) erfordert aus Sicht der Unternehmensphilosophie eine Eigenabwicklung direkt am zentralen Lagerort.

Sehr viel wichtiger ist aber die Betrachtung vom Standpunkt des Auftragnehmers bei Make-or-Buy-Fragen. Die Fähigkeit der Neckermann-Logistik als Dienstleister, sei es für interne oder für externe Kunden aufzutreten (sog. Mandantenabwicklung), setzt diese genauen Prozesskenntnisse voraus. Die Aufgabe, Mandanten abzuwickeln, ist schon heute von Tochterunternehmen mit eigenem Marktauftritt zu leisten. Dieser Bereich wird in Zukunft, zum Ausgleich von Auslastungsschwankungen und zur Erzielung von Skaleneffekten in einem sich verschärfenden Wettbewerbsumfeld, einen weiteren Ausbau erfahren. Hier ist sowohl an Abwicklungen im Konzernverbund der Karstadt-Quelle AG als auch an Abwicklungen für sonstige Externe zu denken, zum Beispiel aus dem derzeit boomenden e-Commerce-Umfeld, in dem es durchgängig an logistischem Abwicklungspotenzial fehlt.

Die Prozessbewertung und -kostenrechnung ist bei der Neckermann Versand AG als eines der wichtigen zukunftsorientierten Instrumentarien zur Planung, Steuerung und Kostenkalkulation erkannt, wird derzeit hochgefahren und unterliegt einer zunehmenden Professionalisierung.

Realisierung der logistischen Prozesskostenrechnung mit einer praxiserprobten Softwarelösung

Martin Kabath / Holger Kayser / Wolfgang Meier[*]

[*] Dr. Martin Kabath, CONET Consulting AG, Hennef.
  Dipl.-Betriebswirt Holger Kayser, CONET Consulting AG, Hennef.
  Dr. Wolfgang Meier, selbständiger Berater, Holzweiler.

1. Motivation und Zielsetzung

Stetig knapper werdende Ressourcen und gleichzeitig wachsende Ansprüche des Kunden fordern sowohl im industriellen als auch im öffentlichen Bereich den Einsatz neuer Informations-, Analyse- und Managementführungssysteme. Aus dieser Motivation heraus hat die Arbeitsgruppe für Aufwandsbegrenzung im Betrieb der Bundeswehr (AGAB) 1993 ein Grundkonzept zur Optimierung des Verhältnisses von Betriebsausgaben und Investitionen vorgelegt. Darin wird der Ergänzung der kameralistischen Haushaltsführung durch eine Kosten- und Leistungsrechnung zur Erhöhung der Kosten- und Leistungstransparenz für die zukünftige Planung, Steuerung und Kontrolle der Leistungserstellungsprozesse sämtlicher Bereiche eine existentielle Notwendigkeit beigemessen. Ziel dieses Konzepts ist die Entwicklung und Implementierung von geeigneten Controlling-Instrumenten für ein effizientes Ressourcenmanagement in der Bundeswehr. Zur Umsetzung dieser Ziele wurden eine für die Bundeswehr adäquate Kosten- und Leistungsrechnung (KLR) sowie ergänzend ein kontinuierliches Verbesserungsprogramm (KVP) gefordert.

Da die traditionellen Kostenrechnungssysteme einem hohen Gemeinkostenanteil, wie er im Bereich öffentlicher Verwaltungen vorliegt, nicht gerecht werden und hinsichtlich Anwendbarkeit, Verursachungsgerechtigkeit und Aussagekraft an ihre systemimmanenten Grenzen stoßen, wurde beschlossen, für die transparente Abbildung von Kosten und Leistungen in den indirekten Gemeinkostenbereichen den Ansatz der Prozesskostenrechnung zu verfolgen.

Die CONET CONSULTING AG hat 1994 begonnen, im Auftrag des Bundesministeriums der Verteidigung als DV-Unterstützung zur Kosten- und Leistungsrechnung die Standardsoftware KOLIBRI (Kosten- und Leistungsrechnung in der Bundeswehr zur Rationalisierung und internen Optimierung) zu entwickeln, einzuführen und zu erproben. Im Juni 1999 waren über 250 Installationen in der deutschen Bundeswehr im Einsatz. Im Juli 1999 entschied sich das österreichische Bundesministerium für Landesverteidigung für die Einführung von KOLIBRI als Standardsoftware für Kosten- und Leistungsrechnung. Seit Mai 1999 wird KOLIBRI für Kunden des Dienstleistungssektors um ein Modul für die externe Leistungsabrechnung und interne Deckungsbeitragsrechnung erweitert.

Nach dieser kurzen Einführung werden wir im folgenden Abschnitt die Umsetzung der Prozesskostenrechnung innerhalb von KOLIBRI darstellen. Daran anschließend wird im Detail auf die vorhandenen Funktionalitäten und die daraus resultierenden Potenziale für ein effizientes Controlling für Dienstleister eingegangen. Die Präsentation eines praktischen Beispiels rundet diese Darstellung ab. Der Beitrag schließt mit einem Ausblick auf zukünftige Entwicklungstendenzen für die Prozesskostenrechnungssoftware KOLIBRI.

2.   Die realisierte Funktionalität

2.1   Abweichungen vom theoretischen Ansatz

Aufgrund von Anforderungen aus der Praxis und der Notwendigkeit aktueller, unterjähriger Ergebnisse und Auswertungen mussten innerhalb der Entwicklung eines Softwaresystems für eine Prozesskostenrechnung einige Modifizierungen gegenüber dem theoretischen Ansatz vorgenommen werden.

2.1.1 Plankostenrechnung vs. Ist- und Plankostenrechnung

Im Gegensatz zum theoretischen Ansatz der Prozesskostenrechnung, der auf einem analytischen plankosten- und planmengenorientierten Gerüst aufbaut, wurde bei der Entwicklung von KOLIBRI die gleichzeitige Istkosten-orientierte Umsetzung einer Prozesskostenrechnung gefordert. Nur durch den parallelen Einsatz einer Ist- und Plankostenvariante kann kurzfristig Kosten- und Leistungstransparenz in sämtlichen Bereichen einer Organisationseinheit realisiert und können monatliche Soll-Ist-Vergleiche hinsichtlich sämtlicher Kostenobjekte (Kostenarten, Kostenstellen, Prozesse und Kostenträger) ermöglicht werden.

2.1.2 Kategorisierung der Prozesse

Die gängige Differenzierung der Prozesse nach leistungsmengeninduziertem und –neutralem Charakter wurde weitergehend detailliert. In der realisierten Umsetzung der Prozesskostenrechnung können sämtliche ablauforientierten Kostenobjekte auf allen Ebenen der Prozessstruktur nach in Kernprozesse, unterstützende und neutrale Prozesse unterteilt werden. Unter Kernprozessen werden dabei systemseitig all die Prozesse zusammengefasst, die direkt für die Erfüllung des originären Kerngeschäfts einer Organisationseinheit anfallen. Als unterstützende Prozesse werden alle internen Aktivitäten verstanden, die für die ordnungsgemäße Erbringung der Kernprozesse notwendig sind. Abhängig vom Rechnungsziel kann mittels der neutralen Prozesse der Ressourcenverzehr für Abwesenheitszeiten kostenrechnerisch abgebildet werden.

2.1.3 Kostentreiber und Leistungsmengen

Neben den Größen der Prozesskostenverursachung, den Cost Drivern oder Kostentreibern, kann innerhalb von KOLIBRI eine zweite Maßgröße für Prozesse erfasst werden. Primär existieren zwei mögliche Einsatzbereiche dieser zweiten Maßgröße:

1.   Für einige Prozesse kann es aus informatorischen Gründen durchaus sinnvoll sein, eine zweite Maßgröße zu definieren, die nicht wie der Kostentreiber in einem pro-

portionalen Verhältnis zur Prozessdurchführung steht. Bei einer Aktivität „Kommissionierpositionen aus Lagerplatz entnehmen" z.B. wird als Kostentreiber „Anzahl Kommissionierpositionen" hinterlegt, da die Arbeitszeit für diese Aktivität proportional mit der Anzahl der Kommissionierpositionen steigt. Als Leistungsmenge wurde für zusätzliche Auswertungen die „Anzahl Lieferscheine" definiert. Hierbei steht die aufzuwendende Arbeitszeit nicht in direktem Zusammenhang mit der Anzahl der Lieferscheine, da auf einem Lieferschein generell mehrere Kommissionierpositionen erfasst sein können und somit für die Abarbeitung verschiedener Lieferscheine eine stark unterschiedliche Arbeitszeit notwendig sein kann. Die durch Einsatz dieser Maßzahl ausweisbaren Ergebnisse, durchschnittliche Lieferscheinbearbeitungszeit und durchschnittliche Kosten einer Lieferscheinbearbeitung, können jedoch für die interne Optimierung und Planung von Bedeutung sein.

2. Eine andere Möglichkeit des Einsatzes einer zweiten Maßzahl ist eine qualitative Bewertung der Prozesse. Eines der prägnantesten Beispiele hierfür kommt aus dem militärischen Bereich, ist aber problemlos auf Prozesse ziviler Unternehmen übertragbar. Für die Aktivität „Gefechtsschießen durchführen" wurde der Kostentreiber „Anzahl Schüsse" definiert. Durch diesen rein quantitativen Kostentreiber lassen sich zwar die Ressourcenverbräuche pro Schuss ermitteln, aber keine Aussagen zur Qualität der Aktivität treffen. Hierfür wurde als Leistungsmenge die „Anzahl Treffer" festgelegt. Durch Gegenüberstellung der Kosten pro Schuss und Treffer auf Basis der durchgeführten Prozesskostenrechnung ließ sich innerhalb durchgeführter Projekte sogar das Erfahrungskurvenkonzept bestätigen, da mit steigender Anzahl von Schüssen die Differenz zwischen Kosten pro Schuss und Kosten pro Treffer kontinuierlich abnahm.

2.1.4 Umlage der Prozesse

Die bereits bemängelte wertorientierte Verrechnung von Kosten leistungsmengenneutraler Prozesse per Zuschlag auf die leistungsmengeninduzierten Prozesskosten wurde bei der Umsetzung von KOLIBRI vollständig aufgegeben. Abhängig vom verfolgten Rechnungsziel der eingesetzten Kosten- und Leistungsrechnung können die Kosten neutraler und/oder unterstützender Prozesse ausschließlich über eine kapazitätsbasierende Umlage auf die Kosten der Kernprozesse verrechnet werden. Hierfür werden die Kosten der neutralen und/oder unterstützenden Prozesse durch die Summe der Leistungsstunden von Kern- und/oder unterstützenden Prozessen dividiert. Der sich ergebende absolute Kostenbetrag je Leistungsstunde wird zur Verrechnung der Kosten neutraler und/oder unterstützender Prozesse mit den jeweiligen Leistungsstunden der einzelnen Kernprozesse multipliziert. Durch die beschriebene Verrechnungsmethodik wird eine ungerechtfertigte Bezuschlagung von aufgrund direkter Kostenzuordnung relativ „teuren" Prozessen vermieden, da diese nur gemäß ihrer anteiligen Personalres-

sourcenverbräuche mit Kosten der neutralen und/oder unterstützenden Prozesse belastet
werden.

2.2 Flexible Skalierbarkeit durch modularen Aufbau

Durch den modularen Aufbau besteht für KOLIBRI die Möglichkeit eines sehr skalierba-
ren Einsatzes. Vom vollkommen autarken Einsatz bis hin zur vollständigen Integration
in eine bestehende Systemlandschaft können sämtliche Integrationsstufen realisiert
werden. Einzelne Bausteine von KOLIBRI können durch ein bereits vorhandenes
DV-Verfahren ersetzt werden, so z.B. auf Input-Seite durch eine Finanzbuchhaltung
oder auf der Output-Seite durch bereits eingesetzte Managementinformationssysteme.

Ist eine Betriebskostenrechnung nicht existent, so kann eine Kostenarten-, Kostenstel-
len-, Kostenträger- und Prozesskostenrechnung ausschließlich und vollständig durch
KOLIBRI abgebildet werden. Für die Erfassung und kostenrechnerische Bewertung der
Ressourcenverbräuche werden vier Kostenerfassungssysteme (Buchhaltungen) zur Verfügung gestellt. Das Anlagen- und Infrastrukturbuch sind hierbei ebenso zu nennen wie
die Personalverwaltung, innerhalb derer sämtliche Mitarbeiter mit ihren normalisierten
Personalkosten sowie ihrer Kostenstellenzugehörigkeit erfasst werden können. Die Erfassung von Materialverbräuchen und bezogenen Dienstleistungen wie auch eine Liefe-
rantenverwaltung werden in der Material- und Fremdleistungsbuchhaltung durchgeführt. Einen enormen Vorteil gegenüber anderen Softwaresystemen bietet die
Möglichkeit der Aktivitätendirektkontierung von Anlagen und Materialverbräuchen.
Anlagen können direkt Aktivitäten zugeordnet werden; dadurch wird sichergestellt,
dass die kalkulatorischen Kosten dieser Anlagen ausschließlich auf die sie nutzenden
Aktivitäten verrechnet werden. Gleiches gilt für Materialverbräuche und bezogene
Dienstleistungen. Falls kostenrechnerisch sinnvoll eine eindeutige Zuordnung zu Akti-
vitäten möglich ist, kann diese innerhalb der Buchhaltung vorgenommen werden.

Besteht eine Betriebskostenrechnung, z.B. in Form einer Kostenarten-/Kostenstellen-
rechnung, so können die bereits erfassten Ressourcenverbräuche mit ihrer Kostenarten-
und Kostenstellenkontierung über eine flexible Importschnittstelle eingelesen werden.
Auch für vorhandene Mengeninformationen bzgl. Kostentreibermengen, z.B. aus logistischen Informationssystemen, besteht diese Möglichkeit des automatischen Datenim-
ports. Durch diese vollständige Integration in bestehende Systemlandschaften werden
redundante Datenerfassungen nahezu vollständig vermieden und die eingelesenen Daten sind lediglich um für die Prozesskostenrechnung zusätzlich benötigten Daten, wie
z.B. die Leistungsstunden je Aktivität, anzureichern.

2.3 Grunddaten der Kostenrechnung

KOLIBRI verbindet die traditionell statische Kostenarten-, Kostenstellen- und Kostenträgerrechnung mit der dynamischen, ablauforientierten Prozesskostenrechnung. Hierbei wird die Prozesskostenrechnung nicht wie in anderen DV-Systemen parallel zu bestehenden Kostenrechnungssystemen, sondern integriert als gleichgestelltes System, abgebildet.

2.3.1 Kostenartenrechnung

KOLIBRI unterstützt den Aufbau und die Verwaltung eines individuellen Kostenartenplans zur Strukturierung der anfallenden Ressourcenverbräuche nach der Art der verbrauchten Kostengüter (z.B. Personalkosten, Materialkosten). Dabei wird eine bis zu fünfstufige Kostenartenhierarchie unterstützt. Eine dreistufige Strukturierung in Hauptkostenarten, Kostenarten und Unterkostenarten hat sich dabei jedoch als in der Regel ausreichend erwiesen.

Als Besonderheit der Kostenartenrechnung ist darzustellen, dass bereits bei der Definition von Kostenarten festgelegt werden kann, ob ausgewählte Kostenarten durch Aktivitätenmengen outputorientiert (siehe Kapitel 2.4.2) oder durch den Ressourceneinsatz inputorientiert geplant werden.

2.3.2 Kostenstellenrechnung

Dieser Bereich umfasst die Erstellung und Verwaltung eines Kostenstellenplans zur Untergliederung des Unternehmens in verschiedene Arbeitsbereiche, in denen die Kosten entstehen. Auch für die Kostenstellen ist der Aufbau einer Hierarchie mit bis zu fünf Ebenen entsprechend den Kostenarten möglich. Systemseitig wird zwischen Vorkostenstellen, die sich im Rahmen der innerbetrieblichen Leistungsverrechnung entlasten, und Hauptkostenstellen differenziert.

2.3.3 Prozesskostenrechnung

Die Darstellung der Prozesskostenrechnung mit ihren kostenstellenübergreifenden Geschäftsprozessen wird in KOLIBRI in bis zu drei Hierarchiestufen abgebildet. Ziel ist es hierbei, die Kosten, die in den einzelnen Kostenstellen anfallen, den Leistungen, die innerhalb der Kostenstelle erbracht werden, zuzuordnen.

Die unterste Hierarchiestufe ist die der Aktivitäten. Eine Aktivität ist die Summe von sachlich zusammengehörenden Einzeltätigkeiten einer Kostenstelle. Systemseitig werden Aktivitäten eindeutig Kostenstellen zugeordnet. In der nächsthöheren Stufe, der Prozessebene, werden mehrere Aktivitäten zu einem Prozess zusammengefasst. Dabei können die Aktivitäten durchaus in verschiedenen Kostenstellen angesiedelt sein. In der obersten Hierarchiestufe, der Hauptprozessebene, werden alle Prozesse, die ähnliche oder sachlich zusammengehörende Leistungen abbilden, in einem sogenannten Hauptprozess zusammengefasst.

Sämtlichen ablauforientierten Kostenobjekten jeder Hierarchiestufe der Prozessstruktur (Aktivität/Prozess/Hauptprozess) können Kostentreiber und Leistungsmengeneinheiten zugeordnet werden (vgl. Kapitel 2.1.3). Dabei ist es auch möglich, für einen Prozess andere Kostentreiber/Leistungsmengeneinheiten als Maßeinheit zu definieren als für seine zugeordneten Aktivitäten.

Für die monatliche Erfassung von Leistungsstunden und -mengen der Aktivitäten wird von KOLIBRI das Modul der „Aktivitätenerfassung" bereitgestellt. Dieses Modul befindet sich nicht im Hauptsystem von KOLIBRI, sondern in einem sog. Vorsystem. Beim Datenexport vom Vor- zum Hauptsystem werden personenbezogene Leistungsstunden, sofern die personenbezogene Stundenerfassung systemseitig definiert ist, auf Aktivitäten- und Kostenstellenebene aggregiert, sodass eine Auswertung auf der Ebene von Mitarbeitern bez. Leistungsstunden und –mengen nicht möglich ist.

2.3.4 Kostenträgerrechnung

In der aktuellen Programmversion 4.5 von KOLIBRI ist die Kostenträgerrechnung rein aktivitätenorientiert als Kostenträgerstückrechnung umgesetzt. Bei der Definition der Prozessstruktur wird festgelegt, ob Aktivitäten direkt gemäß ihrer tatsächlichen Inanspruchnahme auf Kostenträger verrechnet oder ob sie mittels diverser Gemeinkostenzuschläge auf diese umgelegt werden. Unabhängig von der Art des Gemeinkostenzuschlags werden sämtliche Aktivitäten des Overhead-Bereichs, falls sie Kostenträgern nicht direkt zugeordnet wurden, nie über eine wertabhängige Bezugsgröße, sondern stets über eine kapazitätsorientierte Basis verrechnet.

2.3.5 Sekundärkostenrechnung

Die Verfahren der innerbetrieblichen Leistungsverrechnung (IBL) werden in allen Ausprägungen unterstützt. Bei entsprechender konzeptioneller Grundlagenarbeit, die einmalig zu leisten ist, kann mit KOLIBRI eine Umlagensystematik aufgebaut werden, die eine sehr hohe Verursachungsgerechtigkeit im Echtbetrieb bei gleichzeitig minimalem Pflegeaufwand in allen Bereichen der Kostenrechnung garantiert.

2.3.5.1   Indirekte Leistungsverrechnung

Die indirekte IBL mit Hilfe von Kostenschlüsseln wird über die sog. BAB-Umlage abgedeckt. Innerhalb dieser besteht die Möglichkeit, einzelne Kostenarten bis hin zur ge-

samten Kostensumme von Vorkostenstellen, auch allgemeine Hilfskostenstellen genannt, über frei definierbare Bezugsgrößen zu verrechnen. Hierbei können fixe Bezugsgrößen, wie z.B. „beheizte Quadratmeter", fest hinterlegt oder prozentuale Verrechnungsschlüssel benutzt werden. Die verrechneten Kostenarten können durch einen
Kostenarten-Switch innerhalb der empfangenden Kostenstellen als Sekundärkostenarten
eindeutig gekennzeichnet und ausgewiesen werden.

2.3.5.2 Umlage von Betriebsabrechnungsbogen auf Aktivitätenabrechnungsbogen

Kernstück der Prozessorientierten Umlagensystematik von KOLIBRI ist die Verrechnung
von Kostenarten der Kostenstellen auf die durch sie geleisteten Aktivitäten. Standardmäßig werden alle Kostenarten einer Kostenstelle, mit Ausnahme der bereits direktkon-
tierten Kosten[1], über die Umlagebasis „je Aktivität geleistete Stunden" auf sämtliche
innerhalb einer Kostenstelle geleisteten Aktivitäten verrechnet. Von dieser Standardsys-
tematik können Ausnahmen definiert werden:

1. *Dynamische Umlage mit Ausnahmen* – mittels dieser Umlage kann auf unterster
   Ebene der Kostenartenhierarchie definiert werden, welche Kostenarten nicht auf
   ausgewählte Aktivitäten umgelegt werden.

2. *Fixe Umlage von Kostenarten* – innerhalb dieser Umlage kann definiert werden,
   mit welchem fixen Anteil Kostenarten bestimmter Kostenstellen ausschließlich auf
   ausgewählte Aktivitäten verrechnet werden.

2.3.5.3 Umlage innerhalb des Aktivitätenabrechnungsbogen

Abhängig vom definierten Rechnungsziel besteht in KOLIBRI des Weiteren die Möglichkeit, die Kosten neutraler Aktivitäten auf die unterstützenden und Kernprozesse oder
die Kosten neutraler und unterstützender Aktivitäten auf die Kernprozesse vollständig
zu verrechnen. Auch hierbei sind als Bezugsbasis immer die „je Aktivität geleisteten
Stunden" ausschlaggebend; eine verursachungsungerechte, wertabhängige Bezuschlagung der kostenempfangenden Aktivitäten wird vermieden.

2.3.5.4 Direkte Leistungsverrechnung

Für eine direkte IBL durch Messung des Leistungsverbrauchs bei den empfangenden
Kostenstellen steht in KOLIBRI die IBL-I-Umlage zur Verfügung. Mittels der
IBL-I-Umlage werden, die Vorteile der Prozesskostenrechnung nutzend, auf Aktivitä-

---

[1] Bei Einsatz des Buchhaltungsmoduls besteht, wie bereits in Kapitel 2.2 dargestellt, die Möglichkeit, Anlagen,
Materialverbräuche und bezogene Dienstleistungen direkt auf die sie nutzenden Aktivitäten zu kontieren. Des
Weiteren ist anzumerken, dass bei systemseitig eingestellter Stundenerfassung auf Mitarbeiterebene die
normalisierten Personalkosten ebenfalls über die erfassten Stunden direkt auf die vom jeweiligen Mitarbeiter
geleisteten Aktivitäten fließen.

tenebene innerbetriebliche Leistungen verrechnet. Während des Anlegens von Aktivitäten innerhalb der Prozessstruktur ist festzulegen, ob eine Aktivität als IBL-Aktivität genutzt werden soll. Diese werden im Rahmen der IBL-I-Umlage über tatsächlich geleistete Stunden oder Kostentreibermengen auf die leistungsempfangenden Kostenstellen verrechnet. Systemseitig wird ausgeschlossen, dass eine Aktivität gleichzeitig IBL- und Kostenträgeraktivität sein kann. Analog zum Kostenarten-Switch kann bei der IBL-I-Umlage ein Aktivitäten-Switch vorgenommen werden, so dass die empfangenen innerbetrieblichen Leistungen eindeutig ausgewiesen werden können.

2.3.5.5   IBL-II-Umlage

Wie bereits im Kapitel 2.3.5.4 „Direkte Leistungsverrechnung" beschrieben, benötigt die direkte innerbetriebliche Leistungsverrechnung eine Messung der Leistungsaufnahme in den empfangenden Kostenstellen. Dieses Vorgehen führt unweigerlich zu einem erhöhten Erfassungsaufwand, da die empfangenen Leistungsstunden und/oder Kostentreibermengen monatlich zielkostenstellenkontiert erfasst werden müssen. Zur Minimierung dieses Erfassungsaufwands bietet KOLIBRI mit der IBL-II-Umlage die Möglichkeit, Aktivitäten kostenstellenübergreifend zu verrechnen, ohne die tatsächliche Leistungsaufnahme messen zu müssen. Analog zur BAB-Umlage können mittels der IBL-II-Umlage fixe Anteile für die Verrechnung von Aktivitätenkosten als Bezugsgröße definiert werden. Auch können als Verrechnungsschlüssel von Aktivitätenkosten die auf den Zielaktivitäten geleisteten Stunden oder die mittels der Zielaktivitäten erstellten Kostentreibermengen, die im Rahmen einer Prozesskostenrechnung ohnehin erfasst werden, definiert werden.

Hierdurch wird die Möglichkeit geschaffen, auf Basis einer einmalig durchzuführenden Ist-Aufnahme Aktivitäten mit relativ stabiler Leistungsverteilung automatisiert im Rahmen der Sekundärkostenrechnung verrechnen zu lassen.

2.4 Simulation und Planung

Planung wird als geistige Vorwegnahme zukünftigen Handelns definiert. Zur Unterstützung des Planungsprozesses werden in KOLIBRI zwei Möglichkeiten zur Verfügung gestellt.

2.4.1 Simulation

Um die Auswirkungen geplanter Veränderungen in Aufbau- und/oder Ablauforganisation, Personal- und Anlagenbestand auf die Prozesskosten sichtbar machen und mit Zahlenmaterial unterlegen zu können, bietet KOLIBRI die Möglichkeit, beliebig viele Simulationsdatenbanken auf Basis der realen Datenbank zu erstellen. Beabsichtigte Veränderungen in der betrieblichen Organisation können in der Simulationsdatenbank eingestellt und ihre Auswirkungen im Detail, z.B. auf Aktivitätenebene, oder im Ganzen auf Ebene der Gesamtkostenstruktur analysiert und beurteilt werden.

2.4.2 Planung

Für die Abbildung des analytischen Plankostenansatzes der Prozesskostenrechnung und zur Ermittlung von Plan- oder Budgetzahlen als Vorgabewerte kombiniert KOLIBRI den inputorientierten mit dem outputorientierten Ansatz der Planung und Budgetierung.

Für die Input-Seite werden die Buchhaltungssysteme der Realbuchhaltung in einer Planversion zur Verfügung gestellt. Mit ihnen wird der zukünftig geplante Ressourceneinsatz (Personal, Infrastruktur, Anlagen und allgemeine Kosten) festgelegt, und es ergeben sich auf Kostenarten- und Kostenstellenebene die Planvorgaben der nächsten Perioden. Hierbei vereinfacht KOLIBRI erheblich den Planungsprozess durch eine systeminterne Verknüpfung der Real- und Planbuchhaltung. Auf der einen Seite können reale Ressourcen, wie z.B. Personal- und Anlagenbestand, in die Planbuchhaltung übernommen werden, auf der anderen Seite können geplante Ressourcen bei einer nachfolgenden Realisierung aus der Planbuchhaltung in die Realbuchhaltung übernommen werden. Redundante Datenerfassungen werden durch dieses Vorgehen minimiert.

Für die Output-Seite können je Aktivität und Kostenstelle die innerhalb der nächsten Perioden zu erbringenden Leistungen geplant werden. Die geplante Ausbringungsmenge je Aktivität wird in Form von Kostentreibermengen definiert, und die sich auf Basis der Ist-Kostenrechnung ergebenden Standardzeiten je Aktivität können modifiziert werden. Entstehende Differenzen zwischen Personalressourcen-Input und benötigter Personalkapazität des geplanten Outputs werden während der Aktivitätenplanung online ausgewiesen.

2.5 Berichtswesen und Analyse

Aufgabe eines zweckmäßigen Berichts- und Analysewesens ist die Bereitstellung von benutzer- und ebenengerechten Informationen als Grundlage für Entscheidungen. Aus der Vielzahl vorhandener Daten stellt KOLIBRI durch drei Module relevante Informationen bereit.

2.5.1 Standardberichtswesen

Das Standardberichtswesen von KOLIBRI umfasst zahlreiche vordefinierte Berichte, die durch Einteilung in Berichtsgruppen übersichtlich dargestellt werden. Der klassische Betriebsabrechnungsbogen (BAB) ist ebenso wie der Prozessabrechnungsbogen als Bericht der Prozesskostenrechnung ohne spezifischen Anpassungsaufwand darstellbar.

Das Aktivitätenblatt verschafft auf höchster Detailebene einen Überblick über die je Kostenstelle geleisteten Aktivitäten, deren Kostentreiber- und Leistungsmengen, ihren durchschnittlichen Zeitbedarf sowie die auf sie verrechneten Kosten mit ihren Hauptkostenartenbestandteilen. Sämtliche Berichte können durch Knopfdruck zu den gängigen Microsoft-Produkten exportiert und weiterverarbeitet werden.

2.5.2 Flexibler Berichtsgenerator

Werden Sonderanalysen benötigt, die im Standardberichtswesen nicht zur Verfügung stehen, bietet KOLIBRI die Möglichkeit, mittels eines frei definierbaren Berichtsgenerators benutzerindividuelle Auswertungen zu erstellen und grafisch umzusetzen. Standardmäßig ist die grafische Komponente des Berichtsgenerators mit einer Drill-Down-Funktionalität ausgestattet, die es erlaubt, sich von der obersten Analyseebene (z.B. der Hauptprozessebene) durch einfachen Mausklick bis zur untersten Ebene (z.B. Aktivitäten) durchzuarbeiten. Der integrierte Formelgenerator unterstützt den Anwender zusätzlich bei der Definition und Berechnung von Kennzahlen, z.B. für ein internes Benchmarking. Auch die mittels des Berichtsgenerators individuell erstellten Auswertungen können zu den gängigen Microsoft-Produkten exportiert werden.

2.5.3 Detektiv

Innerhalb einiger Großprojekte stellte sich im Echtbetrieb heraus, dass bei einer detaillierten und umfangreichen Umlagensystematik eine Kostenrückverfolgung sehr zeitaufwendig und schwierig ist. Es geht dabei um die Frage, aus welchen Kostenbestandteilen welcher leistenden Kostenstelle und IBL-Aktivität sich die vorliegende Kostensumme zusammensetzt. Zur Beseitigung dieses Mankos wurde das Modul „Detektiv" entwickelt. Mit diesem Modul lassen sich im Berichtswesen ausgewiesene Kostensummen von Aktivitäten durch Doppelklick in ihre Bestandteile bis hin zum Geschäftsvorfall einer Buchhaltung zerlegen. Zusätzlich werden sämtliche durchgeführten Umlagen detailliert mit ihrem jeweiligen Kostenanteil und der dazugehörenden Umlagebasis ausgewiesen.

3.   Ein praktisches Beispiel

Die Möglichkeiten der Prozesskostenrechnung mit der Software KOLIBRI erläutert das folgende Beispiel. Ein Handelsunternehmen verfügt über ein Lagerhaus und ein Gefahrstofflager. Im Lagerhaus wird die Ware in Kisten, im Gefahrstofflager werden die Gefahrstoffe in Fässern gelagert. Die Verwaltung ist in einem einzigen Gebäude untergebracht. Für unser Beispiel sind jedoch nur die Warenannahme und der Versand von Interesse. Die Verteilung der einzelnen Gebäude zeigt der folgende Lageplan.

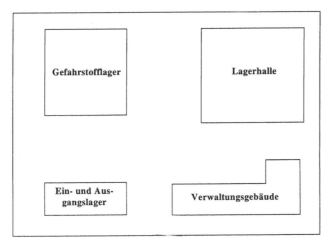

Abb. 1:   Lageplan eines Handelsunternehmens

Die Ware wird am Ein- und Ausgangslager angeliefert. Dort wird sie auf Vollständigkeit geprüft und anschließend am entsprechenden Lagerort (Lagerhalle oder Gefahrstofflager) eingelagert. Der Transport zum Lagerort und die Einlagerung selbst erfolgen mit Hilfe von Gabelstaplern. Beim Versand wird die Ware mit Gabelstaplern vom Lagerort zum Ein- und Ausgangslager transportiert. Dort wird sie versandfertig gemacht.

In der Firma treten somit als Hauptaufgaben Wareneingang, Lagerhaltung und Warenausgang auf. Diese werden neben den Verwaltungstätigkeiten und den zu erwartenden Abwesenheitszeiten als Hauptprozesse dargestellt. Jeder dieser Hauptprozesse wird in weitere Prozesse untergliedert, die die einzelnen Teilaufgaben widerspiegeln. So unterteilt sich der Wareneingang in die Eingangsprüfung und die Einlagerung. Die verschiedenen Tätigkeiten, die im Zusammenhang mit der Eingangsprüfung durchgeführt werden, sind als Aktivitäten aufgeführt. Dabei werden die Aktivitäten den Kostenstellen zugeordnet, in denen sie stattfinden.

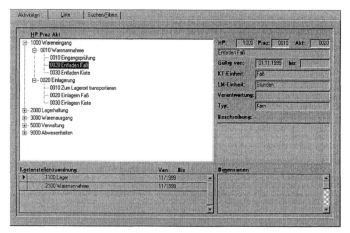

Abb. 2:   Organisation der Aufteilung von Hauptprozessen, Prozessen und Aktivitäten.

Grundvoraussetzung für eine aussagekräftige Prozesskostenrechnung ist die verursachungsgerechte Zuordnung der Kosten auf die Aktivitäten. Dabei ist eine direkte Zuordnung einer Verteilung durch Umlagen in der Regel vorzuziehen. In KOLIBRI können Material-, Anlagen- und Personalkosten direkt den betroffenen Aktivitäten zugeordnet werden. Werden etwa im Zusammenhang mit der Eingangsprüfung Vordrucke verbraucht, so können diese Kosten unmittelbar der Aktivität zugeschrieben werden.

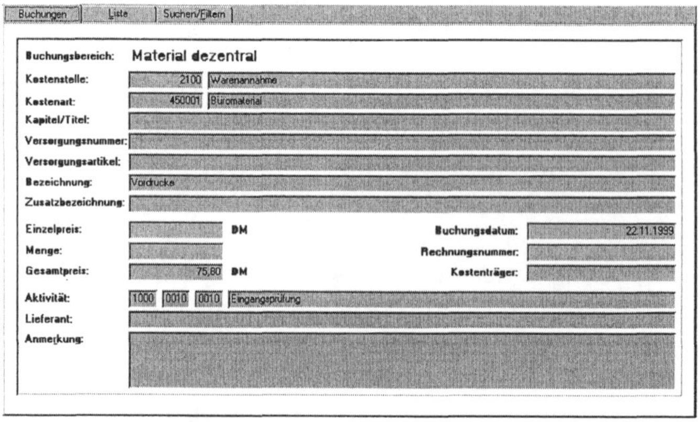

Abb. 3:   Buchung von Materialkosten für die Zuordnung zu Aktivitäten

Eine ähnliche Zuordnung ist bei Anlagen möglich. Anlagen, die ausschließlich für bestimmte Aktivitäten benötigt werden, können diesen in der Anlagenbuchhaltung zugeordnet werden. Dazu werden die Anlagen zunächst den Kostenstellen zugeordnet und innerhalb einer Kostenstelle auf die Aktivitäten der Kostenstelle verteilt. So könnten etwa die Gabelstapler der Kostenstelle „Warenannahme" den Aktivitäten „Entladen Fass" und „Entladen Kiste" zugeordnet werden.

| Anlagen | Liste | Suchen/Filtern |

Vers.-Nr.:   Anlagen-Nr.: 1   BVK:
Bezeichnung: Gabelstapler   Planungs-Nr.:
Geräte-Nr: Anzahl gesamt: 5
Los-Nr: Anzahl im Zugang: 5
Einzelpreis: 50.000,00 DM   Restwert: 0,00 DM   Beschaffungsmonat: Jan 1999
W.-Wert: 0,00 DM   Wagnis: 0,00 DM   Gültig ab: Jan 1999 bis:
Nutzungsdauer: 10   geschätzte Besch.: Ja Nein

von	bis	Kostenstelle	Menge
Jan 1999		1100 Lager	3,00
Jan 1999		2100 Warenannahme	1,00
Jan 1999		2200 Versand	1,00

Aktivitätenzuordnung:

Aktivität	Aktivitätenbezeichnung	von	Menge
1000-0010-0020	Entladen Faß	Nov 1999	
1000-0010-0030	Entladen Kiste	Nov 1999	

Abb. 4: Buchung von Anlagenkosten für die Zuordnung zu Aktivitäten

Besondere Bedeutung kommt der Erfassung der Arbeitszeit des Personals zu. Die Verteilung der Arbeitszeit auf die Aktivitäten steuert die Verteilung der Kosten, soweit sie nicht direkt den Aktivitäten zugeordnet wurden. Da die Arbeitszeit monatlich erfasst wird und dadurch einen hohen Erfassungsaufwand verursacht, steht ein besonderes Vorerfassungssystem zur Verfügung, das eine schnelle Eingabe der Arbeitszeit ermöglicht. Bevor das Vorerfassungssystem zum Einsatz kommen kann, muss neben den Aktivitäten auch das Personal erfasst sein. Für die Erfassung des Personals ist die jeweilige Jahres-Soll-Arbeitszeit notwendig. Die Jahres-Soll-Arbeitszeit wird dabei in Form sogenannter Zeitschablonen erfasst. In einer Zeitschablone wird für jeden Monat eines Jahres die Soll-Arbeitszeit aufgeführt. Diese kann aus der Wochenarbeitszeit errechnet oder frei eingegeben werden. Sobald die Zeitschablonen erfasst sind, kann auch das Personal eingegeben werden.

Im Vorerfassungssystem wird die Arbeitszeit der Mitarbeiter je Kostenstelle und Aktivität erfasst. Dabei können für alle Mitarbeiter in allen Kostenstelle Stunden bezogen auf alle Aktivitäten erfasst werden. Aus der Arbeitszeit ermittelt das Vorerfassungssystem mit Hilfe der Jahreskosten und Jahres-Soll-Arbeitszeit die Personalkosten je Aktivität und Kostenstelle.

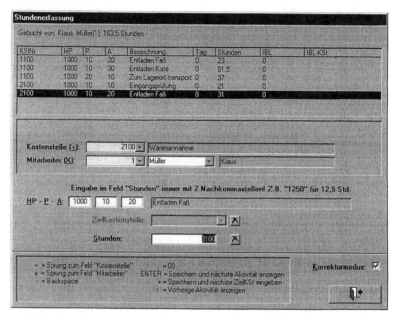

Abb. 5: Detaillierte Stundenerfassung je Aktivität, Prozess und Hauptprozess

Um zu vermeiden, dass durch Ungenauigkeiten bei der Stundenaufschreibung ein Teil der Arbeitszeit nicht erfasst wird, kann in KOLIBRI die Anzahl der Stunden, um die die erfasste Arbeitszeit die Soll-Arbeitszeit unterschreitet, automatisch auf eine frei wählbare Aktivität gebucht werden. Ähnliches gilt auch für den Überstundenausgleich.

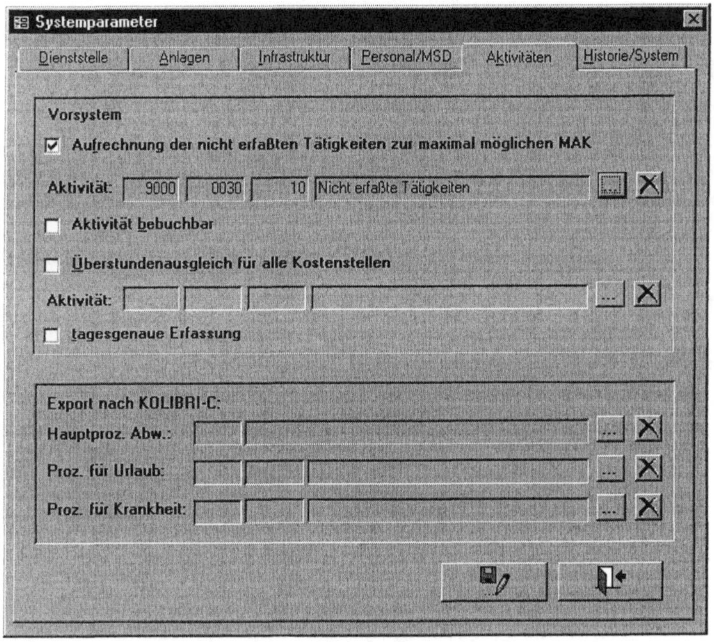

Abb. 6: Beispiel für die Umbuchung einer Abweichung zwischen der Soll- und der Istarbeitszeit eines Mitarbeiters auf eine Aktivität

Im vorliegenden Fall unterschreitet die für den Mitarbeiter Klaus Müller erfasste Arbeitszeit von 163,5 Stunden seine Soll-Arbeitszeit gemäß Zeitschablone von 169 Stunden um 5,5 Stunden. Das Vorerfassungssystem bucht diese 5,5 Stunden automatisch auf die angegebene Aktivität.

Am Controlling-Stichtag werden die Daten aus den Buchhaltungen ausgewertet und die Kostenstellen- und Aktivitätenkosten ermittelt. Dabei ist es möglich, mit Hilfe eines vierstufigen Umlageverfahrens die Kosten sowohl auf Kostenstellen- als auch auf Aktivitätenebene umzuverteilen.

Das Ergebnis des Controlling-Stichtags ist der Betriebsabrechnungsbogen und der Aktivitätenabrechnungsbogen. In unserem Beispiel stellt sich der Aktivitätenabrechnungsbogen für die Kostenstelle 2100 (Warenannahme) wie folgt dar (vgl. Tab. 1):

Der Aktivitätenabrechnungsbogen weist für jede Aktivität die erfassten Daten, d.h. Stunden und Kostentreibermengen aus. Zusätzlich sind darin die je Aktivität entstandenen Kosten sowohl insgesamt als auch aufgegliedert in die verschiedenen Hauptkostenarten zu finden. Dem Abrechnungsbogen ist zu entnehmen, dass das Personal der Kostenstelle 2100 (Warenannahme) 5,5 Stunden der Arbeitszeit nicht erfasst hat. Diese finden sich als Buchung auf der Aktivität 9000-0030-0010 (Nicht erfasste Tätigkeiten). Ebenso ist die direkte Material-Aktivitäten-Zuordnung der Vordrucke zu sehen. Die

Kosten für die Vordrucke befinden sich auf der Aktivität 1000-0010-0010 (Eingangs-prüfung) und wurden nicht auf alle Aktivitäten der Kostenstelle verteilt. Die Anla-gen-Aktivitäten-Zuordnung ist ebenfalls nachgewiesen. Sie äußert sich insbesondere in der Zeile für die Aktivität 1000-0010-0030 (Entladen Kiste). Da der Gabelstapler unter anderem dieser Aktivität zugeordnet wurde, die Aktivität im Abrechnungsmonat jedoch nicht ausgeführt wurde, erscheint sie im Abrechnungsbogen ohne Kosten.

Die Personalkosten wurden vom Vorsystem bestimmt und unmittelbar der jeweiligen Aktivität zugebucht. Dabei wird jede Stunde, die für eine Person erfasst wurde, mit dem Stundensatz der Person bewertet. Für die Infrastrukturbetriebskosten gibt es keine un-mittelbare Aktivitäten-Zuordnung. Sie wurden daher im Verhältnis der geleisteten Stunden auf die Aktivitäten verteilt. Ähnliches gilt für die kalkulatorischen Kosten für Infrastruktur.

HP-P-A	Aktivität	KT-Einheit	KT-Ist	h	h/KT-Ist	Personalkosten	M&FL.-Kosten	Infrastrukturkosten	Kalkulatorische Kosten	Externe Kosten	Gesamtkosten
1000-0010-0010	Eingangsprüfung	Beleg	126	21,0	0,2	787	76	574	1547	0	2984
1000-0010-0020	Entladen Fass	Fass	372	31,0	0,1	1162	0	848	2927	0	4937
1000-0010-0030	Entladen Kiste	Kiste	0	0	0	0	0	0	0	0	0
9000-0030-0010	Nicht erfasste Tätigkeiten	Stunden	6	5,5	1,0	206	0	150	405	0	762
Summe				58		2155	76	1573	4879	0	8682

Dienststelle: Handelsunternehmen
Kostenstelle: 2100 Warenannahme
AAB Kostenstelle II vor Umlage (KTE)
Kostenstellenleiter:
Berichtsmonat: November 2001

Tab. 1: Beispiel für einen Aktivitätsabrechnungsbogen

4. Ausblick

Im Dezember 1999 hat die KOLIBRI Programmversion 5.0 Marktreife erreicht. Neben einer vollständigen, unter Software-ergonomischen Aspekten durchgeführten Oberflächenüberarbeitung wurde die Netzwerkfähigkeit von KOLIBRI erweitert. Innerhalb einer neu konzipierten Kostenträgerrechnung wird es für den Anwender möglich sein, sämtliche Verfahren der Kostenträgerstückrechnung (von der Divisionskalkulation über die differenzierte Zuschlagskalkulation bis hin zur Prozessorientierten Kalkulation) umzusetzen. Hierfür werden beliebig viele Kalkulationsschemata, bestehend aus beliebig vielen Kalkulationszeilen, zur Verfügung gestellt, innerhalb derer sich durch einen Formelgenerator benutzerindividuell Kostenobjekte verknüpfen lassen, die zur Berechnung eines Kostenträgers benötigt werden. An dieser Stelle ist zu erwähnen, dass nicht wie bei den Kalkulationsmöglichkeiten anderer Systeme z.B. die prozentualen Zuschlagssätze im Ist manuell eingegeben werden müssen, sondern diese bei entsprechend hinterlegter Berechnungsformel automatisch von KOLIBRI ermittelt werden. Im Rahmen der neuen Kostenträgerrechnung werden Kostenträger zwischen „intern", im Sinne betrieblicher Innenaufträge, und „extern" zur Abbildung der absatzbestimmten Leistung unterschieden. Hierdurch wird die Sekundärkostenrechnung nochmals vereinfacht, da systemseitig interne Kostenträger zeitlich vor den externen Kostenträgern kalkuliert werden und diese anschließend im Kalkulationsschema der externen Kostenträger über diverse Bezugsgrößen auf diese verrechnet werden können.

Zusätzlich wird in der Programmversion 5.0 die Möglichkeit eröffnet, sämtlichen Kostenobjekten, von der Kostenart bis zum Hauptprozess, von der Kostenstelle bis zum Kostenträger, benutzerspezifische Dimensionen mit jeweils n Ausprägungen zuordnen zu können, die mittels des Formelgenerators für Sonderrechnungen oder für die parallele Abbildung anderer Kosten- und Leistungsrechnungssysteme genutzt werden können. Beispielhaft sei hier die Möglichkeit erwähnt, dass neben den systemseitig automatisch berechneten Plankostensätzen von Aktivitäten und Prozessen eine Dimension Normkostensatz hinterlegt werden kann, deren Ausprägung für die Durchführung der Sollkalkulation von Kostenträgern herangezogen wird. Durch das neue optionale Modul für den Dienstleistungssektor wird es Anwendern ermöglicht, aus der Prozessstruktur gelöste Aktivitäten zu absatzbestimmten Leistungsarten zusammenzufassen, diese kundenindividuell kalkulieren zu lassen und als rechnungsbegleitende Unterlagen mitzusenden. Die Umsetzung einer Deckungsbeitragsrechnung wird in der Weise unterstützt, dass mittels des Formelgenerators benutzerindividuelle Deckungsbeitragsschemata definiert werden können, innerhalb derer benötigte Kostenobjekte derart zusammengeführt werden, wie sie für den Ausweis des relevanten Deckungsbeitrags erforderlich sind.

Kundenorientierung ist für die CONET CONSULTING AG nicht nur ein Schlagwort des Marketing. Durch die in KOLIBRI mögliche formulartechnische Unterstützung eines

Feedback-Prozesses ist die ständige Weiterentwicklung zur Realisierung kundenspezifischer Anforderungen langfristig gewährleistet.

Prozessorientierte Kosten- und Leistungsbewertung bei Siemens

Werner Faßnacht / Werner Gruber / Monika Polland / Werner Wieser*

---

*   Werner Faßnacht, Siemens AG, München.
    Werner Gruber, Siemens AG, München.
    Monika Polland, Siemens Business Services GmbH & Co OHG, München.
    Werner Wieser, Wieser Process Measurement (WPM), München.

1. Genereller Ansatz bei Siemens

Geschäftsrelevanz für Siemens

Die Logistik - die marktgerechte Gestaltung, Planung, Steuerung und Abwicklung aller Material-, Waren-, Informations- und Werteflüsse zur Erfüllung der Kundenaufträge - hat als *Differenzierungsmerkmal im Wettbewerb* an Bedeutung in den letzten Jahren stark zugenommen.

Logistik muss in allen Geschäftsarten als eine wesentliche Querschnittsfunktion angesehen werden, die entsprechend den Markterfordernissen, nach ihrer Bedeutung für den Geschäftserfolg und nach Preis-/Leistungskriterien selbst durchgeführt oder extern zugekauft wird.

Logistikmanagement ist folglich die strategisch entscheidende Aufgabe, Wettbewerbsvorteile durch logistische Differenzierung bei gleichzeitiger höchster Wirtschaftlichkeit zu erzielen.

Dies bedeutet, dass u.a.

- die Ableitung der Logistikstrategie,
- die Identifikation der logistischen Kernkompetenzen und –prozesse,
- die Herbeiführung der entsprechenden „Make or Buy" – Entscheidungen,
- das hierzu notwendige strategische und operative Logistikcontrolling und
- die enge Einbindung von Lieferanten und Kunden in die logistischen Prozesse

unverzichtbar sind.

Ausgehend von den Geschäftszielen, den Kundenanforderungen und der Leistungsfähigkeit der Wettbewerber sind die für das jeweilige Geschäft relevanten Zielgrößen der *Logistikleistung* abzuleiten. Gleichzeitig basiert jede unternehmerische Entscheidung auf einer Wirtschaftlichkeitsbetrachtung, die wiederum nur so gut ist wie die ihr zugrunde liegende Kostenerfassung. Geht man davon aus, dass je nach betrachteter Geschäftsart die *Logistikkosten* bezogen auf den Umsatz 5% bis über 20% ausmachen, zeigt sich ihre Bedeutung für den Erfolg der einzelnen Geschäftsarten.

Nur durch ein konsequentes *Logistikcontrolling* sind Logistikziele dauerhaft abzusichern. Dabei sind regelmäßige Zielvereinbarungen, eindeutige Definitionen der Zielgrößen sowie deren Planung, Steuerung und Kontrolle sowohl für die gesamte Logistikkette als auch für alle Teilstrecken durchzuführen.

Verantwortlichkeit und Ausgangssituation bei Siemens

Für die Logistik sind operativ und strategisch die einzelnen Geschäftsbereiche/-gebiete sowie die internationalen Regionalen Einheiten verantwortlich. Das Spektrum der logistischen Anforderungen reicht vom Produktgeschäft über das System- und Anlagengeschäft bis zum After Sales Servicegeschäft. Als weitere Einflussfaktoren wirken sich weltweit unterschiedliche Beschaffungsmärkte, Produktionsstandorte und Kundenmärkte aus. Bedingt durch diese Vielfalt muss das Logistikcontrolling dort stattfinden, wo die operative Verantwortung für die Logistikprozesse liegt.

Seit Beginn der Neunzigerjahre sind Inhalt und Vorgehen beim Logistikcontrolling definiert und werden den Erfordernissen angepasst. Neu ist, dass Logistikleistung und Logistikkosten künftig differenziert nach Geschäftsarten und nach logistischen *Kernprozessen* zu ermitteln und zu betrachten sind. Die Definition der Kernprozesse steht in Übereinstimung mit dem SCOR-Modell (Supply-Chain Operations Reference-Model). Somit ist auch die Vergleichbarkeit zu den sich international durchsetzenden Modellen des Supply Chain Management gegeben.

Zur Unterstützung des Logistikleistungs- und Logistikkosten-Controlling wurden im Haus selbst zwei DV-Tools entwickelt. Sie sind in mehreren Bereichen und Regionen bewährt im Einsatz. Die praktische Anwendung dieser Tools ist beschrieben im Kapitel 2.2 „Messung der Logistikleistung" und Kapitel 3.2 „Ermittlung der Logistikkosten".

Die drei Dimensionen des Logistikcontrolling

Das Logistikmanagement hat bei der Zieldefinition, Analyse und Maßnahmenbestimmung drei Dimensionen zu betrachten. Die Dimensionen *Kernprozesse, Geschäftsarten* und *Wirkungskriterien* bilden dabei einen Würfel (vgl. Abb. 1).
Erst in der Verknüpfung der drei Dimensionen besteht eine sinnvolle Basis für

- Aussagen über die Leistungsfähigkeit und Wirtschaftlichkeit der Logistik in den einzelnen Geschäftsarten und Kernprozessen
- Analysen über Situation und Entwicklung der Logistikleistungs- und Kostenstruktur entsprechend der Logistikstrategie in den Geschäften
- differenzierte Betrachtungen von aktuellen Problem- und Handlungsfeldern bis hin zum Logistikmodul: z.B. die Liefertreue und Bestandskosten im Kernprozess Distribution bei Produktgeschäften
- sowohl internes wie externes Benchmarking mit vergleichbaren Inhalten.

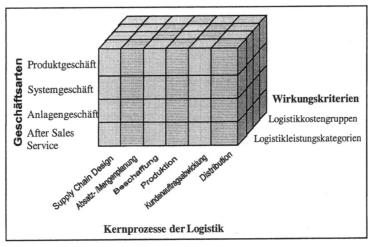

Abb. 1: Siemens-Logistik-Würfel

Die Kernprozesse der Logistik

Die Kernprozesse der Logistik lassen sich nach zwei Prozessarten unterscheiden:

Managementprozesse

- planen und dimensionieren die Supply Chain auf Basis der Geschäftsziele,
- stellen die durchgängig abgestimmte Gestaltung der Geschäftsprozesse sicher,
- schaffen die Rahmenbedingungen für die wirtschaftliche Erzielung des Kundennutzens.

Geschäftsprozesse

- beinhalten die operative Abwicklung innerhalb klar definierter Prozessgrenzen der Supply Chain,
- beinhalten Planung und Gestaltung inkl. Bereitstellung der Verfahren *innerhalb* des Prozesses,
- sind auf den unmittelbaren externen Kundennutzen ausgerichtet und setzen Kunden-/Marktanforderungen wirtschaftlich in Kundenzufriedenheit um.

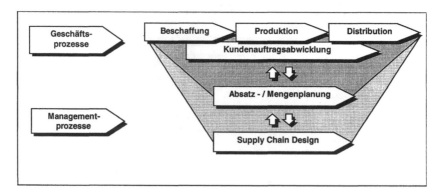

Abb. 2:   Die Kernprozesse der Logistik

Prozessgrenzen der logistischen Geschäftsprozesse sind:

- Beschaffung: von der Bedarfsermittlung bis zur Bereitstellung der Materialien/Waren am Verbrauchsort (i.d.R. Produktion, im Anlagengeschäft: Baustelle)
- Produktion: vom Produktionsauftrag bis zur Ablieferung von Produkten im Fertigwaren-Lager, Versand bzw. Lieferzentrum, (im Anlagengeschäft: von der Anlagenmontage bis zur Bereitstellung für die Abnahme)
- Distribution: vom Lieferauftrag bis zur Ablieferung bzw. Installation von Produkten/Leistungen beim Kunden (im Anlagengeschäft: *keine* Distribution, zugelieferte Anlagenkomponenten sind Produkt- bzw. Systemgeschäfte)
- Kundenauftragsabwicklung: von der Kundenanfrage bis zum Zahlungseingang

Die Geschäftsarten

Um die Vergleichbarkeit bei der Erfassung der Logistikleistungen im Konzern sicherzustellen, ist eine Abgrenzung der Geschäftsarten nach logistischen Kriterien erforderlich. Diese lässt sich über die Betrachtung

- der Wertschöpfungsstruktur des Geschäfts und
- der Kundenanonymität bzw. Kundenauftragsbezogenheit von Entwicklung bzw. Engineering

erreichen.

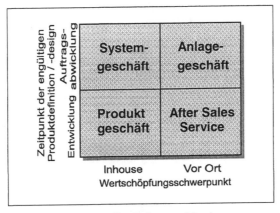

Abb. 3: Geschäftsarten-Matrix

Zur Verdeutlichung dieser groben Zuordnungsmatrix sollen die folgenden beispielhaften Logistikmerkmale der einzelnen Geschäftsarten dienen.

Systemgeschäft	*Anlagengeschäft*
– Kundenspezifische System-konfiguration – Logistische Stücklisten, Standard-komponenten – Auftragsmonitoring – Direktlieferung von Komplettsyste-men – Installation und Inbetriebnahme – Konfigurations- und Terminänderun-gen	– Hoher Zeitversatz Angebot - Auftrag – Auftragsspezifische Projektierung und Engineering – Komplexe Liefer- und Leistungsstruktur – Projekt-, Änderungs- und Claimmana-gement – Montagegerechte Lieferpakete – Steuerung der Baustellenmontage
Produktgeschäft	*After Sales Service*
– Programmfertigung in Produktlinien – Einfache Abwicklungsorganisation – Ausrichtung auf Vertriebskanäle – Weltweite Distributionssysteme – Lieferzentren und Nachschub-organisation	– Call-Center-Abwicklung, 24-Std.-Bereitschaft – Technikereinsatzplanung und -steuerung – Kofferraumbelieferung, "in night"-Versorgung – Zentrales Ersatzteillager, regionale De-pots – Retourenabwicklung, Reparaturzentren

Abb. 4: Beispielhafte Logistikmerkmale einzelner Geschäftsarten bei Siemens

Zuordnungsprinzipien

Die folgenden *Zuordnungsmatrizen* geben einen prinzipiellen Überblick über die Zuordnung der wesentlichen Teilprozesse der Logistik und der Bestandsebenen zu den Kernprozessen der Logistik in den verschiedenen Geschäftsarten. Hierbei ist zu beachten, dass die wesentlichen Unterschiede in den Geschäftsprozessen liegen. Beschaffung, Produktion, Kundenauftragsabwicklung und Distribution sind stark geschäftsartenabhängig. Die Managementprozesse Supply Chain Design (Gestaltung des Logistiksystems der Gesamtkette) und Absatz-/Mengenplanung unterscheiden sich in den Geschäftsarten nicht grundsätzlich.

Hinweise:

- Die beschriebenen Inhalte beziehen sich auf typische Ausprägungen, die nicht unbedingt ausschließend gemeint sind. Zum Beispiel stellt die Bearbeitung von Ausschreibungen einen Schwerpunkt im Anlagengeschäft dar, kann generell jedoch auch in allen anderen Geschäftsarten auftreten und ist dort im Rahmen der Anfragebearbeitung bzw. Angebotsabwicklung zu berücksichtigen.

- Charakteristisch für alle Anlagengeschäfte ist die Kombination von Eigen- und Fremdprodukten und -leistungen. Das dem Kunden abgelieferte "Produkt" ist die daraus entstehende Anlage. Wertschöpfungsschwerpunkt und damit Produktionsort ist in diesem Fall die Baustelle. Die Hauptkomponenten sind somit für das Anlagengeschäft als Zulieferungen zu betrachten. Im Detail bedeutet dies, dass:
  - eigengefertigte Anlagenkomponenten unter logistischen Gesichtspunkten als Systemgeschäft anzusehen sind,
  - die Distribution im Anlagengeschäft nicht stattfindet,
  - die Beschaffung alle Wareneingänge, Eingangstransporte und Eingangsläger für Eigen- und Fremdzulieferungen bis einschließlich den Produktionsort Baustelle umfasst
  - die Produktion auch den innerbetrieblichen Transport von den Auftragssammelstellen zur Baustelle umfasst.

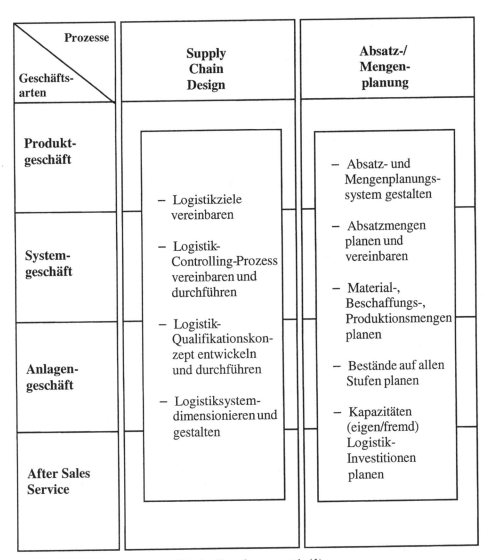

Abb. 5: Zuordnungsmatrix (1)

Prozesse \ Geschäfts-arten	Beschaffung	Produktion
Produkt-geschäft	– Disposition und Beschaffungsabwicklung – Wareneingang und -bereitstellung – eingehende Transporte **für** Fertigungsbedarf, HW, GK-Material **Bestandsebene**: Material, RHB	– Fertigungsdisposition und -steuerung incl. Qualitätsprüfung – interner Materialfluss **Bestandsebene**: UE
System-geschäft	s.o. **plus für**: Komponenten, Montagematerial **Bestandsebene**: Material, RHB	s.o. **plus**: Disposition und Steuerung Systemkonfiguration und -test **Bestandsebene**: UE
Anlagen-geschäft	s.o. **plus**: Baustellenlager und Auftragssammelstellen führen, betreiben **für** externe/interne Leistungen Komponenten, Montagematerial **Bestandsebene**: Material, RHB	– Baustellenplanung und -steuerung (Engineering, Montage, Inbetriebsetzung) incl. Abrufe – Komponenten und Leistung – Materialfluss zur/innerhalb Baustelle **Bestandsebene**: WIP
After Sales Service	s.o. **für** Ersatzteile, Reparatur- und Wartungsbedarf **Bestandsebene**: Material, RHB	– Auftragsabwicklung in Reparaturwerkstatt – Reparaturdisposition und -steuerung incl. Qualitätsprüfung – interner Materialfluss **Bestandsebene**: Reparaturbestand

RHB = Roh-, Hilfs-, Betriebsstoffe; UE = Unfertige Erzeugnisse; WIP = Work in Process

Abb. 6: Zuordnungsmatrix (2)

Prozesse / Geschäfts-arten	Kundenauftrags-abwicklung	Distribution
Produkt-geschäft	– Angebots- und Auftragsabwicklung (offer to cash) inkl. Lieferabrufe – Abwicklung Retouren, Reklamationen, Nachlieferungen **Bestandsebene:** UL / Forderungen	– Lieferabwicklung und Abwicklung – Warenfluss vom Fertigungsort zum Abnehmer / Kunden **Bestandsebene:** FE, HW
System-geschäft	– Angebots- und Auftrags-/ Projektabwicklung (Kauf und Miete), incl. Projektierung, Vorgabe Konfiguration und Installation – Abwicklung Retouren, Reklamationen, Nachlieferungen **Bestandsebene:** UL / Forderungen	s.o. **plus:** Steuerung Installation beim Kunden **Bestandsebene:** FE, HW, Montagematerial
Anlagen-geschäft	– Ausschreibungen / Angebote abwickeln, – Projektmanagement (mit int./ex. Sub-aufträgen) bis Abnahme/ Ab schluss-zahlung, Auftragsmonitoring – Claimmanagement **Bestandsebene:** UL / Forderungen	
After Sales Service	– Angebot u. Auftragsabwicklung, Serviceverträge – Callcenter-Funktionen – Technikereinsatz und – versorgung planen / steuern – Ersatzteildispo und – abwicklung – Reparatur- und Austauschdienst adm. abwickeln und steuern **Bestandsebene:** UL / Forderungen	– Planung und Steuerung Technikereinsätze / Instandsetzung vor Ort – Ersatzteilversorgung – Reparatur-/ Austauschtransporte – Entsorgung (Ersatz, Austausch) **Bestandsebene:** Ersatzteile und Austauschgeräte

FE = Fertigerzeugnisse; HW = Handelsware; UL = Unverrechnete Lieferungen und Leistungen

Abb. 7:   Zuordnungsmatrix (3)

Die Wirkungskriterien

Wirkungskriterien des Logistikcontrolling sind diejenigen *Leistungs-* und *Kostenkenn-größen,* die durch das Logistikmanagement gesteuert werden müssen, um das Geschäftsergebnis am Markt und die Wirtschaftlichkeit zu verbessern. Bei Siemens sind das die folgenden:

Logistikleistungskategorien	Logistikkostengruppen *
Zeit Terminqualität Leistungsqualität Flexibilität	Planen und Gestalten Steuern und Abwickeln Warenein-/-ausgang, Transport Lagerung Kapitalkosten für Vorräte

* jeweils für Material- und Informationsfluss

Abb. 8: Logistikleistungskategorien und Logistikkostengruppen

Die einzelnen Kenngrößen werden jeweils im Rahmen der Kapitel „Leistungsbewertung" und „Kostenbewertung" dargestellt.

Prinzipien des Logistikcontrolling

Logistikcontrolling ist nur dann erfolgreich, wenn der Prozess standardisiert und möglichst automatisiert ist.

Was:	Umfang	- gesamtes Geschäft (inkl. Regionen) oder gesamte Region
	Struktur	- nach den drei Dimensionen des Logistikwürfels
Wer mit wem:	Verantwortung	- Logistikmanager (Geschäftsgebiet, internationale Regionale Einheit)
	Mitwirkung	- operativ Verantwortliche - interne und externe Dienstleister, Lieferanten - Fachabteilungen, z.B. Rechnungswesen, IT
Wann:	Rhythmus	- abhängig von der Geschäftsart durch den Logistikmanager festzulegen

Abb. 9: Prinzipien für das Logistik-Controlling

2. Leistungsbewertung

In den folgenden Kapiteln wird jeweils das Prinzip aus dem Siemens-Leitfaden „Logistikleistung" erläutert und danach die praktische Umsetzung mit der Tool-Unterstützung *LOGIC-Graf©* am Beispiel der *Kundenauftragsabwicklung* im *Systemgeschäft* beschrieben.

2.1 Einführung: Struktur der Logistikleistung

Logistikleistungskategorien und -kenngrößen

Die Kenntnis der Logistikleistung ist notwendig, um dauerhafte oder temporäre Leistungsdefizite und Schwachstellen in der Logistikkette zu erkennen und daraus abzuleiten, wo Prozesse verbessert, stabilisiert oder synchronisiert werden müssen. Das betrifft in erster Linie die unmittelbar kundenbezogenen Logistikprozesse des jeweiligen Geschäfts, aber – davon abhängig – auch alle relevanten Prozesse der Supply Chain als einer Kette von externen und internen Kunden-Lieferanten-Beziehungen. Diese Kenntnis ist auch Voraussetzung für gezielte Maßnahmenentscheidungen und für das Controlling der Maßnahmenwirkungen. Die Betrachtung der Logistikleistung nach den drei Dimensionen des Würfelmodells – nach Kernprozessen, nach Geschäftsarten und nach Leistungskategorien – entspricht diesen Anforderungen.

Zu bemerken ist, dass die Kenngrößen in unterschiedlichen Geschäftsarten und Kernprozessen unterschiedliche Bedeutung besitzen. Grundsatz sollte sein, aus jeder Logistikleistungskategorie zumindest eine relevante Kenngröße zu verfolgen.

Logistikleistungskategorien		
	Kenngrößen	*Definition / Inhalt*
Zeit	Lieferzeit	Zeitspanne vom Datum des Auftragseingangs bis zum Auftragserfüllungstermin
Termin-qualität	Liefer-fähigkeit	Grad der Übereinstimmung zwischen Kundenwunschtermin und zugesagtem/bestätigtem Auftragserfüllungstermin
	Liefer-treue	Grad der Übereinstimmung zwischen zugesagtem/bestätigtem und tatsächlichem Auftragserfüllungstermin
	Wunsch-termintreue	Grad der Übereinstimmung zwischen Kundenwunschtermin und tatsächlichem Auftragserfüllungstermin
Leistungs-qualität	Liefer-qualität	Anteil der ausgeführten Aufträge ohne qualitative und quantitative Mängel (nicht Produktqualität)
Flexi-bilität	Liefer-flexibilität	Fähigkeit, auf Kundenwunschänderungen hinsichtlich Spezifikationen, Mengen und Termine einzugehen
	Informations-bereitschaft	Fähigkeit, in allen Stadien der Geschäftsabwicklung vorgangs- und produktbezogen auskunftsbereit zu sein

Abb. 10: Logistikleistungskategorien und -kenngrößen

Zwei Ansätze zur Ermittlung der Logistikleistung

Die logistische Leistung wird grundsätzlich durch Messung und Bewertung ermittelt. Das Ergebnis *der Leistungsmessung* sind *objektive selbstermittelte Werte* zu einzelnen Kenngrößen (gemessene Lieferzeit, Liefertreue usw.). Diese eigenen Standardmessungen sind zwar ein hervorragendes Mittel zur Verfolgung der logistischen Leistungskenngrößen, sie geben jedoch noch keinen Aufschluss über den Zufriedenheitsgrad des Kunden.

Das Ergebnis der *Leistungsbewertung* sind *subjektive Aussagen der Kunden* über ihre Zufriedenheit mit der erbrachten Leistung. Um für die eigenen Leistungsziele die erforderlichen Informationen über Kundenanforderungen und Zufriedenheitsgrad zu erhalten, sollten Leistungsmessungen deshalb durch Leistungsbewertungen ergänzt werden.

Die Schwerpunkte der Leistungsmessung liegen bei den Kategorien Zeit, Termin- und Leistungsqualität. Die Flexibilität ist weniger durch Mess- als durch Bewertungsmethoden zu ermitteln. Die Messung der Lieferqualität als relativ komplexe Größe erfordert eine klare Definition dessen, was gemessen werden soll und was nicht.

Leistungs-kategorien	Kenngrößen	Ermittlung
Zeit	Lieferzeit	**Messen** Messpunkte Messgrößen
Termin-qualität	Lieferfähigkeit	
	Liefertreue	
	Wunschtermintreue	
Leistungs-qualität	Lieferqualität	**Bewerten** Kundenbefragung Leistungskoeffizient
Flexi-bilität	Lieferflexibilität	
	Informationsbereitschaft	

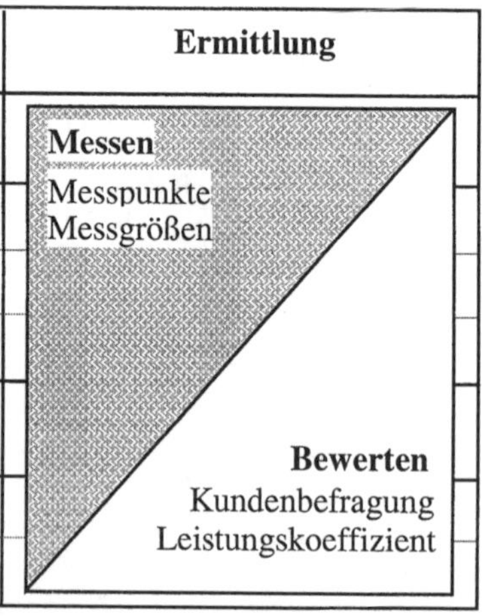

Abb. 11: Ermittlungsmethoden der Logistikleistung

2.2 Messung der Logistikleistung

Bei der Messung der Logistikleistung stehen insbesondere die Größen Lieferzeit, -fähigkeit, -treue und Wunschtermintreue aus Kundensicht im Vordergrund. Hierbei sind für das jeweilige Geschäft nacheinander

1. die kundenbezogenen Kenngrößen auszuwählen,
2. die relevanten Kern- bzw. Teilprozesse zu bestimmen,
3. die Logistikkette in Teilstrecken zu strukturieren,
4. die Messpunkte für die erforderlichen Leistungselemente in den Teilstrecken und in der Gesamtstrecke zu bestimmen und die Messgrößen eindeutig zu definieren sowie
5. die Messergebnisse zu ermitteln.

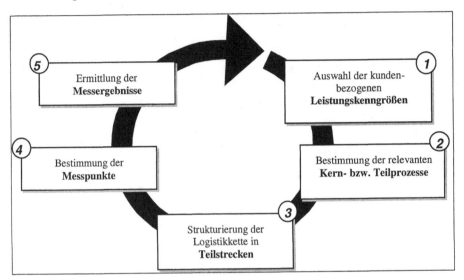

Abb. 12: Die fünf Schritte zur Messung der Logistikleistung

Anwendungsprinzipien beim Einsatz von DV-Tools

Den Bereichen der Siemens AG ist es im Rahmen ihrer Ergebnisverantwortung freigestellt, ob sie für das Logistikleistungs-Controlling ein unterstützendes DV-Tool einsetzen. Hierbei ist der Trend zum Einsatz von kostengünstigen und flexiblen PC-Tools in Kopplung mit z.T. unterschiedlichen Systemen in den Supply Chains zu erkennen.

Da das hauseigene, PC-basierte Controlling-Tool *LOGIC-Graf*© die genannten Anforderungen voll erfüllt, wurde es im Konzern bereits mehr als 80 mal installiert. Wegen der universellen Einsetzbarkeit und des besonderen Preis-/Leistungsverhältnisses wurde dieses Tool auch zur externen Vermarktung durch Siemens S.A. Madrid freigegeben (www.siemens.es/logic-graf).

Nachfolgend werden die Möglichkeiten der maschinellen Unterstützung mit diesem System dargestellt.

2.2.1 Auswahl der kundenbezogenen Leistungskenngrößen

Prinzip

Die Auswahl der Kenngrößen richtet sich nach ihrer strategischen Bedeutung für das Geschäft. *In erster Linie handelt es sich dabei um externe kunden- bzw. marktorientierte Zielgrößen* für den Gesamtprozess, die den Kernprozessen Kundenauftragsabwicklung bzw. Distribution zugeordnet sind.

Schritt 1: Auswahl der kundenbezogenen Leistungskenngrößen

Die messbaren Leistungskenngrößen Lieferzeit, -fähigkeit, -treue, -qualität und Wunschtermintreue sowie definierte Kriterien der Lieferqualität sind geschäftsspezifisch unterschiedlich bedeutsam. Beispielhaft können aber aus der Erfahrung der Geschäfte bei Siemens einige generelle Schwerpunkte genannt werden: Hohe Bedeutung von Lieferzeit und Lieferfähigkeit im Produktgeschäft, von Liefertreue und Komplettlieferung im Systemgeschäft, von Liefertreue und Informationsqualität im Anlagengeschäft, von Lieferzeit und Ersterledigungsrate im After Sales Service. Bei der Bestimmung der relevanten Kenngrößen der Logistikleistung und der dafür erforderlichen Zielwerte ist allerdings für jedes Geschäft zu berücksichtigen, dass auch innerhalb der einzelnen Geschäftsarten je nach Art der Kunden und der Leistungsfähigkeit der Wettbewerber noch spezifische Prioritätsunterschiede bestehen.

Praxis mit Tool-Unterstützung

Das System *LOGIC-Graf*© unterscheidet grundsätzlich zwischen Administrator- und Anwenderfunktionen. Nur der Administrator ist berechtigt, logistische Systemfestlegungen zu definieren oder bestehende Festlegungen zu modifizieren. Die Definition der kundenbezogenen Leistungskenngrößen (Durchlaufzeit, Lieferfähigkeit, Liefertreue, Wunschtermintreue) erfolgt dabei über den Menü-Unterpunkt Geschäftsabläufe.

Neben den individuellen Leistungskenngrößen wird auch die Erfassung und Fortschreibung der erwarteten Prozess-Zielwerte unterstützt. Zur Eingabe dieser geschäftsabhängigen Daten (Durchlaufzeit in Tagen; Lieferfähigkeit, Liefertreue, Wunschtermintreue in %) steht der Menü-Unterpunkt *Ampel > Admin* zur Verfügung.

2.2.2 Bestimmung/Strukturierung der Prozesse und Messpunkte

Prinzip

Die im Folgenden beschriebenen Schritte 2.-4. sind bei der Konzeption des Logistikleistungs-Controlling vor allem deswegen zu durchlaufen, um eine Fokussierung auf die wesentlichen Prozesse und Kenngrößen zu erreichen. In der Praxis erfolgen diese Schritte z.T. sogar parallel bzw. zeitgleich. In manchen Fällen wird man auch an die Grenzen des Messbaren stoßen, wenn die Informationen in den operativen Systemen nicht ausreichend verfügbar sind.

Schritt 2: Bestimmung der relevanten Kern- bzw. Teilprozesse

Die Leistung für den Kunden ist zwar das Wichtigste, aber sie entsteht durch eine Reihe von Leistungen in der Wertschöpfungskette. Deshalb kommt es darauf an, auch Leistungsgrößen der internen Prozesse zu betrachten. Für ihre Priorisierung sind zwei Kriterien maßgeblich:

1. *Beitrag zum Kundennutzen*: typisch dafür sind alle auftragsabhängigen Prozesse

2. *Interne Bedeutung*: typisch dafür sind alle Prozesse, die besonders zeit- und/oder kostenkritisch sind

Die Prioritäten können dazu mit nachfolgenden Portfolio ermittelt werden:

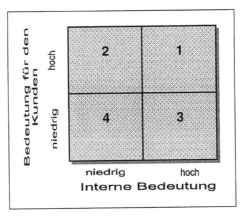

Abb. 13: Prozessportfolio

Beispiel:

Für Geschäfte mit auftragsanonymer Beschaffung, aber hohem Beschaffungsanteil und großer Beschaffungsabhängigkeit der Produktion ist der Kernprozess Beschaffung im Feld 3 positioniert. Dagegen führen sehr hohe auftragsbezogene Beschaffungsanteile zu einer Positionierung in Feld 1 bzw. 2.

Schritt 3: Strukturierung der Logistikkette in Teilstrecken

Wesentlich hierbei ist, die im Schritt 2 priorisierten Kern- bzw. Teilprozesse nach Anfangs- und Endpunkten genau zu definieren und ggf. weiter aufzuteilen, wenn z.B. Prozessübergänge bestehen. Dieser Schritt ist Basis für die Definition der Messpunkte.

Schritt 4: Bestimmung der Messpunkte

Lieferzeit, Lieferfähigkeit, Liefertreue und Wunschtermintreue sind im Mindestumfang durch vier Messpunkte zu ermitteln. Voraussetzung dafür ist die Verfügbarkeit der Messpunkte aus den Abwicklungsverfahren. Dabei ist stets darauf zu achten, dass die Datenqualität der Messpunkte gesichert ist, da sonst Auswertungen verzerrt dargestellt werden. Generell basiert die Bestimmung von Messpunkten auf definierten Grenzen aller betrachteten Logistikprozesse. Besonders wichtig ist die *Eindeutigkeit* der Messpunkte und deren einheitliche Anwendung in der gesamten Logistikkette.

Beispiele:

1. „Liefertermin" ist immer der Zeitpunkt des Eintreffens am Erfüllungsort.
2. Bei „Ab Werk"-Terminen handelt es sich um Versandtermine.
3. Anwendung gleicher „Zeitfenster" (z.B. stunden-, tages-, wochengenau) bei der Terminbewertung.

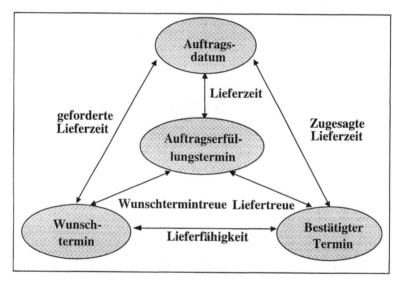

Abb. 14: Messpunkte für wesentliche Leistungskenngrößen

Praxis mit Tool-Unterstützung

Das Tool unterstützt die Bestimmung der Messpunkte und die Definition von beliebigen Teilstrecken, Terminvergleichen und Intervallen zur Darstellung von Terminabweichungen.

2.2.3 Ermittlung der Messergebnisse

Prinzip

Zur Messung der Logistikleistungskenngrößen müssen die entsprechenden Daten aus den Datenbeständen der prozessrelevanten operativen Verfahren für jeden festgelegten Messpunkt herausgefiltert werden. In System- und Anlagengeschäften gehören dazu auch Projektsteuerungsverfahren. Wichtig dabei ist, dass alle Aufträge/Vorgänge des betrachteten Zeitraums vollständig einbezogen werden.

Schritt 5: Ermittlung der Messergebnisse

Das Ausfiltern der Messpunkte für die Leistungsmessung erfolgt nach funktionsfähigen Einheiten, d.h. entweder komplette Aufträge oder zusammengehörende Auftrags- und Lieferscheinpositionen. Das kann auch dazu führen, dass in jeder Teilstrecke unterschiedliche Arten und Anzahl von Vorgängen ausgewertet werden. Darüber hinaus sollte die Auswertung der Liefertreue zum Erfüllungstermin möglichst zeitnah und die Auswertung der Lieferfähigkeit bereits zum bestätigten Termin erfolgen, um rechtzeitig reagieren zu können.

Aus Kundensicht sind vor allem im System- und Anlagengeschäft komplette Aufträge auszufiltern. In Teilstrecken kann teilweise auch die Filterung nach immateriellen Leistungsbestandteilen, z.B. Spezifikationen, erforderlich sein. Im Werk wird für Analysezwecke häufig die produktorientierte Leistungsmessung erforderlich sein, für die Montage auf der Baustelle sind montagefähige Einheiten zu erfassen. Die Segmentierungsmöglichkeiten sind dabei auch von der Datenverfügbarkeit aus den Abwicklungsverfahren abhängig. Auf der Basis dieses gefilterten Datenmaterials werden die Auswertungen für die einzelnen Leistungskenngrößen erstellt.

Praxis mit Tool-Unterstützung

Die Anwender können zwischen vier Auswertungstypen wählen. Dies sind die "Infomaske", die "Infoliste", die "statische Auswertung" sowie die "grafische Auswertung". Für alle vier Auswertungstypen ist das zu selektierende und zu analysierende Datenvolumen über ein benutzerindividuell gestaltbares Auswahlmenü eingrenzbar (vgl. Abb. 15). Speziell die statistischen und grafischen Auswertungsmöglichkeiten sind bezüglich ihres Inhalts und der Darstellung frei gestaltbar.

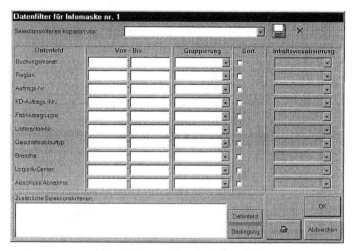

Abb. 15: Datenfilter für Infomaske

2.3 Analyse und Berichterstattung

Prinzip

Grundsätzlich sollten bei jeder Logistikleistungs-Analyse folgende Betrachtungen durchgeführt werden:

- Plan-Ist-Vergleiche z.B. als Signalwert-Betrachtungen nach definierten "Ampelbereichen" oder als Zieljustierung für Regellieferzeiten
- Zeitreihen-Vergleiche.

Hinzukommen sollte auf jeden Fall auch ein regelmäßiges Bild zur Kundenzufriedenheit. Auf dieser Basis können Geschäftsverantwortliche und Logistikmanager die Leistung der Logistikprozesse planen, überwachen und verbessern. Grundsätzlich erfolgt die Analyse und Berichterstattung nach *Geschäften* und innerhalb der Geschäfte nach Produkten, Kunden, Vertriebskanälen und Regionen. Die Analysen und Berichte sollten dabei allen an der Logistikkette Beteiligten zugänglich sein. Je mehr eine regelmäßige Berichterstattung nicht nur für den Kreis der „hauptberuflichen Logistiker" konzipiert ist, sondern auch für die Verantwortlichen des ganzen Geschäfts, desto mehr lassen sich die Erkenntnisse des Logistikleistungs-Controlling auch umsetzen in die

- Geschäftsstrategie und -planung
- Vermarktungsstrategie
- Logistikstrategie
- Regionalkonzepte.

Praxis mit Tool-Unterstützung

Es ist generell möglich, alle Auswertungen am Bildschirm zu zeigen, in eine Liste zu drucken oder für eine anschließende Weiterverarbeitung als wählbares Dateiformat abzuspeichern. Im folgenden werden einige Beispiele für die Analyse und Berichterstattung anhand der "Infomaske Datensatz', der "Infoliste", der "statistischen" sowie der grafischen Auswertung wiedergegeben.

Infomaske Datensatz:

Abb. 16 zeigt alle gespeicherten Daten *einer* Auftragsposition. Diese Maske erscheint auch beim "drill-down" aus statistischen oder grafischen Auswertungen.

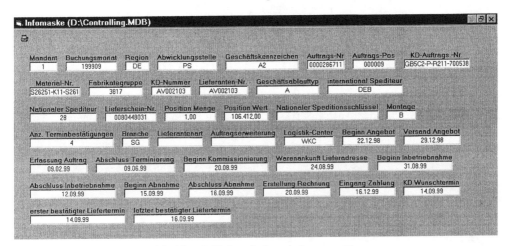

Abb. 16: „drill-down" einer Auftragsposition

Infoliste:

Die Infoliste wird mit Hilfe eines frei zu wählenden, generierbaren Listengenerators erzeugt. Ein mögliches Beispiel ist in nachfolgender Abb. 17 wiedergegeben.

Berichtsdaten sehen

Name der Infoliste: Infoliste Nr. 1

Tabelle: Geschäftsablaufdaten

Satz Num. 1 von 161

Nr	Auftrags-Nr	Auftrags-Pos	KD-Auftrags-Nr.	Position Menge	Lieferschein-Nr.	KD Wunschtermin	erster bestätigter Liefertermin
1	0000286711	000009	GB5C2-P-R211-700538	1,00	0080448031	14.09.99	14.09.99
2	0000338791	000005	GB132-X-R252-276001	1,00	0080447840	14.09.99	24.09.99
3	0000338791	000006	GB132-X-R252-276001	1,00	0080447840	14.09.99	24.09.99
4	0000338791	000007	GB132-X-R252-276001	1,00	0080447840	14.09.99	24.09.99
5	0000346671	000011	GB5C2-P-R211-700564	1,00	0080449835	16.09.99	01.07.99
6	0000252331	000010	MR100-Z-M790-127535	12,00	0080356435	12.05.99	29.03.99
7	0000324727	000009	GB212-R-R251-992640	1,00	0080359636	03.05.99	26.04.99
8	0000329969	000001	PU522-R-PU51-400063	1,00	0080334906	09.04.99	07.04.99
9	0000329969	000002	PU522-R-PU51-400063	1,00	0080334906	09.04.99	07.04.99
10	0000329969	000003	PU522-R-PU51-400063	1,00	0080334906	09.04.99	07.04.99
11	0000329969	000004	PU522-R-PU51-400063	1,00	0080334837	09.04.99	07.04.99
12	0000329969	000005	PU522-R-PU51-400063	1,00	0080334837	09.04.99	07.04.99
13	0000337299	000002	PU522-R-PU51-664040	1,00	0080350642	26.03.99	12.04.99
14	0000337299	000003	PU522-R-PU51-664040	1,00	0080350642	26.03.99	12.04.99
15	0000337299	000004	PU522-R-PU51-664040	1,00	0080350642	26.03.99	12.04.99
16	0000337299	000005	PU522-R-PU51-664040	1,00	0080350642	26.03.99	12.04.99
17	0000339846	000007	RK204-M-R323-164856	1,00	0080361030	31.03.99	08.04.99
18	0000340074	000004	PU521-R-PU51-SEO019	1,00	0080346889	31.03.99	09.04.99

Abb. 17: Ergebnis einer generierten Infoliste

Statistische Auswertung:

In Abb. 18 ist pro Fabrikategruppe (Teilprozesse und Gesamt) beispielhaft die Durchlaufzeit in Tagen von der Auftragserfassung bis zum Ende der Kundenabnahme dargestellt.

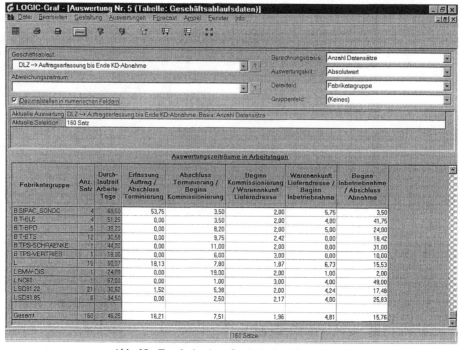

Abb. 18: Ergebnis einer Statistischen Auswertung

Grafische Auswertung:

Die grafische Auswertung wird hier am Beispiel der Liefertreue (LT) widergegeben. Sie wird in % für den letzten bestätigten Liefertermin in Relation zum Kundenabnahme-Termin mit unterschiedlichen Toleranzzeiträumen gemessen.

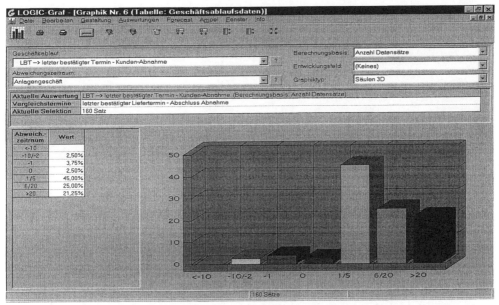

Abb. 19: Ergebnis einer Grafischen Auswertung

Das System bietet zusätzlich eine automatische *Ampel-Signalisierung* an. Nach Definition der Ampel-Parameter kann jeder Anwender, entsprechend seiner Aufgabe oder Interessenslage, aus dem Ampel-Gesamt-Menü sein persönliches Ampel-Profil zusammenstellen und jederzeit abrufen.

Auswahl des persönlichen Ampel-Profils

	Num	Geschäftsablauf		Datum	Von - Bis	Berechnungsbasis
Leistungen						
	1	DLZ → Angebot	Geschäftsablauftyp = A	Beginn Angebot	29.10.98 – 31.07.99	Anzahl Datensätze
✓	2	DLZ → Beginn Angebot bis Eingang Zahlung		Erfassung Auftrag	30.10.98 – 21.06.99	Anzahl Datensätze
	4	LF → Kundenwunschtermin - 1. best. LT	Mandant = 1		–	Position Wert
✓	5	LF → Kundenwunschtermin - 1. best. LT	Buchungsmonat = 199906		–	Position Wert
	6	LF → Kundenwunschtermin - 1. best. LT			–	Position Menge
	7	LT → erster bestätigter Termin - Kunden-Abnahme	Buchungsmonat = 199906		–	Anzahl Datensätze
✓	3	WTT → Kundenwunschtermin - Kunden-Abnahme	Mandant = 1	Erfassung Auftrag	30.10.98 – 21.06.99	Anzahl Datensätze
Mengen						
✓	1	Anlagengeschäft 10/98 bis 06/99	Mandant = 1	Erfassung Auftrag	30.10.98 – 21.06.99	Position Wert
Forecast						
Kosten						

Abb. 20: Auswahl der Ampel-Anzeige

Gesamtübersicht des ausgewählten persönlichen Ampel-Profils

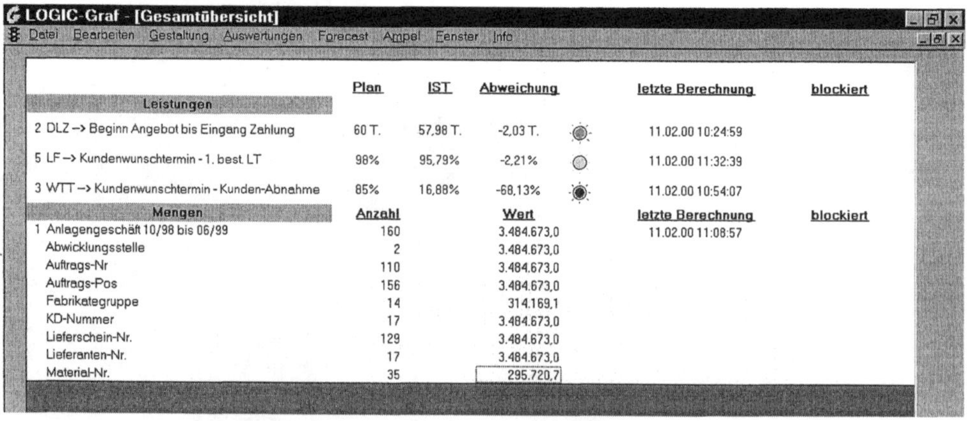

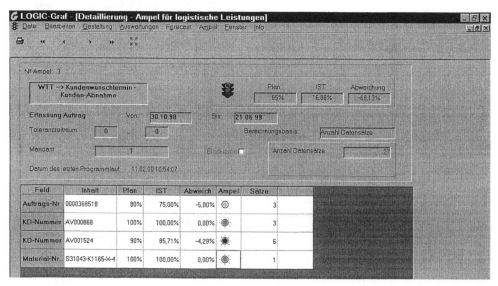

Abb. 21: Gesamtübersicht der ausgewählten Ampel-Profile

Detaillierung einer „Übersichts-Ampel"

Abb. 22: Detaillierte Anzeige einer Übersichts-Ampel

2.4 Anwender-Statement

Supply Chain Monitoring mit LOGIC-Graf[©] im Siemens-Geschäftsbereich Automation & Drives (A&D), Geschäftsgebiet Systems Engineering (SE)

A&D SE benötigte nach Einführung von SAP/R3 ein Controllingtool zur Messung der Logistikleistung über *alle* Prozesse. In einer enorm kurzen Einführungsphase von vier Wochen wurde zu diesem Zweck *LOGIC-Graf[©]* bei A&D SE installiert und die Schulung von ca. 50 Anwendern durchgeführt. *LOGIC-Graf[©]* wird zum Controlling der gesamten Supply Chain eingesetzt; somit ist das lückenlose Monitoring vom Kunden bis zum Kunden gewährleistet. Durch das leichte Handling und die selbsterklärende Oberfläche ist heute bei mehr als 150 Anwendern eine sehr hohe Akzeptanz vorhanden. Das Tool nutzen Ordermanagement, Vertrieb, Disposition, operativer Einkauf, Fertigung, Lagerbetrieb, Versand bis hin zur SE-Leitung.

Die Auswertungen geben eine hohe Transparenz für jeden Prozess- und Teilprozessowner über seine Logistikleistung. Den verschiedenen Anwendern bietet das Tool sowohl Managementreports als auch Detailanalysen, z.B.

*   dem *Vertrieb:* detaillierte Informationen zu offenen und gelieferten Bestellungen (Basis für Kundengespräche),
*   dem *Disponenten:* die kundenbezogenen Verbrauchsanteile,
*   dem *Einkäufer:* die Abweichungen von tatsächlichen zu den im Verfahren hinterlegten Wiederbeschaffungszeiten,
*   dem *Fertigungssteuerer:* Durchlaufzeiten im Produktionsprozess,
*   dem *Lagerbetrieb:* Anzahl Kommissioniervorgänge je Arbeitsgruppe,
*   dem *Abrechner:* Durchlaufzeiten vom Warenausgang bis Fakturierung.

Diese Detailanalysen bilden die Grundlage für Verbesserungen im Logistikprozess. Durch das permanente und konsequente Logistikcontrolling und die daraus abgeleiteten Maßnahmen konnten Lieferfähigkeit und Liefertreue um mehr als 20% auf einen marktüblichen Wert gesteigert werden.

Nach einer jetzt vorliegenden Bewertung der einzelnen Prozessabläufe plant A&D SE in nächster Zukunft, auch die Logistikkosten über das Tool *LKC[©]* zu planen und zu kontrollieren. Damit wird die Kostensituation der Logistikprozesse transparent gemacht und Kostentreiber sind schneller zu erkennen.

2.5 Zusammenfassung zur Leistungsbewertung

Um ein nutzbringendes und sinnvolles Leistungscontrolling zu implementieren, ist es unumgänglich:

- alle Prozesstypen (Einkauf, Forecast, Angebot, Produktion, Abwicklung, Service) mit allen Auftrags- und Bestellpositionen (keine repräsentative Auswahl) einzube-ziehen,
- Daten aus allen operativen Verfahren (SAP und Non-SAP) in *einer* Controlling-Datenbank, über automatisierte Schnittstellen versorgt, tagesaktuell bereitzustellen,
- allen Prozessverantwortlichen/Prozessbeteiligten die wahlfreie Erstellung von ad hoc-Listen und Grafiken ohne zeitliche Restriktionen zu ermöglichen sowie
- die Einhaltung von Prozess-Zielwerten maschinell zu überwachen und per Ampel-Funktion zu signalisieren.

Ein entsprechend konzipiertes, realisiertes und betriebenes Controlling-System bietet:

- das rechtzeitige Erkennen von PLAN-IST-Abweichungen einzelner Prozesse/ Teil-prozesse; *agieren* statt reagieren,
- eine Prozesstransparenz aus Kunden- und Lieferantensicht,
- die Lokalisierung und das Aufzeigen auffälliger Auftrags- und Bestellpositionen per „drill-down"-Funktion,
- ein weitestgehend selbständiges Controlling der Fachabteilungen ohne permanente Einschaltung von Dienstleistern (z.B. IT-Abteilungen),
- bei Prozessmodifikationen (organisatorisch/DV-technisch) die maschinelle Über-wachung der prognostizierten Verbesserungen in Teil- und Gesamtprozessen,
- die Basis für
  - ein internes und externes Benchmarking,
  - die Überwachung der Erfüllung von Prozesszielen,
  - eine Verbesserung der Informationsbereitschaft in Sinne von ISO 9000,
  - die Bildung von Prozesskennzahlen.

Die Schaffung von Transparenz über die Prozessleistung stellt bei dem angestrebten Ziel eines umfassenden Supply Chain-Monitoring nur den ersten Schritt dar. Es ist un-abdingbar, neben der Prozessleistung auch die dabei verursachten *Prozesskosten* zu kennen. Erst wenn beide Informationen permanent zur Verfügung stehen, ist eine wirt-schaftliche Steuerung der Prozesslandschaft mit fundierten Kennzahlen möglich.

3. Kostenbewertung

3.1 Einführung: Struktur der Logistikkosten

Die Kenntnis der Logistikkosten ist notwendig, um Wirtschaftlichkeitsbetrachtungen durchführen zu können. Hierunter fallen die Beurteilung von Investitionen, Make-or-Buy-Entscheidungen, aber auch die Beurteilung und das Controlling von geplanten bzw. realisierten Maßnahmen.

Andererseits muss die Kostenstruktur so aufgebaut sein, dass externes Benchmarking möglich ist. Voraussetzung dafür sind differenzierte Logistikkostenstrukturen, die Vergleichbarkeit sicherstellen und damit die Anwendung von Kenngrößen nicht nur im Zeitvergleich des eigenen Anwendungsbereichs, sondern auch nach außen erlauben.

Die Logistikkosten sind entsprechend dem Würfelmodell (siehe Kapitel 2.1, Genereller Ansatz bei Siemens, Abb. 1) nach drei Dimensionen – nach Kernprozessen, nach Geschäftsarten und nach dem Wirkungskriterium *Logistikkostengruppen* – zu betrachten:

- Nach *Kernprozessen*:
  Prozessorientierte Kostenbetrachtungen sind eine wichtige Voraussetzung für zielgerichtete Prozessoptimierungen. In Anlehnung an international übliche Supply Chain-Modelle soll nach folgenden logistischen Kernprozessen differenziert werden: Supply Chain Design, Absatz- und Mengenplanung, Kundenauftragsabwicklung, Beschaffung, Produktion und Distribution.

- Nach *Geschäftsarten*:
  Produkt-, System-, Anlagengeschäfte und After Sales Service unterscheiden sich in ihrer logistischen Aufgabenstruktur, ihren Anforderungen, Lösungen und folglich in Höhe und Struktur der Logistikkosten erheblich.

- Nach *Logistikkostengruppen*:
  Neben den bisher aufgeführten Dimensionen, Kernprozesse und Geschäftsarten, sind die Logistikkostengruppen als dritte Dimension zu betrachten. Es lassen sich folgende Logistikkostengruppen definieren (vgl. Abb. 23):

Planen Gestalten	Steuern Abwickeln	Wareneingang Warenausgang Transport	Lagerung	Kapitalbindung und Wagnisse durch Vorräte
Logistiksystem und Kernprozesse **planen, kontrollieren, gestalten**	**Abwickeln** – Kunden-auträge – Lieferanten-bestellungen – Fertigungs-aufträge	**Durchführen** – Anlieferung – Transport – Auslieferung	**Durchführen** – Einlagerung – Lagerung – Auslagerung – Kommis-sionierung	**Vorräte** – Kapitalkosten – Versicherun-gen – Bestands-wagnisse
	operativ Planen Disponieren Steuern der o.g. Funk-tionen/ Prozesse	**operativ Planen Disponieren Steuern** der o.g. Funk-tionen/ Prozesse	**operativ Planen Disponieren Steuern** der o.g. Funk-tionen/ Prozesse	

Abb. 23: Logistikkostengruppen

Somit wird es auf Basis eindeutiger Zuordnungskriterien möglich,

- generelle Aussagen über die Wirtschaftlichkeit der Logistik in den einzelnen Geschäftsarten und Kernprozessen nach Logistikkostengruppen zu treffen,

- einen kritischen Vergleich der Logistikkostenstruktur zwischen den Geschäftsarten mit ihren unterschiedlichen Logistikmerkmalen durchzuführen,

- die Situation und Entwicklung der Logistikkostenstruktur (z.B. Gesamtkosten für Warenein-/-ausgang und Transport im Anlagengeschäft) zu analysieren,

- differenzierte Betrachtungen von aktuellen Problem- und Handlungsfeldern bis hin zum Logistikmodul, z.B. die Kosten für Lagerung im Kernprozess Beschaffung bei Produktgeschäften vorzunehmen und schließlich

- durch eine eindeutige Struktur sowohl internes wie externes Benchmarking durchzuführen.

3.2 Ermittlung der Logistikkosten

Die Ermittlung der Logistikkosten erfolgt aus zwei Quellen:

1. Funktionskosten über die Kostenstellenrechnung (Dienststellengemeinkosten),

2. Kostenarten über Konten (direkte Gemeinkosten, Einzelkosten, Sondereinzelkosten).

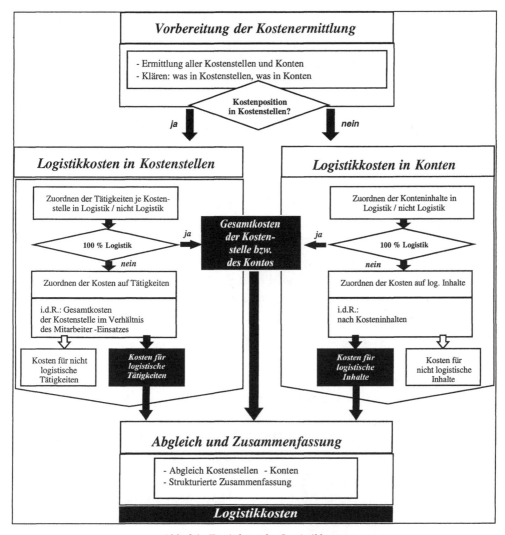

Abb. 24: Ermittlung der Logistikkosten

Bei der Ermittlung der Logistikkosten ist zunächst eine Betrachtung aller relevanten Kostenstellen erforderlich. Dort ist der größte Teil der Logistikkosten enthalten. Die Ermittlung der Logistikkosten aus Konten ist ergänzend für alle Kosten durchzuführen, die nicht in den Kostenstellen enthalten sind.

3.1.1 Prinzipien für die Ermittlung

Eine Logistikkostenerhebung ist nur dann erfolgreich, wenn der Ermittlungsprozess standardisiert ist:

was:	Umfang	• gesamtes Geschäft (inkl. Regionen) oder gesamte Region
	Struktur	• nach Kernprozessen und Logistikkostengruppen
wer mit wem:	Verantwortung	• Logistikmanager
	Mitwirkung	• Kostenstellenverantwortliche, Rechnungswesen
wann:	Rhythmus	• abhängig von der Geschäftsart durch den Logistikmanager festzulegen

Abb. 25: Standardisierung des Ermittlungsprozesses für Logistikkosten

Grundsätzlich sollten die Logistikkosten nach den o.g. Kriterien prozessorientiert erfasst werden (Kapitel 3.2.2). Die summarische Erfassung (Top Down) bietet eine Orientierung über den Gesamtumfang der Logistikkosten (Kapitel 3.2.3).

Neben der Anforderung, möglichst ein ganzes Geschäft zu betrachten, ist es ebenso erforderlich, ebenso bestimmte Kostenanteile bei der Erfassung einheitlich zu berücksichtigen, um sowohl im Zeitverlauf als auch mit anderen vergleichbar zu sein:

- Für eine durchgehende Ermittlung der Logistikkosten für ein Geschäft sind die entsprechenden Anteile aus den Regionen erforderlich.

- Kostenstellen zugeordnete anteilige Umlagen aus den Zentralstellen werden aus Vereinfachungsgründen pauschal, entsprechend dem logistischen Gesamtanteil der Kostenstelle, den Logistikkosten zugerechnet. Das Gleiche gilt für Verfahrenskosten (Entwicklung, Pflege und Abwicklung), die nicht einzeln ausgewiesen sind.

- Die Kapitalbindung für Bestände (Material, UE, FE, UL, Forderungen) wird mit dem aktuell gültigen Kapitalkostensatz auf dem jeweiligen Bestandsniveau bewertet.

Fehlleistungs- und Mehrkosten sind durch Prozessstörungen verursacht und stellen deswegen immer ein handlungsrelevantes Erhebungs- und Auswertungskriterium dar. Sie sind teilweise in den entsprechenden Konten ausgewiesen oder in den Kostenstellen enthalten. Somit sind logistische Fehlleistungs- und Mehrkosten bei einer Erfassung der Logistikkosten berücksichtigt, aber nicht gesondert ausgewiesen.

Ebenso wie bei der Messung der Logistikleistung (Kapitel 3.2.2) ist es den Bereichen der Siemens AG und den Beteiligungsgesellschaften freigestellt, ob sie zur Umsetzung des *„Leitfaden Logistikkosten"* ein unterstützendes DV-Tool einsetzen. Zur einfachen und wirtschaftlichen Ermittlung wurde im Siemens-Konzern das PC-basierte Controlling-Tool *LKC*© entwickelt.

Die zugrunde liegenden Kostendaten werden hierbei aus dem Verfahren des Rechnungswesens (z.B. SAP/R3) in definierten Schnittstellen übernommen. Die Grunddaten für die Ermittlung von Logistikkosten aus Kostenstellen und Konten werden in *LKC*© gepflegt. In den folgenden Kapiteln wird die DV-maschinelle Unterstützung zur Umsetzung des *„Leitfaden Logistikkosten"* mit *LKC*© dargestellt.

3.2.2 Prozessorientierte Ermittlung

Die nachfolgende Abbildung zeigt den prinzipiellen Ablauf der prozessorientierten Kostenermittlung in der Logistik.

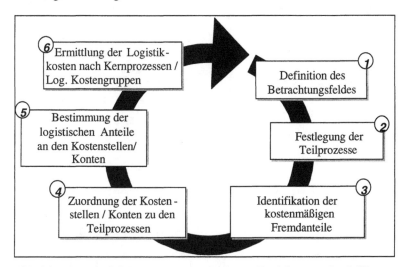

Abb. 26: Die sechs Schritte zur prozessorientierten Ermittlung von Logistikkosten

Praxis mit Toolunterstützung

Schritt 1:   Zur Definition des Betrachtungsfeldes ist zunächst eine eindeutige Abgrenzung der Organisationseinheiten (Teilbereiche) notwendig, die als Grundstruktur in *LKC*© zu erfassen sind.

Schritt 2:   Die Definition der Teilprozesse ist geschäftsartenabhängig vorzunehmen.In *LKC*© können 20 Teilprozesse definiert und verarbeitet werden.

Schritt 3:   Die Identifikation der Fremdanteile (Ja/ Nein und Höhe pro Teilprozess) ist zweckmäßig, weil diese als Kostenblock i.d.R. klar erkennbar sind.

Schritt 4:   Zu entscheiden ist zunächst, ob der Teilprozess in dem betrachteten Organisationsbereich ① durchgeführt wird (J/N) und wenn ja, in welcher Kostenstelle ②. (Pro Teilprozess können mehrere Kostenstellen/Konten betroffen sein). Bei der Kontenbetrachtung ③ ist zunächst zu fragen, ob die Kosten auf Kostenstellen geschlüsselt und damit durch die Kostenstellenbetrachtung abgedeckt sind oder ob das Konto nicht in Kostenstellen geschlüsselt und zusätzlich einzurechnen ist.

Schritt 5:   Der Mitarbeitereinsatz bzw. Kosteninhalt ist prozentual ④ auf die relevanten Teilprozesse ⑤ und Logistikkostengruppen ⑥ zuzuordnen. Neben dem Mitarbeitereinsatz, der meist hinreichende Genauigkeit hat, können auch andere Schlüssel angewendet werden.

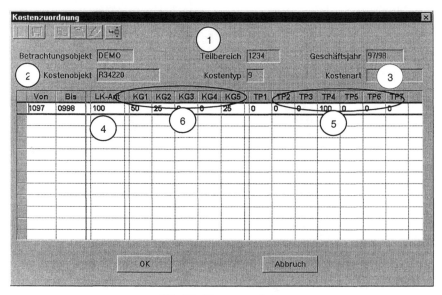

Abb. 27: Kostenzuordnung

Schritt 6:   Die Summe der Fremdkosten und Eigenkosten der Logistik ergibt die Logistikkosten, gegliedert nach Teilprozessen und Organisationseinheiten (Teilbereiche) (Abb. 28) und nach Logistikkostengruppen (Abb. 29).

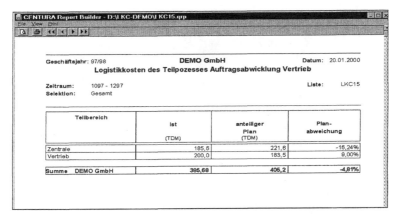

Abb. 28: Logistikkosten nach Teilprozessen und Organisationseinheiten

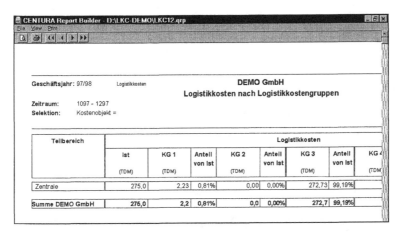

Abb. 29: Logistikkosten nach Logistikkostengruppen

3.2.3 Summarische Ermittlung

Die nachfolgende Abbildung zeigt das Ablaufprinzip der summarischen Ermittlung von Logistikkosten.

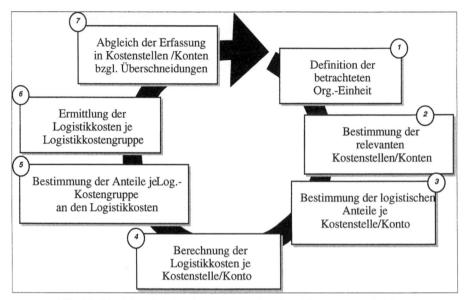

Abb. 30: Die sieben Schritte der summarischen Ermittlung von Logistikkosten

Praxis mit Tool-Unterstützung

Schritt 1: Wie bei der prozessorientierten Ermittlung der Logistikkosten ist auch hier zunächst eine eindeutige Abgrenzung der Organisationseinheiten (Teilbereiche) notwendig.

Schritt 2: Die logistikrelevanten Kostenstellen (Kostenobjekte) (Abb. 31) und Kostenarten (Konten) (Abb. 32) werden bestimmt und in *LKC*© erfasst.

Teilbereich	Kostenobjekt	Kostentyp	Bezeichnung
1234	R34301	9	Logistik-Controlling
1234	R34302	9	Auftragsabw.u.Abrechnung
1234	R34310	9	Grunddaten
1234	R34320	9	Disposition
1234	R34806	9	Zentralvertrieb
1234	R34957	9	Fracht und Verpackung
5678	N.LOG	9	Nicht logistikrelevant
5678	R31001	9	Vertrieb Inland
5678	R31002	9	Vertrieb Übersee
5678	R31003	9	Vertrieb Europa

Betrachtungsobjekt DEMO   Geschäftsjahr 97/98

OK   Abbruch

Abb. 31: Definition der Kostenobjekte in LKC©

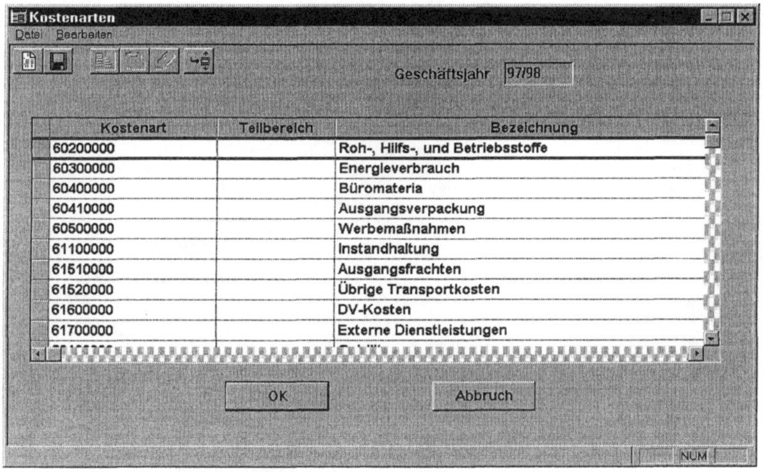

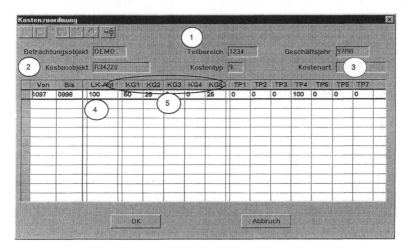

Abb. 32: Definition der Kostenarten in LKC©

Schritte 3+5: Je Betrachtungsobjekt ① sind nach Bestimmung der logistikrelevanten Kostenstellen ②/Kostenarten ③ die logistischen Anteile (LK-Ant.) ④ in % je Kostenstelle/Kostenart abzuschätzen und den Logistikgruppen (KG 1 bis 5) ⑤ zuzuordnen (vgl. Abb. 33).

Abb. 33: Ergebnis der Logistikkosten-Zuordnung

Schritte 4+6: Aus den ermittelten logistischen %-Anteilen in Kostenstellen/Konten lassen sich jetzt die Logistikkosten und die Zuordnung auf Logistik Kostengruppen maschinell ermitteln.

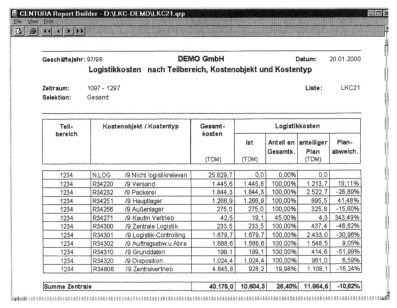

Abb. 34: Ergebnis der Logistikkosten-Zuordnung nach Kostengruppen

Schritt 7:   Der Abgleich zur Vermeidung von Doppelerfassungen ist am besten differenziert auf der Ebene der Logistikkostengruppen durchzuführen.

3.3   Analyse und Berichterstattung

Die nach der prozessorientierten und/oder summarischen Methode ermittelten Logistikkosten bringen Transparenz in die Logistikkostensituation nach:

- Organisationseinheiten
- Teilprozessen
- Kostenstellen/Konten
- Kostengruppen.

Grundsätzlich sollten bei jeder Logistikkosten-Analyse folgende Betrachtungen durchgeführt werden:

- Plan-Ist-Vergleiche
  z.B. als Signalwert - Betrachtungen nach definierten "Ampelbereichen"
- Zeitreihen-Vergleiche

LKC© bietet hierzu eine Vielfalt von Auswertungsmöglichkeiten, z.B.:

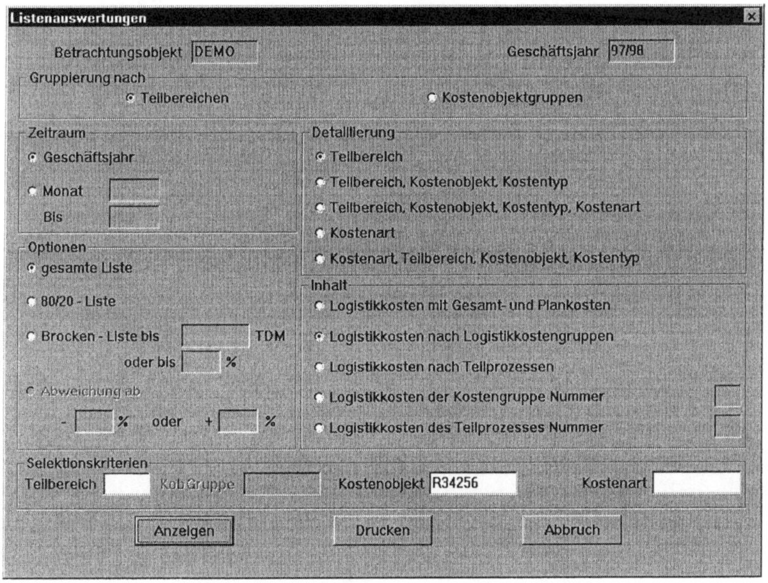

Abb. 35: LKC© -Auswahlmaske für Listen

Hiermit kann das Logistikmanagement je nach Parametrisierung differenzierte Kosten-analysen nach den folgenden Kriterien durchführen:

- Geschäftsfelder, Weltregionen, Verantwortungsbereiche
- Vertriebskanäle, Auftragsarten/Abwicklungstypen
- Fehlleistungs-/Mehrkosten, ausgewählte Kostenarten (Personal, Flächen, Bestands-kosten)
- Eigen-/Fremdkosten.

Diese Kostenanalysen sind die Grundlage für konkrete Entscheidungen und Maßnah-men. Sie allein reichen jedoch in der Regel nicht aus. Um zusätzlich differenzierte Aus-sagen zur Logistik-Effizienz und Produktivität machen zu können, werden daher den Logistikkosten entsprechende Leistungsgrößen gegenübergestellt. Dabei handelt es sich hauptsächlich um die Logistikkosten verursachenden Kostentreiber. Nach den Mana-gementebenen sind differenzierte Kostenkennzahlen zu definieren und so aufeinander abzustimmen, dass sie auf die Geschäfts- und Prozessanforderungen ausgerichtet sind. Sie sind auf die Aspekte zu beschränken, die zur Realisierung der verfolgten Logistik-Strategie wesentlich sind.

Beispiele für Logistikkosten-Kennzahlen:

- Logistik-Gesamtkosten bezogen auf z. B. Umsatz, Wertschöpfung, Gemeinkosten, Mitarbeiter, Anzahl Aufträge

- Logistikkosten je Kernprozess bezogen auf z. B. die jeweilige Mitarbeiteranzahl oder die jeweiligen Kostentreiber (Volumen, Aufträge, Bestellungen, Bewegungen...)
- Logistikkosten je Logistikkostengruppe bezogen auf z. B. die jeweilige Mitarbeiteranzahl oder die jeweiligen Kostentreiber (Volumen, Aufträge, Bestellungen, Bewegungen...)

Auch hierbei unterstützt *LKC*© mittels grafischer Darstellungen:

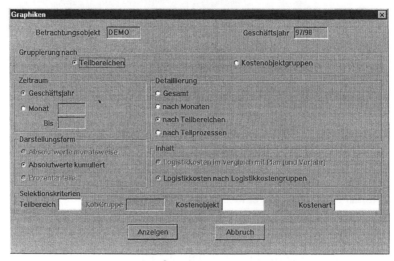

Abb. 36: LKC©-Auswahlmaske für Grafiken

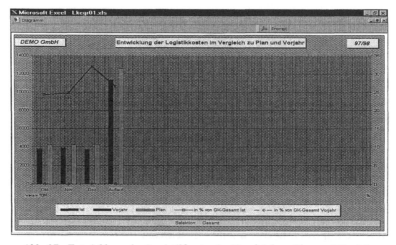

Abb. 37: Entwicklung der Logistikkosten im Vergleich zu Plan und Vorjahr

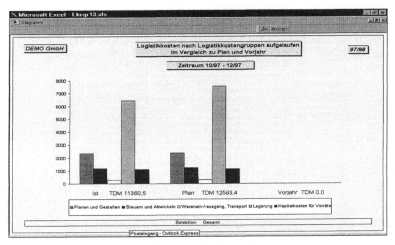

Abb. 38: Logistikkosten nach Logistikkostengruppen

3.4 Anwender-Statement

Logistikkosten-Controlling mit LKC© bei Siemens VDO Automotive AG, Business Unit Chassis & Carbody, Electronic Manufacturing & Services (SV C EM)

Der Aufbau eines Logistikkosten-Controlling bei SV C EM wurde von der Geschäftsgebietsleitung mit der Zielsetzung initiiert, die Kostentreiber der Logistik in den verschiedenen Standorten weltweit zu identifizieren, Kostensenkungspotenziale zu ermitteln und mittels Best-Practice-Sharing auszuschöpfen. Die Aufgabe bestand darin, bisherige punktuelle Kostenbetrachtungen schnell und aufwandsarm durch eine regelmäßige, systematische und differenzierte Verfolgung sämtlicher Logistikkostenelemente zu ersetzen. Dieses kann nur mithilfe eines IT-Tools wirtschaftlich durchgeführt werden.

Die Entscheidung für *LKC©* erfolgte aus verschiedenen Gründen:

- Das Tool bildet die Logistikkosten entsprechend dem Siemens-Leitfaden „Logistikkosten" ab, d.h., es basiert auf einer genormten Definition des Begriffs "Logistikkosten" und ermöglicht die Strukturierung nach Logistikprozessen und nach Logistikkostengruppen.

- Das Tool besitzt eine Schnittstelle zum SAP-Verfahren des Rechnungswesens, sodass auch tatsächlich angefallene Istkosten in den Berichten dargestellt werden.

- Das Tool übernimmt alle benötigten Kostendaten beliebig oft direkt aus den Daten des Rechnungswesens und erzeugt vielfältig wählbare Auswertungen und Berichtsunterlagen. Dafür entsteht kein personeller Aufwand.

- Durch seine vielfältigen, interaktiven Analysemöglichkeiten ermöglicht *LKC*© allen am Logistikprozess beteiligten Personen einen schnellen, systematischen Überblick über die von ihnen verursachten Logistikkosten.

Das Tool unterstützt komfortabel die Einstellung und Pflege der benötigten Zuordnungsparameter. Für die heute notwendige Flexibilität bei der Anpassung von Prozessen und Organisationen ist dies von großer Bedeutung.

Hier liegt zunächst der Schwerpunkt beim Anwender: Natürlich ist es unabdingbar, dass der Logistikverantwortliche zusammen mit den Verantwortlichen der operativen Logistik und des Rechnungswesens auf Basis der Logistikprozesse die Logistikkostenanteile in Kostenstellen und Konten in der erforderlichen Struktur identifiziert. Dieser Prozess kann zwar – konzentriert durchgeführt – zügig erfolgen, darf aber nicht unterschätzt werden. Er stellt einen gemeinsamen Lerneffekt dar und erzeugt Logistikbewusstsein. Dies ist wiederum eine Voraussetzung dafür, dass im laufenden Controlling-Prozess alle Beteiligten übereinstimmen und bei vereinbarten Verbesserungsmaßnahmen am gleichen Strang ziehen.

LKC© wurde bei SV C EM zunächst am Standort Regensburg implementiert; weitere – auch englischsprachige Versionen – folgten. Inzwischen fand die Umstellung in der Anbindung von SAP R/2 zu R/3 statt. Das Logistikkosten-Controlling mit Hilfe von *LKC*© erfüllt umfassend die gesetzten Ziele: Kostentransparenz und -entwicklung im Zeitverlauf ist je Standort jederzeit verfügbar. Mit besonderer Aufmerksamkeit verfolgt die Geschäftsgebietsleitung den Vergleich von Kostentreibern in den einzelnen Standorten, da aus ihm die Kostensenkungsziele bestimmt und durch entsprechende Maßnahmen im Best-Practice-Sharing realisiert werden. Das Rollout in weitere Standorte von SV C EM wird deshalb fortgesetzt.

3.5 Zusammenfassung zur Kostenbewertung

Zur Gestaltung und Durchführung logistischer Prozesse werden Einsatzfaktoren in Form von Personalkapazitäten, Sach- bzw. Dienstleistungen und Kapital benötigt, damit u.a. kürzere Durchlaufzeiten und eine höhere Logistikleistung (Lieferfähigkeit, Liefertreue, Lieferzeit usw.) realisiert werden können. Dabei ist es zwingend erforderlich, die *Wirtschaftlichkeit der logistischen Prozesse* sicherzustellen. Die Kenntnis über Entstehung und Höhe der durch die Leistungserstellung verursachten Kosten ist dafür eine wesentliche Voraussetzung.

Wichtig ist dabei, die Logistikkosten

- in ihrer *Gesamtheit*, also in allen Bestandteilen über die ganze Logistikkette
- *differenziert* nach einzelnen Prozessen, Kostengruppen und Verantwortungsbereichen

- *regelmäßig*, also nicht nur sporadisch

zu erfassen.

Nur aufgrund aktueller Ermittlung/Darstellung der Ist-Situation werden Planabweichungen rechtzeitig erkannt und Rationalisierungspotenziale aufgezeigt. Das frühzeitige Erkennen von Trends ermöglicht ein „Agieren statt Reagieren" und zugleich eine objektive Überwachung der Wirksamkeit von Prozessveränderungen bzw. Maßnahmenrealisierungen.

Dazu ist ein *aufwandsarmes, prozessorientiertes* Kostencontrolling für das permanente und gezielte Lokalisieren von Kostentreibern unerlässlich. Ohne den Einsatz eines entsprechend konzipierten DV-Tools, das die Logistikkostenelemente möglichst direkt aus den Daten des Rechnungswesens filtert, findet in der Praxis kein regelmäßiges und im Zeitverlauf vergleichbares, d.h. datenkonsistentes Logistikkosten-Controlling statt. Zugleich wird damit die Basis für gezielte Prozesskostenrechnungen in Teilprozessen, Benchmarking-Aktivitäten und die Definition und Ermittlung von Prozesskennzahlen/ Scores geschaffen. In Verbindung mit der *Leistungsbewertung* ist somit durch das Aufzeigen von Zeit- und Kostentreibern der Weg zu einem umfassenden Supply Chain-Controlling bereitet.

4.   Ausblick

Vom Prozess-Controlling zum Supply-Chain-Controlling

Mit der Einführung der prozessorientierten Logistikleistungs- und Logistikkostenanalyse und -bewertung sind bei Siemens wichtige Grundlagen für ein effektives und effizientes Logistikmanagement geschaffen worden. Geeignete DV-Tools stehen hierbei unterstützend zur Verfügung.

Ziel ist es, dass *alle* Einheiten sich dieser Mittel bei entsprechender Relevanz bedienen, um die Logistikprozesse permanent so zu gestalten, dass im Wettbewerbsvergleich der höchste Kundennutzen bei bester Wirtschaftlichkeit entsteht.

Es gilt nun, *Logistikleistungs- und Logistikkosten-Controlling systematisch zu verknüpfen* und damit Maßstäbe für die Logistikproduktivität zu gewinnen und zu verfolgen. Hierzu sind bereits erste Ansätze vorhanden: Das Logistikleistungs-Tool *LOGIC-Graf©* ist in der Lage, auch logistische Kosten- und Budgetierungsdaten zu importieren. In der nächsten Stufe wird eine maschinell unterstützte Bildung von Logistik-Scorecards – unter Einbeziehung der aus den Controlling-Tools bereitgestellten Daten – angestrebt.

Das Bewusstsein für den gegenseitigen Nutzen von Logistik-Partnerschaften in mehrstufigen Supply Chains wurde in den letzten Jahren nicht nur theoretisch, sondern immer mehr auch durch Best-Practice-Beispiele gesteigert. Das bedeutet, dass vermehrt die eigenen Controlling-Systeme mit denjenigen von Kunden-, Lieferanten- und Dienstleistungspartnern zu verbinden sind. Auf diese Weise werden wir Konzepte zur Verfügung haben, die es ermöglichen, ein echtes *Supply Chain-Controlling* durchzuführen.

Supply Chain Management (Controlling)

Supply Chain Management - Ubi venis, quo vadis ?

Burkhard Wölfling[*]

---

[*] Dipl.-Kfm. Burkhard Wölfling, Inova Management AG, Erkrath.

1. Zum Hintergrund

Mit dem Einzug der elektronischen Datenverarbeitung in den 50er und 60er Jahren wurden zunächst Lösungen für einzelne innerbetriebliche Funktionen geschaffen. So wurden nach und nach Applikationen für das Finanz- und Rechnungswesen, das Personalwesen sowie insbesondere für die Produktionssteuerung und die Materialwirtschaft entwickelt und implementiert. Dabei blieben die Datenbasen der einzelnen Applikationen zunächst in Form von Insellösungen strikt isoliert. Erst gegen Ende der 80er Jahre kam mit der Weiterentwicklung der Informationstechnologie die Möglichkeit nach Verknüpfung dieser Insellösungen auf. Neue Netzwerktechniken, Client-Server-Architekturen und hochleistungsfähige Workstations ermöglichten es Anfang der 90er Jahre, intelligente IT-Lösungen zu dezentralisieren und sie dennoch in direkte Kommunikation zueinander zu bringen. Damit war der Grundstein sogenannter „Enterprise-Ressource-Planning" (ERP)-Systeme gelegt.

Die auch heute noch gängigen ERP-Systeme beruhen weitgehend auf den Prinzipien des MRP (Materials Requirements Planning) bzw. in der weiter entwickelten Form auf denen des MRP II (Manufacturing Resource Planning). Bei diesen Planungsprinzipien wird aus vorliegenden Kundenaufträgen und unter Berücksichtigung der Lagerbestände zunächst eine Primärbedarfsrechnung durchgeführt, um die zu produzierenden Mengen an Fertigerzeugnissen und Zubehörteilen zu ermitteln. Im Anschluss daran werden, basierend auf einem kurzfristigen Produktionsprogramm, durch Stücklistenauflösung die sog. Sekundärbedarfe an Halbfertigerzeugnissen und deren Produktionsstarttermin je Fertigungsauftrag errechnet (retrograde Produktionsterminierung). Dabei werden statische Parameter für die Durchlaufzeiten (Rüst-, Bearbeitungs-, Transport-, Liege- und Prüfzeiten) verwendet.

Gerade aber die Verwendung statischer Größen und die implizierte Annahme unbegrenzter Fertigungskapazitäten bei gleichzeitig beliebiger zeitlicher Verfügbarkeit führen in aller Regel zu der typischen „Trouble Shooting-Situation", die man regelmäßig in den Unternehmen vorfindet. Die Arbeitsvorbereitungen und die Dispositionsverantwortlichen kämpfen um die Bewältigung von Überstunden, Eil-, Express- und Nachbearbeitungsaufträgen, Auftragsverschiebungen und -verzögerungen mit der unvermeidlichen Folge hoher Umlauf- und Fertigwarenbestände sowie massiver Einbußen bei Lieferservicegrad und Kundenzufriedenheit.

Größtes Defizit der klassischen ERP-Systeme ist jedoch deren unternehmensisolierte Ausrichtung. Über eine Verknüpfung der unternehmensinternen Insellösungen sind diese Systeme nicht hinausgekommen. Interne Verrechnungspreise und Gutschriftenkonzepte entpuppten sich dabei als Hilfslösungen, die den Ansprüchen einer ressourcenorientierten ganzheitlichen Prozessoptimierung nicht gerecht wurden. Selbst organisatorische Lösungsansätze, wie die Bestimmung sogenannter „Process Owner", die bereichsübergreifend die Verantwortung für den gesamten logistischen Wertschöpfungsprozess eines Produktes oder einer Produktgruppe übernehmen sollten, führten nur bedingt zu Erfolgen oder scheiterten an der menschlichen Neigung zum Machterhalt und an der Einflussverteidigung anderer Unternehmensbereiche.

Da zudem die Optimierungspotenziale innerhalb der Beschaffungslogistik (Just-In-Time, Sourcing-Strategien etc.) in der Industrie wie im Handel weitgehend ausgeschöpft waren und auch die Rationalisierungspotenziale in den Fertigungsbereichen an ihre Grenzen stießen (Lean Production, Fertigungssegmentierung, Gruppenarbeit, Kaizen, Outsourcing etc.), konzentrieren sich die Bemühungen zur Prozessoptimierung zur Zeit schwerpunktmäßig auf die Vertriebs- und Distributionsbereiche. Allen Bemühungen zur Effizienzsteigerung ist aber auch hier gemeinsam, dass sie sich fast ausnahmslos isoliert auf die jeweiligen Unternehmen beschränkten.

Nun aber werden bei einigen Unternehmen Bemühungen erkennbar, auch über ihre eigenen Unternehmensgrenzen hinweg an einer Optimierung der materiellen und informativen Logistikabläufe zu arbeiten. Hier setzt der Gedanke eines Supply Chain Managements an.

2.   Zum SCM-Verständnis

Supply Chain Management (SCM) betrifft das Beziehungsgeflecht der Lieferkette. Während sich die klassischen Enterprise-Resource-Planning (ERP)-Systeme auf die Zusammenführung einzelner Insellösungen konzentrierten (Rechnungswesen, Personalwesen, Produktions- und Materialwirtschaft, Auftragsabwicklung etc.), versucht das Supply Chain Management den Blickwinkel unternehmensübergreifend zu erweitern. Hier sollen neben der Produktionsplanung insbesondere auch die Bedarfs-, Transport- und Distributionsplanung Berücksichtigung finden, um damit dem Anspruch einer holistischen Wertschöpfungsoptimierung gerecht(er) zu werden.

Wie zu vielen anderen akronymisierten Themen existieren auch zum SCM zahlreiche, teilweise stark voneinander abweichende Definitionen.

Im Folgenden werden eine kurze und eine ausführliche Definition genannt. Die Kurzdefinition soll dazu dienen, eine prägnante Beschreibung des Themas zu liefern und die Kernintention des SCM wiederzugeben. Mit der ausführlichen Definition dagegen soll auf alle wesentlichen Elemente des SCM aufmerksam gemacht und die Komplexität des SCM-Ansatzes aufgezeigt werden.

Eine mögliche Definition umschreibt SCM als „die Optimierung der logistischen Prozesskette nicht nur innerhalb des Unternehmens, sondern von dem Kunden des Kunden bis zum Lieferanten des Lieferanten."[1]

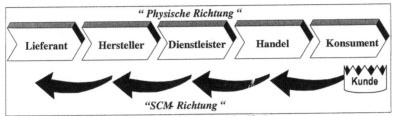

Abb. 1: Generische Supply Chain

Mit der ausführlichen Definition sollen auch die einzelnen Elemente genannt werden, die im Rahmen der SCM-Philosophie von Bedeutung sind. Zudem soll der klassische Grundgedanke einer Prozess-„Kette" um den Gedanken eines integrierten Prozess-„Kreislaufes" erweitert werden. Der Kreislaufgedanke kommt nach meiner Ansicht dem ganzheitlichen Anspruch des SCM am nächsten. Die Kettendefinition betont zwar auch die Verzahnung der einzelnen Kettenelemente, denkt aber nach wie vor in sequentiellen Ablaufstrukturen. Genau davon will aber die originäre SCM-Idee Abstand nehmen. Des Weiteren können durch die Kreislauforientierung Netzwerkgedanken der Wertschöpfungsteilnehmer besser erklärt und insbesondere gerne vernachlässigte Elemente wie die Retro- oder Entsorgungslogistik sinnvoll eingebunden werden.

---

[1] Scheer (1998), S. 19.

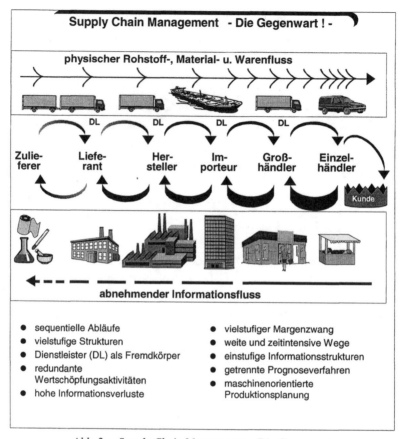

Abb. 2.: Supply Chain Management – Die Gegenwart

Demnach wird im Folgenden „SCM" als Supply „Circle" Management verstanden, bei dem es sich um ein kundenzielorientiertes System aus in ihrer Effizienz und Effektivität aufeinander abgestimmten und integrierten Aktivitäten zwischen Partnern bzw. Teilnehmern entlang des gesamten logistischen Wertschöpfungskreislaufes, beginnend beim Kundenwunsch, ausschlaggebend für die Rohstoff- und Materialbeschaffung, begleitet durch die Informationsflüsse, dimensioniert und honoriert durch die Geldflüsse, vordergründig endend mit den Warenflüssen beim Verbraucher und hintergründig endend mit der Retro- bzw. der Entsorgungslogistik bei den Systemteilnehmern.[2]

---

[2] Vgl. Wölfling (1999), S. 5.

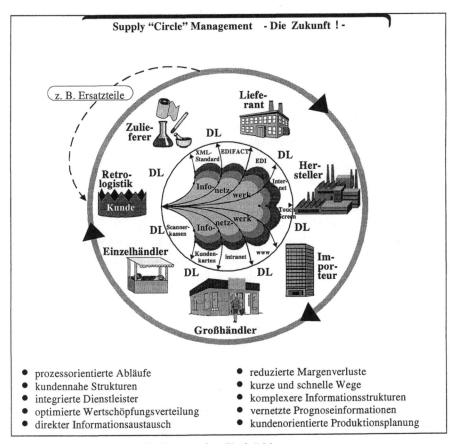

Abb. 3: Supply „Circle" Management

Das Supply Circle Management folgt dem Gedanken einer „Win-Win-Position". Durch eine unternehmensübergreifende Optimierung von Prozessabläufen entlang der gesamten Produktentstehungs- und Auslieferungskette (bzw. -kreislaufs) wird eine Situation angestrebt, die sich am Ende sehr viel besser darstellt, als wenn jeder Wertschöpfungspartner für sich alleine optimierend agiert hätte. Oder anders - im Sinne von Lao Tse - ausgedrückt: „Das Ganze ist mehr als die Summe seiner Einzelteile."

3. Die Bedeutung der Entwicklungen in der Informationstechnologie für das SCM

Die Verwirklichung eines SCM, gemäß der oben genannten Definition, wird erst unter Einbeziehung der modernen Informationstechnologien möglich. So müssen für eine unternehmensübergreifende Vernetzung alle Register der Informationstechnologie gezogen werden, um sowohl die Kundenwunschinformationen, die Material- und Warenflussdaten als auch Geldflüsse zeitnah abwickeln zu können.

Hier bietet besonders für die Business-to-Business Geschäftsprozesse das Internet zunehmend mehr Potenziale, um eine übergreifende Prozessoptimierung vornehmen zu können.

Sollte, wie beispielsweise vom CEO der Intel Corporation C.R. Barrett vorausgesagt, sich die Regel einer alle 18 Monate stattfindenden Leistungsverdoppelung der Computer auch weiterhin bewahrheiten, so werden auch die Möglichkeiten von innovativen IT-Lösungen entsprechend steigen; Lösungen, die wir uns heute vermutlich ebenso wenig vorstellen können, wie wir es noch bis 1970 für unmöglich gehalten hätten, 500 Schreibmaschinenseiten auf eine Plastikscheibe mit 9 cm Durchmesser abzulegen. Im Jahre 1985 waren es mit dem Aufkommen der CD-ROMs bereits mehr als 250.000 Schreibmaschinenseiten. Eine normale DVD verfügt heute über mehr als das 26-fache (d.h. 6,5 Millionen Schreibmaschinenseiten) der Speicherkapazität einer CD-ROM.

In diesem Licht scheint auch die Prognose nachvollziehbar, dass sich im Laufe der nächsten fünf Jahre die Zahl der weltweit vernetzten Computer von heute ca. 180 Millionen auf rund eine Milliarde erhöhen wird. Folgerichtig wären dann auch die Schätzungen verschiedener Forschungsinstitute (Forrester, OECD, IDC), nach deren Hochrechnung wir im Jahr 2002 weltweit Umsätze in der Größenordnung von mehr als 500 Mrd. US $ im elektronischen Handel abwickeln werden. Zum Vergleich: Im Jahr 1999 waren es ca. 33 Milliarden US $ (Webtrade). Laut Forrester Research betrug der Internet-Umsatz 1999 in Europa ca. 7,9 Mrd. US $; er soll bis zum Jahr 2004 auf 64,4 Mrd. US $ steigen.

Im Hinblick auf diese Zahlen ist es nicht verwunderlich, dass in den strategischen Überlegungen der großen Hardware-Produzenten die Online-Einbeziehung der Kunden (Abruf von Produktverfügbarkeiten, Preisen und Lieferzeiten, kundenindividuelle Auftragsgenerierung und Bestellannahme, elektronische Zahlungsabwicklung über das Internet etc.) ebenso als selbstverständlich angenommen wird wie die Vernetzung der logistischen Wertschöpfungsprozesse von Vorlieferanten, Herstellern und Dienstleistern (Daten zum Auftragsbestand, der Lager- und Bestandssituation, zum Auftragsstatus, zur Liefersituation etc.). So soll nach den Vorstellungen von C. Barrett ein Blumengroßhändler in Zukunft zeitnah umdisponieren können, wenn er online von seinem Lieferanten in Australien erfährt, dass dessen Lieferung aufgrund eines Sturmes gefährdet ist. Auch dies ist ein klassisches Anwendungsbeispiel der Optimierung einer ganzheitlichen Wertschöpfungskette im Sinne des SCM. Ziel ist es, ein Kommunikationsniveau aufzubauen, bei dem alle Teilnehmer der Wertschöpfungskette, inklusive des Kunden, rund um die Uhr und an nahezu jedem Ort auf dem Globus für eine permanente Auftragsabwicklung erreichbar sind: das sog. „Constant Computing". Auch diese Zielvision klingt nicht unglaubwürdig, wenn man bedenkt, dass im Rahmen einer Initiative mehrerer großer Hardwarehersteller wie IBM, Intel, Nokia und Toshiba bereits im Frühjahr 1998 die sog. „Bluetooth-Technologie" vorgestellt wurde. Über eine verfügbare 2,45 GHz Kurzwellenfrequenz kann mit dieser Technologie der drahtlose Datenaustausch zwischen mobilen Geräten, wie den Handheld-PCs, PDA, Mobiltelephonen und Notebooks sowie allen zugehörigen Peripheriegeräten, erheblich vereinfacht werden.

Damit wird das Thema „SCM" für die Zukunft nahezu automatisch zu einem Muss für große wie auch für kleine Unternehmen, zumal dies entgegen den deutlichen Konzentrationstendenzen der letzten 15 Jahre auch den kleinen Unternehmen die Möglichkeit eröffnet, wie die Großen zu agieren. Umgekehrt erlaubt es den Großen, wenn sie nicht dem Trägheitsgesetz verfallen, sich flexibel, schnell und individuell wie die Kleinen zu verhalten.

4.   Ausgangssituation in Industrie und Handel

Legt man nun den ganzheitlichen Ansatz eines übergreifenden Wertschöpfungskreislaufs, beginnend beim Rohstofflieferanten und endend beim Kunden bzw. der Retro- und Entsorgungslogistik, zugrunde, so müssen zunächst die Potenziale hinterfragt werden, die hinter einer derartigen ganzheitlichen Prozessverbesserung stehen. Bereits hier zeigen sich die ersten Probleme, die mit der Verfolgung des holistischen Ansatzes verbunden sind. Eine fundierte Dimensionierung von Kosten entlang des gesamten Wertschöpfungskreislaufs ist mangels Datenmaterial äußerst schwierig. Erste Untersuchungen haben aber gezeigt, dass ca. 40% der gesamten Wertschöpfungskosten in der Konsumgüterbranche in Schnittstellenbereichen zwischen Industrie und Handel anfallen.

Nimmt man dieses Potenzial als Ausgangsbasis und prüft Ansatzpunkte zur Verwirklichung von Effizienzverbesserungen, so stellt sich relativ schnell heraus, dass sich die beiden Hauptbeteiligten (Industrie und der Handel) in einer ungleichen Ausgangssituation befinden. Genau dies gestaltet die Suche nach einer „Win-Win-Position" sehr schwierig.

Bisher ist es eindeutig der Handel, der über den „direkten Draht" zum Kunden verfügt. Seine Aufgabe war es bislang, die Verteilungsfunktion in die Masse der Verbraucher zu übernehmen. Für diesen Wertschöpfungsabschnitt erhielt er entsprechende Margen, die sich je nach Vielstufigkeit in der Verteilungskette in nicht unerheblichen Kostenblöcken im Wertschöpfungskreislauf bemerkbar machten. In Verbindung mit den gerade in den letzten 10 Jahren erheblich intensivierten Konzentrationstendenzen im Handel (die Top Ten des deutschen Lebensmittelhandels besitzen heute bereits 84% des gesamten Marktanteils) wurden natürlich auch die Möglichkeiten, auf die Industrie Druck auszuüben, größer.

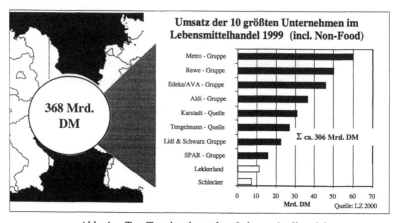

Abb. 4:   Top Ten des deutschen Lebensmittelhandels

Dies äußert sich heute in einer kaum mehr überschaubaren Vielfalt an Rabatt- und Rückvergütungselementen sowie Verkaufsförderkosten, die in der Summe schnell einen Anteil von 8-9% des Umsatzes des Industriepartners ausmachen können. Rechnet man zudem noch die Retouren hinzu, die häufig nicht oder zu einem sehr geringen Anteil auf Fehler des Industriepartners zurückzuführen sind, sondern vielmehr auf Dispositionsfehler oder mangelnden Abverkauf beim Handelspartner, so können durchaus noch einmal 1,5–2% hinzugerechnet werden. Des Weiteren verfügt der Handel, nicht zuletzt im Zusammenhang mit seinen internationalen Akquisitionen, die die genannten Konzentrationswerte erklären, über einen erheblich besseren Zugang zum europäischen Markt (Einkaufsvorteile, Durchführung aufwendiger Marktanalysen etc.), als dies für die Vielzahl der Industriepartner möglich wäre.

Auf der anderen Seite sucht die Industrie ständig nach Ansatzmöglichkeiten, um sich von den Abhängigkeiten und Beeinflussungen des Handels zu lösen. In der Vergangenheit wurde hier vorwiegend auf das Mittel des „Markenartikels" gesetzt. Mit dem Aufbau einer „Brand" will sich die Industrie eine gewisse Immunität gegenüber den ständig wachsenden Margenforderungen des Handels verschaffen. Als Reaktion hierauf versucht der Handel seinerseits die „Eigenmarken" auszuweiten und diese am Markt bzw. beim Kunden zu positionieren. Den Weg der Markenentwicklung können bei den Industriepartnern aber vorwiegend nur jene gehen, die auch über eine entsprechende Unternehmensgröße verfügen. Kleinere und mittelständische Industrieunternehmen können kaum die enormen Investitionen aufbringen, die für ein intensives und langanhaltendes Marketing notwendig sind.

Aufgrund der veränderten Situation im Bereich der Informationstechnologie ergeben sich aber nun, insbesondere im Zusammenhang mit dem Einsatz der neuen Medien (Internet, Intranet, E-Commerce, M-Commerce, V-Commerce etc.), neue Möglichkeiten, auf Seiten der Industrie eigene Kanäle mit direktem Kundenkontakt zu erschließen - unabhängig von der Größe des Industriepartners. Hierfür gibt es bereits mehrere Beispiele, die aufgrund ihres Börsengangs trotz ihrer Jugend als Unternehmen Furore machten. Genannt sei hier amazon.de als virtueller Buchhändler, der die konventionellen Vertriebswege des physischen Buchhandels umgeht. Selbst die Automobilindustrie zeigt verstärkt Bemühungen, den unmittelbaren Kundenkontakt herzustellen. So werden Neu- wie Gebrauchtwagen unter weitgehender Ausschaltung der diversen Handelsstufen (Importeur, Großhändler, Subhändler, Regionalhändler etc.) bereits im Internet angeboten, so dass es dem Kunden möglich ist, sich seinen Fahrzeugtyp selber zu konfigurieren und zu bestellen oder sich sein spezifisches Gebrauchtfahrzeug bundesweit zu ermitteln und anbieten zu lassen, inklusive einiger Zusatzleistungen wie Finanzierung, Leasing, Versicherung etc.

Zudem greifen die großen Industriepartner verstärkt auf die eigene Erschließung konventioneller Distributions- bzw. Verkaufskanäle zurück. Zu erwähnen sind an dieser Stelle besonders die in jüngerer Zeit vermehrt auftretenden Konzepte der „Factory Outlets" bzw. „Outlet Center", bei denen die Industriepartner durch zentralisierte Verkaufsstellen ihre Waren eigenständig und am Handel vorbei zu vertreiben versuchen.

Dem dritten Partner im Zusammenspiel eines ganzheitlichen Wertschöpfungskreislaufes, den Logistikdienstleistern (LDL), wird fälschlicherweise häufig eine untergeordnete Rolle beigemessen. Zu beobachten ist, dass der Handel durch Zukauf von Logistikdienstleistern bzw. durch enge Bindung der LDL über Kooperationsverträge verstärkt auf dessen Geschäftsprozesse Einfluss nehmen will. Dabei steht die Optimierung der eigenen Wertschöpfungsprozesse im Vordergrund. Dies äußert sich insbesondere in den Anforderungen, die seitens des Handels in Sachen „Cross Docking" (Zusammenführung von Warenströmen unterschiedlicher Industriepartner zur Verteilungsvorbereitung an den Handel) und „Category Management" (Planung und Steuerung abgrenzbarer, eigenständiger Warengruppen im Handel) an die Industrie gestellt werden. So werden beispielsweise verstärkt Vorgaben vom Handel direkt oder über die LDL an die Industrie weitergeleitet, wie outletspezifisch Waren beim Industriepartner zusammenzustellen sind, wo und mit welchen Kennzeichnungen (z.B. EAN 128) die Ware zu versehen ist, in welche Behälter, teilweise sogar in welcher Reihenfolge die Ware in diese Behälter zu packen ist. Solange die LDL für mehrere Kunden tätig waren, solange waren diese auch bemüht, die Optimierungsinteressen der Industrie wahrzunehmen. Mit der Vereinnahmung der LDL durch den Handel kann und wird dieser die Interessen seiner Muttergesellschaft dominierend in den Vordergrund stellen. Auch dieses Phänomen erleichtert die im Mittelpunkt eines Supply Circle Management stehende Suche nach der gemeinsamen „Win-Win-Position" nicht.

5.   SCM als Verbindungsglied zwischen ECR und E-Commerce

Im zunehmenden und globaler werdenden Wettbewerb versuchen sowohl der Handel als auch die Industrie, ihre jeweiligen Optimierungswege zu gehen. Der Handel hat hier verstärkt den Weg des ECR (Efficient Consumer Response) eingeschlagen, bei dem er unter Einbindung namhafter Industriepartner (Coca Cola, Nestlé, Procter&Gamble, Unilever, Henkel u.a., die auch Mitglieder des ECR Europe Executive Board sind) die Versorgung des Endverbrauchers zu optimieren versucht. Mit Hilfe von Optimierungsbausteinen wie dem Efficient Assortment (effiziente Regaloptimierung), dem Efficient Promotion (effiziente Aktionsplanung), dem Efficient Product Introduction (effiziente Neuprodukteinführung) sowie dem Efficient Replenishment (effiziente Lieferverfahren) zielt das ECR, basierend auf einheitlichen Anwendungsempfehlungen für die ECR-Infrastruktur und ECR-Methoden, darauf ab, die Wünsche der Verbraucher besser, schneller und kostengünstiger erfüllen zu können. Auf die Einbindung von Vertretern kleinerer oder mittelständischer Industriepartner in das ECR Europe Executive Board, das für die Definition und Koordinierung der einheitlichen Anwendungsempfehlungen zuständig ist, wurde allerdings verzichtet.

Nun haben diese kleineren Industriepartner, über die Anbindung der neuen Medien an ihre klassischen Prozesse, aber die gleichen Möglichkeiten, die Kunden zu erreichen, wie es sonst nur dem Handel oder dem einen oder anderen großen Industriepartner vorbehalten war; und diese Chance wird, wie bereits die ersten Beispiele im E-Commerce Bereich zeigen, auch konsequent genutzt.

Der ausschließliche Einsatz der neuen Medien ist aber nicht für alle Warengruppen gleich sinnvoll. So lassen sich beispielsweise stark erklärungsbedürftige Produkte, Frischeprodukte, emotional behaftete Produkte etc. nur bedingt über die neuen Medien vertreiben.

Doch selbst hier relativieren sich die Einsatzbarrieren zunehmend. Selbst für die „schwierigen" Produktkategorien im Lebensmittelsektor lassen sich unter Einbindung der neuen Medien attraktive Lösungen kreieren. So zeigte der englische Einzelhändler

Tesco mit der angebotenen Heimlieferservice-Lösung, dass es durch die Kombination des Internets mit den bestehenden Infrastrukturelementen des stationären Handels möglich ist, Lebensmittelprodukte an die Frau bzw. den Mann zu bringen. Heute bedient das Unternehmen mit seinen 4.000 zur Auswahl stehenden Produkten immerhin bereits 7.500 Kunden und erwirtschaftet damit einen Jahresumsatz von 318 Mill. Euro. In Deutschland arbeitet die IHS International AG mit ihrer Home-Delivery-Lösung „Ihr Home Service" mit Hochdruck an der Realisierung einer vergleichbaren Lösung. An diesen Beispielen wird deutlich, dass es eben nicht die euphorischen New Economy Schnellschüsse sind, die im Wettbewerb Erfolg haben. Vielmehr sind es jene Lösungen, denen es durch die intelligente Verknüpfung der Strukturen und Prozesse der Old Economy mit den technologischen Möglichkeiten der neuen Medien gelingt, einen realen Mehrwert bzw. Kundennutzen zu schaffen.

Letztendlich haben aber alle E-Commerce-Lösungen eines gemeinsam: Sie müssen das Problem der sog. „letzten Meile" logistisch in den Griff bekommen. Auch hier greift wieder der Win-Win Gedanke des SCM, der die kooperative Einbindung professioneller Logistikdienstleister in den Wertschöpfungskreislauf zwingend erforderlich macht.

Daher sollte die Suche nach der gemeinsamen „Win-Win-Position" auch Gegenstand der Managementüberlegungen in Industrie, Handel und Logistikdienstleistung sein.

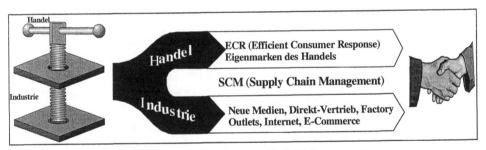

Abb. 5: Bindeglied Supply „Circle" Management

Das SCM im oben beschriebenen Sinn eines Supply „Circle" Managements kann hierzu eine wichtige integrierende und vermittelnde Basis bilden.

6. Notwendigkeit prozessorientierter und prozessübergreifender Kennzahlensysteme

Der Gedanke einer unternehmensübergreifenden Prozessoptimierung eines Wertschöpfungskreislaufes basiert auf der Tatsache, dass eine derartige holistische Optimierung für einzelne Abschnitte des Wertschöpfungsprozesses durchaus auch mit Nachteilen verbunden sein kann. So ist es denkbar, dass zwar in vorgelagerten Wertschöpfungsstufen ein höherer Aufwand betrieben werden muss, der erst am Ende der Wertschöpfungskette zu Vorteilen führt, letztendlich aber die gesamte Wertschöpfungskette dadurch effizienter funktionieren kann und den Nachteil dieses Mehraufwandes deutlich überkompensiert. In einer solchen Situation spricht man auch von den sog. Trade Offs, d.h. von Zielkonflikten zwischen mehreren Handlungsoptionen. Typische Beispiele für ein derartiges Trade Off sind:

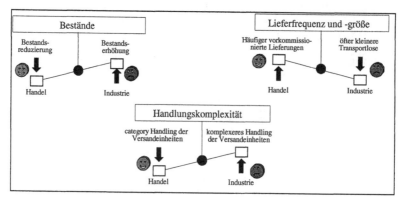

Abb. 6:   *Trade Offs zwischen Handel und Industrie*

Im Rahmen des Category-Managements werden in einer Umschlagsstelle (z.B. beim Logistikdienstleister, LDL) die Warenströme verschiedener Industriepartner zusammengeführt. Bei haltbaren Massengütern kommt das „Paletten Cross-Docking" zum Einsatz, bei dem ganze Paletten verschiedener Waren und Industriepartner outletgerecht kombiniert und bedarfsgerecht an die jeweilige Filiale des Handels ausgeliefert werden. Bei verderblicher Ware wird auf das „Pick-by-Line Cross-Docking" zurückgegriffen, bei dem statt ganzer Paletten outletspezifische Mischpaletten beim LDL kommissioniert und an die Filialen ausgeliefert werden.

Damit kann der Handel u.U. auf eine komplette Lagerstufe (Einlagerung in dessen Zentrallager) verzichten, was gleichbedeutend mit einer erheblichen Lagerbestandsreduzierung ist.

Zudem spart sich der Handel Zeit für die Einlagerung in sein eigenes Zentrallager, was wiederum die Lebenszeit der Produkte (hier insbesondere bei Frischeprodukten) um mehrere Tage (erfahrungsgemäß sind dies 3-4 Tage) verlängert. Damit wird automatisch die verfügbare Präsenzzeit im Regal erhöht und damit das Risiko einer Überschreitung des Mindesthaltbarkeitsdatums vor Abverkauf des Produkts reduziert.

Durch dieses Verfahren sind Kostenreduzierungen für den Wegfall bzw. die Entlastung der Zentrallagerstufe des Handels in der Größenordnung von 30% der Zentrallagerkosten realistisch.

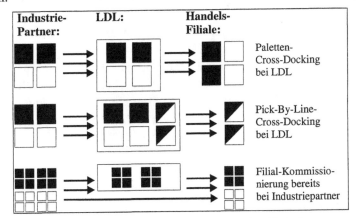

Abb. 7:   Beispiele für unterschiedliche Crossing Methoden

Auf der anderen Seite müssen die Umschlagswaren bei einer Zwischenstelle (z.B. dem LDL) aufgenommen und zusammengestellt werden. An Stelle des gewöhnlichen Platzbedarfes für den Durchfluss der Warenströme muss der LDL erheblich mehr Platz für die Zwischenlagerung und die Cross-Docking Aktivitäten vorhalten.

Für den LDL bedeutet dieses Verfahren allerdings, dass er auf eine optimale Transportauslastung verzichten muss. Im Zusammenhang mit dem Transport von deutlich mehr Mischpaletten (d.h. auch häufig nur zum Teil gefüllten Paletten) sinkt die Transportauslastung der LKW (erfahrungsgemäß um ca. 10-12%), so dass sowohl bezüglich des transportierten Warenwerts als auch bezüglich der Tonnage die Transportkosten steigen.

Die Anforderungen nach Bereitstellung der Ware in möglichst outletspezifisch vorkommissionierter Form machen sich auch beim Industriepartner bemerkbar. Dieser muss mehr Platz in seinem Expeditionsbereich vorsehen, um den gestiegenen Handlingsanforderungen und den zahlenmäßig gestiegenen aber kleineren Sendungseinheiten gerecht werden zu können. Gleichzeitig erhöht sich die Lieferfrequenz, da durch Wegfall des Zentrallagerpuffers der Handel häufiger und zeitnäher beliefert werden muss als bisher. Damit ergeben sich im Zusammenhang mit dem SCM eine Reihe „Trade Offs", die es beim partnerschaftlichen Umgang miteinander zu bewältigen gilt.

Letztendlich wird dem Kunden die Ware schneller und kostengünstiger zur Verfügung gestellt. Damit ist die Kernintention eines SCM erfüllt. Wie aber werden die verschiedenen Vor- und Nachteile, die sich bei einem derartigen Ablauf ergeben, gerecht verteilt? Genau hier versagen die klassischen Kostenrechnungsansätze mit ihrem originären Kostenstellenbezug bzw. den Zuschlags- und Verrechnungsprinzipien. Selbst die Prozesskostenrechnung, die in ihrer Basiskonstellation auf Kostenstellendaten aufbaut, kann hier keine vollständig zufriedenstellende Lösung anbieten. Notwendig sind prozessübergreifende Kennzahlen, mit deren Hilfe man in der Lage ist, die Leistungen und die damit verbundenen Kosten verursachungsgerecht bzw. in Anlehnung an die jeweilige Ressourcenbeanspruchung unternehmens- bzw. prozessübergreifend zu dimensionieren und zuzurechnen. Erst wenn die Mechanismen dieser Kosten- und Leistungsdimensionierung und deren prozessübergreifende Verknüpfung von allen Teilnehmern des Wertschöpfungskreislaufs verstanden und akzeptiert werden, kann es gelingen, eine transparente und faire Aufteilung der Kostennachteile bzw. der Erlösvorteile vorzunehmen.

7. Entwicklungsstand prozessorientierter und prozessübergreifender Kennzahlensysteme

Ein ausgereiftes und allgemeingültiges SCM-Controlling ist bisher nicht existent. Dies wäre gegenüber dem jungen Entwicklungsstand des Themas SCM auch sicherlich zuviel verlangt. Dennoch zeigen sich bereits schon jetzt erste Bemühungen zur Definition von Referenz-Modellen, die als Richtlinie zur Ausarbeitung eines SCM-Controllings durchaus herangezogen werden können. Hier ist beispielsweise das vom Supply Chain Council (SCC) entwickelte SCOR-Modell (Supply Chain Operation Reference) zu nennen, das die Partnerunternehmen eines Wertschöpfungskreislaufs bei der Entwicklung von Standard-Prozess-Modellen und den notwendigen Standards für den Informationsaustausch zwischen den Kreislaufpartnern unterstützen soll. Das Modell differenziert dabei zwischen:

- dispositiven Planungsprozessen (alle Aktivitäten bzgl. Kapazitätsplanungen, Auftragsverteilung, Ressourcenzuordnung etc.),
- strukturellen Planungsprozessen (Entscheidungen über Make-or-Buy, Produkte, Märkte etc.),
- dispositiven Beschaffungsprozessen (Order, Bereitstellung, Prüfung von Rohstoffen, Materialien, Waren etc.),
- strukturellen Beschaffungsprozessen (Verfahren zur Lieferantenbewertung, Qualitätsprüfung etc.),
- dispositiven Produktionsprozessen (Abruf-, Produktions-, Montage-, Verpackungsplanung etc.),
- strukturellen Produktionsprozessen (Maschinen, Produktionspläne, Fertigungskapazitäten etc.),
- dispositiven Lieferprozessen (Auftragsannahme, Auftragserfassung, Lagerplanung, Tourenplanung etc.) sowie

- strukturellen Lieferprozessen (Lager- bzw. Verteilungsstufen, Distributionskanäle etc.).

Der Definition einheitlicher Kennzahlen entlang dieser Kernprozesse kommt in diesem Zusammenhang eine entscheidende Rolle zu. Zum einen erleichtern sie die Kommunikation zwischen den einzelnen Partnern innerhalb des SCM-Kreislaufs und stellen praktisch die „gemeinsame Sprache" der Teilnehmer dar. Zum anderen dienen sie der permanenten Verifizierung der Kernprozesse und der ständigen Zielkontrolle, die, wie bereits erwähnt, auf eine übergreifende „Win-Win-Position" ausgerichtet sein muss. Erst dadurch kann es gelingen, den Sinn und Zweck sowie nicht zuletzt die Effizienz der partnerschaftlichen Zusammenarbeit für alle Teilnehmer transparent und nachvollziehbar zu überprüfen sowie gegebenenfalls bei veränderten Markt- oder Wettbewerbsbedingungen die Kooperationsstruktur anzupassen. Dies bedeutet, dass die Teilnahme an einem partnerschaftlichen Wertschöpfungskreislauf eben nicht automatisch auf Lebenszeit ausgerichtet ist, sondern durchaus auch nur vorübergehend sein kann. Daher sind die Trennungsregeln und Modalitäten bei fehllaufenden Kennzahlen auch bereits bei der Gründung des Partnernetzwerkes zu definieren; ein Aspekt, der bei vielen Unternehmen die Bereitschaft zur Offenheit und Transparenz nicht gerade fördert. Um so mehr Sorgfalt ist auf die Gestaltung des Wertschöpfungskreislaufs und die Auswahl der Kooperationspartner zu verwenden und eine potenzielle Trennung von einzelnen Partnern aus diesem Netzwerk nicht unmittelbar mit einem Scheitern gleichzusetzen.

Allen Beteiligten muss klar sein, dass der gemeinsamen Definition von prozess- und unternehmensübergreifenden Kennzahlen, einheitlichen Kommunikationsstandards, einem offenen Zugriff auf die SCM-Daten und damit der Implementierung eines durchgängigen Informationssystems eine zentrale Rolle zukommt. Dabei muss ein SCM-Controlling ebenso den fünf Grundelementen eines holistischen Controllingansatzes, der Planungs-, Steuerungs-, Kontroll-, Informations- sowie der Integrationsfunktion gerecht werden, wie dies von jedem modernen unternehmensinternen Controllingsystem erwartet wird.

Aus informationstechnologischer Sicht sind die Voraussetzungen dafür heute auch bereits gegeben. Neben den mittlerweile etablierten Standards der Datenfernübertragung (DFÜ) wie bspw. dem EDI (Electronic Data Interchange) gibt es zunehmend mehr Anbieter für die übergreifende Integration und Verknüpfung unternehmensspezifischer Softwarestandardpakete. Es ist zu beobachten, dass neben den größeren Anbietern wie i2 Technologies und Manugistics auch zunehmend klassische ERP (Enterprise Resource Planning) -Anbieter wie SAP mit SCOPE (Supply Chain Optimization and Execution) und Baan mit Baan Sync systemübergreifende Verknüpfungstools in ihr Programm aufnehmen. Die rechnerische Leistungsfähigkeit der Hardware für einen integrierten Echtzeitbetrieb derartig komplexer SCM-Systeme ist, wie bereits eingangs erläutert, heute allemal vorhanden. Hinzu kommt, dass die Entwicklungen auf dem Internetsektor eine Art „Zwangsstandard" mit sich bringen werden. Absehbar ist, dass sich der sog. XML-Standard durchsetzen und die Kommunikationsfähigkeit der Internetwelt mit allen gängigen ERP-Systemen ermöglichen wird. Hier eröffnen sich noch einmal ganz neue Dimensionen der Prozessintegration entlang der Supply Chain. In der Praxis sind bereits erste realisierte Anwendungen zu finden, insbesondere im Beschaffungsbereich wird zunehmend diese Kombination aus ERP-System und Internet verwendet. Man spricht dann von sog. E-Procurement-Lösungen, bei denen die operativen Bedarfsträger in den Funktionsbereichen der Unternehmen ihren Bestellbedarf, vorwiegend für MRO-Artikel (Maintenance Repair and Operation-Materialien) bzw. sog. C-Artikel, selber auslösen und bis zur Zahlungsfreigabe auch selber abwickeln und die Lieferanten direkt in diesen Prozess eingebunden werden. Dies ist ein weiteres Beispiel für die Funktionsfähigkeit und die durchaus realisierbaren Ideen, die mit einem Supply Circle Management verbunden sind.

8. Problempotenziale eines SCM

Nicht zuletzt aufgrund der historisch bedingten unterschiedlichen Kompetenz- und Denkstrukturen des Handels, der Industrie und der Logistikdienstleister erweist sich die Suche nach der Win-Win-Position im Rahmen eines holistischen Wertschöpfungskreislaufes als äußerst schwierig. Bereits erste Untersuchungen zeigen dabei deutlich, dass die Haupthindernisse bei der Realisierung eines SCM im organisatorischen Bereich sowie im Management-Know-how liegen. Hier stehen an erster Stelle typische „Angstphänomene", wie die Angst vor dauerhafter Bindung an einen oder wenige Partner, Angst vor der Veränderung etablierter Prozesse, Angst vor der Daten- und Informationsweitergabe an andere Partner des Wertschöpfungskreislaufs etc. Zudem ist aufgrund der Verhaltensweise der Partner (hier insbesondere zwischen Industrie und Handel) in der Vergangenheit eine gewisse Vertrauensresignation festzustellen. So werden auch relativ häufig die divergierenden Interessen und Erwartungen als Hindernisgrund für die Umsetzung eines SCM angeführt. Eigene Untersuchungen zu diesem Thema haben beispielsweise beim verantwortlichen Management zu folgenden typischen Aussagen geführt:

„Das ist wieder so eins von den Modethemen, die ebenso schnell wieder verschwinden, wie sie gekommen sind."

„Industrieunternehmen haben eine ganz andere Denk- und Arbeitsweise als Handelsunternehmen, daher ist es äußerst schwierig, einen gemeinsamen Nenner bei Schnittstellenfragen zu finden."

„Wir sind viel zu klein, als dass die großen Handelszentralen für uns Interesse haben könnten; die wollen ohnehin nur ihre Rabatte und Rückvergütungen durchsetzen."

„Eine sinnvolle SCM-Lösung kann nur ab einer bestimmten regelmäßigen Mindest-menge funktionieren. Ist sie zu klein, dann nimmt der Handel sie nicht für voll, ist sie zu groß, dann hat er seine eigenen Standardisierungsinteressen."

„Mein EDV-Leiter springt aus dem Fenster, wenn er sich auch noch damit beschäftigen soll. Erst die SAP-Einführung, dann die Umstellung auf das Jahr 2000 und die Euro-Einführung und jetzt auch das noch."

Die wohl signifikanteste Aussage stammt von einem Chefcontroller aus der Lebens-mittelindustrie und lautet:

„Solange wir die Vor- und Nachteile einer Schnittstellenoptimierung nicht halbwegs sauber und überzeugend rechnen können, solange kann es auch keine faire Aufteilung der Belastungen und der Einsparungspotenziale geben."

Festzustellen bleibt, dass die ersten Erfahrungen im Zusammenhang mit SCM gezeigt haben, dass es sich bei den oben genannten Hindernissen zum größten Teil um „Kopf-probleme" handelt. „Misstrauen" und „Ängste" machen gut und gerne 70%der Nen-nungen zu den potenziellen Realisierungshindernissen eines SCM aus (bspw. Probleme mit der Unternehmenspolitik, Bereichsegoismen, Transparenz- und Vertrauensskepsis, Ablaufkomplexität). Erst danach, mit einem erheblich geringeren Anteil von ca. 20%, folgen die EDV- und IT-spezifischen Hindernisse (bspw. fehlende Protokollstandards). Schlusslicht bilden mit ca. 10% die physischen Hindernisse, von denen man am ehesten behaupten könnte, dass sie wirkliche Hindernisse darstellen (bspw. Probleme bei der Warenkompatibilität).

Dass in einem logistischen Netzwerk bzw. Kreislauf von heutiger Komplexität eine Vielzahl divergierender Interessen und Problempotenziale meist historisch bedingt ge-wachsen sind, zeigt Abbildung 8.

So gibt es neben den allgemeinen Problemmerkmalen, wie bspw. rechtlichen Vakanzen (wo wird die MwSt zu buchen sein, wenn im Internet ein SCM-Partner aus Italien Roh-stoffe, Waren oder Zwischenerzeugnisse bei einem anderen Partner in Norwegen kauft, wer haftet mit welcher Gewährleistungsform an welchem Gerichtsstandort etc.) oder den sogenannten Angstproblemen (Know-how-, Komplexitäts-, Transparenzängste etc.), auch noch offene Fragen auf der Seite der Informationstechnologie (Datenschutz-fragen, Warenidentifikationsstandards, DV-Protokollstandards etc.).

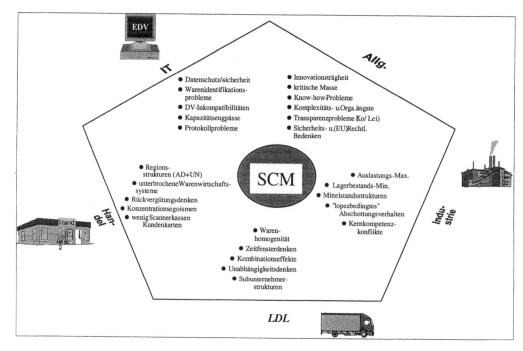

Abb. 8: Divergierende Interessen und Problempotenziale

Zudem zeigen alle drei Hauptbeteiligten, die Industrie, der Handel und die Logistikdienstleister, deutlich eigenständige Interessen, die nicht automatisch mit dem Gedanken einer übergreifenden Wertschöpfungskreislaufoptimierung (SCM) harmonieren.
Während sich die in Deutschland auch heute noch weitgehend mittelständisch struktu-
rierte Industrie auf die Maximierung ihrer Fertigungskapazitäten, einer Lagerbestands-
minimierung und in jüngster Zeit auf die Konzentration ihrer Kernkompetenzen besin-
ten, stehen dem die regional ausgerichteten physischen Verteilungsstrukturen sowie die
zentralen Einkaufsstrukturen des deutschen Handels, dessen Rückvergütungs- und Ra-
battdenken und die dort zu beobachtenden Konzentrationstendenzen mehr hemmend als
fördernd entgegen. Vor-, zwischen- und/oder nachgelagert bewegen sich die Logistikdienstleister, deren Interessen von Warenhomogenität, Zeitfensterdenken, Kombinati-
onseffekten, Unabhängigkeitsbestrebungen und häufig von Subunternehmerstrukturen
geprägt sind.

9.   SCM-Nutzenpotenziale

Richtig ist bei objektiver und realistischer Betrachtung, dass mit der Thematik SCM eine Vielzahl von technischen und menschlichen Problem- und Konfliktpotenzialen verbunden sind. Ebenso richtig ist aber auch, dass mit einer selbst nur teilweisen Ver-

wirklichung des SCM-Gedankens immense ökonomische und wettbewerbsspezifische Vorteile einhergehen können. Entscheidend für diese weitreichenden Verbesserungen ist der „ganzheitliche" Ansatz des SCM. Wird im Rahmen dieses holistischen Ansatzes der erzielbare Nutzen als ein Produkt aus

$$\text{Nutzen} \quad = \quad \frac{\text{Servicegrad} \cdot \text{Qualität}}{\text{Kosten} \quad \cdot \quad \text{Zeit}}$$

verstanden. So ist leicht erklärbar, dass Verbesserungen von 60% bis 80% und in bestimmten Situationen sogar von mehreren 100% erzielbar sind. Da das SCM an allen Komponenten dieser Nutzenformel ansetzt (Erhöhung des Servicegrades, Qualitätsverbesserung, Kostenreduzierung und Zeitbeschleunigung) und entsprechend der eingangs zugrunde gelegten Definition ganze Wertschöpfungsstufen bei der Herstellung einer ganzheitlichen „Win-Win-Position" entfallen können, sind diese Verbesserungsdimensionen plausibel. Die einzelnen Partner im Wertschöpfungskreislauf wären für sich isoliert dazu nicht in der Lage. Andererseits müssen diese Verbesserungswirkungen im Rahmen einer fairen Zurechnung auch den verschiedenen Teilnehmern der Prozesskette aufgeteilt werden.

Neben diesen meist messbaren Wirkungen sind aber auch die nicht quantifizierbaren Faktoren eines SCM nicht zu unterschätzen. Dazu zählen beispielsweise die Prozessstabilität (weniger Prozessstufen), die erhöhte Ablauftransparenz (Offenheit und Vertrauen) oder auch das Partnerschaftsdenken zwischen den Teilnehmern (Denken in der „Win-Win-Position").

Letztendlich kommen die Nutzenwirkungen eines SCM auch dem Kunden zugute; und dies sollte immer im Mittelpunkt des wirtschaftlichen Handelns und Denkens stehen, da der Geschäftserfolg langfristig von dieser Denkhaltung abhängt.

Abschließend zur Verdeutlichung ein Beispiel, das die Nutzenwirkungen eines „Supply-Circle-Reengineerings (SCR)" vereinfacht darstellen soll:

Das Handelsunternehmen „Newway" aus der Unterhaltungsbranche vertreibt über 5 Filialen Musik-CDs. Die 3 CD Titel, die es in seiner Handelskette vertreibt, zeigten im Vorjahr folgende Nachfrageverteilung:

CD-Titel	A	B	C
Nachfrage Filiale 1:	11	4	10
Nachfrage Filiale 2:	8	9	15
Nachfrage Filiale 3:	4	3	9
Nachfrage Filiale 4:	7	6	9
Nachfrage Filiale 5:	10	3	22
Durchschnitt	8	5	13
Durchschnittsbestand	40	25	65
Verkauf gemäß Verfügbarkeit	35	20	54
Über- bzw. Restbestände	5	5	11

Abb. 9: Nachfragestruktur von „Newway"

Gemäß seiner klassischen CD-Disposition würde das Unternehmen eigentlich, wie im letzten Jahr, den Filialen einen durchschnittlichen Lagerbestand von jeweils 8 CDs vom Titel A, 5 CDs vom Titel B und 13 CDs vom Titel C auferlegen; wohl wissentlich, dass dadurch einige Filialen die Nachfrage nicht immer befriedigen und einige zu viele CDs bestimmter Titel auf Lager haben werden.

Statt eine klassische CD-Disposition zu verfolgen (Einzelbestellungen bei den diversen Musikstudios und den verschiedenen CD-Herstellern der einzelnen Titel und einer Distributionsabwicklung über die verschiedenen Hausspeditionen der Produzenten), entschließt sich das Unternehmen, neue Wege zu gehen und richtet in seinen Filialen vernetzte Computer mit Hochgeschwindigkeitsbrennern für CDs ein.

Des Weiteren lässt es sich von den Musikproduzenten per Lizenz die Genehmigung erteilen, die Musiktitel über das Internet abrufen und auf den Filialcomputern brennen zu dürfen. Parallel dazu sucht es den partnerschaftlichen Kontakt zu einem Lieferanten von Roh-CDs, der sich verpflichtet, alle Filialen sehr zeitnah mit der notwendigen Anzahl an CD-Rohlingen zu versorgen.

Die Gegenüberstellung einiger wesentlicher logistischer Parameter zeigt im Vergleich der alten klassischen Situation mit der neuen SCR Situation des Unternehmens „Newway", folgendes Bild:

Logistikelemente	Situation vorher:	Situation nachher:	Veränderung
Filialbestand	130 CDs	50 Rohlinge (da zeitnaher Direktbezug)	-61,5%
Verkauf	109 CDs	130 gebrannte CDs	19,3%
Restbestände	21 CDs	nahezu 0, da bedarfsgerechte CD-Anfertigung vor Ort	-95%
Zwischenlager	ca. 2% vom Umsatz	entfällt	-100%
Transportkosten	ca. 1,5% vom Umsatz	entfällt	-100%
Liefer- bzw. Wiederbeschaffungszeiten	ca. 2-3 Tage	nahezu 0, da bedarfsgerechte CD-Anfertigung	300%
Verkaufsfläche	Regale, Tische etc.	Netz-PC	stark reduziert
Kundenzufriedenheit	normal	deutlich kundenorientierter	stark verbessert

Abb. 10: Gegenüberstellung „klassische" und SCR-Situation von Newway

Dass dieses zunächst fiktiv erscheinende Beispiel eines „Supply Circle Reengineering" (SCR), d.h. das Zusammenspiel des SCM-Gedankens unter Ausnutzung der heutigen informationstechnologischen Möglichkeiten (E-Commerce, Internet, Intranet etc.), alles andere als fiktiv ist, zeigt ein in der SZ erschienener Artikel vom 11. Juni 1999:

Sony will Platten-Raritäten direkt im Laden brennen

San Francisco (AP) - CDs im Laden frisch gebrannt- diesen Service will der Unterhaltungskonzern Sony in den USA testen. So könnten Schallplattenkunden schneller an Veröffentlichungen gelangen, die bisher nicht überall erhältlich sind. Der Konzern plant, mehr als 4000 Alben auf Computer zu speichern, von wo sie über ein Hochgeschwindigkeits-Netzwerk direkt an Platten- und CD-Läden geschickt werden können. Nach kurzer Herstellungszeit können die Kunden ihr Album mitnehmen. Die Musik soll auf CD, Minidisk und Digital Versatile Disk (DVD) angeboten werden. Der Testlauf für den Service beginnt am 1. September in einigen Läden in Los Angeles und New York   .

(Süddeutsche Zeitung 11.Juni 1999)

Abb. 11: Ansätze zu Newways Idee in der Realität

10. Zusammenfassung und Fazit

Die Prozesskostenrechnung basiert im Grunde genommen sowohl von ihrem historischen als auch von ihrem kostenstellenbezogenen Hintergrund her auf einer Insellösung. Der Ansatz einer Prozesskostenrechnung versucht in diesem Sinne zwar bereichsübergreifend, aber dennoch ausschließlich unternehmensintern, die anfallenden Kosten verursachungsgerechter entlang der internen Wertschöpfungskette zuzurechnen, als dies die klassischen Kostenrechnungsverfahren bisher vermochten. Genau hier gilt es für die Zukunft zu prüfen, inwieweit der Prozesskostenansatz auch bei unternehmensübergreifenden Strukturen Anwendung finden kann. Eine schnittstellenübergreifende Kostenverrechnung konnte bisher nur über die „internen Verrechnungspreise" gelöst werden, die jedoch ad definitionem eine Unterbrechung der Prozessbetrachtung mit sich brachten. Hier besteht daher die größte Herausforderung: Die Schaffung und Implementierung einer holistischen und verursachungsgerechten (ressourcenorientierten) Kosten- und Leistungsverrechnung, mit der auch eine faire Verteilung von Ent- und Belastungen zwischen den unterschiedlichen Teilnehmern im Wertschöpfungskreislauf eines Supply Circle Management dauerhaft möglich ist. Nur dann, und dies ist eine der wesentlichen Erkenntnisse aus den vorausgegangenen Ausführungen, kann es gelingen, die zahlreichen systemimmanenten Trade Offs (Bestandsverlagerungen, Auslastungsumverteilungen in den Beschaffungs- und Distributionsprozessen, Handlingsverlagerungen etc.) zu überwinden und ein SCM stabil zwischen mehreren Teilnehmern zu implementieren. Die technischen Handlungsvoraussetzungen dafür sind durch die Fortschritte der Informationstechnologie bereits heute gegeben. Schwieriger gestaltet sich das Problem der „Ängste" und des „Misstrauens" in den Köpfen der SCM-Beteiligten.

SCM sollte als ein „Mittler" verstanden werden, mit dem die unterschiedlichen Wege des Handels (ECR, Eigenmarken) und der Industrie (Internet, Factory Outlets, Neue Medien) im Rahmen einer ganzheitlichen Wertschöpfungsoptimierung zum Vorteil des Kunden verknüpft werden können.

Die Chancen- und Nutzenpotenziale sind in diesem Zusammenhang so groß, dass „Ängste und „Misstrauen" diesen untergeordnet werden sollten. Der globale und zunehmend digitalisierte Wettbewerb wird über kurz oder lang ohnehin die beteiligten Wertschöpfungsteilnehmer zu derartigen Lösungen zwingen. Der Wettbewerb der Zukunft wird nicht mehr am POS (Point of Sale) durch das Konkurrieren zweier Produkte im Verkaufsregal entschieden. Vielmehr wird sich derjenige am internationalen Markt behaupten, der über den besseren und effizienteren Wertschöpfungskreislauf verfügt bzw. in diesen als Partner eingebunden ist. Diesem Anspruch können Industrie und Handel aber nur dann gerecht werden, wenn es ihnen gelingt, sich sowohl organisatorisch, informationstechnisch, kostenrechnerisch und psychologisch dem Bedarf nach einer unternehmensübergreifenden Prozessoptimierung zu öffnen.

Dass der Quantensprung vom Taylorismus zu Prozessstrukturen und Prozessabläufen noch lange nicht beendet ist und vermutlich auch nie beendet sein wird, zeigen die Worte der Väter des Business Reengineering Hammer und Champy:

„Im heutigen Umfeld ist nichts konstant oder vorhersagbar – weder das Marktwachstum, die Kundennachfrage oder der Produktlebenszyklus noch das Tempo des technologischen Wandels oder die Merkmale des Wettbewerbs." Business Reengineering ist ein Prozess, der niemals zu Ende ist. Unternehmensprozesse, die einmal radikal neu gestaltet wurden, müssen eines Tages völlig neu umgebaut werden. Business Reengineering ist kein Projekt, sondern eine Lebenseinstellung.[3]

Für das SCM (Supply Chain Management), hier frei, aber sicherlich auch zukunftsgerichteter umgetauft zum „Supply Circle Management" wird das gleiche, vermutlich in noch schärferer Form, gelten. Somit stehen wir für die Zukunft vor der nächsten großen Aufgabe, die uns insbesondere die Welt der neuen Medien ermöglicht bzw. aufzwingt, der radikalen, ständigen und unternehmensübergreifenden Anpassung der Wertschöpfungskreisläufe, dem „Supply Circle Reengineering".

11. Literatur

Barret, R.C. (1999): E-Business: Ein Blick in die Zukunft, in: Harvard Business Manager, Nr. 4, 1999, S.9-12.

Beckmann, H. (1999): Supply Chain Management: Grundlagen, Konzepte und Instrumente, in: Materialwirtschaft und Logistik in der Praxis, Weka Praxis Handbuch IV, 1999, Kap. 3.5.1.

Hammer, M. / Champy, J. (1994): Business Reeingeneering : Die Radikalkur für das Unternehmen, 2. Aufl., Frankfurt/Main; New York 1994.

Kansky, D. / Weingarten, U. (1999): Supply Chain: Fertigen was der Kunde verlangt, in: Harvard Business Manager, Nr. 4, 1999, S. 87-95.

A.-W. Scheer / R. Borowsky / U. Markus (1998): Neue Märkte, neue Medien, neue Methoden – roadmap zur agilen Organisation, in: Prof. Dr. Dr. c. A.-W. Scheer (Hrsg., 1998): Neue Märkte, neue Medien, neue Methoden – roadmap zur agilen Organisation, Heidelberg 1998, S. 3 – 32.

Stewart, G. (1997): Supply Chain Operations Reference Model: The First Cross-Industry Framework for Integrated Supply Chain Management, in: Logistics Information Management, 10. Jg., Nr. 2, 1997, S. 62-67.

---

3   Hammer / Champy (1993), S. 30.

Wiendahl, H.P. / Höbig, M. / Kuhn, A. / Kloth, M. / Weber, J. / Franken, M. (1989): Kennzahlengestützte Prozesse im Supply Chain Management, in: Industrie Management, 14. Jg., Nr. 6, 1989, S. 18-24.

Wisniowski, M. (1999): ECR- der Schritt von der Funktionsorientierung zur Prozessorientierung. Tagungsband BVL-Forum, SCM und ECR im Spannungsfeld zwischen Theorie und Praxis, März 1999.

Wölfling, B. (1997): Logistik-Prozessoptimierung: Prozessoptimierung durch modernes prozessorientiertes Logistik-Controlling, in: Logistik in der Produktion, Band 1 Weka Praxis Handbuch, 1997, Kap. 5.7.1.

Wölfling, B. (1999): Prozessoptimierung der logistischen Wertschöpfungskette in der Praxis. Tagungsband zur 3. Euroforum Jahrestagung, Informationstechnologie in der Logistik, Juni 1999, Hamburg, Kapitel 9.

Autorenverzeichnis

Delfmann, Werner

Prof. Dr., studierte in Münster Betriebswirtschaftslehre und Mathematik (Abschluss zum Dipl.-Math.). 1974 bis 1985 war er wissenschaftlicher Assistent am Institut für Industrielle Unternehmensplanung. 1976 Promotion zum Dr. rer. pol. und habilitierte er sich 1982 für das Fach Betriebswirtschaftslehre. Seit 1983 lehrte Prof. Delfmann zunächst als Lehrstuhlvertreter, seit 1985 als Professor an den Universitäten Münster, Osnabrück, Frankfurt a. M. und Köln. Seit 1988 ist er Direktor des Seminars für Allg. BWL, betriebswirtschaftliche Planung und Logistik der Universität zu Köln. Von April 1999 bis April 2001 war er Dekan der Wirtschafts- und Sozialwissenschaftlichen Fakultät.

Dittrich, Heiko

Dipl.-Betr./Logistiker (IML). Bis 2001 Referent für das Logistikcontrolling bei der Pierburg AG in Neuss. Seit 2001 Referent für Logistik. Qualität, Prozess- und Projektmanagement bei der Klüber Lubrication München KG Tochter des Freudenberg-Konzern in Weinheim. Interessenschwerpunkte sind: SCM, CRM, E-Commerce, sowie die Logistik im Besonderen.

Eck, Jürgen

Dipl.-Ing. Dipl.-Wirtsch.-Ing. Nachrichtentechnikstudium Universität Karlsruhe, Studium der Arbeits- und Wirtschaftswissenschaften Technische Universität München; IT-Systems GmbH, Abteilungsleiter im Technologiezentrum Darmstadt: Prozess- und managementorientierte Innovationsberatung, Geschäftsprozessoptimierung, Systeme des strategischen Management, Kennzahlensysteme, Reporting.

Fassnacht, Werner

Siemens AG, Zentralstelle Global Procurement & Logistics. Seit 1970 in zentralen und geschäftsführenden Bereichen der Siemens AG als Organisations-/Logistikberater und -trainer im In- und Ausland tätig. Seit 1997 im Global Logistics Office verantwortlich für die Betreuung verschiedener Geschäftsbereiche, Regionalgesellschaften und Fachprozesse.

Femerling, Christian J.	Dr., ist seit 2000 Mitglied des Vorstands der SoLog Solutions for Logistics AG, Köln und verantwortlich für die Bereiche Produktion, Organisation, Personal, EDV. Zuvor war er Vice President Logistics der EMI Electrola GmbH. Seine heutigen Tätigkeitsschwerpunkte liegen im Bereich Dienstleistungslogistik, Supply Chain Management, eBusiness, Key Performance Indicators Measurement.
Gleißner, Harald	Dr., Leiter des Bereiches Planung und Controlling für die Stückgut- und Großgutdistribution der Versandhandelssparte (Neckermann und Quelle) der KarstadtQuelle AG. Er studierte an der FH Pforzheim, an der New York City University, der Fernuniversität Hagen und promovierte an der GH Universität Kassel zum Thema Logistik-kooperationen zwischen Industrie und Handel (ECR).
Gruber, Werner	Siemens AG, Information and Communication Mobile. Seit 1974 in geschäftsführenden Einheiten der Siemens AG in den Funktionen Personalwesen, Organisation, Logistik und Business Engineering tätig.
	Derzeit Senior Berater Prozessmanagement mit dem Schwerpunkt Optimierung von Geschäftsprozessen.
Hempel, Gero	Dipl.-Kfm., ist seit 1999 Zweigniederlassungsleiter der Trienekens AG. Zuvor war er Assistent des Vorstands. Die heutigen Schwerpunkte liegen in der Entwicklung und Umsetzung neuer Vertriebs- und Logistikkonzepte für Großkunden im Bereich von Entsorgungs- und Recyclingdienstleistungen.
Hennings, Friedrich	Dipl.-Kfm., Vorstand Finanzen/Verwaltung Stiftung Deutsche Aussenhandels- und Verkehrs-Akademie (DAV). Dozent und Referent im Rahmen der Maßnahmen der DAV und der Deutschen Logistik Akademie (DLA), Schwerpunkt der Themen: Rechnungswesen, Controlling, Logistik-Controlling, Prozesskostenrechnung. Betreuung von Projekten und Beratungen in oben genannten Aufgabenbereichen.
Herde, Alfons	Dipl.-Kfm., nach dem Studium an der Universität zu Köln. Er ist seit 1999 als Berater der CONET CONSULTING AG

in den Bereichen Logistik und Controlling tätig. Seine Beratungsschwerpunkte liegen in der Konzeption, Entwicklung und Implementierung von Data Warehouse-Lösungen und Managementinformationssystemen sowie der Einführung der Balanced Scorecard.

Kabath, Martin

Dr., nach dem Studium an der Universität Bayreuth Promotion im Fach Wirtschaftsinformatik an der Universität zu Köln. Seit 1997 Mitarbeiter der CONET CONSULTING AG. Tätigkeitsschwerpunkt ist die Konzeption und Einführung von Warehousemanagementsystemen. Weitreichende Projekterfahrung in den Bereichen Prozessanalyse und Anwendungsintegration (EAI). Seit 2002 Key Account Manager für industrielle Logistiklösungen.

Kayser, Holger

Dipl.-Betriebswirt, nach Ausbildung zum Industriekaufmann Studium der Wirtschaftswissenschaften in Köln. Seit 1995 Mitarbeiter der CONET CONSULTING AG. Tätigkeitsschwerpunkte liegen in der Konzeption und Einführung von prozessorientierten Controllingsystemen. 2000/2001 Unterstützung beim Aufbau der Berliner Geschäftsstelle. Seit Februar 2002 Aufbau der Stabsstelle Vertrieb.

Klee, Paul Holger

Dr., studierte an den Universitäten Erlangen-Nürnberg und Köln Betriebswirtschaftslehre und promovierte an der Universität zu Köln. Nach seiner Tätigkeit als Wissenschaftlicher Mitarbeiter am Seminar für Allgemeine Betriebswirtschaftslehre, Betriebswirtschaftliche Planung und Logistik an der Universität zu Köln hat er bei der Nestlé Deutschland AG verschiedene Führungspositionen innegehabt. Seit April 2001 ist er Vorsitzender des Vorstandes der Knowtice AG in Frankfurt am Main.

Makowski, Eugen

Dr., Studium Bauingenieurwesen Ruhr-Universität Bochum, BWL Fernuniversität Hagen, 1983 Springer EDV-Dienstleistungsgesellschaft, Berlin, Leiter Softwareentwicklung, 1987 SCA Mölnlycke AB Göteborg, Leiter Logistik-Division Region Mitte und Osteuropa, 1994 Raab Karcher AG Essen, Leiter Logistik und operative Systeme, 1998

	HORNBACH Baumarkt AG Bornheim, Leiter Unternehmenslogistik.
Mau, Markus	Dr., seit 2001 Justus-Liebig-Universität Gießen. Internationale Forschung in den Bereichen Strategie, Handel, Supply Chain Management und e-business. Zuvor Berater bei PwC in diesem Themenschwerpunkt. Im Jahre 2000 Promotion zum Thema SCM - ECR-Kooperation zw. mittelständischer Industrie u. Handel in Zusammenarbeit mit führenden Unternehmen. Zuvor mehrjährige Tätigkeit in Industrie u. Handel. Forschungsaufenthalt an der Michigan State University.
Meier, Wolfgang	Dr., Diplom-Mathematiker und promovierter Betriebswirt. Seit 1993 ist er selbstständiger Dozent und Unternehmensberater im Bereich Controlling. In dieser Zeit hat er umfangreiche Projekte in öffentlichem Dienst und Industrie unter anderem mit SAP durchgeführt.
Otto, Andreas	Dr. habil., Produkt Manager für Supply Chain Management bei der SAP AG in Walldorf. Nach Studium und Promotion in Nürnberg war er bei der Spedition Dachser zuständig für das Zentralcontrolling und habilitierte sich danach mit einer Arbeit über das Management und Controlling von Supply Chains an der Universität Erlangen-Nürnberg.
Peter, Martin	Dipl.-Kfm., CEMS MIM. Jahrgang 1966. BWL-Studium in Köln und Paris mit Schwerpunkten in Logistik und Internationalem Management. Nach mehrjähriger Tätigkeit als Unternehmensberater z.Zt. bei einem internationalen Konsumgüterhersteller tätig. Schwerpunkte: u.a. Produktions- und Logistikstrategien, Distributionsnetzwerke, Outsourcing, Lageroptimierung, Prozessgestaltung, quantitative Modelle für strategische Logistikentscheidungen, IT-Projekte.
Polland, Monika	Siemens Business Services GmbH & Co OHG. Seit 2000 im Bereich Business Application Solution als Kundenbetreuer für Applikationssupport tätig, davor im Bereich Supply Chain Management verantwortlich für Logistikleistungs-Controlling-Tools. Von 1990 bis 1998 in der Siemens Nixdorf AG und der Siemens AG innerhalb des Fachbereichs

	Logistik u.a. auf dem Sektor internetbasierte Informationssysteme tätig.
Reihlen, Markus	Dr., Akademischer Rat am Seminar für Allgemeine Betriebswirtschaftslehre, Betriebswirtschafliche Planung und Logistik und Leiter eines vom BMBF finanzierten Forschungsprojektes zur Internationalisierung professioneller Dienstleistungsunternehmen. Nach Studium in Giessen, Köln und Milwaukee und Promotion in Köln war er als Dozent und zuletzt als Gastprofessor an verschiedenen ausländischen Universitäten tätig. Seine Hauptarbeitsgebiete liegen im Bereich Dienstleistungsmanagement, strategische Unternehmensführung und Managementfragestellungen der Logistik.
Remmert, Jan	Dr., studierte Wirtschaftinformatik an der Universität zu Köln. Nach seinem Studium arbeitete er an einem Forschungsprojekt des Seminars für Planung und Logistik der Universität zu Köln und McKinsey & Co., Inc. zum IT-Einsatz im Supply Chain Management und promovierte zum Thema Referenzmodellierung für die Handelslogistik. Dr. Remmert ist seit 2001 Consultant bei Simon, Kucher & Partners im Competence Center Logistics.
Steinke, Karl-Heinz	Dipl.-Oek., Leiter Konzerncontrolling und Kostenmanagement Deutsche Lufthansa, 1971 Ausbildung zum Luftverkehrskaufmann, 1987 Leiter Planungs-und Steuerungssysteme im Streckenmanagement, 1992 Leiter Controlling Fracht Division, 1993 Leiter Projekt Verselbständigung Fracht, 1995 Leiter Finanz- und Rechnungswesen Fracht, 1999 Leiter Konzernrevision , ab 2001 Leiter Konzerncontrolling.
Treeck, Saskia	Dipl.-Kff., Studium der Betriebswirtschaftslehre an der Universität Dortmund, seit 1991 im Bereich Supply Chain Management und ECR in unterschiedlichen Positionen vorwiegend für die Konsumgüterbranche tätig. Seit Mitte 2002 Leiterin Supply Chain Management der Intersnack Knabber-Gebäck GmbH. Inhaltliche Schwerpunkte sind Warenpro-

	zessmanagement vom Vorlieferanten bis zum Kunden, ECR Techniken und Methoden (z.B. VMI) und CPFR.
Vossen, Sabine	Dipl.-Kff., Dipl.-Logistik-Kff., Studium der Wirtsch.- und Sozialwissenschaften an der Universität Dortmund, Zusatzstudium Logistik ebenfalls an der Universität Dortmund, parallel zum Studium 5-jährige Tätigkeit als wissenschaftl. Hilfskraft am Fraunhofer-Institut für Materialfluss und Logistik (Dortmund), nach dem Studium beschäftigt im Logistikbereich bei Blomberg-Werken (Ahlen/Westfalen), Kühne & Nagel (Bremen), DPD Cordes & Simon (Hagen) bis heute.
Wickinghoff, Constantin	Dipl.-Kfm., studierte Betriebswirtschaftslehre an der Universität zu Köln und der Université d'Auvergne in Frankreich. Nach dem Studium arbeitete er als wissenschaftlicher Mitarbeiter am Lehrstuhl für Planung und Logistik der Universität zu Köln. Seine Interessen liegen im Supply Chain Controlling sowie dem Netzwerk- und Kooperationsmanagement. Seit Mai 2002 arbeitet Herr Wickinghoff als Business Analyst der Schenker AG in Essen.
Wieser, Werner	Seit Anfang 1999 Inhaber der Firma *Wieser Process Measurement* (*WPM*) mit dem Leistungsschwerpunkt: Beratung und Einsatzunterstützung für Prozessmonitoring und Logistik-Prozess-Indikator-Systeme, u.a. von *LOGIC-Graf.* Vorher leitender Angestellter der Siemens Nixdorf AG und der Siemens AG im Fachbereich Logistik.
Winterscheid, Klaus A.	Dipl.-Kfm., Studium der Betriebswirtschaftslehre an der Universität Köln mit Schwerpunkt in den Fächern Industriebetriebslehre und Verkehrsbetriebslehre, danach tätig in der Speditionswirtschaft, seit 1971 im zentralen Logistikmanagement von Du Pont de Nemours in verschiedenen Positionen in Europa und Asien, ab 1996 bis 2001 Manager Logistics Operations für die SBU Nylon, seit 2002 freiberuflicher Berater für Logistik / SCM.
Wölfling, Burkhard	Dipl.-Kfm., CMC/BDU arbeitete nach seinem Studium und einer Tätigkeit als Vorstandsassistent fast 10 Jahre lang als

Bereichsleiter und Senior Consultant für ein großes deutsches Beratungsunternehmen. Seit 2000 leitet er, als Vorstand der Inova Management AG, das auf die Bereiche Unternehmensführung, Logistik, Supply Chain Management und Informatik spezialisierte Beratungshaus mit Sitz in Erkrath (Düsseldorf). Zudem ist er Mitglied im Board of Managing Directors der Unternehmensgruppe mit ihren Standorten in der Schweiz, England und Deutschland.